Hochschul-management

von
Prof. Dr. Werner Heinrichs

Oldenbourg Verlag München

Bibliografische Information der Deutschen Nationalbibliothek

Die Deutsche Nationalbibliothek verzeichnet diese Publikation in der Deutschen Nationalbibliografie; detaillierte bibliografische Daten sind im Internet über <http://dnb.d-nb.de> abrufbar.

© 2010 Oldenbourg Wissenschaftsverlag GmbH
Rosenheimer Straße 145, D-81671 München
Telefon: (089) 45051-0
oldenbourg.de

Lektorat: Wirtschafts- und Sozialwissenschaften, wiso@oldenbourg.de
Herstellung: Anna Grosser
Coverentwurf: Kochan & Partner, München
Coverbild: iStockphoto.de
Gedruckt auf säure- und chlorfreiem Papier
Gesamtherstellung: Druckhaus „Thomas Müntzer" GmbH, Bad Langensalza

ISBN 978-3-486-59029-6

Wovon die Rede sein soll ….

Die Hochschulen haben sich in den letzten Jahrzehnten nachhaltig gewandelt. Die Zahl der Studierenden hat sich innerhalb von 30 Jahren nahezu verdoppelt, die Größe der Etats und die Anzahl der Beschäftigten entsprechen heute vielfach denen eines mittelständischen Unternehmens, die Einführung der europaweit einheitlichen Bachelor-/Master-Studienstruktur führte zu höchst komplexen organisatorischen, rechtlichen und verwaltungstechnischen Veränderungen, die Internationalisierung von Forschung und Lehre hat erkennbar zugenommen, die Binnenstruktur mit dem Hochschulrat als Kontroll- und Steuerungsinstrument erfordert zusätzliche Abstimmungen innerhalb der Hochschulselbstverwaltung, die Teil-Finanzierung über Drittmittel ist längst unverzichtbar geworden, und die Anforderungen an ein Hochschulmarketing zur Positionierung im internationalen Wettbewerb entsprechen heute denen eines Wirtschaftsbetriebs. Die Folge ist ein deutlich erhöhter Steuerungsaufwand auf allen Führungsebenen.

Als Reaktion auf diese Veränderung werden in Führungsämtern zunehmend Managementkompetenzen gefordert. Diesem neuen Anforderungsprofil versucht man zu genügen, indem man entweder externe Personen mit Managementkompetenzen in Führungsämter wählt oder aber Hochschulangehörige mit Interesse an Führungsaufgaben gezielt weiterbildet. Zunehmend zeigt sich aber auch, dass sich eine Managementkompetenz nicht nur auf wenige Führungspersonen beschränken darf, sondern dass solche Kenntnisse und Erfahrungen auf fast allen Ebenen einer Hochschule erforderlich sind. Nur so wird es gelingen, den deutlich gewachsenen Anforderungen an die Führung und Steuerung von Hochschulen dauerhaft gerecht zu werden.

Genau zu dieser Herausforderung will dieses Buch einen Beitrag leisten. Dazu werden in einem einleitenden Kapitel zunächst einige Grundlagen der Managementlehre vorgestellt, die vor allem jenen Leserinnen und Lesern zu einer ersten Orientierung dienen, die sich bisher noch nicht mit Fragen des Managements beschäftigen mussten. Das zweite Kapitel widmet sich dem Gegenstand von Hochschulmanagement, nämlich dem deutschen Hochschulbetrieb. Nach einem kurzen Rückblick auf die Geschichte der Hochschulen in Deutschland, werden die Spezifika der verschiedenen Hochschularten sowie die Strukturmerkmale deutscher Hochschulen vorgestellt. Abschließend werden die wichtigsten Elemente der jüngsten Hochschulreformen beschrieben.

Die Kapitel 3 und 4 befassen sich mit dem Hochschulmanagement aus zwei unterschiedlichen Perspektiven. Kapitel 3 geht von den Managementfunktionen aus und blickt deshalb auf das Hochschulmanagement aus der Sicht der handelnden Personen. Konkret geht es um Führen, Ziele setzen, Planen, Organisieren, Entscheiden und Kontrolle/Controlling. Kapitel 4

dagegen geht von den Aufgabenschwerpunkten im Hochschulmanagement aus wie beispielsweise Personalmanagement, Hochschulmarketing, Hochschulfinanzierung, Qualitätsmanagement oder strategisches Management. Man könnte es auch so formulieren, dass die
Kernfunktionen gleichsam einen vertikalen Blickwinkel von oben nach unten einnehmen,
während die Aufgabenschwerpunkte horizontal orientiert sind, weil Aufgaben beschrieben
werden, die sich querschnittartig durch die ganze Hochschule ziehen bzw. alle Hochschulteile berühren.

Ein Ausblick auf die Zukunftsfähigkeit der deutschen Hochschulen und eine Diskussion des
Reformbedarfs schließt die systematische Darstellung ab. Ergänzt wird das Buch durch ein
ausführliches Glossar, wodurch die Publikation auch als Nachschlagewerk genutzt werden
kann.

In den skizzierten Schritten will das Buch ein neues Verständnis von Hochschulselbstverwaltung vermitteln. Nicht, um die Hochschule zu ökonomisieren oder ihre demokratische Tradition in Frage zu stellen. Vielmehr sollen Instrumente und Vorschläge einer ursprünglich
betriebswirtschaftlich orientierten Managementlehre dahingehend hinterfragt werden, inwieweit sie in einer von Selbstverwaltung und Mitverantwortung geprägten Hochschulkultur
zur Steuerung komplexer Vorgänge geeignet sind.

Stuttgart, im Dezember 2009   Werner Heinrichs

Inhalt

1 Hochschulmanagement im Überblick

Wie alle Zusammensetzungen mit dem Wort Management ist auch der Begriff Hochschulmanagement noch relativ jung. Wurde Management als Kompositum zunächst ausschließlich im Kontext einer profitorientierten Unternehmensführung verwendet (z.B. Personalmanagement, Kostenmanagement), tauchten ab den achtziger Jahren des vorigen Jahrhunderts zunehmend Wortverbindungen auf, mit denen das Management auch von Nonprofit-Organisationen bezeichnet wird. Dem Begriff Sozialmanagement folgte in den neunziger Jahren das Wort Kulturmanagement, und etwa zum Ende der neunziger Jahre sprach man erstmals auch von Hochschulmanagement.

1.1 Zum Begriff von Management

Das Substantiv Management und seine Verbform werden scheinbar recht unsystematisch benutzt. Man spricht davon, eine Sache erfolgreich zu managen, bezeichnet die Vorstandsmitglieder eines Unternehmens als das Management und verwendet ein andermal Management als Synonym für eine abstrakte Funktion wie Führung oder Kontrolle. Doch diese Differenzierung gewinnt in der grafischen Darstellung an Klarheit:

```
                    ┌──────────────────────────┐
                    │                          │
                    │       Management         │
                    │                          │
                    └──────────────────────────┘
                         │                 │
         ┌───────────────┘                 └───────────────┐
         ▼                                                 ▼
┌─────────────────────┐                         ┌─────────────────────┐
│  (personenbezogen)  │                         │  (aufgabenbezogen)  │
│   Management als     │                         │   Management als     │
│    Institution       │                         │     Funktion         │
└─────────────────────┘                         └─────────────────────┘
                                                    │              │
                                          ┌─────────┘              └─────────┐
                                          ▼                                  ▼
                               ┌─────────────────────┐          ┌─────────────────────┐
                               │  (prozessbezogen)   │          │  (führungsbezogen)  │
                               │   Management als     │          │   Management als     │
                               │     Technik          │          │     System           │
                               └─────────────────────┘          └─────────────────────┘
```

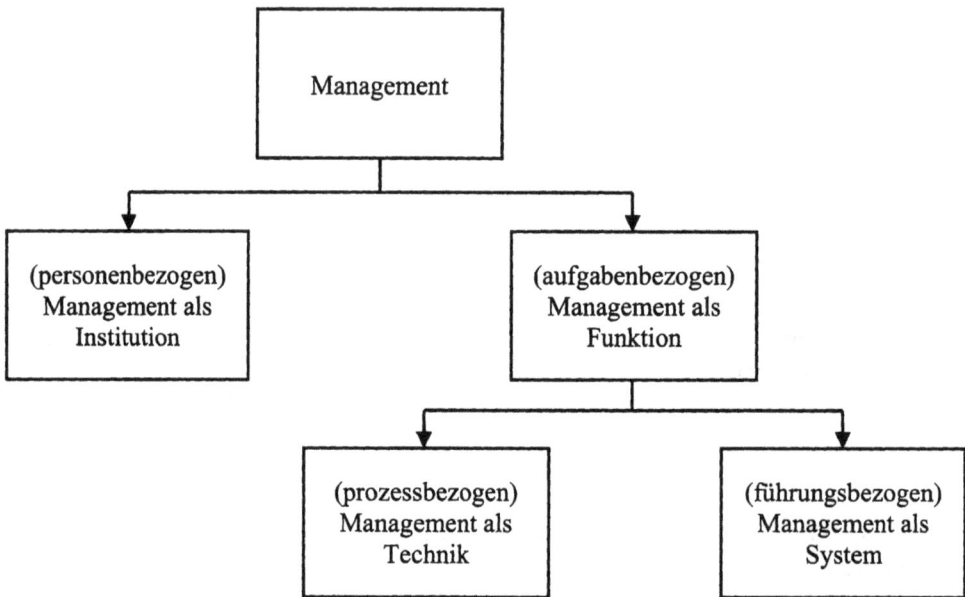

Abb. 1 Management als Begriff

Management als Institution bezeichnet die Personen eines Unternehmens, die in leitender Position Steuerungsfunktionen für das Unternehmen wahrnehmen, also in der Regel der Vorstand und die Abteilungsdirektoren[1], die man verkürzt als die Manager bezeichnet. In einer Hochschule rechnet man dazu den Rektor[2] und die Prorektoren, den Kanzler und die Dekane. Management als Funktion umfasst jedes Handeln zur Führung und Steuerung eines Unternehmens, also die Wahrnehmung von Aufgaben wie Personalführung, Produktion, Beschaffung, Absatz oder Finanzierung. In einer Hochschule gehören dazu beispielsweise die Berufung von Professoren, die Qualitätssicherung, das Hochschulmarketing, aber auch die Steuerung der Hochschulverwaltung und des Hochschuletats.

Die Managementlehre als Teil der Betriebswirtschaftslehre beschäftigt sich fast ausschließlich mit dem aufgabenbezogenen Management, also dem Management als Funktion. Um diese Form des Managements wahrzunehmen, hat die Managementlehre bestimmte Techniken entwickelt, wie Planungs- und Prognosetechniken, Organisationstechniken, Kontrolltechniken usw., über die regelmäßig wiederkehrende Aufgaben und Prozesse gesteuert werden. Allein diese – manchmal sehr formal wirkenden – Techniken haben inzwischen einen Umfang und eine Vielzahl angenommen, dass sie im Rahmen einer solchen Einführung in einen relativ kleinen Anwendungsbereich der Managementlehre kaum angemessen darge-

---

[1] Um die Lesbarkeit des Textes zu erleichtern, umfasst der Genus masculinum immer Männer und Frauen.
[2] Die Funktionsbezeichnung Rektor steht für alle Bezeichnungen, mit denen vergleichbare Leitungsfunktionen in Hochschulen benannt werden (also auch Präsident, Direktor usw.).

stellt werden können. Deshalb wird hier immer wieder auf die entsprechende Fachliteratur verwiesen werden.

Weit interessanter als die bloße Aneinanderreihung von Managementtechniken ist die Ganzheitlichkeit eines Managementsystems, das sich an bestimmte Führungs- und Verhaltensmaßstäbe anlehnt. Management als System definiert folglich die Steuerung eines Unternehmens in der Ausrichtung auf bestimmte Grundsätze wie beispielsweise die Vorgabe von Zielen, die Delegation von Zuständigkeiten oder – beim Militär – die Ausführung von Befehlen. In der englischsprachigen Fachliteratur spricht man von Management-by-Systemen und meint beispielsweise ein Management-by-objectives, also ein Management durch die Vorgabe von Zielen. Managementsysteme haben in der Steuerung von Hochschulen einen hohen Stellenwert; die Wahl eines falschen Managementsystems kann für eine Hochschule und ihr Management – und diesmal ist das personenbezogene Management gemeint – weit reichende Folgen haben.

Doch wenn der Managementbegriff in dieser Darstellung auch in Teilbegriffe auseinanderfallen mag, so liegt ihm doch ein einheitliches Verständnis zugrunde. Als Management bezeichnet man die Methoden und Techniken, mit denen Personen in Führungsfunktionen auf das Verhalten von Menschen einwirken, damit durch deren Arbeit und Mitwirkung Ziele des Unternehmens erreicht werden. Das macht deutlich, dass Management immer eine große personelle Komponente hat; Management ist immer das Einwirken von Personen auf das Verhalten anderer Personen. Die „American Management Association" definiert deshalb: „Managing is getting things done through others." Diese Definition, die inzwischen zum Gemeingut geworden ist, lässt vermuten, unter Management könne man das Abschieben von Arbeit an Andere verstehen. Deshalb ist es wichtig darauf hinzuweisen, dass auch der Manager durchaus handelt und nicht nur Arbeit delegiert und dass dieses Einwirken auf Andere immer an Zielen des Unternehmens orientiert sein muss, keineswegs aber an der Bequemlichkeit des Delegierenden. Und nicht zuletzt darf nicht übersehen werden, dass das Einwirken auf Andere sich auf deren Verhalten bezieht, d.h. im Idealfall erreicht der Manager, dass seine Mitarbeiter etwas tun, ohne dass er es ihnen im Detail aufträgt. Vielmehr werden sie tätig, weil auch sie die vom Manager definierten Ziele für das Unternehmen erreichen wollen. Anders formuliert könnte man mithin sagen, dass der Manager Rahmenbedingungen gestaltet, innerhalb derer Mitarbeiter zum Erreichen von Zielen tätig werden.

Wenn man sich dies vor Augen hält, wird sogleich deutlich, dass der oft so selbstverständlich verwendete Begriff Selbstmanagement zumindest sehr problematisch ist. Mit Selbstmanagement kann letztlich nur der Einsatz bestimmter Techniken zur Organisation des eigenen Arbeitsbereichs gemeint sein, nicht aber die Steuerung komplexer Abläufe, an denen auch andere Personen beteiligt sind. Selbstmanagement beschreibt deshalb höchstens einen sehr kleinen Teilbereich eines wesentlich vielschichtigeren Ganzen.

1.2   Managementansätze

Die hier getroffenen Aussagen zum Begriff von Management sagen aber noch nichts darüber aus, welches Verständnis von Management einem Hochschulmanagement zugrunde liegt bzw. – um die gängige Terminologie der Managementlehre zu verwenden – mit welchem Ansatz Hochschulmanagement arbeitet. Ist Management beispielsweise mehr in einem bürokratischen, technokratischen oder verhaltenspsychologischen Sinne zu verstehen? Konkret bezogen auf die oben vorgeschlagene Definition müsste man also fragen, ob die Methoden und Techniken des Managements, die zur Hochschulsteuerung eingesetzt werden, mehr verwaltungstechnischer oder gruppenpsychologischer oder sozialer Art sind. Diese Frage ist gerade im Hochschulmanagement von nicht unwesentlicher Bedeutung, weil mit der Antwort auf diese Frage einerseits der Wandel in der Führung von Hochschulen erkennbar und andererseits die Besonderheiten eines Hochschulmanagements gegenüber anderen Profit- und Nonprofit-Organisationen deutlich wird.

In der Tradition der Universitäten wurde früher die Leitung häufig solchen Personen übertragen, die aufgrund ihres Renommees als Wissenschaftler am ehesten in der Lage waren, das Ansehen der Hochschule zu fördern. Es wurde also die Steuerung einer Institution vorrangig auf die Eigenschaften und Fähigkeiten einer Person ausgerichtet, indem man „den richtigen Mann an den richtigen Platz" stellte. So gibt es zahlreiche hoch renommierte Wissenschaftler, die zumindest für kurze Zeit Rektoren ihrer Universität oder Dekane ihrer Fakultät waren. Selbst im künstlerischen Bereich war dies viele Jahre üblich. Als der damals erst 29jährige, aber bereits zu Weltruhm gelangte Pianist Wilhelm Kempff 1924 an die Stuttgarter Musikhochschule berufen wurde, wählte man ihn dort auch gleich zum Rektor. Zweifellos verstand man die Übertragung eines solchen Amtes als eine angemessene Ehre für einen großen Wissenschaftler oder Künstler, doch stand dahinter auch der Gedanke, dass jemand, der in seinem Fach so Vortreffliches leistet, auch die beste Wahl für ein Führungsamt und für die Leitung der Hochschule sein müsse.

Dieser Ansatz steht dem so genannten Eigenschaftsansatz in der Führungslehre sehr nahe, dem zufolge man früher glaubte, dass eine erfolgreiche Unternehmensführung vor allem von den Führungseigenschaften der Führungsperson abhängen würde. Allerdings ist es nie gelungen, diese Eigenschaften personenunabhängig zu definieren, um dadurch gleichsam auf die Soll-Eigenschaften einer Führungsperson schließen zu können. Inzwischen hat man längst erkannt, dass die Ausrichtung des Managements einer Hochschule auf eine zwar als Wissenschaftler und Künstler renommierte, aber in der Führungsposition unerfahrene Person vor allem eine Stärkung der Hochschulverwaltung zur Folge hat. Wo die Hochschulleitung Führungsaufgaben nicht aus eigener Kompetenz wahrnehmen kann, wird sie aus einer gewissen Unsicherheit heraus vor allem jene Regeln mit Akribie verfolgen, deren Relevanz sie am wenigsten einschätzen kann und wird damit zum zuverlässigsten Anhänger und Förderer der Bürokratie werden. Aus dieser Erfahrung heraus stehen heute in Hochschulen bei der Auswahl von Führungspersonen andere Fähigkeiten im Vordergrund – was freilich nicht im Umkehrschluss bedeuten soll, dass heutige Rektoren und Dekane nicht auch hervorragende Wissenschaftler und Künstler sein können. Aber das entscheidende Auswahlkriterium ist ein anderes als noch zu Kempffs Zeiten.

Während sich Industriebetriebe in der zweiten Hälfte des 19. Jahrhunderts sehr für den in England entwickelten ingenieurtechnischen-ökonomischen Managementansatz (Industrial Engineering) begeisterten – die Arbeitsteilung zur Optimierung von Fließbandfertigung war ein bevorzugtes Thema – arbeiteten Behörden nach dem von Max Weber (1864-1920) ge prägten bürokratischen Ansatz. Der Nationalökonom und Soziologe Max Weber entwickelte in seinem 1909/10 entstandenen, aber erst 1922 erschienenen Hauptwerk „Wirtschaft und Gesellschaft" das Modell einer „bürokratischen Herrschaft" (Weber 1910, S. 703), das sich durch folgende Merkmale auszeichnet (ebda. S. 703f.):

- Gesetze und Verordnungen regeln die „behördlichen Kompetenzen";
- „es besteht das Prinzip der Amtshierarchie und des Instanzenzuges";
- „die moderne Amtsführung beruht auf Schriftstücken (Akten)";
- „die Amtstätigkeit (…) setzt eine eingehende Fachschulung voraus".

Der Vorteil dieses Ansatzes liegt vor allem in der Objektivierung von Einzelfällen. Das Anliegen einer Person wird zum Fall, der in Akten festgehalten wird und für dessen Bearbeitung und Entscheidung Instanzen und Personen zuständig sind, die sich – unabhängig vom Einzelfall – allein durch eine objektiv vorgegebene Zuständigkeit mit der Sache beschäftigen müssen. Für einen Rechtsstaat, dessen Gerichte unabhängig vom Rang und Ansehen einer Person entscheiden müssen, ist dieses Bürokratiemodell von nicht zu überschätzendem Wert. Dass dieses Bürokratiemodell aber auch unter einer gewissen Schwerfälligkeit leidet, ist unbestritten. Bürokratieabbau und der Ruf nach mehr bürokratischer Flexibilität sind deshalb ständige Forderungen aller Gegner dieses Ansatzes.

Aus der Sicht des Hochschulmanagements wird leicht erkennbar, dass der bürokratische Ansatz keinesfalls der Vergangenheit angehört. Bei weitem der größte Teil der Hochschulverwaltung arbeitet nach den Prinzipien der „bürokratischen Herrschaft" Max Webers. Das gilt vor allem für die Studentenverwaltung, also für alle Vorgänge, die mit der Immatrikulation, den Leistungsnachweisen während des Studienverlaufs, den Prüfungen und der Exmatrikulation von Studierenden zu tun haben. Mit dem Anlegen der Studentenakte wird die Person zum Fall und so bürokratisch wie möglich verwaltet, um in einem Rechtsstreit objektive Kriterien für eine Entscheidung vorweisen zu können. Dazu gehört beispielsweise auch die strenge Trennung zwischen der Prüfungsverwaltung und der fachlichen Seite einer Prüfung. Da sich die Hochschulen in zunehmendem Maße im Umgang mit ihren Studierenden einer Überprüfung durch die Gerichte ausgesetzt sehen, ist der bürokratische Ansatz nach wie vor von hohem Wert. Dagegen gibt es andere Aufgabegebiete, wie beispielsweise die Bau- und Hausverwaltung oder die Steuerung von Forschungsprojekten und Drittmittelvorhaben, die nicht notwendigerweise nach dem Prinzip einer Behörde gemanagt werden müssen.

Die gesellschaftlichen und politischen Umwälzungen um das Jahr 1968 hatten nicht zuletzt auf das Innenleben der Hochschulen nachhaltige Auswirkungen. Mit dem Spruch „Unter den Talaren Muff von 1000 Jahren" protestierten die Studierenden gegen fragwürdige Traditionen an den Universitäten. Mit dem Ruf nach Basisdemokratie stellten sie die autoritären Strukturen in Frage und geißelten die von den Lehrstuhlinhabern dominierten Meinungsbildungsprozesse als Ordinarienuniversitäten. Die Führung einer Hochschule durch eine oder durch wenige Personen, die ein hohes Ansehen als Wissenschaftler genossen, wurde fast über Nacht als autoritär verschrien. Gefordert wurde nun die Gruppenuniversität, eine Art Ständevertretung aller relevanten Gruppen einer Hochschule. Als Gruppen im Sinne einer Gruppenuniversität gelten die Professoren, die wissenschaftlichen Mitarbeiter (im Hochschuljargon als Mittelbau bezeichnet), die Studierenden sowie die sonstigen Mitarbeiter wie technische Angestellte und Verwaltungsmitarbeiter.

Was in den Hochschulreformen der 1970er Jahre politisch begründet wurde, findet sich auch in der Managementforschung wieder. Schon in den vierziger Jahren des 20. Jahrhunderts wurde darauf hingewiesen, dass das organisatorische Gleichgewicht in der Beziehung von Gruppen eine wichtige Voraussetzung für das Überleben von Organisationen ist (Staehle 1994, S. 34). Dieses Gleichgewicht war an deutschen Universitäten in den 1970er Jahren offensichtlich nicht mehr gegeben, weshalb die Forderung nach einem sozialwissenschaftlichen Managementansatz, der den Interessen von Gruppen gerecht wurde, bei vielen Universitätsangehörigen auf offene Ohren stieß. Doch so wenig wie sich der sozialwissenschaftliche Managementansatz in Wirtschaftsunternehmen durchsetzen konnte, so wenig hatte auch die Gruppenuniversität bestand. 1973 stellte das Bundesverfassungsgericht in einem Grundsatzurteil fest, dass die Professoren in allen Gremien der Hochschule die Mehrheit haben müssen. Die Folge war allerdings keine Rückkehr zur alten Ordinarienuniversität, sondern eine moderate Form der Gruppenbeteiligung, indem in den meisten Gremien auch die Gruppen der Studierenden, der wissenschaftlichen Mitarbeiter und der sonstigen Mitarbeiter mit Sitz und Stimme vertreten sein müssen. Doch dürfen sie zusammen nicht die Möglichkeit haben, die Professoren zu überstimmen.

Als Folge der Bildungsreformen der 1970er Jahre kam es in den nächsten beiden Jahrzehnten zu einer nicht erwarteten Expansion der Hochschulen. Um die zahlreichen Studierenden aufnehmen zu können, wurden in großer Zahl neue Universitäten und Fachhochschulen gegründet. Zählte man allein in West-Deutschland 1970 erst 510.000 Studierende, waren es 1995 – wiederum nur in den alten Bundesländern – schon 1.662.000. Innerhalb von nur 25 Jahren hatte sich die Zahl der Studierenden mehr als verdreifacht. Das hatte für die Hochschulen dramatische Folgen, die sich unter anderem in einer notorischen Unterfinanzierung niederschlugen. Standen früher finanzielle Aspekte in der Hochschulführung eher im Hintergrund, erlangten sie nun absolute Priorität.

Um dem wachsenden Problem der Kosten und der ständigen Unterfinanzierung Herr werden zu können, besannen sich auch die Hochschulen auf die Methoden der Betriebswirtschaftslehre. Hochschulmanagement wurde zu einer Steuerung über Zahlen. Über die so genannten Neuen Steuerungsmodelle wurde die Kosten- und Leistungsrechnung eingeführt, ein kaufmännisches Controlling sollte die Hochschulleitung bei der Kostensteuerung unterstützen, Leistungen wurden aus Kostengründen durch Outsourcing privatisiert und halbwegs ertragsorientierte Hochschulteile wurden in Wirtschaftsunternehmen umgewandelt. Allem in allem verfolgte man in den Hochschulen einen betriebswirtschaftlichen Managementansatz und näherte sich auf diese Weise ein weiteres Mal der allgemeinen Managementlehre. Da sich seitdem die finanziellen Verhältnisse der Hochschulen nicht wesentlich verändert haben, ist der betriebswirtschaftliche Managementansatz heute zum Alltag einer jeden Hochschulführung geworden.

Das zeigt einmal mehr, wie weit sich die Hochschulen vom ursprünglichen Bild einer von der Weisheit bedeutender Gelehrter geführten Akademie klassischer Prägung entfernt haben und zu Betrieben geworden sind, in denen sich die historisch gewachsenen Managementansätze zwar noch wiederfinden, aber die Nähe zum modernen Management eines Wirtschaftsunternehmens doch allenthalben spürbar ist. Ob es deshalb schon erforderlich ist, die Hochschulen zu Kopien von Wirtschaftsunternehmen zu machen, ist aber durchaus noch eine offene Frage, die sich in den folgenden Kapiteln immer wieder neu stellen wird.

Mit dem St. Gallener Managementkonzept existiert aber vielleicht ein Managementansatz, der den Bedürfnissen der Hochschulen adäquater ist als die bloße Übernahme eines rein an Kosten und Leistungen orientierten betriebswirtschaftlichen Managementansatzes.

Das St. Gallener Managementkonzept wurde Anfang der 1970er Jahre von Hans Ulrich und Walter Krieg an der Hochschule St. Gallen entwickelt und zu Beginn der 1980er Jahre von Knut Bleicher und Cuno Pümpin fortgeführt. Das Modell versteht Management nicht als eine ökonomisch-technische Aufgabe, sondern betont neben der Ökonomie auch die sozialen und humanen Aspekte. Dem liegt ein integrierendes, zusammenfügendes Denken zugrunde, das von größeren Zusammenhängen ausgeht und auch Elemente einzubeziehen versucht, die sich nicht unmittelbar als betriebswirtschaftliche Größen zeigen. Den St. Gallener Autoren schwebt der „zusammenfügende Generalist" vor, nicht der Spezialist, der sich mit seinen Analysen auf ein enges Fachgebiet beschränkt.

Folglich werden die Managementfunktionen (planen, organisieren, entscheiden, kontrollieren usw.) auch weniger technisch verstanden, sondern in erster Linie hinsichtlich ihres Gestaltungspotentials. Bleicher ordnet die Managementfunktionen deshalb wie folgt:

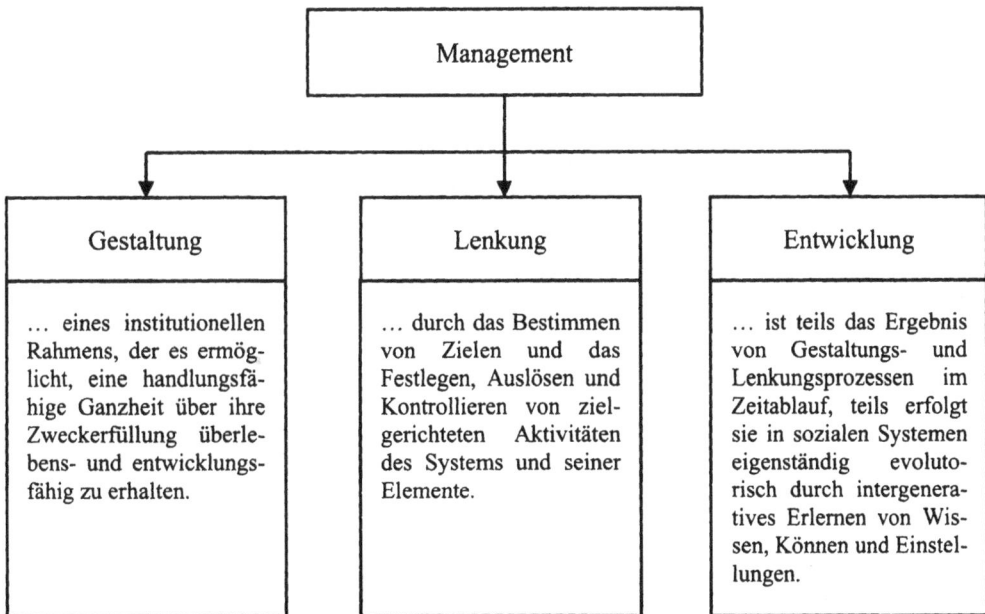

```
                        ┌─────────────────────────┐
                        │       Management        │
                        └─────────────────────────┘
```

Gestaltung	Lenkung	Entwicklung
... eines institutionellen Rahmens, der es ermöglicht, eine handlungsfähige Ganzheit über ihre Zweckerfüllung überlebens- und entwicklungsfähig zu erhalten.	... durch das Bestimmen von Zielen und das Festlegen, Auslösen und Kontrollieren von zielgerichteten Aktivitäten des Systems und seiner Elemente.	... ist teils das Ergebnis von Gestaltungs- und Lenkungsprozessen im Zeitablauf, teils erfolgt sie in sozialen Systemen eigenständig evolutorisch durch intergeneratives Erlernen von Wissen, Können und Einstellungen.

Abb. 2 Funktionen des Managements nach dem St. Gallener Managementkonzept (Bleicher 1992, S. 40)

Bleicher betont ausdrücklich, dass es im Management vorrangig auf die Funktionen Gestaltung und Entwicklung ankommen, während die Lenkung eher der operativen Umsetzung der beiden anderen Funktionen entspreche. Eine zu starke Konzentration auf die Lenkung blende das Verständnis für die Selbstgestaltung sozialer Systeme aus. Dies ist ein wichtiger Hinweis für das Hochschulmanagement, das sich nicht auf die bürokratische Umsetzung von Vorschriften konzentrieren darf, sondern zu allererst die Gestaltung von Rahmenbedingungen und die Entwicklung der im System Hochschule angelegten Potentiale im Blick haben sollte.

Für Bleicher kommen die Funktionen von Management in drei Dimensionen (oder auf drei Ebenen) zum Einsatz: dem normativen, strategischen und operativen Management (ebd. S. 68-71):

- Normatives Management

„Die Ebene des normativen Managements beschäftigt sich mit den generellen Zielen der Unternehmung, mit Prinzipien, Normen und Spielregeln, die darauf gerichtet sind, die Lebens- und Entwicklungsfähigkeit der Unternehmung zu ermöglichen."

- Strategisches Management

„Strategisches Management ist auf den Aufbau, die Pflege und die Ausbeutung von Erfolgspotenzialen gerichtet, für die Ressourcen eingesetzt werden müssen."

- Operatives Management

„Die Funktion des operativen Managements besteht darin, die normativen und strategischen Vorgaben praktisch in Operationen umzusetzen."

Dem Prinzip des integrativen Managements folgend, sieht Bleicher sowohl zwischen den drei Managementebenen als auch den drei eben aufgelisteten Managementfunktionen einen engen Zusammenhang: „Normatives und strategisches Management gestaltet, operatives Management lenkt die Unternehmensentwicklung" (ebd. S. 68).

In der Folge entwickelt Bleicher daraus ein Beziehungsnetz, das auch grafisch den ganzheitlicher Gestaltungsanspruch deutlich macht; alle Managementebenen sind über Strukturen, Aktivitäten und Verhalten unmittelbar miteinander verknüpft sind. Aktionen in einem Feld haben direkten Einfluss auf die jeweils anderen Felder.

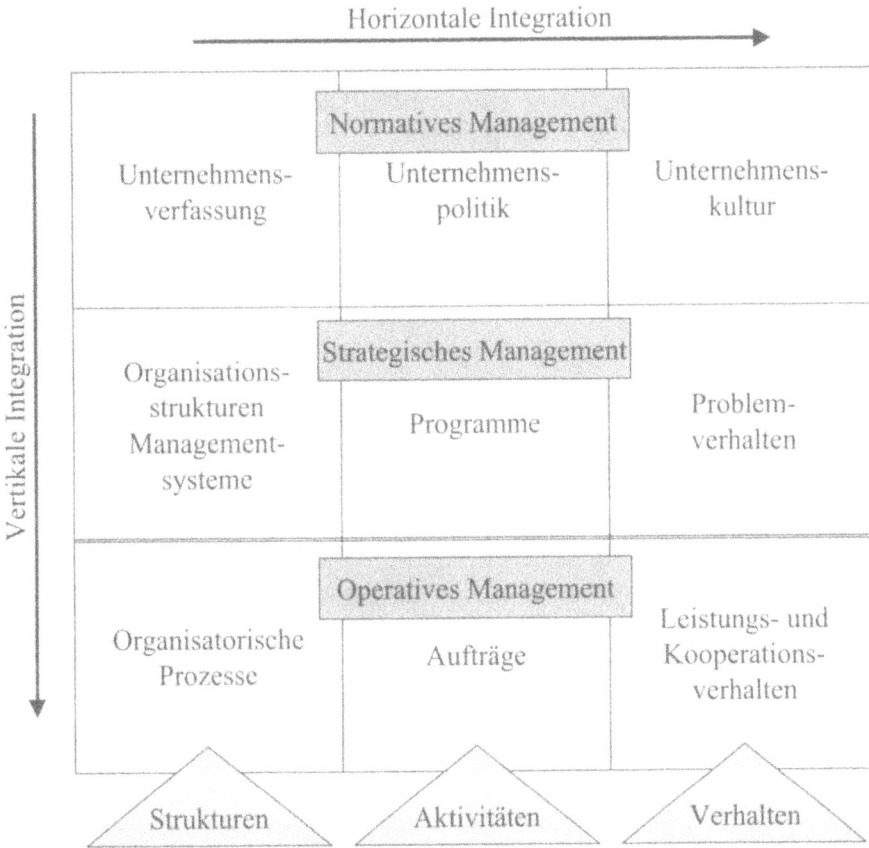

Abb. 3 Zusammenhang von normativem, strategischem und operativem Management (Bleicher 1992, S. 72)

Im Feld Unternehmensverfassung wird beispielsweise die Rechtsform eines Betriebes bestimmt. Diese strukturelle Entscheidung hat dann automatisch Einfluss auf die Aufbauorganisation (strategische Ebene) und die Ablauforganisation (operative Ebene). Ähnlich ist es bei der Definition von Unternehmenspolitik und Unternehmenskultur. Die Unternehmenspolitik bildet die Rahmenbedingungen für die strategischen (abgeleitete strategische Ziele) und operativen Aktivitäten (Maßnahmen zur Erreichung der strategischen Ziele). Die Unternehmenskultur letztlich beeinflusst in starkem Maße das Verhalten der Mitglieder auf allen Ebenen, beginnend beim Führungsstil über Fragen der Teamorientierung bis hin zur Personalentwicklung etc.

Péter Horváth schrieb in einer Rezension für die Frankfurter Allgemeine Zeitung über „Das Konzept Integriertes Management": „So einleuchtend und zwingend der integrative Ansatz ist, doch Fragen nach seinen Grenzen bleiben ungeklärt. Wo liegt die Integrationsgrenze im Managerkopf? Wann schlägt die Integrationsbemühung in lähmende Unverbindlichkeit um?"

Vor allem die letzte Frage ist nicht ohne Berechtigung. Das Konzept ist zweifellos faszinierend, und man neigt schnell dazu, darin den idealen Managementansatz für ein modernes

Hochschulmanagement zu sehen. Doch besteht gerade im Hochschulmanagement wegen der Beteiligung vieler Gruppen, deren Mitglieder nicht immer und ausschließlich Managementaufgaben wahrnehmen, die große Gefahr, dass sehr viel Energie geopfert wird, um immer wieder neu den integrativen Aspekt zu erfassen und umzusetzen. Dabei könnten dringend notwendige und auf Verbindlichkeit angewiesene Entscheidungen leicht auf der Strecke bleiben.

In der Summe kann man festhalten, dass Managementansätze äußerst hilfreich sind, um sich des eigenen Tuns hin und wieder kritisch zu vergewissern. Nach welchen Regeln handelt man und in welche Falle ist man vielleicht gelaufen, die man eigentlich meiden wollte. Doch darf nicht erwartet werden, dass Managementansätze sich für eine Rezeptur des Handelns eignen. Diese Warnung gilt nicht zuletzt deshalb, weil gerade das Hochschulmanagement in der praktischen Ausführung wie in der Theorie des Handelns noch ganz am Anfang steht.

1.3   Strategisches und operatives Management

Die Managementlehre kennt innerhalb des Managementbegriffs eine Vielzahl von Differenzierungen, auf die auch im Laufe dieser Darstellung immer wieder einzugehen ist. Von besonderer Bedeutung ist aber die Unterscheidung zwischen dem operativen und dem strategischen Management, worauf schon im Konzept von Bleicher verwiesen wurde. Sie ist deshalb vor allem für das Hochschulmanagement von Bedeutung, weil dort immer die Gefahr besteht, Entscheidungen ausschließlich in den Zyklen von Studiengängen oder Amtsperioden zu treffen.

In einem vordergründigen Verständnis ordnet man dem operativen Management Entscheidungen von kurz- bis mittelfristiger Wirkung zu, während sich das strategische Management mit den langfristigen Entwicklungen befasst. Doch sind die Merkmale bei genauer Betrachtung weitaus differenzierter. Das beginnt schon damit, dass man sich in der Praxis immer zunächst auf das operative Management konzentriert und es damit fälschlicherweise auch immer an den Anfang einer Beschreibung des eigenen Tuns stellt, während es in Wahrheit eigentlich dem strategischen Management folgen sollte. Demnach ergeben sich operative Aufgaben erst aus den strategischen Zielen, weshalb zwangsläufig zunächst die strategischen Ziele zu definieren wären, bevor es zu einer operativen Umsetzung kommen kann.

Die Betriebswirtschaftslehre definiert das strategische Management als „die Steuerung und Koordination der langfristigen Evolution des Unternehmens und seiner Aufgabenumwelten. Diese Steuerung und Koordination erfolgt über die konzeptionelle Gesamtsicht der Unternehmenspolitik (...)" (Gabler Wirtschaftslexikon 1993, S. 3180). Auf das Hochschulmanagement bezogen versteht man darunter Planungen und Entscheidungen von grundsätzlicher Bedeutung, die die gesamte Hochschule oder zumindest große Teile der Hochschule betreffen und die nicht selten von hochschul- oder bildungspolitischer Bedeutung sind. Sie entfalten ihre Wirkung in der Regel erst langfristig, d.h. der Erfolg oder Misserfolg einer strategischen Entscheidung zeigt sich häufig erst deutlich später, bisweilen sogar erst dann, wenn diejenigen, die diese Entscheidung getroffen haben, längst nicht mehr im Amt sind. Struktur-

und Entwicklungspläne, wie sie viele Landeshochschulgesetze für Perioden von fünf bis acht Jahren vorschreiben, sind typische Elemente des strategischen Managements.

Ziele und Planungen, die im Rahmen des strategischen Managements definiert werden, finden ihre unmittelbare Umsetzung im operativen Management. Während das strategische Management fast ausschließlich die Führungsebene betrifft, liegt die Zuständigkeit für das operative Management auf der Ebene von Sachbearbeitern. Bezogen auf das Hochschulmanagement bilden in den Bereichen von Forschung und Lehre vor allem die Institute die operative Ebene. Sie sichern beispielsweise in der Lehre jene Inhalte, die von Fakultätsleitung, Hochschulleitung und Senat im Rahmen von Studienzielen vorgegeben wurden.

Im Kontext von operativem und strategischem Management wird gern der Begriff Umwelt verwendet. Wie bereits an anderer Stelle angesprochen, versteht man darunter nicht die Umwelt im ökologischen Sinne, sondern die Unternehmensumwelt, also alle Faktoren außerhalb eines Betriebs, die direkt oder indirekt auf den Erfolg eines Unternehmens Einfluss haben. Im Hochschulbereich zählen dazu die bildungspolitische Umwelt, die Nachfrageentwicklung seitens der Studierenden wie auch die des Arbeitsmarktes. Aber auch die wirtschaftlichen und finanziellen Rahmenbedingungen, soweit sie auf die Hochschulen Einfluss nehmen können, zählen zur ökonomischen Umwelt. Strategisches Management versucht, die Entwicklung der Umwelt richtig einzuschätzen und ist auch bemüht, an der Gestaltung der Umwelt aktiv mitzuwirken. Letzteres ist beispielsweise der Fall, wenn die Nachfrage nach Studienplätzen durch Studierende von einem bestimmten Kontinent forciert werden soll, weil man sich dadurch auch wirtschaftliche Vorteile durch die Entwicklung neuer Märkte verspricht. Dagegen reagiert operatives Management eher auf die Entwicklung von Umwelt, indem es sich beispielsweise um die Betreuung der erfolgreich angeworbenen Studierenden aus dem besagten Kontinent kümmert.

Folgende Auflistung fasst noch einmal die wichtigsten Merkmale des strategischen und operativen Managements zusammen:

Strategisches Management	Operatives Management
entwirft und gestaltet Umwelt	bearbeitet Umwelt
schafft zukünftige Erfolgspotentiale	führt unmittelbar zu Erfolg oder Misserfolg
betrifft grundsätzliche und längerfristig wirkende Ziele, häufig von hochschul- und bildungspolitischer Bedeutung	betrifft aktuelle und kurzfristig wirkende Ziele
hat Einfluss auf die Hochschule in ihrer Gesamtheit	hat nur Einfluss auf einen begrenzten Arbeitsbereich
ist eine Aufgabe der Hochschul- oder Fakultätsleitung	ist eine Aufgabe eines Sachgebiets bzw. Instituts
ist generalistisch ausgerichtet	erarbeitet planerisch die Einzelprobleme, die im strategischen Management nicht erfasst werden konnten
bildet den Input für die operative Ebene	sichert den effizienten Vollzug des strategischen Managements

Abb. 4 Merkmale des operativen und strategischen Managements

Vereinfacht kann man sagen, dass das strategische Management die Potentiale für die Erfolge von morgen schafft, während sich im operativen Management Erfolg und Misserfolg des Handelns unmittelbar zeigen. Damit wird deutlich, dass eine Hochschule auf der operativen Ebene zwar reibungslos funktionieren muss, der langfristige und dauerhafte Erfolg einer Hochschule aber nur auf der strategischen Ebene sichergestellt werden kann.

1.4   Profit- und Nonprofit-Management

Ursprünglich wurde die Managementlehre innerhalb der Betriebswirtschaftslehre für solche Unternehmen entwickelt, die auf Gewinn ausgerichtet sind. Solche kommerziellen Unternehmen bezeichnet man auch als Profit-Unternehmen und nennt das dort angewendete Management folglich Profit-Management. Dagegen bestand für gemeinnützige Unternehmen, die nicht auf Gewinn ausgerichtet sind, kein Bedarf für ein eigenes Managementkonzept, da diese Nonprofit-Unternehmen sich fast ausschließlich an der Kameralistik und den Organisationregeln der öffentlichen Hand ausrichteten (z.B. Hochschulen, Kirchen, Krankenhäuser, Theater).

Doch schon 1959 veröffentlichte Erwin Grochla eine Schrift mit dem Titel „Vertriebsverband und Verbandsbetrieb" (Grochla 1959), in der erstmals die besonderen Anforderungen an die Führung und Steuerung eines nicht auf Gewinn ausgerichteten Betriebs untersucht wurden. 1978 erschien auf dem deutschen Markt das kurz zuvor in den USA veröffentlichte Buch von Philip Kotler „Marketing für Nonprofit-Organisationen" und 1992 wurde die bereits 1984 erarbeitete Habilitationsschrift von Peter Schwarz unter dem Titel „Management in Nonprofit-Organisationen" publiziert. Den endgültigen Durchbruch erzielte das Nonprofit-Management Anfang der 1990er Jahre, indem es in für eine konkrete Gruppe von Nonprofit-Unternehmen, nämlich für Betriebe im Kulturbereich, konsequent angewendet wurde (Heinrichs 1993a). Wenig später folgten ähnliche Konkretisierungen für das Krankenhaus- und Sozialmanagement.

Unter Nonprofit-Organisationen versteht man solche Einrichtungen und Institutionen, die zur Erfüllung bestimmter, in der Regel gemeinnütziger Aufgaben und Zwecke eingerichtet wurden (sog. Bedarfswirtschaften). Nonprofit-Organisationen sind nicht erwerbswirtschaftlich orientiert und agieren vorwiegend auf so genannten Nicht-Märkten, d.h. sie verkaufen individuell nutzbare Güter oder Dienstleistungen nicht zu zumindest kostendeckenden Preisen und streben auch nicht an, auf einem Konkurrenzmarkt Gewinne zu erzielen. Zu solchen Nonprofit-Organisationen zählen öffentliche Verwaltungsbetriebe, staatliche Hochschulen, kommunale Krankenhäuser oder städtische Theater. Aber auch privatrechtliche Betriebe wie beispielsweise Vereine, Stiftungen, Verbände, Wohlfahrtsorganisationen, Parteien usw. rechnet man zu den Nonprofit-Organisationen.

Zwar gleichen sich die Nonprofit-Organisationen hinsichtlich ihrer bedarfswirtschaftlichen Ausrichtung, doch ist bezüglich des Managements deutlich zu unterscheiden zwischen den Institutionen, die professionell geführt werden (z.B. eine staatliche Hochschule) und solchen Institutionen und Organisationen, die ehrenamtlich geleitet werden (z.B. der Förderverein einer Hochschule). Vor allem in letzteren ergeben sich besondere Herausforderungen an das Management, die in vielen Publikationen über Nonprofit-Management im Vordergrund stehen. Dazu gehören beispielsweise die Einbeziehung von ehrenamtlich tätigen Beiräten bei der Entscheidungsfindung oder die Motivation und Führung ehrenamtlichen Mitarbeiter. Da die ehrenamtlich geleitete Nonprofit-Organisation im Hochschulmanagement nur am Rande von Bedeutung ist, wird hier darauf nicht näher eingegangen; dazu wird auf die inzwischen recht vielfältige Literatur zur Vereins- und Verbandsarbeit verwiesen.

Hier steht dagegen die professionell geführte Nonprofit-Organisation im Mittelpunkt. Sie ist in vielem mit einem auf Kommerz ausgerichteten Unternehmen identisch, unterscheidet sich aber dennoch erheblich durch die fehlende Gewinnabsicht. In einem auf Gewinnerzielung ausgerichteten Unternehmen wird der Unternehmenserfolg letztlich am Gewinn gemessen. Auch ein Unternehmen, das hinsichtlich seines Marketings, seiner Mitarbeiterführung oder seiner Produkte in allen Rankings die vorderen Plätze belegt, kann ohne einen halbwegs regelmäßigen Gewinn nicht überleben. Das bedeutet für das Profit-Management, dass alle Planungen, Entscheidungen und Aktivitäten letztlich an der Frage auszurichten sind, ob sie zu einer Verbesserung der Gewinnsituation führen oder nicht. Von diesem Druck sind staatliche Hochschulen frei; ihr Erfolg misst sich an anderen Kriterien als dem Gewinn. Dennoch gibt es große Gemeinsamkeiten zwischen einem Profit-Unternehmen und einer Nonprofit-

Organisation wie beispielsweise einer staatlichen Hochschule. Das betrifft vor allem die Ausrichtung auf strategische und operative Ziele, die Mitarbeiterführung und das Personalmanagement, die Kostensteuerung sowie das Marketing.

Doch darf damit nicht der Eindruck entstehen, Profit-Management spiele im Hochschulbereich überhaupt keine Rolle. Zum einen gibt es private Hochschulen, die wie Wirtschaftsunternehmen auf Gewinn ausgerichtet sind und es gibt zum anderen an vielen Hochschulen kommerzielle Tochterunternehmen. Das gilt zum Beispiel für Weiterbildungsakademien, die nicht selten als Gesellschaft mit beschränkter Haftung geführt werden, in der die Hochschule der alleinige Gesellschafter ist. Auch die Vermietung von Räumen, der Verkauf bestimmter Dienstleistungen sowie die Nutzung von Patenten und Rechten der Hochschule werden nicht selten über Tochterunternehmen angeboten, die als Profit-Organisationen agieren (vgl. Abschnitt 3.3.2).

1.5   Manager der Hochschule

Als Manager bezeichnet man Personen, die in Führungsfunktionen auf das Verhalten von Menschen einwirken, damit durch deren Arbeit und Mitwirkung Ziele des Unternehmens erreicht werden. Wenn man den Begriff Management solchermaßen definiert und eingrenzt, stellt sich die Frage, welche Personen in einer Hochschule als Teil des Hochschulmanagements – jetzt als Institution verstanden – bezeichnet werden dürfen.

Erstes Merkmal ist die Wahrnehmung von Führungsfunktionen. Ganz sicher verlangt auch die Leitung eines größeren Seminars gewisse Führungskompetenzen, doch handelt es sich nicht um eine Führungsfunktion, mit deren Hilfe Unternehmensziele erreicht werden. Zweitens wird eine Kompetenz (Zuständigkeit) vorausgesetzt, um auf das Verhalten Anderer einwirken zu können. Eine solche Kompetenz steht einem nachgeordneten Mitarbeiter der Verwaltung zweifellos nicht zu, weshalb auch er nicht als Manager bezeichnet werden darf. Drittens ist von den Zielen des Unternehmens die Rede und das meint, dass aus der Führungsfunktion heraus auch die Autorität gegeben sein muss, auf diese Ziele des Unternehmens entscheidenden Einfluss nehmen zu können.

In zahlreichen Untersuchungen (siehe dazu ausführlich Staehle 1994, S. 78-92) hat man die typischen Aufgaben von Managern in Wirtschaftsunternehmen empirisch erfasst. Sicher lassen sich diese Erhebungen nicht ohne weiteres auf das Hochschulmanagement übertragen, denn beispielsweise die Einbindung der verschiedenen Hochschulgruppen in einen demokratischen Entscheidungsprozess ist einem Wirtschaftsunternehmen weitgehend fremd. Dennoch können die in Wirtschaftsbetrieben erhobenen Aufgabenlisten für einen ersten Überblick über die Aufgaben und Tätigkeiten eines Hochschulmanagers mit entsprechenden Modifikationen herangezogen werden. Demnach sind folgende Kernfunktionen zu nennen:

- Führung (Ziele setzen, Strategien entwickeln, Ressourcen sichern, Personalauswahl, Personaleinsatz, Personalentwicklung)
- Planung und Organisation (Ziele in Planungen überführen, Strukturen entwickeln und umsetzen)

- Information, Kommunikation und Koordination (nach innen und außen)
- Entscheidungen treffen (Gremien leiten, Verhandlungen führen, Ressourcen zuteilen, Krisenmanagement)

Doch weil diese Aufgabengruppen auf jene Personen, die man allgemein zum Management rechnet, unterschiedlich verteilt sind, unterscheidet man in der Praxis verschiedene Managementebenen. Es sind dies das Top Management, das Middle Management und das Lower Management. Das Top Management bestimmt die langfristigen strategischen Ziele und trifft Entscheidungen, die die gesamte Hochschule betreffen. Diese Position nimmt in einer Hochschule der Rektor ein, je nach Ausprägung der Unternehmenskultur auch das Rektorat (einschließlich dem Kanzler). Das Middle Management zeichnet sich dadurch aus, dass es ähnliche Kompetenzen wie das Top Management hat, aber nur für einen Teilbereich. In einem Wirtschaftsbetrieb sind dies die Abteilungsdirektoren oder Dezernenten, in einer Hochschule umfasst das Middle Management die Dekane und Fakultätsvorstände. Sofern es eine institutionalisierte Form der Zusammenarbeit mit dem Rektorat gibt (erweitertes Rektorat), kann man die Dekane auch zum Top Management rechnen. Die Mitglieder des Middle Managements arbeiten eng mit dem Top Management zusammen; sie sind potentielle Kandidaten für Nachfolgepositionen in der Hochschulleitung. Das Lower Management ist mit der unmittelbaren Steuerung von operativen Aufgaben befasst. In einer Hochschule werden operative Aufgaben von den Instituten wahrgenommen, d.h. sie regeln den Lehrbetrieb und nehmen fächerbezogene Forschungsaufgaben wahr. Folglich gelten die Institutsleiter als Vertreter des Lower Managements einer Hochschule.

Damit ergibt sich auch für die Hochschulen ein dreistufiges Management, wie es auch in Wirtschaftsbetrieben gängige Praxis ist:

Top Management	Rektor (einschl. Prorektoren und Kanzler)
Middle Management	Dekane (einschl. Prodekane und Studiendekane)
Lower Management	Institutsleiter (einschl. Stellvertreter sowie Leiter von größeren Forschungsprojekten mit mehreren Projektmitarbeitern)

In der Fachliteratur wird gern darauf hingewiesen, dass ein Managementhandeln immer ein Handeln unter Risiko sei, d.h. jede Entscheidung birgt auch die Gefahr des persönlichen Scheiterns in sich. Ein schwer wiegender Managementfehler kann die Entlassung des Managers zur Folge haben. Daraus wird im Umkehrschluss gefolgert, dass nur derjenige als Manager bezeichnet werden könne, der im Falle einer Fehlentscheidung mit persönlichen Konsequenzen zu rechnen habe. Daraus wiederum könne man ableiten, dass Beamte eines Ministeriums oder einer anderen Behörden, die sich auf Lebenszeit in einem Dienst- und Treueverhältnis zu ihrem Dienstherrn befinden, kaum als Manager bezeichnet werden können.

Dem kann man im Grundsatz zustimmen, denn in der Tat unterscheidet sich das Dienst- und Treueverhältnis eines Beamten deutlich vom Selbstverständnis und den Aufgaben eines Managers. Der Beamte hat den Auftrag, Gesetze und andere Vorgaben des Gesetzgebers und der Regierung umzusetzen und zu überwachen, während es Aufgabe des Managers ist, die Zukunftsfähigkeit seines Unternehmens zu sichern. Im Hochschulbereich stellt sich die Situ-

ation allerdings differenzierter dar. Die Hochschullehrer auf den eben aufgezählten Managementebenen einer Hochschule sind zwar häufig Beamte auf Lebenszeit, doch in ihre Funktion als Manager sind sie in der Regel zeitlich befristet gewählt. Nach dem neuen Besoldungsrecht (W-Besoldung) erhalten sie für diese Ämter in der Hochschulselbstverwaltung
zudem eine Funktionszulage. Sie sind also durchaus mit dem Risiko tätig, ihr Wahlamt zu
verlieren und mit dem Verlust der Funktionszulage auch finanzielle Nachteile hinnehmen zu
müssen. Dies gilt in besonderem Maße für solche Rektoren und Dekane, die als Externe in
ihr Amt gewählt wurden; für sie ist eine mögliche Abwahl mit erheblichen wirtschaftlichen
Nachteilen verbunden. Folglich ist es durchaus gerechtfertigt, im Hochschulbereich von
Managern und damit auch von Hochschulmanagement zu sprechen.

Ein zweiter Einwand gegen die Benennung von Rektoren, Dekanen und Institutsleitern als
Hochschulmanager stützt sich darauf, dass der Manager angeblich immer gewinnorientiert
tätig werde, während eine Hochschule grundsätzlich nicht auf Gewinn ausgerichtet sei. Es ist
richtig, dass die Erwirtschaftung von Gewinnen für einen Manager in Wirtschaftsbetrieben
einen sehr hohen Stellenwert hat. Doch ist die Erwirtschaftung von Gewinnen nur ein Ziel
von mehreren möglichen Zielen im Managementhandeln. Ein gemeinnütziges Unternehmen
wie beispielsweise das Rote Kreuz oder jede beliebige Stiftung darf überhaupt keine Gewinne erzielen und muss doch nach allen Regeln eines betriebswirtschaftlichen Managements
geführt werden. Entscheidendes Kriterium für jedes Managementhandeln ist vielmehr die
Orientierung an Zielen. Ein solches Ziel kann der Unternehmensgewinn sein, aber auch der
wirtschaftliche Einsatz von Stiftungserträgen im Sinne des Stifters oder – im Hochschulbereich – die Optimierung der Leistungsfähigkeit einer Hochschule im Sinne ihres Bildungs-
und Forschungsauftrags. Es gilt allein die Grundregel: Managementhandeln ist zielorientiertes Handeln! Womit sogleich deutlich wird, dass die Definition von Zielen zu den herausragenden Managementaufgaben gehört. Dort, wo eine Hochschule nur verwaltet wird und
keine Ziele angestrebt werden, die über das Hier und Jetzt des Hochschulalltags hinausgehen, kann man kaum von einem Hochschulmanagement sprechen.

Bei aller Vergleichbarkeit zwischen dem Management in Wirtschaftsbetrieben und dem
Management in Hochschulen, darf doch auch das Trennende nicht übersehen werden. Hochschulen erfüllen immer noch vorrangig eine gesellschaftliche Aufgabe zum Nutzen des Ge-
meinwohls, weil sie jungen Menschen Ausbildung und Bildung vermitteln sowie eine zwar
auf einen Nutzen, nicht aber eine auf Gewinn ausgerichtete Forschung betreiben. Deshalb ist
es erforderlich, sich vor der weiteren Erörterung des Managementhandelns zunächst mit dem
Gegenstand des Hochschulmanagements, nämlich mit den Hochschulen selbst näher zu befassen.

2 Hochschulbetrieb

Hochschulmanagement bezieht sich auf die Steuerung von Hochschulen, doch ist es nicht ganz leicht, den Gegenstand von Hochschulmanagement, also die Hochschulen, einheitlich zu erfassen. Zu den Hochschulen zählen sowohl kleine Einheiten mit nur 200 Studierenden als auch Bildungsbetriebe mit einer Zahl von Studierenden und Beschäftigten, die zusammen eine beachtliche Mittelstadt bilden könnten. Manche Hochschulen wurden bereits im Mittelalter gegründet, andere sind erst in jüngster Vergangenheit entstanden. Die meisten Universitäten verfolgen das Ziel, alle Fächer zu vertreten, doch gibt es auch Hochschulen, die sich über eine klare Spezialisierung international positionieren konnten. Während eine Gruppe von Hochschulen auf die Anpassungsfähigkeit im Rahmen gewachsener Strukturen verweist, definieren sich andere Hochschulen ganz klar als Reformhochschulen, die ihre Zukunftsfähigkeit aus der Überzeugung ableiten, alte Zöpfe endlich abschneiden zu müssen.

Wann immer von Hochschulen die Rede ist, hat man es also mit einer erstaunlichen Vielfalt und Differenziertheit zu tun. Folglich sind einige Anmerkungen zur Entwicklung der deutschen Hochschulen, deren Arten und Zielsetzungen sowie zu deren Strukturen erforderlich.

2.1 Von der Gelehrtenschule zum Unternehmen Hochschule

Die ältesten Universitäten stammen noch aus dem Mittelalter; sie gehen zum Teil auf private und klösterliche Gelehrtenschulen zurück, die sich neben der Theologie vor allem der Rechtslehre und der Medizin widmeten. Im 12. und 13. Jahrhundert erhielten mehrere dieser Gelehrtenschulen in Italien, Frankreich und England kaiserliche und päpstliche Privilegien wie Satzungsrecht, Lehrfreiheit und eine eigene Gerichtsbarkeit. Seitdem spricht man von autonomen Universitäten. 1348 wurde nach diesen Vorbildern die erste deutsche Universität in Prag gegründet; 1386 folgte in Heidelberg die erste Universitätsgründung auf dem Gebiet der heutigen Bundesrepublik Deutschland. Innerhalb weniger Jahre kam es im deutschsprachigen Raum zu zahlreichen weiteren Neugründungen.

Während die frühen Universitäten in Italien und Frankreich kirchliche Gründungen waren, gingen die Universitätsgründungen des 14. und 15. Jahrhunderts im deutschen Sprachraum von den Landesfürsten aus. Weil der Staat ein Interesse daran hatte, die Rechtsprechung auf eine einheitliche Basis zu stellen, förderte er über eigene Hochschulen die Ausbildung von Juristen. Auch war die Ausbildung von Lehrern unumgänglich, wenn die Gruppe der Lese- und Schreibkundigen vergrößert werden sollte. Zudem diente eine Universität auch bald dem

Zweck, das Ansehen des Fürstentums zu mehren und sich im Wettbewerb der Herrschafts-
häuser zu positionieren.

Allerdings war die Gründung einer Universität für den Landesherrn auch mit erheblichen
Verpflichtungen verbunden. Der Landesfürst musste seine Universität „wirtschaftlich absi-
chern und ihr dazu – einen geordneten Haushalt des Landes gab es ja noch nicht – Einkünfte
sichern, welche die Einnahme ergänzten, die man von den Scholaren erzielen konnte, und er
musste schließlich für die Reputation seines Unternehmens sorgen, indem er ihm, wie im
Mittelalter und früher Neuzeit üblich, greifbare Privilegien verlieh" (Ellwein 1992, S. 31).
Um die wirtschaftliche Überlebensfähigkeit zu sichern, erhielten die Universitäten wirtschaftlich nutzbaren Grundbesitz, Bauernhöfe und sogar ganze Dörfer. Für die Universität
Leipzig wird beispielsweise berichtet, dass sie im 15. Jahrhundert zum Teil aus Besitzungen
in Schlesien finanziert wurde (ebda. S. 31f.).

Neben Immobilien und Stiftungen bildeten auch die vom Papst oder vom Kaiser verliehenen
Privilegien eine wichtige Einnahmequelle. Neben gewissen Bequemlichkeiten – Professoren
waren beispielsweise von Einquartierungen des Militärs im Kriegsfall befreit – zählte dazu
häufig auch das Recht, Schankwirtschaften und Apotheken zu betreiben. So heißt es in den
Universitätsprivilegien des Kurfürsten von Hannover über die Universität Göttingen, man
habe der Universität „erlaubet, einen eigenen Wein- und Bier-Keller, wie auch eine eigene
Apotheke zu halten, deren Administration oder Verpachtung zu der Administration der übrigen fundi academiae gehöret"[3].

Die Privilegien – dazu gehörte auch eine aktive Beteiligung an der staatlichen Rechtsprechung – und die relative wirtschaftliche Unabhängigkeit führten dazu, dass eine Universität schon im späten Mittelalter innerhalb der Stadtgesellschaft ihre eigene Welt bildete. Sie
hatte ihre eigenen Regeln und Traditionen, was sich zum Beispiel in einer eigenen Tracht,
den Talaren, ausdrückte. Sie hatte eine eigene Verwaltung und sie hatte als Vorzeigeobjekt
eines modernen Landesherrn ein erhebliches politisches Gewicht. Folglich „genoss sie als
Institution fürstlichen Rang – deshalb die Insignien der Rektorenwürde – und vermittelte
ihren Absolventen einen herausgehobenen Rang in der Gesellschaft" (Ellwein 1992, 33).

In Folge der Reformation kam es im 16. Jahrhundert allein im deutschen Sprachraum zu
etwa 50 Universitätsneugründungen, weil nun auch die evangelischen Landesherren ihre
eigenen, protestantisch ausgerichteten Universitäten haben wollten. Zudem standen in den
evangelischen Fürstentümern auch Mittel aus säkularisierten Stiftungen und anderem Kir-
chenvermögen zur Verfügung, um solche Universitäten zu finanzieren. Damit verbesserten
sich die finanziellen Rahmenbedingungen vor allem für die protestantischen Universitäten
erheblich.

Bemerkenswert ist auch, dass es schon im 18. Jahrhundert erstmals zu einer Spezialisierung
von Universitäten kam und damit Hochschulen gegründet wurden, die die Idee einer Vermittlung des universalen Wissens für sich nicht mehr in Anspruch nahmen. So entstanden

---

[3]   Chur-Braunschweigisch-Lüneburgische Landes-Ordnungen und Gesetze Erster Theil worinnen enthalten Caput
      primum von Kirchen- Clöster- Universitäts- Schul- Ehe und anderen Geistlichen Sachen. Zum Gebrauch der
      Fürstenthümer, Graff- und Herrschaften Calenbergischen Theils, Göttingen 1739, S. 713ff.; zitiert nach Ellwein
      (1992), S. 70

1765 in Freiberg und 1775 in Clausthal Bergakademien (beide heute Technische Universitäten), 1773 wurde die Kunstakademie in Düsseldorf gegründet und ab 1774 gab es in Kaiserslautern eine erste Kameralhochschule zur Ausbildung von Staatsbeamten für das Haushalts- und Finanzwesen, die aber schon bald nach Heidelberg verlegt wurde.

Doch konnten die Universitäten des Mittelalters zum Ende des 18. Jahrhunderts nicht mehr überzeugen. Die Universitäten waren Ausbildungsinstitute, die nicht selten eher der Oberstufe eines Gymnasiums als den heutigen Lehr- und Forschungsinstituten glichen. Die Universitäten vermittelten ein Wissensfundament, auf das der Einzelne im Laufe seiner beruflichen Praxis aufbauen konnte. Aber von der Qualifikation von Spezialisten waren die damaligen Absolventen weit entfernt, wenn sie – in der Regel im Alter von 19 oder 20 Jahren – die Universität mit einem Doktortitel verließen.

Es kann deshalb nicht verwundern, dass sich die Universitäten um 1800 in einer tiefen Krise befanden. Für Wilhelm von Humboldt (1767-1835), zu Beginn des 19. Jahrhunderts in Preußen zuständig für das Kultus- und Unterrichtswesen, bestand aber ein Reformbedarf nicht nur im Hochschulbereich, sondern auf allen Ebenen des Bildungswesens. Humboldt unterschied deshalb erstmals zwischen einer Elementarschule, einem Gymnasium und der Universität und führte die Differenzierung zwischen allgemeiner und beruflicher Bildung ein.

1810 gründete Wilhelm von Humboldt die später nach ihm benannte Universität zu Berlin, die sich durch die Einheit von Forschung und Lehre auszeichnete. Dieses Humboldt'sche Reformmodell der Einheit von Forschung und Lehre sollte bald für alle Universitäten in Deutschland zum Maßstab werden. Doch war die neue Universität keineswegs ein Elfenbeinturm der Wissenschaft, wie dies manchmal heute dargestellt wird, denn Humboldt war als Staatsbeamter und Politiker durchaus daran interessiert, mit der Universitätsreform auch die Bedürfnisse des Staates zu befriedigen. Die Landesherren nämlich waren vorrangig an der Ausbildung von qualifizierten Beamten im Bereich der Rechtsprechung, des Schulwesens, der Land- und Forstwirtschaft, der Medizin, aber auch in den kirchlichen Berufen interessiert; folglich musste die Universität auch Entsprechendes leisten. Das geschah einerseits durch eine praxisorientierte Struktur – die mittelalterliche Artistische Fakultät wurde nun zur Philosophischen Fakultät, aus der vor allem Lehrer hervorgingen – sowie durch die Einbeziehung neuester naturwissenschaftlicher Forschungsmethoden wie Experimente und Empirie in die Lehre und Forschung. Nicht zuletzt kam es als Folge der Reform auch zur Gründung berufsbezogener und fachgebundener Hochschulen, wie dies in Frankreich bereits mit Erfolg praktiziert wurde.

Allerdings führte die Reform auch zu erhöhten Kosten. Da sich die Universitäten den aufstrebenden Naturwissenschaften und der naturwissenschaftlich orientierten Medizin öffneten, mussten Labors und Werkstätten sowie Kliniken eingerichtet werden. Mit der Differenzierung in Technische Hochschulen, Bergakademien und Land- und Fortwirtschaftliche Hochschulen gingen weiter steigende Kosten einher. Dies hatte zur Folge, dass die Universitäten und Hochschulen sich schon Mitte des 19. Jahrhunderts nicht mehr allein aus ihren eigenen Einnahmen finanzieren konnten und damit zunehmend zu Antragstellern bei ihren Landesherren wurden. Dadurch verloren sie einen beträchtlichen Teil ihrer Autonomie, weil nun Ministerialbeamte über den Umweg der Finanzierung des Universitätshaushalts ein entscheidendes Wort mitzureden hatten, wenn es um Fragen der Ausstattung oder um die Berufung angesehener Wissenschaftler ging. Damit war jenes Spannungsverhältnis zwischen der traditionellen Hochschulautonomie und dem staatlichen Zugriffsrecht entstanden, dass noch heute zu den Kernproblemen einer Hochschulführung zählt.

Ohne hier auf weitere Details in der recht lebhaften Entwicklung des Bildungs- und Hochschulwesens im 19. Jahrhundert einzugehen, sind doch zwei Ergebnisse festzuhalten, die bis heute nachwirken. Während die Universitäten einen allgemeinen, vom unmittelbaren Nutzen weitgehend freien Bildungsbegriff vertraten, der sich am stärksten im Konzept vom humanistischen Gymnasium und der Philosophischen Fakultät zeigte, stand dem am Ende des 19. Jahrhunderts in der Bildungspolitik der Begriff der zweckorientierten Ausbildung gegenüber. Die Ausbildung, die vor allem die berufliche Ausbildung umfasste, hatte einen deutlich niedrigeren Stellenwert als die Bildung, wie sie die privilegierten Schichten an den humanistischen Gymnasien und den Universitäten genossen. Ähnlich ist die Unterscheidung zwischen der angeblich allein um Wahrheit ringenden Wissenschaft, wie sie scheinbar nur die Universität Humboldt'scher Prägung vertritt und der naturwissenschaftlich orientierten Forschung in den technischen Universitäten und Spezialhochschulen zu sehen. Beide Begriffspaare (Bildung/Ausbildung und Wissenschaft/Naturwissenschaft) beherrschten über Jahrzehnte hinweg die bildungs- und hochschulpolitische Diskussion des 19. Jahrhunderts (dazu ausführlich Menze 1975). Diese Diskussion konnte aber nicht verhindern, dass es in der zweiten Hälfte des 19. Jahrhunderts zur Gründung zahlreicher Technischer Hochschulen kam. Sie allein waren in der Lage, den in der Zeit der Industrialisierung wachsenden Bedarf an Ingenieuren und Naturwissenschaftlern abzudecken.

Während der Weimarer Republik stagnierte die Entwicklung der Universitäten und Hochschulen; es kam nur zu wenigen Universitätsneugründungen. Vor allem kam es nicht ansatzweise zu einer inneren Reform der Hochschulen, obwohl man nun in einer demokratischen Republik lebte. Dagegen flammte der alte Streit zwischen dem Bildungsauftrag der Universitäten und dem Ausbildungsauftrag in berufsorientierten Spezial-Hochschulen am Beispiel der Lehrerbildung wieder auf. Um die schulische Bildung in den Volksschulen zu verbessern, wurden vielerorts die bestehenden Akademien für Lehrerausbildung in Pädagogische Hochschulen umgewandelt. 1926 entstanden Pädagogische Hochschulen in Bonn, Elbing, Kiel, Leipzig und Rostock; bis 1936 folgten mehr als 30 weitere Pädagogische Hochschulen. Ähnlich war die Entwicklung bei den Kunst- und Musikhochschulen. Nach wenigen Neugründungen schon im 19. Jahrhundert (u.a. in Berlin, Stuttgart und München), folgten etwa zehn weitere Kunst- und Musikhochschulen in der ersten Hälfte 20. Jahrhunderts.

Die Zeit des Nationalsozialismus war auch für die deutschen Hochschulen eine Zeit großer Beeinträchtigungen und schwerer Rückschläge. Mit Hilfe der so genannten „Gleichschaltungsgesetze" von 1933 wurden auch die Hochschulen auf die nationalsozialistische Linie verpflichtet, was zusammen mit dem „Gesetz gegen die Überfüllung deutscher Schulen und Hochschulen" von 1933 zur Entlassung zahlreicher jüdischer Hochschullehrer führte. Mit dem 1939 beginnenden Krieg und den daraus folgenden Einberufungen zur Wehrmacht, schrumpften die Hochschulen weiter und erreichten bald nur noch die Größenordnungen des 19. Jahrhunderts. Doch waren die Nationalsozialisten eher bildungsfeindlich eingestellt und konnten der Idee einer Hochschule nicht viel abgewinnen. Folglich beeinflussten sie die Hochschulen in ihren inneren Strukturen nur wenig. Selbst das Ziel, an den Hochschulen das

Führerprinzip einzuführen und die Rektoren als Führer zu titulieren, wurde nur halbherzig umgesetzt. Umso mehr muss es befremden, dass sich die deutschen Hochschulen nicht stärker gegen den Nationalsozialismus und gegen das verbrecherische Treiben Hitlers engagiert haben.

Doch selbst nach dem Ende des Zweiten Weltkriegs und dem Ende der Nazi-Herrschaft blieb die im Rückblick zu erwartende Erneuerung der Hochschulen aus. Vielmehr bestand offensichtlich eine große Bereitschaft, recht schnell wieder zur Tagesordnung überzugehen. Wie auch in der Kultur, wo man sich nach 1945 wieder auf den Kulturbegriff der Kaiserzeit stützte (Heinrichs 1997, S. 22f.), suchte man auch im Hochschulwesen den direkten Anschluss an die Tradition des Bildungsbürgertums des 19. Jahrhunderts. Dass dies in der jungen Generation zu Irritationen führen musste, die sich in den Studentenprotesten von 1968 entluden, kann kaum verwundern.

Doch während in den westdeutschen Besatzungszonen die Hochschulen weitgehend in den traditionellen Strukturen wieder aufgebaut wurden, nutze man in der sowjetischen Besatzungszone die Gelegenheit, um die Hochschulen auf die sozialistische Ideologie einzustimmen. Dem diente erstens eine Vereinheitlichung des Bildungsangebots, um bildungsbedingte soziale Unterschiede zu vermeiden und zweitens eine Koppelung der persönlichen Entwicklung mit der staatlich gelenkten Bildung und Ausbildung. Ein weiteres Ziel in der 1949 gegründeten DDR war der Zugang zum Studium für begabte Kinder aus Arbeiter- und Bauernfamilien, um das bestehende bürgerliche Bildungsprivileg zu unterlaufen. Damit einher ging die spätere Zulassung von berufserfahrenen Studenten, d.h. der Zugang zur Hochschule über eine berufliche Tätigkeit war in der DDR eher die Regel als die Ausnahme. Dem dienten auch die allgemeinen Oberschulen, von denen aus über eine Berufsausbildung der Zugang an eine Hochschule möglich war. Damit unterschied sich der Hochschulzugang in der DDR deutlich von dem in der BRD.

Strukturell fällt auf, dass die DDR zwar etliche neue Universitäten gründete, diese aber oft hoch spezialisiert nur auf ein Fach ausgerichtet (z.B. die Universität für Seefahrt in Warnemünde) und folglich nur sehr klein waren. Dagegen war die Personalausstattung durchweg sehr großzügig. Von der staatlichen Arbeitsplatzsicherung – der Sozialismus kennt keine Arbeitslosigkeit – konnten offensichtlich auch die Hochschulen sehr profitieren, was sich nach der Deutschen Einheit noch als ein nur schwer zu bewältigendes Problem von Überkapazitäten erweisen sollte.

Da auch im Westen mit der Bundesrepublik eine neue Staatsform und mit der Demokratie auch eine neue Gesellschaftsform entstanden war, wäre dort eigentlich ebenfalls eine Reform des Hochschulwesens erforderlich gewesen. Stattdessen orientierte man sich sehr schnell wieder am erfolgreichen Modell der deutschen Hochschulen, wie es sich seit Humboldt rund 150 Jahre lang bewährt hatte. Das entsprach zwar nicht dem Selbstverständnis einer auf Zukunft und Innovation ausgerichteten geistigen Elite, hatte aber den unverkennbaren Vorteil, dass der Hochschulbetrieb sehr schnell wieder an Fahrt gewann. 1959 kamen auf 10.000 Einwohner 33 Studenten, während es 1933 nur 12 Studenten waren (Ellwein 1992, S. 232 und 244). Um der steigenden Nachfrage gerecht werden zu können, wurden ab Mitte der 1960er Jahre die bestehenden Hochschulen weiter ausgebaut; dagegen verzichtete man vorerst noch auf Neugründungen.

Obwohl eine Bildungsreform zunehmend unumgänglich schien und Schlagworte wie „Bildungskatastrophe" (Georg Picht) und „Bürgerrecht auf Bildung" (Ralf Dahrendorf) die bildungspolitischen Diskussionen beherrschten, beschäftigten sich die Hochschulen doch lieber weiterhin mit ihrem Leib- und Magenthema, nämlich der Unterscheidung zwischen Bildung und Ausbildung. Noch 1969 war die Rektorenkonferenz der Auffassung, „daß es der Tradition der wissenschaftlichen Bildung in Deutschland widerspricht, wenn eine wissenschaftliche Hochschule von vornherein auf die praktische Notwendigkeit eines bestimmten Berufes ausgerichtet ist" (Hennis 1969, S. 22).

Doch bekanntlich ließ sich die Reform des Bildungswesens und speziell die Reform der Hochschulen nicht länger aufhalten. Die Studentenbewegung von 1968 erzwang eine Demokratisierung der hochschulinternen Abläufe. Die Ordinarienuniversität alter Prägung, in der allein die Lehrstuhlinhaber das Sagen hatten, wurde durch die so genannte Gruppenuniversität abgelöst, in der alle an der Universität tätigen Gruppen – Professoren, Dozenten, Assistenten, Verwaltungsmitarbeiter, Studenten – Mitspracherecht erhielten. Das früher vorherrschende Staatsexamen wurde vielfach durch ein Diplom oder einen Magister abgelöst, was den Einfluss des Staates auf die Lehre minderte. Da es in den 1970er Jahren unverzichtbar war, zu allem die „gesellschaftspolitische Relevanz" – ein damals häufig verwendeter Terminus – zu hinterfragen, orientierten sich Forschung und Lehre zunehmend an praktische Erfordernisse.

Diese Praxisorientierung wurde wenige Jahre später in einem völlig anderen Kontext von Bedeutung, als nämlich die auf Export ausgerichtete Industrie einen verstärkten Bedarf von Ingenieuren und Naturwissenschaftlern anmeldete. Damit war vollends der Weg gebahnt für die praxis- und berufsorientierten Fachhochschulen, die seither in großer Zahl entstanden sind. Ein Modell, das gleichsam Universität und Fachhochschulen miteinander versöhnen sollte, waren die Gesamthochschulen, die das Hochschulrahmengesetz in der Fassung von 1976 ermöglichte. Allerdings hat sich diese Hochschulart nicht bewährt, weshalb sie in der Novelle des Hochschulrahmengesetzes von 2003 wieder aufgegeben wurde. Andererseits gab es auch in der traditionellen universitären Form einige Reformhochschulen (Bremen, Konstanz, Bielefeld, Regensburg), die zum Teil sehr erfolgreich zeigen konnten, dass die alte Idee einer Universität keinesfalls überholt ist, sondern durchaus einen neuen und mutigen Ansatz verträgt.

Doch trotz aller Reformbemühungen der 1970er Jahre standen die Hochschulen am Ende des vergangenen Jahrhunderts vor einem Berg ungelöster Probleme. Die Universitäten hatten sich – vor allem in den alten Bundesländern – zu Massenuniversitäten entwickelt, in denen der persönliche Bezug zwischen Professor und Student vielfach zu einer Illusion geworden war. Das hatte erhebliche Auswirkungen auf die Studiendauer; Langzeit-Studenten wurden zu einem Dauerproblem der Universitätsverwaltungen. Weitaus attraktiver war dagegen das Studium an den deutlich kleineren Fachhochschulen mit relativ straffen Studienverläufen. Die Fachhochschulen hatten sich Ende der 1990er Jahre zwar endgültig gegenüber den Universitäten etabliert, doch blieb ihnen ihre Zweitrangigkeit (kein Promotions- und Habilitationsrecht) unübersehbar erhalten. Das strukturelle Problem wurde noch dadurch verschärft, dass alle Hochschulen unter einer chronischen Unterfinanzierung litten, was die indirekte Abhängigkeit von den Ministerien deutlich erhöhte. Wollte eine Hochschule die finanziellen

Rahmenbedingungen verbessern, musste sie sich auf die Akquisition von Drittmitteln konzentrieren. Drittmittel aber wurden vorwiegend für Forschungsprojekte bewilligt, weshalb nun die Lehre an Stellenwert verlor. Das wiederum verlängerte das Studium, erhöhte damit die Zahl der eingeschriebenen Studierenden und führte am Ende zu weiteren Kosten und einer erneuten Mittelknappheit, obwohl über die Drittmittel eigentlich das genaue Gegenteil erreicht werden sollte.

Diese Fülle von Problemen führte zu einem Reformstau, dem man nur noch durch relativ radikale Maßnahmen wie den einheitlichen europäischen Hochschulraum (so genannte Bologna-Beschlüsse), eine Revitalisierung der Hochschulselbstverwaltung durch Deregulierung und eine Reform des Besoldungsrechts bewältigen konnte. Davon wird im Detail in Kapitel 2.4 die Rede sein.

2.2   Die deutschen Hochschulen

Die Hochschulen sind Teil des Schul- und Bildungssystems, das in Deutschland nach dem Hamburger Abkommen von 1964 und dem Bildungsgesamtplan der Bund-Länder-Kommission von 1973 in drei Bereiche gegliedert wird. Hinsichtlich der zeitlichen Zuordnung der einzelnen Phasen gibt es einige länderspezifische Besonderheiten, die in den folgenden Klammerzusätzen angedeutet werden:

- Der Primarbereich umfasst die Grundschulen bis zur 4. Klasse; in Berlin und Brandenburg bis zur 6. Klasse.
- Der Sekundarbereich wird in zwei Phasen unterteilt. Zum Sekundarbereich I zählen Hauptschulen (5./7. bis 9./10. Schuljahr), Realschulen (5./7. bis 10. Schuljahr) und Gymnasien (5./7. bis 10. Schuljahr). Der Sekundarbereich II umfasst Gymnasien (11. bis 12./13. Schuljahr), Fachschulen, Fachoberschulen und Berufsfachschulen sowie – länderspezifisch – berufliche Gymnasien und Berufskollegs. In fast allen Bundesländern gibt es für die beiden Phasen der Sekundarstufe Formen von Gesamtschulen.
- Der tertiäre Bereich umfasst Hoch- und Fachhochschulen sowie Berufsakademien.

Ergänzend zum dreigliedrigen Schul- und Bildungssystem spricht der Bildungsgesamtplan von 1973 auch von einem Elementarbereich (ab dem 3. Lebensjahr) und einem vierten Bildungssektor (Erwachsenenbildung, Weiterbildung).

Die bis heute gebräuchliche Gliederung erwies sich allerdings für internationale Zwecke als ungeeignet. Deshalb wurde bereits in den siebziger Jahren des vorigen Jahrhunderts von der UNECSO das Klassifikationssystem ISCED (International Standard Classification of Education) entwickelt und 1975 auf der International Conference of Education in Genf verabschiedet, das auch eine internationale Vergleichbarkeit von Bildungssystemen ermöglicht. Es wurde zuletzt 1997 überarbeitet und ist Grundlage aller internationalen Vergleichsuntersuchungen. Es unterscheiden sieben Ebenen (Levels):

ISCED (International Standard Classification of Education)

ISCED-Level 0 (Elementarstufe, Kindergarten und Vorschule)

ISCED-Level 1 (Primarstufe, Grundschule)

ISCED-Level 2 (Sekundarstufe I)

ISCED-Level 3 (SekundarstufeII)

ISCED-Level 4 (postsekundäre, nicht tertiäre Stufe wie Kollegs, Fachoberschulen)

ISCED-Level 5 (Tertiärstufe I)

      Level 5A (Bachelor-, Master-, Diplom- und Staatsexamensstudiengänge an Universitäten, Pädagogischen Hochschulen, Theologischen Hochschulen, Kunst- und Musikhochschulen sowie Fachhochschulen)

      Level 5B (Fachschulen/Fachakademien, Berufsakademien, Verwaltungsfachhochschulen, 2-3jährige Schulen des Gesundheitswesens).

ISCED-Level 6 (Tertiärstufe II, postgraduale Studiengänge, Promotion und Habilitation).

Die Unterteilung des tertiären Bereichs in die Level 5 und 6 kommt den Bedürfnissen der Hochschulen sehr entgegen, da im Level 6 in der Regel die Forschung angesiedelt ist, für die naturgemäß andere Strukturen und Ressourcen erforderlich sind als für den Bereich der Lehre im engeren Sinne. Damit wird Level 6 vorwiegend von den Universitäten angeboten. Gleichwohl schließt diese Gliederung nicht die Tatsache aus, dass auch Kunst- und Musikhochschulen inzwischen in vielen Bundesländern ein eigenständiges Promotions- und Habilitationsrecht haben und dass auch vielen Fachhochschulen nach dem jüngsten Hochschulrecht das Promotionsrecht zugestanden wird, wenn auch in der Regel nur in Kooperation mit einer Universität.

Als Hochschulen bezeichnet man verschiedene Einrichtungen des tertiären Bildungsbereichs bzw. der ISCED-Level 5 und 6 zur Pflege von Forschung und Lehre in den Bereichen der Wissenschaften und Künste. Sie zeichnen sich mindestens durch folgende Merkmale aus:

Merkmale einer Hochschule

- eigene Rechtspersönlichkeit (z.B. als Körperschaft des öffentlichen Rechts und zugleich staatliche Einrichtungen)
- eigenes Satzungsrecht
- Recht der Selbstverwaltung
- weitgehend eigenständige Auswahl der Mitglieder des akademischen Lehrkörpers

- Freiheit in Kunst und Wissenschaft, Forschung und Lehre nach Art. 5 Abs. 3 Grundgesetz (GG)
- in der Regel ein breites Fächerspektrum (vor allem an Universitäten)
- Recht zur Verleihung akademischer Grade
- Staatliche Rechtsaufsicht und – soweit staatliche Aufgaben wahrgenommen werden (z.B. im Gesundheitswesen) – auch staatliche Fachaufsicht

Hochschulangelegenheiten fallen unter die Zuständigkeitsvermutung von Art. 30 GG, d.h. sie sind Ländersache, soweit das Grundgesetz keine andere Regelung trifft. Die Zuständigkeit der Länder bezieht sich vor allem auf das Recht, staatliche Hochschulen zu gründen und aufzulösen, die rechtlichen Rahmenbedingungen zu setzen (z.B. in einem Landeshochschulgesetz) sowie die Rechtsaufsicht und – soweit die Hochschulen staatliche Aufgaben wahrnehmen – auch die Fachaufsicht auszuüben. Deshalb ist das Hochschulrecht in seiner Gesamtheit sehr komplex und lässt sich aus einer ganzheitlichen Sicht kaum noch darstellen (vgl. dazu ausführlich Hartmer/Detmer 2004). Da staatlichen Hochschulen zum größten Teil aus dem Staatshaushalt finanziert werden, haben die Länder auf die Hochschulangelegenheiten einen erheblichen Einfluss. Deshalb ist die viel gepriesene Hochschulautonomie eigentlich nur dort gegeben, wo unmittelbar Angelegenheiten der Lehre und Forschung berührt sind.

Hochschulen in privater oder kirchlicher Trägerschaft stehen zu ihren Trägern in einem ähnlichen Rechtsverhältnis wie die staatlichen Hochschulen zu den Ländern. Allerdings hat auch hier der Staat indirekt ein Mitspracherecht, wenn nämlich die private oder kirchliche Hochschule eine staatliche Anerkennung beantragt. Da die staatliche Anerkennung einem Gütesiegel gleichkommt und damit die von einer privaten Hochschule verliehenen Abschlüsse auch den Abschlüssen an staatlichen Hochschulen gleichgestellt sind, ist die Bereitschaft bei privaten Hochschulträgern, sich der Rechtsaufsicht des Staates zu unterstellen, vergleichsweise groß. Von den sehr restriktiven Regelungen über die staatliche Anerkennung privater Hochschulen sind die beiden großen Kirchen ausgenommen, soweit es die Ausbildung zu Priesterberufen betrifft.

Da die Bundesländer das Hochschulrecht in eigener Zuständigkeit regeln dürfen, ist allerdings die Gefahr gegeben, dass es zu einer unübersichtlichen Vielfalt kommt und damit in Deutschland zu uneinheitlichen Lebensbedingungen. Der Bund hat deshalb 1969 über eine Grundgesetzänderung in Art. 75 GG eine Rahmenkompetenz für das Hochschulwesen erhalten und 1976 kraft dieser Rahmengesetzgebungskompetenz im Einvernehmen mit den Ländern das Hochschulrahmengesetz (HRG) erlassen. Es regelt beispielsweise die Aufgaben der Hochschulen in Forschung und Lehre, die Zulassung zum Studium und die Arten der Studienabschlüsse, die Rechte der Mitglieder der Hochschulen sowie Vorgaben zur Anpassung des Landesrechts. Doch stieß das Hochschulrahmengesetz stets auf Kritik seitens der Länder und auch seitens der betroffenen Hochschulen, weil es länderspezifischen Lösungen immer im Weg stand. Im Rahmen der mit der ersten Föderalismusreform von 2006 angestrebten Deregulierung der konkurrierenden Gesetzgebung, wurde auch die Rahmengesetzgebungskompetenz des Bundes nach Art 75 Abs. 1 Ziffer 1a GG aus dem Grundgesetz gestrichen.

Dem Bund ist nur noch das Recht geblieben, im Rahmen der konkurrierenden Gesetzgebung Regelungen für die Bereiche Hochschulzulassung und Hochschulabschlüsse zu erlassen. Allerdings dürfen die Bundesländer selbst von diesen Vorschriften abweichen. Der Bund kann aber weiterhin bei Gemeinschaftsaufgaben und in der Forschungsförderung nach Art. 91b Abs. 1 GG im Einvernehmen mit den Ländern tätig werden.

Der Regelungsbedarf des HRG wurden inzwischen weitgehend über Spezialgesetze (z.B. das Professorenbesoldungsrecht, Einführung von Juniorprofessuren, Hochschulzulassung, gestufte Hochschulabschlüsse usw.) abgedeckt, so dass das HRG obsolet geworden ist. Die Bundesregierung hat deshalb 2007 ein Gesetz zur Aufhebung des HRG eingebracht, das allerdings noch nicht verabschiedet wurde.

Die deutsche Hochschullandschaft ist höchst umfangreich und äußerst differenziert. Das Statistische Bundesamt zählt fast 400 staatliche und staatlich anerkannte private oder kirchliche Hochschulen, die sich in sechs Hochschularten gliedern.

Hochschulart	Wintersemester		
	2006/07	**2007/08**	**2008/09**
Universitäten	102	104	104
Pädagogische Hochschulen	6	6	6
Theologische Hochschulen	15	14	14
Kunst- und Musikhochschulen	53	52	51
Fachhochschulen (ohne Verwaltungsfach-hochschulen)	176	184	189
Verwaltungsfachhochschulen)	30	31	30
Hochschulen insgesamt	**382**	**391**	**394**

Tab. 1 Anzahl der Hochschulen nach Hochschularten (Quelle: Statistisches Bundesamt)

Allerdings ist allein die Zahl der Hochschularten wenig aussagekräftig, da die Zahl der Studierenden an den jeweiligen Hochschularten höchst unterschiedlich ist; im statistischen Durchschnittswert schwankte sie im Wintersemester 2008/09 zwischen 12.898 Studierenden (Universitäten) und 187 Studierenden (Theologische Hochschulen). Deshalb ist die Zahl der Hochschulen immer nur zusammen mit der Zahl der Studierenden zu sehen:

Hochschulart	Wintersemester			Durchschnittliche Zahl der Studie-renden nach Hochschulart
	2006/07	2007/08	2008/09	
Universitäten	1 352 985	1 315 659	1 341 352	12.898
Pädagogische Hochschulen	21 869	20 195	20 033	3.339
Theologische Hochschulen	2 590	2 702	2 611	187
Kunst- und Musikhochschulen	31 100	30 519	31 977	627
Fachhochschulen (ohne Verwaltungsfachhochschulen)	541 924	546 013	572 751	3.030
Verwaltungsfachhochschulen	28 575	26 317	27 338	911
Hochschulen insgesamt	**1 979 043**	**1 941 405**	**1 996 062**	

Tab. 2 Studierende insgesamt nach Hochschularten (Quelle: Statistisches Bundesamt)

2.2.1 Universitäten

Trotz aller hochschulpolitischen Veränderungen der letzten Jahrzehnte stehen die Universitäten immer noch an der Spitze des Hochschulwesens in Deutschland. Wie bereits in Abschnitt 2.1 beschrieben, blicken die Universitäten auf eine lange Geschichte zurück. Vom Mittelalter bis in die Neuzeit waren Universitäten dadurch gekennzeichnet, dass an ihnen alle damals gelehrten Fächer vertreten waren. Das kommt auch in der Bezeichnung Universität zum Ausdruck, denn lat. ‚universitas' bezeichnet die „Gesamtheit (der Fächer)" und schließt damit alle Wissenschaftsgebiete mit ein. Noch heute gibt es zahlreiche Universitäten, die sich als so genannte Volluniversitäten verstehen und weiterhin das Ziel haben, dass möglichst alle Fächer an ihr vertreten sind.

Doch schon im 19. Jahrhundert kam es durch den Aufstieg der Naturwissenschaften, der Agrarwissenschaften und der Wirtschaftswissenschaften zu der heute üblichen Spezialisierung der Universitäten. So entstanden die Bergakademien (Freiberg 1765, Clausthal 1775, Leoben 1861), die Technischen Universitäten (z.B. Wien 1815, Zürich 1855, Braunschweig 1862, Karlsruhe 1865, München 1868, Aachen 1870, Stuttgart 1876, Darmstadt 1877), die agrarwissenschaftlichen Hochschulen (Hohenheim 1847, Wien 1872), die tier- und humanmedizinischen Universitäten (Hannover 1887, Wien 1896, Düsseldorf 1907) und im 20. Jahrhundert die Wirtschaftshochschulen (St. Gallen 1898, Mannheim 1907, Nürnberg 1919).

Um aber dennoch den Charakter einer Volluniversität möglichst lange beizubehalten, kam es im Laufe der Zeit zu so genannten Kleinen Fächern. Darunter versteht man solche Fächer, die an einer Universität entweder nur durch maximal drei Professoren vertreten werden oder die nur an 10 % aller deutschen Universitäten vorhanden sind. Die „Arbeitsstelle Kleine Fächer" der Universität Potsdam hat 2007 eine Dokumentation zu den so genannten „Kleinen Fächern" erstellt und dabei festgestellt, dass es ca. 120 heterogene Einheiten gibt, die diese Kriterien erfüllen, die aber hinsichtlich ihres Fachgebiets oft sehr groß sind (z.B. in den Kultur- und Sprachwissenschaften). Mit der Entschließung 'Die Zukunft der Kleinen Fächer - Potenziale, Herausforderungen, Perspektiven' hat sich die Hochschulrektorenkonferenz 2007 nachdrücklich für den Erhalt und eine verstärkte Förderung der Kleinen Fächer eingesetzt, da sie durch ihr oft hohes Renommee wesentlich zum wissenschaftlichen Profil und zur internationalen Wettbewerbsfähigkeit ihrer Hochschulen beitragen.

Universitäten zeichnen sich von allen anderen Hochschularten vor allem durch den Schwerpunkt Forschung aus. Dazu unterhalten alle Universitäten große Forschungsinstitute, Wissenschaftliche Zentren, Sonderforschungsbereiche und Graduiertenkollegs. Auch die Zusammenarbeit mit außeruniversitären Forschungseinrichtungen wie etwa den Max-Planck-Instituten spielt für die Universitäten eine große Rolle. Dieser Stellenwert der Forschung schlägt sich nicht zuletzt auch im hohen Personalbedarf nieder:

Personalgruppen	Anzahl	Anteile des Personals in Lehre und Forschung je Gruppen
Professoren	21.108	10,10 %
Dozenten und Assistenten	3.983	1,91 %
wiss. und künstl. Mitarbeiter	126.295	60,42 %
Lehrkräfte für besondere Aufgaben	4.897	2,34 %
Hauptberufliches Personal	**156.283**	**74,77 %**
Gastprofessoren, Emeriti	1.099	0,52 %
Lehrbeauftragte	35.300	16,89 %
Wiss. Hilfskräfte	16.171	7,74 %
Nebenberufliches Personal	**52.570**	**25,15 %**
Personal nicht zuzuordnen	169	0,08 %
Personal in Lehre und Forschung insgesamt	**209.022**	**100,00 %**[4]
Verwaltungsmitarbeiter	234.149	
Universitätspersonal insgesamt	**443.171**	

Tab. 3 Personalverteilung an Universitäten 2008 (eigene Berechnungen nach Daten des Statistischen Bundesamtes)

Auffallend ist der hohe Anteil der wissenschaftlichen und künstlerischen Mitarbeiter. Zusammen mit den Lehrkräften für besondere Aufgaben (z.B. Lektoren im Fremdsprachenunterricht), die man ebenfalls zum so genannten Mittelbau rechnet, machen sie etwa 63 % des gesamten Lehrpersonals aus. Dagegen stellen die Professoren, die entscheidend zur Außenwirkung einer Universität beitragen, nur 10 % des Lehrpersonals.

Anzumerken ist auch, dass vom gesamten Personal der Universitäten 234.149 Personen oder 52,8 % auf die Verwaltung entfallen. Allerdings ist zu berücksichtigen, dass davon etwa 140.000 Personen allein in den Kliniken tätig sind (Pflegepersonal usw.). Auf die Verwaltung im engeren Sinne entfallen etwas mehr als 70.000 Personen.

Doch haben sich die Universitäten nicht nur hinsichtlich ihrer Spezialisierung verändert, sondern vor allem in Bezug auf ihre Größe. Das Schlagwort „Massenuniversität" ist keineswegs aus der Luft gegriffen. 1,34 Mio. Studierende sind an deutschen Universitäten einge-

---

[4] In dieser wie auch in den folgenden Tabellen zur Personalverteilung ist zu berücksichtigen, dass die Statistik nur „Köpfe" zählt, also die Anzahl der Personen, nicht aber die Anzahl der tatsächlich geleisteten Unterrichtsstunden. Würde man von den Deputaten ausgehen, so würde eine andere Relation entstehen, da an allen Hochschularten die Deputate der verschiedenen Personengruppen unterschiedlich groß sind.

schrieben (siehe Tab. 2); das entspricht ziemlich genau der Einwohnerzahl von München. Allein die Humboldt-Universität Berlin, die Fernuniversität Hagen, die Universität zu Köln und die Ludwig-Maximilians-Universität München haben je mehr als 40.000 Studierende; neun weitere Universitäten zählen zwischen 30.000 und 40.000 Studierende. Aus dieser beeindruckenden Größe ergeben sich vor allem drei Probleme, nämlich die zunehmend anonyme Situation der Studierenden, die Ausrichtung auf die fachliche Breite im Sinne von ‚universitas‘ sowie die Komplexität der Steuerung.

Vor allem in den sehr stark nachgefragten Fächern ist jeder persönliche Kontakt zwischen Lehrenden und Studierenden oder gar eine persönliche Betreuung während des Studiums nahezu unmöglich geworden. Die in letzter Zeit deutlich gestiegene Nachfrage nach den so genannten „kleinen Fächern", also den Fächern mit nur wenigen Professoren- und Dozentenstellen, hängt sicher auch mit einer Flucht vor der Anonymität der Massenfächer zusammen. Eine Folge des anonymen Studierens ist eine Verschulung des Lehrbetriebs, weshalb die Umstellung des Studiums auf die stark durchstrukturierten Bachelor-/Master-Studiengänge den Bedürfnissen der Massenuniversitäten sehr entgegenkommt. Die betreute Entwicklung von Persönlichkeiten, wie sie noch im Humboldt'schen Bildungsbegriff zum Ausdruck kommt, ist heute vielfach nicht mehr möglich. Stattdessen werden abrufbares Wissen und Fachkenntnisse vermittelt, aber immer seltener Bildung, mit der die Fähigkeit verbunden sein sollte, sich auch in fachfremde Gebiete schnell einarbeiten zu können.

Das Anwachsen der Universitäten zu nur noch schwer steuerbaren Bildungsgiganten hat in jüngster Zeit erneut die Diskussion um den Sinn von Volluniversitäten aufleben lassen. Inzwischen sind nur noch wenige Universitäten echte Volluniversitäten, an denen alle Fächer – von den Geistes- und Sozialwissenschaften über die Medizin bis hin zu den Ingenieurwissenschaften – vertreten sind. Hinzu kommt, dass die Exzellenz-Initiative der Bundesregierung, die für die Universitäten nicht nur sehr prestigeträchtig, sondern auch finanziell äußerst attraktiv ist, die Spezialisierung geradezu herausfordert, weil Exzellenz am ehesten in einem Profilbereich erreicht werden kann. Eine Universität, die auf die Breite der Kompetenz ausgerichtet ist, wird es in einer solchen Konstellation immer schwer haben.

Die Größe der Universitäten, die hohe Zahl der Studierenden und damit auch die große Zahl der Universitätsangehörigen und Mitarbeiter macht eine Universität zu einem höchst komplexen und nur noch schwer steuerbaren Betrieb. Allein die Ludwig-Maximilians-Universität München, mit mehr als 44.000 Studierenden eine der größten Universitäten in Deutschland, zählt insgesamt (einschließlich Klinikum) 12.300 Beschäftige und verwaltet einen Etat von 1,1 Mrd. Euro (2007). Das entspricht der Einwohnerzahl einer Mittelstadt oder dem Umsatz eines mittelständischen Unternehmens. Dass es dennoch gelingt, solche „mittelständischen Unternehmen" mit einer heterogenen und schwerfälligen Gremienstruktur zu steuern und dass diese Steuerung von Personen verantwortet wird, die nur in Ausnahmefällen über Führungserfahrung in vergleichbar großen Betrieben verfügen, grenzt schon fast an ein Wunder.

2.2.2   Pädagogische Hochschulen

Die Pädagogischen Hochschulen sind hervorgegangen aus den Lehrerseminaren des 19. Jahrhunderts und den 1926 gegründeten „Akademien zur Lehrerausbildung". Im Rahmen der

Bildungsreform der 1960er Jahre wurden diese Seminare und Akademien in Pädagogische Hochschulen umgewandelt, denen man die Lehrerausbildung für die Primarstufe, für die Sekundarstufe I und für die Sonderschulen übertrug. Dagegen wurde die Lehrerausbildung für die Sekundarstufe II (Gymnasiallehrer) und für die Berufsschulen schon früh an den Universitäten gelehrt. Doch schon in den 1970er und 1980er Jahren kam es in fast allen Bundesländern zu einer Integration der gesamten Lehrerausbildung in die Universitäten, um eine Einheitlichkeit der Lehrerausbildung zu erreichen. Lediglich das Bundesland Baden-Württemberg hält bis heute an den Pädagogischen Hochschulen fest.

Pädagogische Hochschulen gab es auch in der DDR, die allerdings bis zur Deutschen Einheit 1990 nicht in Universitäten integriert waren. Deshalb konnten sich in einigen Bundesländern Ostdeutschlands die Pädagogischen Hochschulen auch nach 1990 noch eine Zeitlang halten, doch sind sie auch dort inzwischen vollständig in Universitäten integriert.

Pädagogische Hochschulen gibt es seit 1962 auch in Österreich, wo es neben den neun Öffentlichen Pädagogischen Hochschulen der Bundesländer auch mehrere Private Pädagogische Hochschulen gibt, die sich überwiegend in kirchlicher Trägerschaft befinden und Religionslehrer ausbilden. Auch die Schweiz kennt 16 Pädagogische Hochschulen, die 1995 im Rahmen einer Reform des Bildungswesens von den Kantonen gegründet wurden und die heute den Status von Fachhochschulen haben.

Ob es sinnvoller ist, die Lehrerausbildung in einer Hochschulart zu konzentrieren oder ob es geboten erscheint, die Lehrerausbildung für die Bildungsstufen, auf denen die Erziehung von Kindern Vorrang hat vor der Vermittlung von Wissen, in einer eigenen Hochschulart anzubieten, ist eine bildungspolitische Frage, die hier im Kontext von Hochschulmanagement nicht diskutiert werden kann. Doch fällt auf, dass Österreich erfolgreich das in den 1960er Jahren auch in Deutschland eingeführte Ausbildungssystem beibehalten und die Schweiz sich sogar vor nicht allzu langer Zeit der österreichischen und baden-württembergischen Tradition angeschlossen hat.

Die Pädagogischen Hochschulen in Baden-Württemberg sind nach einer Strukturreform in den 1990er Jahren heute den Universitäten weitgehend gleichgestellt. Sie besitzen Promotionsrecht (zum Dr. päd. und Dr. phil.) und Habilitationsrecht, sind in Fakultäten und Institute gegliedert und kennen Bachelor- und Master-Abschlüsse. Ein wesentlicher Unterschied zur Lehrerausbildung an den Universitäten besteht in der konsequenten Praxisorientierung. Schon während des Studiums haben die Studenten regelmäßig schulpraktischen Unterricht, der von Mentoren betreut wird.

Entsprechend der im Vergleich zu den Universitäten andersartigen Aufgaben unterscheidet sich auch die Zusammensetzung des Personals:

Personalgruppen	Anzahl	Anteile des Personals in Lehre und Forschung je Gruppen
Professoren	360	17,55 %
Dozenten und Assistenten	-	-
wiss. und künstl. Mitarbeiter	545	26,57 %
Lehrkräfte für besondere Aufgaben	228	11,12 %
Hauptberufliches Personal	**1.133**	**55,24 %**
Gastprofessoren, Emeriti	-	-
Lehrbeauftragte	823	40.13 %
Wiss. Hilfskräfte	95	4,63 %
Nebenberufliches Personal	**918**	**44,76 %**
Personal nicht zuzuordnen	-	-
Personal in Lehre und Forschung insgesamt	**2.051**	**100,00 %**
Verwaltungsmitarbeiter	673	
Hochschulpersonal insgesamt	**2.724**	

Tab. 4 Personalverteilung an Pädagogischen Hochschulen 2008 (eigene Berechnungen nach Daten des Statistischen Bundesamtes)

Die relativ niedrige Anzahl des gesamten Personals ergibt sich daraus, dass es zurzeit nur noch in Baden-Württemberg sechs Pädagogische Hochschulen gibt. Hier fällt der hohe Anteil des nebenberuflichen Personals auf, was der besonderen Nähe zur Praxis zu verdanken ist, denn viele Schullehrer unterrichten an den Pädagogischen Hochschulen als Lehrbeauftragte. Der Mittelbau ist mit rund 38 % deutlich kleiner als an den Universitäten und ist doch in den letzten beiden Jahrzehnten erheblich gewachsen. Noch bis Anfang der 1990er Jahre waren fast ausschließlich Professoren als hauptberufliches Lehrpersonal tätig; erst danach kam es durch eine Personalstrukturreform zu einem Abbau der Professorenstellen und einem entsprechenden Aufbau der Mittelbau-Stellen.

Die Pädagogischen Hochschulen leiden im Vergleich zu anderen Hochschularten unter zwei Besonderheiten. Weil sie Schulfächer wie Deutsch, Mathematik, Physik oder Musik vertreten, die es als wissenschaftliche Forschungs- und Studienfächer auch an den Universitäten gibt, bleibt den Pädagogischen Hochschulen wenig Spielraum für eine eigene fachwissenschaftliche Forschung, zumal ihnen auch die entsprechende Ausstattung dafür fehlt (Labors, Großgeräte, Fachbibliotheken usw.). Folglich bleibt ihnen als eigenständiger Schwerpunkt nur die fachdidaktische Forschung, die aber wiederum für viele potentielle Professoren wenig attraktiv ist. Obwohl die Professorenbesoldung sich kaum von der der Universitäten unterscheidet, fällt es den Pädagogischen Hochschulen schwer, namhafte Hochschullehrer mit einem fachwissenschaftlichen Renommee zu gewinnen.

Die zweite Besonderheit betrifft die starke Abhängigkeit von den Berufsaussichten in nur einem Berufsfeld, nämlich den Lehrerberufen. Leider ist die Bildungspolitik in Deutschland, soweit es die Lehrerberufe betrifft, von wenig Kontinuität geprägt. Gehen die Schülerzahlen zurück, wird sogleich zum Zwecke der Haushaltskonsolidierung ein Lehrereinstellungsstopp verkündet. Folglich entscheiden sich kaum noch Abiturienten für ein Lehramtsstudium. Wie kaum anders zu erwarten, fehlt wenige Jahre später der Lehrernachwuchs, weshalb fleißig dafür geworben wird, sich für ein Lehramtsstudium zu entscheiden. Die Folge ist, dass in einem Zyklus von fünf bis acht Jahren die Studierendenzahlen an den Pädagogischen Hochschulen entweder stark steigen oder dramatisch absinken. Manche Hochschule musste sich in solchen Zeit mit nur noch 30 % der durchschnittlichen Studierendenzahlen zufriedengeben. Zwar gibt es diesen Zyklus auch an den Universitäten, doch da dort das Lehramtsstudium nur ein Berufsprofil von vielen anderen Möglichkeiten ist, fällt der Zyklus dort nicht so sehr ins Gewicht. Die Pädagogischen Hochschulen in Baden-Württemberg haben deshalb in den vergangenen Jahren erhebliche Anstrengungen unternommen, um durch zusätzliche, nicht-lehramtsorientierte Studiengänge (Kulturmanagement, Medienmanagement, Erwachsenenbildung, Gesundheitspädagogik, Interkulturelle Bildung usw.) die Abhängigkeit von den Zyklen der Lehrerausbildung zu mildern.

2.2.3 Theologische und kirchliche Hochschulen

Die Theologischen Hochschulen unterscheiden sich von den anderen kirchlichen Hochschulen durch ihr Promotions- und Habilitationsrecht; sie sind vom Rang her den Universitäten gleichgestellt. Theologische Hochschulen in der Trägerschaft der katholischen Kirche werden in der Regel als Philosophisch-theologische Hochschulen bezeichnet. Abgesehen von der Katholischen Universität Eichstätt, die neben einer theologischen auch je eine philologische, mathematische und wirtschaftswissenschaftliche Fakultät hat, dienen die anderen Philosophisch-theologischen Hochschulen in erster Linie der Ausbildung von katholischen Geistlichen und Religionslehrern. Einige dieser katholischen Hochschulen befinden sich in der Rechtsträgerschaft von Bistümern (Fulda, Paderborn, Trier), andere in der Trägerschaft von Orden.

Dagegen hat die evangelische Kirche die Ausbildung von Theologen und Religionslehrern weitgehend in die theologischen Fakultäten der staatlichen Universitäten integriert. Auch die ehemals selbstständige und für die DDR so wichtige Evangelisch-theologische Fakultät Erfurt wurde 2003 in die Erfurter Universität eingegliedert. Soweit noch eine Selbstständigkeit gegeben ist (z.B. Kirchliche Hochschule Wuppertal/Bethel), bestehen enge Kooperationsvereinbarungen mit benachbarten Universitäten.

Eine kirchliche Hochschule mit Universitätsrang ist auch die Hochschule für Jüdische Studien Heidelberg.

Darüber hinaus gibt es noch 20 kirchliche Hochschulen, die den Rang von Fachhochschulen haben. Neben einigen katholischen Fachhochschulen, die zum Teil ebenfalls als Ordenshochschulen geführt werden, zählen dazu auf evangelischer Seite auch die kirchlichen Hochschulen in Bielefeld, Wuppertal, Neuendettelsau und Oberursel. Sie widmen sich der Ausbildung von Berufen im Sozialbereich und in der kirchlichen Gemeindearbeit. Auch acht Kunst- und Musikhochschulen sind in kirchlicher Trägerschaft; dabei handelt es sich in der Regel um relativ kleine Hochschulen für Kirchenmusik.

Laut HRK-Statistik waren im Wintersemester 2008/09 an den 40 Hochschulen in kirchlicher Trägerschaft zusammen 24.430 Studierende immatrikuliert. Davon entfallen mehr als 17.000 auf die 20 Fachhochschulen sowie – im universitären Bereich – etwa 4.500 Studierende allein auf die Katholische Universität Eichstätt. Dagegen kommen die acht Kunst- und Musikhochschulen in kirchlicher Trägerschaft zusammen gerade mal auf 318 Studierende. So sehr diese kleinen Hochschulen als Gegenmodell zur „Massenuniversität" zu begrüßen sind, stellt sich doch die Frage, ob an Einrichtungen mit zum Teil weniger als 30 Studierenden ein Hochschulleben mit einer Vielfalt von Wissen und Meinungen überhaupt möglich ist.

2.2.4   Kunst- und Musikhochschulen

Die Kunst- und Musikhochschulen werden im Hochschulrecht unter dem Oberbegriff „Kunsthochschulen" zusammengefasst. Dahinter verbergen sich die Hochschulen für Bildende Kunst (Kunstakademien), die Hochschulen für Musik (Musikhochschulen), von denen acht gleichzeitig auch Theaterhochschulen sind – mit den Bezeichnungen „Hochschulen für Musik und Theater" oder „Hochschulen für Musik und Darstellende Kunst" – sowie eine reine Theaterhochschule, nämlich die Ernst-Busch-Hochschule in Berlin. An einigen Standorten sind die Kunst- und Musikhochschulen zu einer Einheit verschmolzen, so die Universität der Künste Berlin, die Hochschule der Künste Bremen und die Folkwang Hochschule Essen.

Das Statistische Bundesamt führt 51 Kunsthochschulen auf, während die HRK-Statistik nur 46 staatliche und eine private Kunsthochschule auflistet. Diese Differenz erklärt sich zum Teil dadurch, dass es an einigen Universitäten Fakultäten für Musik (Mainz, Münster) bzw. für Bildende Kunst (Kassel) gibt, die nach Landesrecht den Titel „Musikhochschule" bzw. „Kunsthochschule" führen dürfen, aber dennoch keine rechtlich eigenständigen Hochschulen sind.

Kernangebot der Kunstakademien sind die Studiengänge der Freien Künste (Malerei, Bildhauerei usw.). An vielen Kunstakademien kann man auch Kunsterziehung für ein Lehramt an Gymnasien studieren. Je nach Standort und Größe der Hochschulen werden diese Studienangebote ergänzt um Fächer wie Design, Architektur, Kunstrestaurator usw. Die Musikhochschulen bieten in der Regel drei Studienschwerpunkte an: künstlerische Ausbildung (für Solisten, Kammermusiker und Orchestermusiker), Musikschullehrer (als Privatlehrer oder Lehrer an Musikschulen) sowie Schulmusiker (als Musiklehrer an Gymnasien). An den Hochschulen für Theater oder Darstellende Kunst steht in der Regel die Schauspielausbildung im Vordergrund, doch kann vereinzelt auch Ballett/Tanz sowie Figurentheater studiert werden. Ein Schnittpunkt von Musik und Theater ergibt sich in den vielfach vorhandenen Opernschulen.

Hinsichtlich der Studienorganisation gibt es gravierende Unterschiede zwischen den Universitäten und Fachhochschulen einerseits und den Kunst- und Musikhochschulen andererseits. Leiden die Universitäten und Fachhochschulen unter überfüllten Vorlesungen und Seminaren, so herrschen an den Kunst- und Musikhochschulen geradezu paradiesische Verhältnisse, denn an Kunstakademien findet der Unterricht in kleinen Gruppen statt, und an den Musikhochschulen gilt sogar das Prinzip des Einzelunterrichts. Das hat zur Folge, dass bei weitem nicht alle Interessenten einen Studienplatz erhalten können, sondern strenge Auswahlverfahren der Zulassung zum Studium vorausgehen. Nach sorgfältigen Schätzungen verzeichnen allein die 24 staatlichen Musikhochschulen in Deutschland jährlich etwa 35.000 bis 40.000 Bewerbungen um die etwa 2.500 bis 3.000 freien Studienplätze. Dennoch sind deutsche Kunst- und Musikhochschulen international außerordentlich begehrt. Keine andere Hochschulart verzeichnet einen so hohen Ausländeranteil unter den Lehrenden und Studierenden wie die deutschen Kunst- und Musikhochschulen.

Der Forschungsbereich an den Kunstakademien und Musikhochschulen ist einerseits beschränkt auf wissenschaftliche Fächer wie Kunstwissenschaft, Musikwissenschaft, Kunstpädagogik und Musikpädagogik, andererseits gibt es aber auch eine interessante Ausweitung in Form der künstlerischen Entwicklungsvorhaben. Im Hochschulrahmengesetz (§ 26) und in den Landeshochschulgesetzen sind diese künstlerischen Entwicklungsvorhaben der Forschung gleichgestellt. Als solche bezeichnet man die Erforschung und Erprobung künstlerischer Ausdrucksformen mit künstlerischen und wissenschaftlichen Mitteln, also mit einer methodischen Kombination wie sie die wissenschaftliche Methodik allein nicht leisten kann.

In der Personalstruktur der Kunst- und Musikhochschulen zeigen sich weitere Besonderheiten dieser Hochschulart:

Personalgruppen	Anzahl	Anteile des Personals in Lehre und Forschung je Gruppen
Professoren	2.219	22,23 %
Dozenten und Assistenten	75	0,75 %
wiss. und künstl. Mitarbeiter	881	8,83 %
Lehrkräfte für besondere Aufgaben	518	5,19 %
Hauptberufliches Personal	**3.693**	**37,00 %**
Gastprofessoren, Emeriti	67	0,67 %
Lehrbeauftragte	5.817	58,28 %
Wiss. Hilfskräfte	404	4,05 %
Nebenberufliches Personal	**6.288**	**63,00 %**
Personal nicht zuzuordnen	-	-
Personal in Lehre und Forschung insgesamt	**9.981**	**100,00 %**
Verwaltungsmitarbeiter	2.405	
Hochschulpersonal insgesamt	**12.386**	

Tab. 5 Personalverteilung an Kunst- und Musikhochschulen 2008 (eigene Berechnungen nach Daten des Statistischen Bundesamtes)

Mehr noch als bei den Pädagogischen Hochschulen fällt hier der hohe Anteil der Lehrbeauftragten auf. In der Tat werden vor allem an den Musikhochschulen viele Lehrbeauftragte eingesetzt, um den sehr zeitaufwändigen Einzelunterricht zu erteilen. Entsprechend gering ist der Anteil der wissenschaftlichen und künstlerischen Mitarbeiter. Die Lehrkräfte für besondere Aufgaben werden vor allem an den Kunstakademien eingesetzt, um den sehr arbeitsaufwändigen Unterricht in den Mal- und Bildhauerklassen zu unterstützen.

Die besondere Situation der Lehrbeauftragten an den Musikhochschulen bedarf noch einer Anmerkung. Während an den Universitäten, Pädagogischen Hochschulen und Fachhochschulen in der Regel nur solche Personen als Lehrbeauftragte unterrichten, die einen einträglichen Hauptberuf haben, bildet an den Musikhochschulen die Unterrichtstätigkeit vielfach einen zentralen Teil des Jahreseinkommens. Gleichzeitig sind aber auch diese Lehrbeauftragten in der gleichen rechtlichen Stellung wie die der Universitäten, d.h. sie haben jeweils nur einen Vertrag für ein Semester. Auch erhalten sie kein Gehalt, sondern ein Honorar, das ihnen brutto ausgezahlt wird, d. h. sie müssen für ihre Sozialversicherung selbst aufkommen.

Man erkennt leicht, dass dem Berufsprofil der Lehrbeauftragten ein von den Universitäten geprägten Bild zugrunde liegt, das aber der Realität an Musikhochschulen in keiner Weise entspricht. Dass sich daraus für das soziale Gefüge in einer Hochschule eine höchst schwierige Situation ergibt, kann man sich leicht vorstellen. Eine Lösung, wie sie beispielsweise in der Schweiz seit Jahren praktiziert wird, dass nämlich Lehrbeauftragte als Teilzeitdozenten beschäftigt und bezahlt werden, wäre deshalb sehr zu wünschen.

2.2.5 Fachhochschulen

Fachhochschulen sind auf eine anwendungsorientierte Lehre und Forschung ausgerichtet. Die ersten Fachhochschulen in der heutigen Form wurden Ende der 1960er Jahren gegründet. Die konzeptionelle Grundidee der Fachhochschulen ist aber schon wesentlich älter; man findet Ansätze schon in den Technischen Hochschulen sowie den Gewerbeschulen des 19. Jahrhunderts. Mit dem Abkommen der Bundesländer über die Vereinheitlichung des Fachhochschulwesens vom 31.10.1968 wurden die bis dahin bestehenden Staatlichen Ingenieurschulen, Werkkunstschulen und Höheren Fachschulen z.B. für Landbau, Sozialarbeit oder Wirtschaft zu Fachhochschulen umgewandelt.

Laut HRK-Statistik befinden sich 99 Fachhochschulen in staatlicher Trägerschaft. Weitere 74 Fachhochschulen sind privat, aber staatlich anerkannt und 20 Fachhochschulen werden von den Kirchen getragen. Doch sind von den fast 600.000 Studierenden etwa 85 % an staatlichen Fachhochschulen immatrikuliert.

Fachhochschulen sind nicht die reduzierte Form von Universitäten, sondern sie sind eine eigenständige und völlig andersartige Hochschulart. Das zeigt sich beispielsweise unmittelbar in der Personalstruktur:

Personalgruppen	Anzahl	Anteile des Personals in Lehre und Forschung je Gruppen
Professoren	14.330	29,58 %
Dozenten und Assistenten	441	0,91 %
wiss. und künstl. Mitarbeiter	4.220	8,71 %
Lehrkräfte für besondere Aufgaben	1.666	3,44 %
Hauptberufliches Personal	**20.657**	**42,64 %**
Gastprofessoren, Emeriti	98	0,20 %
Lehrbeauftragte	23.509	48,52 %
Wiss. Hilfskräfte	4.166	8,60 %
Nebenberufliches Personal	**27.773**	**57,32 %**
Personal nicht zuzuordnen	20	0,04 %
Personal in Lehre und Forschung insgesamt	**48.450**	**100,00 %**
Verwaltungsmitarbeiter	21.328	
Hochschulpersonal insgesamt	**69.778**	

Tab. 6 Personalverteilung an Fachhochschulen 2008, ohne Verwaltungsfachhochschulen (eigene Berechnungen nach Daten des Statistischen Bundesamtes)

Die Zahlen zeigen eine strukturelle Besonderheit der Fachhochschulen, gerade im Vergleich zu den Universitäten. Während man an den Universitäten immer noch in Lehrstühlen denkt – d.h. es gibt eine leitende Professur (früher der Ordinarius), der sich weitere Professuren und vor allem Dozenturen und Mittelbau-Stellen angliedern – gilt dieses Modell für die Fachhochschulen nicht. Folglich gibt es dort weit mehr Professoren als an den Universitäten, aber deutlich weniger wissenschaftliche und künstlerische Mitarbeiter. Während an einer Universität auf einen Professor rein rechnerisch sechs bis sieben Mitarbeiter und Dozenten kommen, müssen sich an einer Fachhochschule zwei bis drei Professoren einen Mitarbeiter teilen. Letzteres wird aber nicht als Mangel wahrgenommen, sondern ist aus der Sicht der Studierenden eine Stärke der Fachhochschulen, weil dort weit mehr Unterricht von Professoren erteilt wird als an Universitäten.

Auch an den Fachhochschulen ist der Anteil der Lehrbeauftragten sehr groß. Dies hängt mit der Praxisorientierung des Unterrichts zusammen, d.h. ein Teil des Unterrichts wird über Lehraufträge von Praktikern aus den Betrieben erteilt, weshalb deren soziale Situation mit der der Lehrbeauftragten an den Musikhochschulen nicht vergleichbar ist.

Die Fachhochschulen haben sich seit ihrer Gründung zu einem beachtlichen Erfolgsmodell entwickelt. Das zeigt sowohl der kontinuierliche Anstieg in der Zahl der Fachhochschulen als auch die Entwicklung der Studierendenzahlen (Tab. 1 und 2). Während die Studierendenzahlen an den übrigen Hochschularten mehr oder weniger stagnieren, hat die Anzahl der Studierenden an den Fachhochschulen (ohne Verwaltungsfachhochschulen) allein innerhalb der letzten drei Jahre um 5,7 % zugenommen. Das belegt die große Attraktivität dieser Hochschulart. Fachhochschulen sind häufig relativ kleine Einheiten mit einem verhältnismäßig geringen Bauvolumen und kleinen Studierendenzahlen. Während nach den Angaben des Statistischen Bundesamtes im Wintersemester 2008/09 an Universitäten durchschnittlich 12.898 Studierende eingeschrieben waren, zählten die Fachhochschulen nur durchschnittlich 3.030 Studierende. Fachhochschulen lassen sich deshalb auch in Mittelstädten und aufgrund regionalpolitischer Initiativen leicht realisieren.

Zur hohen Attraktivität der Fachhochschulen trägt auch bei, dass das Studium in der Regel deutlich kürzer als das an Universitäten ist und durch eine relativ straffe Organisation – Kritiker sprechen von einer gewissen Verschulung – zügig zu einem Studienerfolg führt. Zudem ist das Studium sehr berufsorientiert, was in wirtschaftlich schwierigen Zeiten immer als vorteilhaft gesehen wird. Nicht zuletzt sind die Fachhochschulen auch die großen Gewinner der gestuften Studienstruktur nach den Beschlüssen von Bologna. Da schon bisher viele Studienangebote der Fachhochschulen klar strukturiert waren, fiel ihnen die Umstellung auf die modularisierte Bachelor-Struktur relativ leicht. Mit dem Zugeständnis, auch einen Master vergeben zu dürfen, zogen die Fachhochschulen zudem im künftig wichtigsten akademischen Abschluss mit den Universitäten gleich. Es steht deshalb zu vermuten, dass die Fachhochschulen aus der jüngsten hochschulpolitischen Entwicklung großen Nutzen ziehen werden (vgl. Hochschulrektorenkonferenz 2009).

Seit Ende der 1990er Jahre verwenden die Fachhochschulen zunehmend nur noch die Bezeichnung „Hochschule" (z.B. „Hochschule für Wirtschaft" oder „Hochschule für Technik"). Im internationalen Sprachgebrauch hat sich sogar die Bezeichnung „University for Applied Studies" oder „University for Applied Sciences" durchgesetzt. Nicht zuletzt darin kommt das gesteigerte Selbstbewusstsein der Fachhochschulen zum Ausdruck. Dennoch kann die Namensgebung nicht darüber hinwegtäuschen, dass es zwischen den Universitäten und Fachhochschulen hinsichtlich Personal- und Sachausstattung sowie bezogen auf die finanziellen Möglichkeiten vor allem im Forschungsbereich gravierende Unterschiede gibt.

2.2.6   Verwaltungsfachhochschulen

Die Verwaltungsfachhochschulen sind hier gesondert aufzuführen, weil sie zwar vom Status her Fachhochschulen sind, sich aber in mehreren Punkten von den anderen Hochschularten unterscheiden. Sowohl der Bund als auch die Bundesländer unterhalten Verwaltungsfachhochschulen (Hochschulen für öffentliche Verwaltung), über die die Beamten des gehobenen nichttechnischen Dienstes für die Behörden (einschließlich der Sozialversicherung) des Bundes, der Länder und der Kommunen ausgebildet werden. Verwaltungsfachhochschulen unterscheiden sich deshalb von anderen Fachhochschulen dadurch, dass sie in hohem Maße den rechtlichen und inhaltlichen Vorgaben des Bundes bzw. der Länder unterliegen und insofern die Freiheit der Lehre und die Hochschulselbstverwaltung eingeschränkt sind.

Eine weitere Besonderheit besteht darin, dass Verwaltungsfachhochschulen ihre Studierenden nicht frei wählen können, weil diese schon während ihres Studiums den Status eines
Beamten haben und folglich von ihrem Dienstherrn und nicht von der Hochschule zum Studium zugelassen werden. Das erhöht zwar die Attraktivität des Studiums – statt Studiengebühren zu zahlen erhält der Student ein Gehalt – schränkt allerdings auch die Freiheit des
Studiums stark ein. Die Studienzeit an einer Verwaltungsfachhochschule entspricht deshalb
eher einer straff organisierten Berufsausbildung als einem Studium im landläufigen Sinne.

Doch ist es den Verwaltungsfachhochschulen in jüngster Zeit gelungen, ihre Studienangebote und auch das Hochschulleben wesentlich attraktiver zu gestalten. Der Wandel im Berufs-
bild des Verwaltungsbeamten vom Bürokraten hin zu einem auf Effektivität und Effizienz
ausgerichteten Verwaltungswirt (in Anlehnung an den Betriebswirt), blieb nicht ohne Auswirkungen auch auf das Studium an einer Verwaltungsfachhochschule. So bieten Verwaltungsfachhochschulen inzwischen auch einen „Master of European Public Administration"
(MPA) an und öffnen sich damit nicht nur der europäischen Entwicklung, sondern schließen
mit dem Master auch zu den Universitäten auf.

2.3   Strukturmerkmale der deutschen Hochschulen

Damit die Steuerung von Hochschulen gelingt, haben sich im Laufe der Zeit Strukturen und
Verhaltensweisen herausgebildet und bewährt, die sich deutlich von anderen Institutionen
und Organisationen unterscheiden und damit für die Einzigartigkeit von Hochschulmanagements sprechen. Voraussetzung für solche Strukturen und Verhaltensweisen ist allerdings
eine hohe rechtliche Absicherung des Handels von Hochschulen. Diese hohe rechtliche Absicherung ist durch Art. 5 Abs. 3 des Grundgesetzes gegeben, wo es heißt: „Kunst und Wissenschaft, Forschung und Lehre sind frei. Die Freiheit der Lehre entbindet nicht von der
Treue zur Verfassung."

Die Freiheit der Lehre und die Treue zur Verfassung sind juristisch betrachtet höchst komplexe Fragen, zu denen sich das Bundesverfassungsgericht mehrfach ausführlich geäußert
hat. Doch da verfassungsrechtliche Fragen hier nicht im Vordergrund stehen, kann auf diese
– durchaus interessanten – Erörterungen hier nicht eingegangen werden. Festzuhalten bleibt
aber, dass eine Freiheitsgarantie, wie sie das Grundgesetz ausspricht, nur dann ihren Wert
erhält, wenn sie nicht nur als abstraktes Recht wahrgenommen wird, sondern konkret die
Umsetzung des Rechts in operationalisierbare Normen garantiert. Diese operationalisierbaren
Normen zeigen sich in dem, was man unter dem Begriff Hochschulautonomie zusammen-
fasst. Es handelt sich dabei um eine Reihe von Struktur- und Verhaltensmerkmale, die es in
dieser Form häufig nur im Hochschulwesen gibt und deren Zweck und Bedeutung oft erst im
Zusammenwirken aller Merkmale erkennbar wird.[5]

---

[5] Die in den folgenden Abschnitten dargelegten Regelungen finden sich in den entsprechenden Landeshochschulge-
    setzen der Länder. Um die Lesbarkeit des Textes zu erhalten, wurde darauf verzichtet, für jede Regelung den ent-
    sprechenden Paragraphen zu zitieren und jede Sonderregelung aufzuführen.

- Hochschulen sind eigene Rechtspersönlichkeiten, d.h. sie können selbst Verträge schließen und sich gerichtlich und außergerichtlich selbst vertreten. Für das Hochschulmanagement ist in diesem Zusammenhang besonders hervorzuheben, dass sich daraus auch ein eigenes Satzungsrecht der Hochschulen ableitet. Es besagt, dass sich die Hochschulen eigene Satzungen geben dürfen, die nicht nur intern, sondern auch gegenüber Dritten – sofern übergeordnete Normen dem nicht widersprechen – bindend sind. Unter das Satzungsrecht der Hochschulen fallen alle Studien- und Prüfungsordnungen sowie beispielsweise die Grundordnung. Wie sich noch zeigen wird, ist gerade die Grundordnung für das Hochschulmanagement von großer Bedeutung.
- Die zweite aus der Freiheitsgarantie abgeleitete Norm ist das Recht der Hochschulselbstverwaltung. Das bedeutet zum einen, dass die Hochschulen die Dinge, die sie selbst betreffen, auch selbst regeln können. Das bedeutet zum anderen aber auch, dass alle Angehörigen einer Hochschule, ob Professoren, Dozenten, Studierende oder Verwaltungsangehörige zusammen „die" Hochschule bilden.
- Hochschulen sind in hohem Maße demokratisch aufgebaut, weil alle hochschulintern zu treffenden Entscheidungen von Gremien und Personen beschlossen werden, die demokratisch legitimiert sind. Nicht zuletzt in dieser Gremienarbeit kommt diese besondere Unternehmenskultur der Hochschulen zum Ausdruck.
- Führung ist in Hochschulen immer nur Führung auf Zeit; nicht selten kehrt eine Führungsperson wieder auf den ursprünglichen Platz in Forschung und Lehre zurück. Und dennoch sind die Rechte eines Rektors oder eines Dekans ganz erheblich.
- Hochschulen kennen eine Binnendifferenzierung in Fakultäten und Institute, die einen völlig anderen Status haben als beispielsweise Abteilungen oder Sachgebiete in einer Behörde oder einem Wirtschaftsunternehmen.
- Die Freiheit der Lehre kommt weit weniger darin zum Ausdruck, dass es einem Lehrenden frei steht, welche Lehrmeinung er in einem Seminar vertritt; hier setzen die im Rahmen des Satzungsrechts erlassenen Studien- und Prüfungsordnungen nicht selten deutlichere Grenzen als der Außenstehende vermuten wird. Dagegen zeigt sich die Freiheit der Lehre weit stärker darin, dass Hochschulen ihr Lehrpersonal in einem transparenten Berufungsverfahren selbst auswählen dürfen.

Diese Struktur- und Verhaltensmerkmale in der Hochschulorganisation bezeichnet man als Hochschulautonomie. So positiv diese Hochschulautonomie klingen mag, so stößt sie doch an ihre Grenzen, wenn beispielsweise die finanziellen Spielräume die Umsetzung von als richtig und notwendig erkannten Maßnahmen nicht zulassen. Das zeigt sehr deutlich, dass etliche Struktur- und Verhaltensregeln der Hochschulautonomie noch aus einer Zeit stammen als die Universitäten durch eigene Einnahmen und Pfründe finanziell unabhängig waren. Wie schon in Abschnitt 2.1 dargelegt, ging diese finanzielle Unabhängigkeit spätestens im 19. Jahrhundert verloren und die Universitäten gerieten in die Abhängigkeit von Landesherrn und später von Politikern und Ministerialbeamten. Die fehlende finanzielle Unabhängigkeit ist denn auch heute der kritischste Punkt in der gesamten Hochschulautonomie.

Umso mehr ist es deshalb zu loben, dass einige Landesregierungen dazu übergegangen sind, mit ihren staatlichen Hochschulen so genannte Solidarpakte zu vereinbaren. Sie besagen, dass die Landesregierung für einen bestimmten Zeitraum – in der Regel fünf bis max. acht Jahre – die Finanzierung der Hochschulen auf einem vorher vereinbarten Niveau garantiert.

Mit der Garantie verbunden sind das Recht der Übertragung von Haushaltsresten sowie die Zusicherung eines Inflationsausgleichs und eines Ausgleichs für Tariferhöhungen. Mit Zufriedenheit wird dann in jeder Hochschule zur Kenntnis genommen, dass für die nächsten Jahre Kürzungen ausgeschlossen sind. Allerdings nehmen die gleichen Hochschulen oft erst verspätet zur Kenntnis, dass der Solidarpakt auch jegliche nachträglich Erhöhung des Etats und Ausweitung des Stellenplans ausschließt.

2.3.1   Satzungsrecht

Im Rahmen der Hochschulautonomie haben die Hochschulen das Recht, ihre eigenen Angelegenheiten durch selbst erlassene Satzungen zu regeln. Als Satzung werden Rechtsvorschriften bezeichnet, die von einer Körperschaft (z.B. Gemeinde, Hochschule, Verein) zur Regelung eigener Belange im Rahmen ihrer Satzungsautonomie erlassen werden. In einer staatlichen Hochschule mit dem Status einer Körperschaft des öffentlichen Rechts wird das Satzungsrecht über die Landeshochschulgesetze gewährleistet. Darin ist festgehalten, worauf sich das Satzungsrecht beschränkt. In der Regel betrifft es nur Teile der akademischen Selbstverwaltung, nicht aber eine volle Hochschulautonomie. So ist beispielsweise jede staatliche Hochschule an das öffentliche Dienstrecht, an das Haushaltsrecht oder auch an hochschulpolitische Vorgaben, die in entsprechenden Landesgesetzen festgehalten sind, gebunden.

Dennoch bietet das Satzungsrecht den Hochschulen erhebliche Spielräume. Unbestritten ist, dass die Hochschulen Angelegenheiten der Lehre in Studien- und Prüfungsordnungen regeln können. Die früher erforderliche Genehmigung solcher Satzungen durch die Ministerien wurde inzwischen durch eine Anzeigepflicht ersetzt. Weitere Satzungen, die die Hochschulen selbstständig erlassen können, sind die Immatrikulationssatzung, Gebührenordnungen und Hausordnungen oder auch die Benutzungsordnungen für Bibliotheken und wissenschaftliche oder künstlerische Einrichtungen.

Die für das Hochschulmanagement wichtigste Satzung einer Hochschule ist die Grundordnung. In der Grundordnung werden die Vorgaben des Landeshochschulgesetzes auf die örtlichen Gegebenheiten umgesetzt und gleichzeitig die wichtigsten Angelegenheiten der akademischen Selbstverwaltung geregelt. Sofern im Landeshochschulgesetz keine Vorgaben gemacht werden, regelt die Grundordnung zumeist folgende Angelegenheiten:

Inhalte einer Grundordnung

- die strukturelle Gliederung der Hochschule
- die Zusammensetzung des Senats und die Wahl der Senatsmitglieder
- die Zusammensetzung des Hochschulrats[6] und die Wahl dessen Mitglieder
- die Führung und Gremienstruktur der Fakultäten und Institute
- Verfahrensfragen in den Gremien
- Hochschuleinrichtungen
- Mitwirkung der Studierenden
- Mitwirkung der Gleichstellungsbeauftragten
- Berufungsverfahren

Durch den Wegfall des Hochschulrahmengesetzes und die Stärkung der Autonomie der Hochschulen in den novellierten Landeshochschulgesetzen kommt der Grundordnung große Bedeutung zu. Bestand die Grundordnung in kleinen Hochschulen früher oft nur aus wenigen Paragraphen, so handelt es sich heute um recht komplexe Texte, die auch eine sorgfältige Vorbereitung mit entsprechender rechtlicher Sachkunde verdienen.

Über die Grundordnung könnte eine Hochschule in ihren Strukturen und Zuständigkeiten beispielsweise wie folgt gesteuert werden:

- Die Position des Rektors kann gestärkt werden, indem er in allen nicht durch Gesetz geregelten Konfliktfällen die letzte Entscheidung treffen kann.
- Umgekehrt könnte man die Zuständigkeiten auf die Ebene der Fakultäten oder gar der Institute verlagern. Starke Fakultäten und Institute schwächen den Rektor und das Rektorat.
- Durch die Zusammensetzung des Senats (z.B. Anteil der Vertreter der Akademischen Mitarbeiter, der Studierenden und der sonstigen Hochschulangehörigen) kann die Gruppenvertretung gesteuert werden.
- Durch die Zusammensetzung des Hochschulrats/Universitätsrats kann Einfluss genommen werden auf die strategische und politische Entwicklung der Hochschule.
- In der Grundordnung können Berufungsverfahren und andere Personalauswahlverfahren sehr detailliert geregelt werden, falls dies aus bestimmten Interessen heraus gewünscht werden sollte.
- Über Verfahrensfragen für Gremien kann man die demokratische Mitwirkung der Hochschulangehörigen deutlich erhöhen oder eben auch einschränken.

Allein diese Hinweise zeigen, dass der Grundordnung größte Aufmerksamkeit zukommen sollte. Vor allem aber sollte man es vermeiden, Grundordnungen ständig zu ändern, weil auch Hochschulen eine gewisse rechtliche Kontinuität zusichern sollten. Auch ergeben sich

---

[6] Der Begriff Hochschulrat steht hier auch für alle anderen Bezeichnungen dieses Gremiums (Aufsichtsrat, Universitätsrat usw.)

mit jeder Novellierung einer Grundordnung neue Konflikte, die möglicherwiese auch zu einer Änderung der Unternehmenskultur führen. Beides ist zwar grundsätzlich nicht verwerflich, doch sind zu häufige Konflikte (vor allem zum gleichen Thema) und eine sich ständig ändernde Unternehmenskultur für das Arbeitsklima und die Konzentration auf Sachfragen selten von Vorteil.

2.3.2   Hochschulselbstverwaltung

Die Hochschulselbstverwaltung, die auch als akademische Selbstverwaltung bezeichnet wird, ist die unmittelbare Folge des eben beschriebenen Satzungsrechts. Nur durch das Recht auf Selbstverwaltung sind die Hochschulen keine nachgeordneten Behörden des Ministeriums, sondern rechtlich eigenständige Körperschaften. Als solche handeln die Hochschulen in eigenem Namen und werden von ihrem Rektor gerichtlich und außergerichtlich vertreten.

Da die Hochschulselbstverwaltung sich aus der Wissenschaftsfreiheit des Grundgesetzes ableitet, ist der Staat verpflichtet, den Hochschulen die Mittel für eine akademische Selbstverwaltung auch zur Verfügung zu stellen. Damit sind nicht nur die rechtlichen Rahmenbedingungen wie das erwähnte Satzungsrecht gemeint, sondern auch die finanziellen, personellen, räumlichen und sächlichen Ressourcen. Würde ein Land einer Hochschule die erforderlichen Personalstellen streichen, die Haushaltsmittel über Gebühr kürzen und womöglich auch Gebäudeteile der Hochschule anderweitig verwenden, so dass ein ordnungsgemäßer Hochschulbetrieb unmöglich würde, so wäre darin ein Verstoß gegen die Garantie von Art. 5 Abs. 3 GG zu sehen, weil die Freiheit von Wissenschaft, Forschung und Lehre unter den erschwerten Bedingungen nicht mehr gesichert wäre.

Allerdings gilt das Recht der akademischen Selbstverwaltung nicht uneingeschränkt. Nach herrschender Meinung sind die Wissenschaftsfreiheit nach Art. 5 Abs. 3 GG und das Recht auf akademische Selbstverwaltung nicht identisch. So könnte eine Hochschule beispielsweise nicht die Rechte des Rektors oder des Senats in einer Weise verändern, dass damit gegen bestehende Gesetze verstoßen würde. Auch würde es sicher nicht hingenommen, wenn eine Universität beispielsweise die Lehramtsstudiengänge streichen oder eine medizinische Fakultät mit angeschlossenem Klinikum auflösen wollte. Im ersten Fall steht dem eine Verpflichtung des Staates zur Ausbildung von Lehrern entgegen, und im zweiten Fall würde das staatliche Gesundheitswesen tangiert. Letztlich beschränkt sich die Hochschulselbstverwaltung und Hochschulautonomie fast ausschließlich auf die Dinge, die unmittelbar mit der Lehre und Forschung im Zusammenhang stehen.

Zur Verdeutlichung ist darauf hinzuweisen, dass das Hochschulrecht nicht ganz zufällig nur von der akademische Selbstverwaltung spricht, was bereits andeutet, dass es auch einen nicht-akademischen Bereich gibt, der nicht unter die Hochschulautonomie fällt. Dazu zählen Angelegenheiten der allgemeinen Landesverwaltung wie beispielsweise die Personalverwaltung, die Haushalts- und Finanzverwaltung, das Hochschulgebührenrecht sowie die Wirtschaftsverwaltung in Wirtschaftsbetrieben der Hochschule. Auch sozialrechtliche Angelegenheiten und Fragen der Krankenversorgung sind in Universitätskliniken von der akademischen Selbstverwaltung ausgenommen. Das bedeutet, dass viele Angelegenheiten der Hochschulverwaltung, die Fakultätsräte und Senate nur allzu oft selbst regeln möchten, nicht unter die akademische Selbstverwaltung fallen.

Zur Hochschulselbstverwaltung gehört auch der bereits angesprochene Aspekt, dass es „die" Hochschule als etwas Drittes eigentlich nicht gibt, zumindest nicht aus der Sicht der Hochschulangehörigen. Die Hochschule, das sind alle an ihr tätigen Personen und zwar von den Professoren über die Dozenten, Assistenten, Studierenden und Doktoranden bis hin zu den Mitarbeitern der Verwaltung. Formulierungen wie „das muss die Hochschule regeln!" sind zumindest für Professoren völlig unangemessen, weil die Idee der Hochschule als Körperschaft eben von einer gemeinsamen Verantwortung Aller ausgeht. Die Idee der Hochschulselbstverwaltung kennt nicht die Unterscheidung zwischen Eigentümern und Mitarbeitern oder Vorgesetzten und Untergebenen. Das mag man als veraltete Sozialromantik empfinden, im Hochschulalltag aber ist diese Verhaltensregel nicht ohne Bedeutung. Genau dies will der Begriff der akademischen Selbstverwaltung auch zum Ausdruck bringen.

2.3.3 Gremien

Die gemeinsame Erörterung der für die Hochschule relevanten Angelegenheiten durch die Hochschulangehörigen und die gemeinsame Entscheidung über solche Angelegenheiten sind konstitutive Elemente des Hochschulwesens. In keinem anderen Unternehmen wird die demokratische Legitimation des Handelns so sehr gepflegt und hinterfragt wie in Hochschulen. Dies betrifft vor allem den Senat und die Fakultätsräte sowie – seit der jüngsten Hochschulreform – auch den Hochschulrat.

Der akademische Senat war bis zur Einführung des Hochschulrats das wichtigste Gremium einer Hochschule. In einigen Bundesländern besteht diese Vorrangstellung nach wie vor; in anderen Bundesländern hat der Hochschulrat wichtige Funktionen des Senats übernommen. Traditionell ist der Senat das zentrale Kollegialorgan der Hochschule, das sich bis zur Hochschulreform der 1960er Jahre vorwiegend aus Professoren zusammensetzte. Seit der Einführung der so genannten Gruppenhochschule sind auch die Akademischen Mitarbeiter, die Studierenden und die sonstigen Mitarbeiter im Senat vertreten. Wie bereits erwähnt, wurde durch ein Urteil des Bundesverfassungsgerichts von 1973 entschieden, dass auch in einer Gruppenhochschule die Professoren in allen Gremien die Mehrheit haben müssen, d.h. sie dürfen von den drei übrigen Gruppen nicht überstimmt werden können.

Unverändert wird der Senat vom Rektor geleitet, der in diesem Gremium auch Stimmrecht hat, selbst wenn er als Externer ins Amt gewählt wurde. Stimmberechtigte Mitglieder sind in der Regel auch die Prorektoren und die Dekane der Fakultäten. Ob auch der Kanzler stimmberechtigt ist, ergibt sich aus dem jeweiligen Landesrecht.

Die Zuständigkeiten des Senats sind in den Landeshochschulgesetzen geregelt. Generell gilt, dass der Senat für Angelegenheiten in Forschung und Lehre zuständig ist, die die Zuständigkeiten einer Fakultät oder eines Fachbereichs überschreiten. Soweit das Landesrecht keine Vorgaben macht, ist die Zuständigkeit des Senats in der Grundordnung zu regeln. Dies ist insofern bemerkenswert, als die Grundordnung eine Satzung ist und für den Erlass von Satzungen immer noch allein der Senat zuständig ist. (Nur in Hamburg bedarf die Grundordnung der Genehmigung durch den Hochschulrat.) Das bedeutet, dass der Senat in erheblichem Umfang seine eigene Zuständigkeit regeln kann; eine Möglichkeit, die nicht selten übersehen wird.

Unstrittig ist die Zuständigkeit des Senats für die Studien- und Prüfungsordnungen, die Immatrikulationssatzung, die Benutzungsordnungen für die Bibliothek und andere Einrichtungen und dergleichen mehr. In den meisten Bundesländern entscheidet der Senat auch über die Errichtung oder Aufhebung wissenschaftlicher oder künstlerischer Einrichtungen. Auch kann dem Senat ein Anhörungsrecht in Berufungsverfahren eingeräumt werden, was in der Praxis aber nur an kleinen Hochschulen der Fall sein wird.

Nicht einheitlich geregelt ist dagegen die Zuständigkeit für die Wahl des Rektors und der Prorektoren, für die Gliederung der Hochschule in Fakultäten oder die Beratung und Verabschiedung der Struktur- und Entwicklungspläne. Bundesweit betrachtet befinden sich die Senate hier in einer Zuständigkeitskonkurrenz zu den Hochschulräten.

Der Hochschulrat ist ein Gremium, das mit Hilfe externer Kompetenz besondere Verantwortung für die strategische Entwicklung einer Hochschule, auch unter regional- und landespolitischen Gesichtspunkten, trägt. Während der Senat sich ganz auf die Binnensicht der Hochschule konzentriert, bringt der Hochschulrat die Außensicht in die Hochschulentwicklung ein.

In den meisten Landeshochschulgesetzen trägt dieses Gremium die Bezeichnung Hochschulrat. Lediglich in Berlin, Sachsen und Sachsen-Anhalt heißt es Kuratorium und in Baden-Württemberg Aufsichtsrat. Das Landeshochschulgesetz von Baden-Württemberg bietet aber die Möglichkeit, statt Aufsichtsrat auch die Bezeichnungen Hochschulrat oder Universitätsrat zu wählen, was zur Folge hat, dass keine Hochschule den Begriff Aufsichtsrat verwendet. Nur in Bremen gibt es keine Hochschulräte.

Der Hochschulrat besteht aus mindestens fünf (Sachsen-Anhalt) und maximal 22 Mitgliedern (Berlin); im Mittel sind es etwa zehn Mitglieder. Besonderes Kennzeichen der Zusammensetzung von Hochschulräten ist die oftmals hohe Zahl von externen Mitgliedern. In einigen Bundesländern besteht der Hochschulrat sogar ausschließlich aus externen Mitgliedern (Saarland, Sachsen, Sachsen-Anhalt, Schleswig-Holstein); in anderen Ländern müssen die Externen die Mehrheit haben (Baden-Württemberg, Hessen, Niedersachsen, Nordrhein-Westfalen). Lediglich in Berlin ist die Zusammensetzung des Hochschulrats genau vorgeschrieben (darunter vier Abgeordnete!); in allen anderen Bundesländern ist es den Hochschulen freigestellt, welche Persönlichkeiten aus Wirtschaft und Gesellschaft sie in den Hochschulrat wählen.[7]

Die ursprüngliche Idee von der Funktion des Hochschulrats war die eines Aufsichtsrats. Entsprechend den Vorlieben der späten 1990er Jahre, auch öffentliche Einrichtungen an die Strukturen und Verhaltensweisen von Wirtschaftsbetrieben anzupassen, wollte man – wie in einer Aktiengesellschaft – dem Vorstand (Rektor und Rektorat) einen starken paritätisch besetzten Aufsichtsrat (Hochschulrat) zur Seite stellen. Damit sollte gleichzeitig die Zuständigkeit des Ministeriums zurückgefahren werden; im Sinne einer Stärkung der Hochschulautonomie sollte der Hochschulrat wichtige Kontrollfunktionen des Ministeriums in eigene Zuständigkeit übernehmen.

---

[7]   Zum Nebeneinander von Hochschulrat, Senat und Hochschulleitung vgl. Abschnitt 3.3.3

So reizvoll diese Idee auch klingt, so ist sie doch an zwei Stellen nicht nachvollziehbar. Erstens hat man nicht bedacht, dass der traditionelle Senat in einer Konstruktion, die sich an das Aktienrecht anlehnt, keine Entsprechung hat. Damit hängt der Senat regelrecht in der Luft. Zweitens hat man übersehen, dass der Aufsichtsrat im Aktienrecht seine Legitimation aus der Tatsache ableitet, dass es sich in der Regel um die Vertreterversammlung der Eigentümer handelt. Wie aber können sich die Mitglieder eines Hochschulrats legitimieren? Sie sind weder Träger der Hochschule noch Angehörige. Die Konstruktion ist nur dann halbwegs nachvollziehbar, wenn man die Hochschule als eine Einrichtung der Gesellschaft sieht – die Hochschule gehört dem Volk – und die Mitglieder des Hochschulrats die Vertreter dieser Gesellschaft bilden. Da hat das so ökonomisch ausgerichtete Modell plötzlich einen fast schon sozialistischen Anstrich!

2.3.4   Führung auf Zeit

Zum hauptamtlichen Führungspersonal einer Hochschule gehören der Rektor, die Prorektoren und der Kanzler, die zusammen das Rektorat bilden. Auf der Ebene der Fakultäten ist die Führungsstruktur ähnlich; der Dekan, die Prodekane und die Studiendekane bilden zusammen den Fakultätsvorstand. Auf der Ebene der Institute und anderer Hochschuleinrichtungen ist die Führung weniger strukturiert; in der Regel gibt es einen Leiter und gegebenenfalls einen Stellvertreter. Dem Führungspersonal in gewisser Hinsicht zuzurechnen ist auch der ehrenamtliche Vorsitzende des Hochschulrats, weil er über sein Amt einen erheblichen Einfluss ausüben kann.

Zwar sind in einer Hochschule bei weitem die meisten Lehrkräfte und auch viele Verwaltungsangehörige auf Dauer beschäftigt (vor allem wenn es sich um Beamte auf Lebenszeit handelt), doch wird das gesamte Führungspersonal vom Rektor über die Prorektoren, Dekane und Studiendekane nur auf Zeit in ein Führungsamt gewählt. Lediglich bei den Institutsleitern gibt es Fälle, bei denen mit der Berufung in ein Professorenamt auch die Leitung eines Instituts auf Dauer verbunden ist. Doch in der Regel kommt es auch in Instituten immer wieder zu einem Wechsel der Leitung. Da nach dem neuen Besoldungsrecht eine Befristung nun auch für Kanzler möglich ist, gilt im Grundsatz für das gesamte Führungspersonal einer Hochschule das Prinzip der Führung auf Zeit.

Noch in den 1980er Jahren waren die Amtsperioden des Führungspersonals sehr kurz. Die Vorschrift lautete damals, dass der Rektor für mindestens zwei Jahre zu wählen sei, doch war schon damals eine Amtsperiode von vier Jahren allgemein üblich. Erst mit der jüngsten Hochschulreform und der Möglichkeit, externe Bewerber zum Rektor zu wählen, wurde die Amtszeit auf sechs bis acht Jahre verlängert. Die genaue Dauer der Amtszeit kann eine Hochschule entweder in der Grundordnung festschreiben oder aber im Einzelfall regeln. Die Amtszeit der Prorektoren beträgt vielfach die Hälfte der Amtszeit des Rektors. Die Amtszeit der Fakultätsvorstände und Institutsleiter wird in der Regel in der Grundordnung bestimmt; auch hier sind vier Jahre eine gängige Dauer. Die Amtszeit des Hochschulratsvorsitzenden richtet sich nach der Amtszeit des Hochschulrats. Abgesehen von Berlin, das für externe Hochschulratsmitglieder maximal zwei Jahre vorschreibt, beträgt die Amtszeit in den anderen Bundesländern vier oder fünf Jahre.

Nun mag man einwenden, dass eine solche Führung auf Zeit nicht ungewöhnlich ist; schließlich gilt sie ebenso für Minister, Abgeordnete, Bürgermeister, Theaterintendanten usw. Auch in der Wirtschaft müssen Manager davon ausgehen, dass sie irgendwann ihr Führungsamt wieder verlieren; eine Garantie ist nicht gegeben.

Dennoch gibt es einen bemerkenswerten Unterschied zu den eben genannten Führungsämtern. Während beispielsweise ein Bürgermeister, der nach Ablauf der Amtszeit nicht wiedergewählt wird, der Gemeindeverwaltung automatisch nicht mehr angehört und auch ein Abgeordneter nach missglückter Wiederwahl nicht länger Mitglied des Parlaments ist, kehrt ein Hochschullehrer am Ende seines Führungsamtes wieder auf seine vorher ausgeübte Position als Hochschullehrer zurück. Diese Besonderheit ist in zweifacher Hinsicht von Bedeutung. Erstens funktioniert eine solche Führung auf Zeit mit der Rückkehr in die frühere Funktion nur dann, wenn eine hochwertige Unternehmenskultur gegeben ist. Die Hochschulangehörigen müssen akzeptieren können, dass einer der Ihren eine Führungsfunktion auf Zeit übernimmt und damit auch ihnen gegenüber Weisungsbefugnisse ausübt, ohne dass dies von den bisherigen Kollegen als Anmaßung angesehen wird. Zweitens muss aber auch eingestanden werden, dass eine Führungsperson im Hochschulmanagement, die nach Ablauf ihrer Amtszeit wieder auf die Position eines einfachen Hochschullehrers zurückkehren muss, eher mit Bedacht agieren wird. Das Risiko, dass eine unbequeme Entscheidung zu Lasten der Kollegen einem nachgetragen wird, ist schließlich nicht von der Hand zu weisen. Folglich verlaufen Reformprozesse in Hochschulen eher zaghaft und Innovationen werden erst nach vielfacher Absicherung eingeführt. Um diesem Dilemma zu entgehen, bietet sich allerdings auch die Möglichkeit an, den Zeitpunkt für die Übernahme eines Führungsamtes so zu wählen, dass mit dem Ende der Amtszeit auch das Pensionsalter erreicht ist.

2.3.5   Fakultäten und Institute

Deutsche Hochschulen werden traditionell in Fakultäten gegliedert, also in Gruppen zusammengehörender oder verwandter Wissensgebiete; sie werden nach einem Vorschlag des alten Hochschulrahmengesetzes (§ 64 HRG) in manchen Bundesländern auch als Fachbereiche bezeichnet. Im Mittelalter und noch in der frühen Neuzeit waren dies die vier klassischen Fakultäten (Theologie, Jurisprudenz, Medizin, Philosophie/artes liberales). Mit der Spezialisierung im 19. Jahrhundert wurden den Agrarwissenschaften, den Natur- und Ingenieurwissenschaften sowie der Ökonomie die Bildung weiterer eigenständiger Fakultäten zugestanden, nicht zuletzt, um die Bildung von Spezialhochschulen zu verhindern. Auch die Philosophische Fakultät erlebte weitere Differenzierungen, je nach der örtlichen Ausprägung vor allem der philologischen und historischen Fächer. Folglich ist heute in einer großen Universität eine Gliederung in acht bis zwölf Fakultäten die Regel. An manchen Universitäten mit vielen Fakultäten werden Fakultäten zu Fächergruppen zusammengefasst; beispielsweise kennt die Ludwig-Maximilians-Universität München 18 Fakultäten, die zu vier Fächergruppen zusammengefasst werden. Dieses Modell lehnt sich an die Struktur amerikanischer Hochschulen an, die eine Gliederung in Departments kennt. Doch ist der Begriff Department eher Ausfluss einer administrativen Gliederung als einer an Forschung und Lehre orientierten Fächerverwandtschaft.

Das Hochschulrahmengesetz von 1976 wollte statt der Gliederung in Fakultäten eine Struktur mit Fachbereichen einführen. Damit sollte die Möglichkeit angeboten werden, auch kleinere Organisationseinheiten zu bilden. Ein ähnliches Ziel verfolgte auch die Hochschulreform der 1970er Jahre in der DDR, wo die kleinere Organisationseinheit als Sektion bezeichnet wurde. Doch haben sich diese Reformversuche nicht durchsetzen können. Manche Universitäten blieben bei ihrer Fakultätsgliederung, andere schlossen später mehrere Fachbereiche und Sektionen wieder zu Fakultäten zusammen, so dass es heute an manchen Universitäten sowohl Fakultäten als auch Fachbereiche gibt.

Mit der Diversifizierung der Hochschularten kam es auch zu anderen Konzepten der internen Hochschulstruktur. Kunsthochschulen, Pädagogische Hochschulen und Fachhochschulen sprachen immer schon bevorzugt von Fachbereichen statt von Fakultäten. Doch anders als die Fachbereiche im Sinne des Hochschulrahmengesetzes von 1976, denen die Rechte der traditionellen Fakultäten zugestanden wurden, waren die Fachbereiche der anderen Hochschularten eher von einer geringeren Selbstständigkeit. An Kunsthochschulen beispielsweise entsprachen sie eher den Instituten der Universitäten als den traditionellen Fakultäten. Da die nicht-universitären Hochschularten in der Regel deutlich kleiner sind als die Universitäten, war eine Gliederung ohne eine starke Fakultätsebene auch durchaus sinnvoll. Heute bieten die meisten Landeshochschulgesetze für die nicht-universitären Hochschulen eine Wahlmöglichkeit an: sie können es bei den Fachbereichen auf der Institutsebene belassen oder aber auch fächerübergreifende Fakultäten einführen. Mit Blick auf ein modernes Hochschulmanagement, das Entscheidungen auf die Kompetenzebene verlagert (vgl. Abschnitt 3.1), haben sich inzwischen viele Pädagogischen Hochschulen, Kunsthochschulen und Fachhochschulen für starke, fächerübergreifende Fakultäten mit einer begrenzten Autonomie entschieden.

Gerade im Kontext von Hochschulmanagement muss darauf hingewiesen werden, dass die Fakultät nicht mit der Abteilung eines Wirtschaftsbetriebs oder einer Behörde gleichgesetzt werden darf. Insofern verbietet sich einmal mehr eine einfache Übertragung betriebswirtschaftlicher Strukturen auf den Hochschulbereich. Die Fakultät ist weit mehr als eine Abteilung; sie ist eine strukturelle und organisatorische Grundeinheit von beachtlicher Autonomie. Damit soll der hohe Stellenwert einer Fakultät in einer Hochschulstruktur zum Ausdruck kommen. Unbeschadet der Gesamtverantwortung der Hochschulleitung und der Hochschulgremien ist die Fakultät in ihrem Bereich die entscheidende Institution in allen Belangen von Forschung und Lehre.

Die Fakultät ist zuständig für die Studien- und Prüfungsordnungen, für die Organisation des Lehrbetriebs und die Durchführung von Prüfungen, sie verantwortet die Berufungsverfahren und sie erstellt für ihren Bereich die strategische Planung (Struktur- und Entwicklungspläne). Vor allem aber sichert die Fakultät die Qualität der Lehre und Forschung, d.h. sie bestimmt die Lehraufgaben der in der Fakultät lehrenden Personen. Darin besteht kein Eingriff in die grundgesetzlich zugesicherte Freiheit der Lehre. Vielmehr werden über diese Zuständigkeit der Fakultät solche Fälle geregelt, in denen die in den Studienplänen vorgegebenen Studieninhalte nicht in ausreichendem Maße Gegenstand der Lehrveranstaltungen sind. Nicht zuletzt gilt hinsichtlich aller Fragen von Forschung und Lehre für die Fakultät die vermutete Allzuständigkeit, d.h. die Fakultät ist immer dann zuständig, wenn keine andere Zuständigkeit geregelt ist.

Zu den besonderen Rechten der Fakultät gehört auch die Durchführung von Promotions- und Habilitationsverfahren. Dadurch kommt einmal mehr zum Ausdruck, dass die Fakultät für die Qualität von Lehre und Forschung die oberste Verantwortung trägt. Nur an Hochschulen mit sehr kleinen Fakultäten, an denen die Promotionsverfahren vielleicht zu individuell verlaufen könnten und damit keine Vergleichbarkeit gewährleistet ist, wird es einen fakultätsübergreifenden Promotionsausschuss geben, der die Einheitlichkeit der Verfahren sichert.

Das demokratische Vertretungsorgan der Fakultät ist der Fakultätsrat. Er besteht analog zum Senat aus Vertretern der vier Hochschulgruppen (Professoren, akademische Mitarbeiter, Studierende, sonstige Mitarbeiter) und wird – laut Grundordnung – für die Dauer von zwei, drei oder vier Jahren gewählt. Die Verteilung der Sitze im Fakultätsrat nach Gruppen wird ebenfalls in der Grundordnung festgelegt. Auch hier gilt die Regel, dass die übrigen Gruppen zusammen nicht mehr Stimmen haben dürfen als die Gruppe der Professoren. Der Fakultätsrat ist für alle Angelegenheiten in Forschung und Lehre der Fakultät zuständig. Vor allem berät und verabschiedet er die Studien- und Prüfungsordnungen für die an der Fakultät gelehrten Fächer, wobei er den zuständigen Studiendekan zu hören hat. Sofern an der Hochschule kein Promotionsausschuss besteht, ist der Fakultätsrat auch zuständig für die prüfungsrechtliche Steuerung der Promotionsverfahren.

Der Fakultätsrat wählt – in der Regel aus seiner Mitte – einen Dekan, der die Fakultät für die Dauer der Amtszeit des Fakultätsrats leitet. Dem Dekan stehen wiederum mindestens ein Prodekan als allgemeiner Stellvertreter und ein Studiendekan zur Seite. Dekan, Prodekan und Studiendekan bilden den Fakultätsvorstand. Gibt es mehrere Prodekane und Studiendekane, so ist über die Grundordnung zu regeln, wer von ihnen dem Fakultätsvorstand angehört. Vor allem der Fakultätsvorstand nimmt jene oben aufgezählten Aufgaben der Fakultät wahr wie die Sicherung der Qualität von Lehre und Forschung, die Zuteilung der Lehraufgaben und auch die vermutete Allzuständigkeit. Ähnlich wie der Rektor die Universität in ihrer Gesamtheit vertritt, steht der Dekan für die Vertretung der Fakultät, allerdings nur im Innenverhältnis.

Die Dekane der Fakultäten sind von Amts wegen Mitglieder des Senats. Das bedeutet, dass die beiden obersten Führungsebenen (Rektor, Prorektor, Kanzler sowie Dekane) in einer Hochschule mit vielen Fakultäten im Senat recht stark vertreten sein können. Das widerspricht aber dem demokratisch-parlamentarischen Prinzip der Vertretung der Hochschulangehörigen, weil dann nur noch sehr schwer eine Entscheidung gegen die beiden obersten Führungsebenen möglich sein wird. In einem solchen Fall ist es dringend geboten, die Zahl der Fakultäten zu reduzieren oder aber die Fakultäten zu Fächergruppen (besser: Fakultätengruppen) zusammenzufassen, mit der zusätzlichen Vereinbarung, dass nur noch die Sprecher der Fächergruppen Sitz und Stimme im Senat haben.

Die Fakultäten gliedern sich in der Regel wiederum in Institute oder anders benannte wissenschaftliche oder künstlerische Einrichtungen. Ein Institut ist durch eine gewisse fachliche Homogenität gekennzeichnet, d.h. alle dem Institut angehörenden Personen lehren und forschen im gleichen Fachgebiet. Ob ein Institut die ganze Breite eines Fachs abdeckt (z.B. Institut für germanische Philologie) oder ob man weitere Differenzierungen vornimmt (z.B. Institut für deutsche Sprache und Institut für deutsche Literatur) hängt von den örtlichen Gegebenheiten und Interessen ab. Doch sollten einem Institut mindestens zwei, besser sogar mindestens drei Professoren angehören, damit es auch institutsintern zu einem Austausch von Lehrmeinungen kommt.

In der Regel bilden die dem Institut angehörenden Personen eine Institutskonferenz oder einen Institutsrat. Die Institutskonferenz entspricht einer Vollversammlung der Institutsangehörigen; sie empfiehlt sich vor allem für kleine Institute. Der Institutsrat dagegen ist ein Vertretungsorgan der Institutsangehörigen, das analog zum Fakultätsrat gebildet wird. Institutsrat oder Institutskonferenz geben sich eine Geschäftsordnung, in der nicht zuletzt auch die Frage erörtert wird, wie und für welche Zeit ein Institutsleiter gewählt wird. Üblicherweise wird einer der hauptamtlichen Professoren für zwei, drei oder vier Jahre die Institutsleitung übernehmen, doch bedarf es dazu einer Regelung in der Grundordnung. In Ausnahmefällen, vor allem im naturwissenschaftlichen und medizinischen Bereich, ist die Leitung eines Instituts von vornherein an einen Lehrstuhl gebunden, das heißt mit der Berufung auf diesen Lehrstuhl ist gleichzeitig auch die Leitung des Instituts verbunden.

Sofern Institute überwiegend in der Lehre tätig sind und die Forschung ohne große Labors erfolgt (z.B. ein Institut für Kunstgeschichte oder ein Institut für Romanistik), erfüllen sie in der Hochschulselbstverwaltung fast ausschließlich Aufgaben operativer Art. Demnach führen die Institute Entscheidungen der anderen Gremien und Leitungsebenen aus und setzen sie um. Das gilt vor allem für die Studien- und Prüfungsordnungen und die Studienpläne. Es ist die Aufgabe der Institute, die im Studienplan festgelegten Lehrveranstaltungen im vorgegebenen Zeitrahmen anzubieten und gleichzeitig sicherzustellen, dass die Module erworben werden können. Nicht zuletzt muss das Institut dafür Sorge tragen, dass ein Studium innerhalb der vorgegebenen Regelstudienzeit studiert werden kann, d.h. es muss die für einen Studienabschluss erforderlichen Lehrveranstaltungen innerhalb der Regelstudienzeit anbieten. Sofern die Institutsangehörigen dieser Vorgabe nicht nachkommen, ist der Dekan ihnen gegenüber weisungsberechtigt. Zur Durchführung ihrer Aufgaben erhalten die Institute von der Hochschulleitung bzw. von der Fakultät die erforderlichen Ressourcen.

Deutlich zu unterscheiden von diesen, fast ausschließlich operativ arbeitenden Einrichtungen sind die Institute, in denen vorwiegend Forschung betrieben wird (beispielsweise im naturwissenschaftlichen und medizinischen Bereich). Sowohl hinsichtlich der für die Forschungsprojekte akquirierten Drittmittel als auch hinsichtlich des ausschließlich für die Institutsaufgaben eingestellten Personals besitzt das Institut eine beachtliche Autonomie. Das gilt in der Regel für die oben aufgeführten Fälle, dass schon mit der Berufung auf einen Lehrstuhl damit die Leitung eines Instituts verbunden ist.

2.3.6   Auswahl des lehrenden Personals

Im Mittelalter hatten die Universitäten einen aristokratischen Rang, mit dem das Recht auf Selbstverwaltung und die wirtschaftliche Absicherung durch eigene Einnahmen verbunden waren. Um die Autonomie der Hochschulen zu unterstreichen, hatten die Universitäten des Mittelalters auch das Privileg, das wissenschaftliche Personal selbst zu berufen. Da die Universitäten Gründungen der Kirchen oder der Landesherren waren, war das Selbstverwaltungsrecht in Personalangelegenheiten keineswegs eine Selbstverständlichkeit. Doch entsprach dieses Privileg einerseits dem Autonomiegedanken, andererseits aber auch dem mit-

telalterlichen Zunftprinzip, nach dem eine Zunft sich ihre Mitglieder selbst frei wählen konnte. Da die Zunft im späten Mittelalter die prägende Institution außerhalb von Adel und Kirche war, sind gewisse Parallelen zwischen Zunft und Universität nicht überraschend. Allerdings ist es zu allen Zeiten vorgekommen, dass sich Landesherren und Kirchen über dieses
Privileg der Universitäten hinweggesetzt haben.

Dass sich das Privileg der Hochschulen, ihr wissenschaftliches Personal selbst auszuwählen,
bis heute erhalten hat, ist allerdings weniger ein Erbe des Mittelalters als vielmehr eine notwendige Konsequenz der Freiheitsgarantie für Wissenschaft, Forschung und Lehre, wie sie
in Art. 5 Abs. 3 GG verbrieft ist. Die Autonomie in der Auswahl des wissenschaftlichen
Personals hat eine weit größere Bedeutung für die Sicherung der Freiheitsgarantie als die
Autonomie im täglichen Lehrbetrieb. Folglich muss den Hochschulen daran gelegen sein,
dass ihre Autonomie vor allem in der Phase der Auswahl des wissenschaftlichen Personals
ohne Einschränkungen zum Tragen kommt. (Zum Verfahren der Personalauswahl und zur
Personalentwicklung siehe Abschnitt 4.1.)

2.4 Hochschulreform und Studienstruktur

Das Hochschulwesen in Deutschland hat sich im ersten Jahrzehnt dieses Jahrhunderts mehr
verändert als je zuvor. Die Internationalisierung des Bildungswesens, die stark angestiegene
Zahl der Studierenden, Entflechtungsbemühungen in der Bund-Länder-Zuständigkeit, die
Anpassung an europäische Normen sowie der immer dringlicher werdende Wunsch der
Hochschulen nach Deregulierung machten eine weitreichende Hochschulreform spätestens
zur Jahrhundertwende unumgänglich. Allerdings wurde daraus keine Reform aus einem
Guss, sondern eine Fülle von Einzelmaßnahmen, die sich aber dennoch sehr gut zu einem
Gesamtbild zusammenfügen.

Fasst man alle Einzelentscheidungen zusammen, so ergeben sich drei große Blöcke. Ein Teil
der Reformen befasste sich mit den Hochschulstrukturen und dem Hochschulrecht. Der
zweite und vielleicht wichtigste Teil der Reform ist die Umsetzung der Bologna-Beschlüsse
und damit die Einführung von europaweit einheitlichen Bachelor- und Master-
Studienabschlüssen. Der dritte Reformblock ergibt sich aus den ersten beiden, nämlich die
Steuerung der Qualität von Studien- und Prüfungsordnungen über eine externe Evaluation
und Akkreditierung.

2.4.1 Hochschulrecht und Hochschulstrukturen

Im Jahr 2003 hat der Bundestag erstmals eine Föderalismuskommission eingesetzt. Sie hatte
in den folgenden Jahren die Aufgabe, das Verhältnis zwischen dem Bund und den Ländern
neu zu regeln. Im Hochschulbereich führte dies zur Abschaffung der Rahmengesetzgebungskompetenz des Bundes und damit zu der Absicht, das seit 1976 bestehende Hochschulrahmengesetz ersatzlos aufzugeben. Im Vorblatt des Gesetzentwurfs zur Aufhebung des Hochschulrahmengesetzes heißt es:

„Die Aufhebung des gesamten Regelungsbestandes des Hochschulrahmengesetzes (HRG) ist Ausdruck einer Politik der Freiheit und Autonomie für die Hochschulen. Mit der Aufhebung soll ein Signal gegeben werden, die Hochschulen zugunsten von mehr Wettbewerb aus der staatlichen Detailsteuerung zu entlassen."

Mit der Föderalismusreform bleiben dem Bund nur noch zwei Zuständigkeiten im Hochschulbereich, nämlich die Regelung der Hochschulzulassung und der Hochschulabschlüsse. Bereits mit dem 7. HRG-Änderungsgesetz von 2004 wurde die Zuständigkeit der Hochschulen im Zulassungsverfahren gestärkt. Seitdem regeln sich die Zulassungsverfahren in den bundesweit zulassungsbeschränkten Studiengängen nicht mehr nach Bundesvorgaben, sondern nach einem landesrechtlichen Staatsvertrag. Die Zuständigkeit des Bundes für Hochschulabschlüsse wurde dagegen bisher noch nicht eingesetzt, da die Bundesregierung für eine bundeseinheitliche Regelung keinen Bedarf sieht.

Mit dem Wegfall des Hochschulrahmengesetzes entfielen auch die darin enthaltenen arbeitsrechtlichen Vorschriften. Als Ersatz wurde am 18.4.2007 ein Wissenschaftszeitvertragsgesetz erlassen, das die Befristung von Arbeitsverträgen des wissenschaftlichen und künstlerischen Personals neu regelt. Andere Regelungen, die beispielsweise den Besitzstand emeritierungsberechtigter Professoren betreffen, wurden in das Beamtenversorgungsgesetz übernommen.

Soweit Vorschriften aus dem alten Hochschulrahmengesetz wegfielen, die in die Zuständigkeit der Länder fallen, sind die Länder aufgefordert, entsprechende eigene Regelungen zu treffen. Deshalb war das Gesetz über die Aufhebung des Hochschulrahmengesetzes auch 2009 immer noch nicht in Kraft getreten. Dennoch haben schon etliche Länder ihre Landeshochschulgesetze entsprechend novelliert und häufig auch die Gelegenheit genutzt, das Hochschulwesen im Land gründlich zu reformieren.

Baden-Württemberg, das mit dem Landeshochschulgesetz vom 1.1.2005 als eines der ersten Bundesländer die Hochschulreform vollzogen hat, sei hier als Beispiel genannt. Folgende Elemente im neuen Landeshochschulgesetz Baden-Württemberg sind von grundlegender Bedeutung und werden deshalb auch in anderen Bundesländern intensiv diskutiert:

- Die bestehenden Landeshochschulgesetze für die verschiedenen Hochschularten wurden außer Kraft gesetzt; alle Spezialgesetze sind in ein einheitliches Landeshochschulgesetz für alle Hochschularten aufgegangen. 2008 wurden die Vorschriften des Landeshochschulgesetzes sogar um Regelungen für die neue und weiterhin umstrittene Duale Hochschule (die früheren Berufsakademien) ergänzt.
- Die bereits im Jahr 2000 eingeführten Aufsichtsräte (Hochschulräte) werden weiter gestärkt.
- Die Position des Rektors wird im Sinne eines Vorstandsvorsitzenden gestärkt.
- Konsequenterweise wählt der Aufsichtsrat (Hochschulrat) den Vorstandsvorsitzenden (Rektor); diese Regelung wurde auf Druck der Hochschulen dahingehend entschärft, dass die Wahl des Rektors durch den Hochschulrat der Bestätigung durch den Senat bedarf.
- Der Aufsichtsrat (Hochschulrat) erhält nicht zuletzt dadurch eine starke Stellung, dass er für die Beschlussfassung über den Struktur- und Entwicklungsplan zuständig ist; im

Verhältnis zum akademischen Senat ist der Hochschulrat bei weitem das einflussreichere Gremium.

- Auch die Position des Kanzlers wird als Mitglied des Vorstands (Rektorat) und stimmberechtigtes Mitglied im Senat gestärkt; der Kanzler ist damit Beamter – wie der Rektor – auf Zeit.
- Berufungsverfahren sind allein Angelegenheiten der Hochschule, d.h. der Rektor beruft einen von der Berufungskommission ausgewählten Bewerber; dabei kann er aber sowohl von der vorgeschlagenen Reihenfolge der Liste abweichen als auch eine Person berufen, die nicht auf der Liste steht.
- Das Ministerium beschränkt sich im Berufungsverfahren nur noch auf die Feststellung des Einvernehmens, das sich aber allein auf beamtenrechtliche oder arbeitsrechtliche Aspekte bezieht; eine Überprüfung der fachlichen Qualifikation des Bewerbers, beispielsweise durch Einblick in die Bewerbungsunterlagen oder in die Gutachten der Kommission, ist nicht vorgesehen.
- Alle Berufungsverhandlungen sowie alle Verhandlungen außerhalb von Berufungsverhandlungen über Leistungs- und Funktionszulagen nach der W-Besoldung fallen in die Zuständigkeit des Rektors.

Wie die Aufstellung zweifellos erkennen lässt, hat das Landeshochschulgesetz Baden-Württemberg die Autonomie der Hochschulen entscheidend gestärkt. Das entsprach durchaus der Intention der Föderalismusreform, weshalb das Landeshochschulgesetz von 2005 in Baden-Württemberg auch immer als ein Vorweggriff auf das zu erwartende Ergebnis der Föderalismuskommission gesehen wurde. Etliche der oben aufgelisteten Reformvorschläge finden sich inzwischen auch in den Landeshochschulgesetzen der anderen Bundesländer bzw. werden dort noch diskutiert. Sie hier im Detail vorzustellen, ist aber sicher nicht erforderlich. Landesspezifische Regelungen wird man ohnehin nur durch einen Blick ins Gesetz verbindlich klären können.

Auch wenn durchaus nicht jede Detailregelung in jedem Bundesland wiederkehrt und inzwischen auch manche Regelung in anderen Ländern besser erscheint als die für Baden-Württemberg vorgestellte, ist die große Reform des Hochschulwesens doch allenthalben spürbar; sie wird sich auch nicht mehr rückgängig machen lassen. Die Hochschulen werden sich die ihnen durch die große Hochschulreform zugefallene Autonomie nicht mehr nehmen lassen.

2.4.2   Professorenbesoldungsreform

Eine weitere Reform, die die Rahmenbedingungen der Hochschulen maßgeblich verändert und beeinflusst hat, ist die „Dienstrechtsreform im Hochschulbereich". 1999 wurde auf Initiative des Bundesbildungsministeriums eine Expertenkommission eingerichtet, um die dienstrechtlichen Rahmenbedingungen für Forschung und Lehre zu analysieren. Die Kommission bemängelte in ihrem Abschlussbericht aus dem Jahr 2000 vor allem das relativ hohe Alter bei Erstberufungen, was sie auf die lange Qualifikationsdauer für das Professorenamt (Promotion, Habilitation) zurückführte, die verdeckte Abhängigkeit der Doktoranden und Habilitanden von den betreuenden Professoren, die unscharfe Unterscheidung zwischen den C2-, C3- und C4-Professuren sowie fehlende Leistungsanreize in der Professorenbesoldung.

Die Ergebnisse der Expertenkommission wurden in den folgenden Jahren Schritt für Schritt umgesetzt. Mit der 5. Novelle zum Hochschulrahmengesetz von 2002 wurden an deutschen Hochschulen Juniorprofessuren eingeführt. Juniorprofessuren sind Professuren auf Zeit und dienen der wissenschaftlichen Qualifikation. Junge Wissenschaftler mit überdurchschnittliche Promotion und pädagogischer Eignung können sich im Rahmen einer Juniorprofessur für eine Professur qualifizieren; die Juniorprofessur ersetzt die Habilitation. Voraussetzung ist eine während der Juniorprofessur erbrachte wissenschaftliche Leistung sowie eine erfolgreiche Lehrtätigkeit im Umfang von 50 % eines normalen Deputats. Eine Juniorprofessur ist auf die Dauer von vier Jahren angesetzt; die Frist kann einmal um zwei Jahre verlängert werden.

Die Nachfrage nach Stellen für Juniorprofessuren lief zunächst nur sehr schleppend an, da nicht wenige Hochschulen an dem traditionellen Habilitationsverfahren festhalten. Doch finanzielle Anreize aus Bundesmitteln haben dieser Reform in den letzten Jahren den Weg geebnet. Wie erfolgreich die Juniorprofessoren in Berufungsverfahren auf reguläre Professorenstellen sind, wird sich allerdings noch zeigen müssen.

Die Einführung von Juniorprofessuren hatte indirekt auch zur Folge, dass die auf fünf Jahre verkürzte Befristungsregelung für wissenschaftliche Mitarbeiter aus dem Jahr 2002 im Rahmen eines Urteils des Bundesverfassungsgerichts aus dem Jahr 2004 über die Juniorprofessur wieder aufgehoben wurde. Seitdem gilt wieder die alte Befristungsregelung, nach der wissenschaftliche Mitarbeiter (im Angestelltenverhältnis) bis zu maximal zwölf Jahren (in der Medizin bis zu 15 Jahren) in befristeten Arbeitsverhältnissen tätig bleiben dürfen. Ob man mit dieser Regelung dem betroffenen Personenkreis wirklich einen Gefallen getan hat, darf allerdings bezweifelt werden. Stellen für wissenschaftliche Mitarbeiter dienen der Qualifikation und beruflichen Weiterentwicklung; eine langfristige Beschäftigung dagegen mindert eher den Anreiz, weitere Schritte auf der Karriereleiter entschlossen anzugehen. Allerdings muss man gerechterweise auch anmerken, dass diese Anreize lange Zeit nur in geringem Maße vorhanden waren. Da in den 1970er Jahren viele Professorenstellen an deutschen Hochschulen neu besetzt wurden, hat es lange Zeit nur auffallend wenige Berufungsverfahren gegeben. Diese Situation wird sich aber in nächster Zeit durch zahlreiche Pensionierungen wieder normalisieren.

Mit dem Professorenbesoldungsreformgesetz vom 16.2.2002, das zum 1.1.2005 in Kraft trat, wurden die letzten Forderungen der Expertenkommission „Dienstrechtsreform im Hochschulbereich" umgesetzt. Dieses Professorenbesoldungsreformgesetz enthält folgende Elemente:

Elemente des Professorenbesoldungsreformgesetzes vom 16.2.2002

- Einführung der W-Besoldung – W steht für Wissenschaft – an Stelle der bisherigen C-Besoldung.

- Die W-Besoldung kennt nur noch die Besoldungsgruppen W1 (Juniorprofessuren), W2 (Fachhochschulen) und W3 (Universitäten). An Kunsthochschulen gilt in der Regel ein Anteil von 80 % W3- und 20 % W2-Professuren.

- Während die C-Besoldung in nach Alter angepasste Besoldungsstufen aufgeteilt war, kennt die W-Besoldung nur noch ein einheitliches Grundgehalt je Besoldungsgruppe.

- Das Grundgehalt kann durch Leistungsbezüge ergänzt werden; denkbar sind Berufungs-, Leistungs- und Funktionszulagen.

- Leistungsbezüge können befristet oder unbefristet gezahlt werden. Sofern sie unbefristet und mindestens für die Dauer von drei Jahren gezahlt werden, können sie bis zu 40 % als ruhegehaltsfähig angerechnet werden.

- Sofern Drittmittel akquiriert werden, kann aus diesen Drittmitteln eine nicht ruhegehaltsfähige Forschungs- oder Lehrzulage gezahlt werden.

- Grundlage der individuellen Besoldung ist der Besoldungsdurchschnitt, d.h. der Betrag, der der Hochschule im Durchschnitt pro Stelle im Haushalt zur Verfügung gestellt wird. Dieser Besoldungsdurchschnitt wird vom Hochschulträger pro Hochschule oder pro Hochschulart festgelegt.

- Der Besoldungsdurchschnitt multipliziert mit der Zahl der Stellen, abzüglich der Summe der tatsächlich zu zahlenden Gehälter ergibt den Vergaberahmen. Leistungsbezüge (Berufungs-, Leistungs- und Funktionszulagen) kann eine Hochschule nur innerhalb dieses Vergaberahmens gewähren.

Die W-Besoldung ist seit dem 1.1.2005 bei allen Neuberufungen anzuwenden; Professoren der C-Besoldung hatten für drei Jahre die Möglichkeit, zur W-Besoldung zu wechseln.

Es ist leicht erkennbar, dass die W-Besoldung die Differenzierung zwischen C3- und C4-Professuren, die in der Praxis häufig nicht nachvollziehbar war, richtigerweise aufhebt. Zudem hat die W-Besoldung den Vorteil, dass Professoren mit herausragenden Leistungen durch Leistungszulagen belohnt werden können und dass auch die Wahrnehmung von Funktionen in der Fakultät oder in der Hochschulleitung entsprechend honoriert werden kann.

Sie hat allerdings den Nachteil, dass bei allen Gehaltsverhandlungen immer der Besoldungsdurchschnitt beachtet werden muss, damit überhaupt ein Vergaberahmen zur Verfügung steht. Das bedeutet, dass hohe Berufungs- oder Leistungszulagen an einen herausragenden Wissenschaftler, die über den Besoldungsdurchschnitt hinausgehen, letztlich dazu führen, dass an anderer Stelle jemand unterhalb des Besoldungsdurchschnitts entlohnt werden muss. Das macht die Handhabung der W-Besoldung für die Hochschulleitung oftmals recht schwierig. Dahinter ist die marktorientierte Denkweise der vergangenen Jahre erkennbar, die von der Vorstellung ausging, dass das Verhältnis von Angebot und Nachfrage am Arbeitsmarkt auch die Besoldung der Professoren steuern sollte. Eine Professur, um die sich viele bewerben, weil es deutlich mehr qualifizierte Bewerber als Stellen gibt, wäre demnach deutlich schlechter zu besolden als eine Professur, für die nur wenige Spezialisten in Frage kommen. Das missachtet die Wertschätzung jener, die in einem stark nachgefragten Fach hervorragende Wissenschaftler und ausgezeichnete Hochschullehrer sind.

Gleichwohl gibt es keinen Grund, die neue W-Besoldung zu verteufeln; sie hat sich im Ansatz bewährt und dem Besoldungsgefüge an Hochschulen sehr interessante Impulse gegeben. Dort, wo sich Defizite und Ungereimtheiten zeigen, wird man nach einigen Jahren der Erfahrung nachbessern müssen.

2.4.3   Bologna-Prozess

Eine weitere Reform mit erheblichen Auswirkungen, deren vollständige Umsetzung sogar noch einige Jahre dauern wird, ist die Studienreform. Noch bis vor wenigen Jahren war es völlig unstrittig, dass deutsche Hochschulen drei Arten von Abschlüssen verleihen, nämlich das Diplom, den Magister und das Staatsexamen. Das Diplom war gleichsam der Regelabschluss einer deutschen Hochschule und wurde in zahlreichen Fächern vergeben (z.B. Diplom-Physiker, Diplom-Betriebswirt, Diplom-Politologe). Die Fachhochschulen konnten ebenfalls ein Diplom vergeben, hatten dies aber nach dem Hochschulrahmengesetz von 1985 mit dem Zusatz (FH) zu versehen. In den geisteswissenschaftlichen Fächern schloss das Hochschulstudium mit einem Magister artium ab (Abkürzung M.A.). Abschlüsse, an denen staatliche Prüfungsausschüsse beteiligt waren, schlossen mit dem Staatsexamen ab (z.B. Lehrer, Juristen, Mediziner, Pharmazeuten, Lebensmittelchemiker).

Vor allem das Diplom war ein typisch deutscher Studienabschluss, der sich aber im internationalen Raum nur schwer einordnen ließ. Das führte dazu, dass schon seit Jahrzehnten auch von deutscher Seite die Frage diskutiert wurde, ob die Studienabschlüsse nicht international vereinheitlicht werden sollten. Dabei stand lange Zeit das Ziel im Vordergrund, dem Diplom zu internationaler Anerkennung zu verhelfen. Doch konnte sich die deutsche Seite international nicht durchsetzen, so dass es 1999 zwar zu einer Vereinheitlichung kam, aber unter Wegfall des deutschen Diploms.

Die Internationalisierung der Studienstruktur wird unter dem Schlagwort Bologna-Prozess zusammengefasst. Am 19. Juni 1999 unterzeichneten 30 europäische Staaten die so genannte Bologna-Erklärung – benannt nach dem Konferenzort – und bekannten sich zu dem Ziel, bis zum Jahr 2010 einen gemeinsamen europäischen Hochschulraum zu schaffen. Dieser Erklärung traten bis 2009 weitere 16 Staaten bei. Konkret soll in allen europäischen Staaten ein einheitliches gestuftes Studiensystem aus Bachelor und Master mit europaweit vergleichbaren Abschlüssen eingeführt werden, dass zu einer Verbesserung der Qualitätssicherung sowie einer Steigerung der Mobilität im Hochschulbereich führt.

Schon in Bologna wurde 1999 vereinbart, alle zwei Jahre die erzielten Fortschritte auf gesonderten Konferenzen zu bilanzieren. So kam es zu den Nachfolgekonferenzen in Prag (2001), Berlin (2003), Bergen (2005), London (2007) und Leuven (2009). Die seit 1999 immer wieder ergänzten und aktualisierten Ziele des Bologna-Prozesses lassen sich wie folgt zusammenfassen:

Ziele und Merkmale des Bologna-Prozesses

- Gliederung des Studiums in zwei Zyklen (gestuftes Studiensystem) und Einführung europaweit vergleichbarer Hochschulabschlüsse (Bachelor und Master);

- Ergänzung des Studiums um einen dritten Zyklus (Promotionsphase);

- Einführung eines Leistungspunktesystems (Credit Points);

- Modularisierung der Stoffgebiete zur thematischen und zeitlichen Gliederung des Studienverlaufs;

- Förderung der Mobilität durch geeignete Maßnahmen, z. B. durch die Einführung und Intensivierung von Hochschulkooperationen und Doppelabschlüssen (Joint Degrees) sowie die Beseitigung von Mobilitätshemmnissen;

- Verbesserung der Anerkennung von Abschlüssen und Studienleistungen durch die Ratifizierung und Umsetzung der Lissabon-Konvention;

- Einführung von Transparenzinstrumenten wie ECTS und Diploma Supplement;

- Förderung der Qualitätssicherung auf institutioneller, nationaler und europäischer Ebene durch Umsetzung gemeinsamer Standards und Leitlinien für die Qualitätssicherung;

- Einbettung in das Konzept des Lebenslangen Lernens durch Schaffung von flexiblen Lernangeboten im Hochschulbereich oder durch Verfahren für die Anerkennung früher, auch außerhalb der Hochschule erworbener Kenntnisse;

- Beteiligung der Studierenden am Bologna-Prozess; Stärkung der sozialen Dimension der Hochschulbildung durch mehr Chancengerechtigkeit (participative equity);

- Steigerung der Attraktivität des Europäischen Hochschulraums im globalen Maßstab;

- Berufsqualifizierung/Beschäftigungsfähigkeit der Absolventen aller drei Stufen muss stärker in den Fokus gerückt werden; die Hochschulen müssen für eine breite Wissensgrundlage sorgen, aber auch auf den Arbeitsmarkt vorbereiten.

Alle Staaten haben sich verpflichtet, an der ständigen Verbesserung des Bologna-Prozesses und der Bologna-Ziele mitzuwirken. In Deutschland ist dies neben den zuständigen staatlichen Stellen vor allem die Bund-Länder Arbeitsgruppe "Fortführung des Bologna-Prozesses", an der auch Mitglieder der Hochschulrektorenkonferenz (HRK), des Deutschen Akademischer Austauschdienst (DAAD), der Studierenden, Sozialpartner und des Deutschen Studentenwerks (DSW) sowie der Akkreditierungsrat beteiligt sind. Maßgeblichen Anteil an der Umsetzung des Bologna-Prozesses in Deutschland hat das Bologna-Zentrum der HRK, das auch inzwischen drei sehr lesenswerte und hilfreiche Bologna-Reader herausgegeben hat (Hochschulrektorenkonferenz 2004, 2007 und 2008).

Bekanntestes Element des Bologna-Prozesses ist die Studienstruktur mit Bachelor- und Masterabschlüssen. In den „Ländergemeinsamen Strukturvorgaben gemäß § 9 Abs. 2 HRG für die Akkreditierung von Bachelor- und Masterstudiengängen vom 10.10.2003" (Hochschulrektorenkonferenz 2004, S. 21-30) heißt es:

„Die Regelstudienzeiten für Bachelor- und Masterstudiengänge (...) betragen mindestens drei und höchstens vier Jahre für die Bachelorstudiengänge und mindestens ein und höchstens zwei Jahre für die Masterstudiengänge. Bei konsekutiven Studiengängen beträgt die Gesamtregelstudienzeit höchstens fünf Jahre" (ebda S. 23).

Damit ist eine wichtige Besonderheit des neuen Systems angesprochen. Bachelor und Master bilden nicht zwangsläufig eine Einheit, sondern können in drei Varianten genutzt werden:

- Ein Studium kann mit dem Erwerb des Bachelor-Abschlusses beendet werden; der Student erwirbt damit einen anerkannten akademischen Abschluss. Das Bachelorstudium dauert mindestens drei und höchstens vier Jahre.
- Ein Bachelorstudium kann durch ein Masterstudium fortgeführt werden, ohne dass sich damit das Studienfach ändert (konsekutiv). Bachelorstudium und Masterstudium dürfen dann aber zusammen nicht länger als fünf Jahre dauern.
- Ein Bachelorstudium kann durch eine sinnvolle Spezialisierung um ein Masterstudium ergänzt werden (nicht-konsekutiv). Dann können Bachelor- und Masterstudium zusammen sechs Jahre in Anspruch nehmen.

Anzumerken ist noch, dass es mit der Bologna-Reform die in Deutschland übliche Differenzierung der Hochschulabschlüsse nach Hochschularten nicht mehr geben wird. Ein Bachelor oder Master einer Fachhochschule hat demnach die gleiche Wertigkeit wie ein entsprechender Abschluss einer Universität. Das ist vor allem auch mit Blick auf eine mögliche Höherqualifizierung (Master nach dem Bachelor oder Promotion nach dem Master) von erheblicher Bedeutung.

Innerhalb dieses Rahmens gibt es im Studienverlauf drei weitere wichtige Neuerungen, nämlich die Modularisierung, das Leistungspunktesystem und das Diploma Supplement. Dazu hat die Kultusministerkonferenz bereits am 15.9.2000 „Rahmenvorgaben für die Einführung von Leistungspunktesystemen und die Modularisierung von Studiengängen" (Hochschulrektorenkonferenz 2004, S. 89-94) verabschiedet. Dort heißt es zur Definition von Modularisierung und Modul:

„Modularisierung ist die Zusammenfassung von Stoffgebieten zu thematisch und zeitlich abgerundeten, in sich abgeschlossenen und mit Leistungspunkten versehenen abprüfbaren Einheiten. Module können sich aus verschiedenen Lehr- und Lernformen (wie z.B. Vorlesungen, Übungen, Praktika u.a.) zusammensetzen. Ein Modul kann Inhalte eines einzelnen Semesters oder eines Studienjahrs umfassen, sich aber auch über mehrere Semester erstrecken. Module werden grundsätzlich mit Prüfungen abgeschlossen, auf deren Grundlage Leistungspunkte vergeben werden" (ebda S. 91).

Module ersetzen damit die früher üblichen „Scheine", sind aber weit stärker auf den Zusammenhang von Stoffgebieten ausgerichtet. Das hilft dem Studenten, die Strukturen und Verknüpfungen eines Studiums zu erkennen, hat aber auch eine gewisse Verschulung zur Folge, weil der Stundenplan des Studenten nun stärker durch themen- und vielleicht sogar semesterübergreifende Veranstaltungen geprägt ist als durch besondere Vorlieben und zeitliche Bedürfnisse.

Zweite Neuerung im Studienverlauf ist das Leistungspunktesystem. Dazu heißt es in den Rahmenvorgaben der Kultusministerkonferenz:

„Leistungspunkte sind ein quantitatives Maß für die Gesamtbelastung der Studierenden. Sie umfassen sowohl den unmittelbaren als auch die Zeit für die Vor- und Nachbereitung des Lehrstoffs (Präsenz- und Selbststudium), den Prüfungsaufwand und die Prüfungsvorbereitungen einschließlich Abschluss- und Studienarbeiten sowie gegebenenfalls Praktika.

In der Regel werden pro Studienjahr 60 Leistungspunkte vergeben, d.h. 30 pro Semester. Auf der Grundlage des Beschlusses der Kultusministerkonferenz vom 24.10.1997 wird für einen Leistungspunkt eine Arbeitsbelastung (workload) des Studierenden im Präsenz- und Selbststudium von 30 Stunden angenommen. Die gesamte Arbeitsbelastung darf im Semester einschließlich der vorlesungsfreien Zeit 900 Stunden oder im Studienjahr 1.800 Stunden nicht überschreiten" (ebda S. 91f.).

Zu betonen ist nochmals, dass es sich um ein quantitatives Maß handelt, obwohl man es gewohnt ist, mit Leistung im Schul- und Hochschulbereich eher ein qualitatives Maß zu verbinden. Während die alte Studienstruktur allein aus der Perspektive der Hochschule verfasst war – welche Themen sollte ein Student bearbeiten, um in seinem Fach die notwendige Kompetenz zu erlangen –, nimmt die neue Studienstruktur sehr deutlich die Perspektive der Studierenden ein. Früher war es den Verfassern von Studienplänen letztlich egal, wie lange der Student zum Erwerb eines Scheins brauchte. Heute muss bei der Erstellung von Studienplänen sehr genau ermittelt werden, ob ein Student die Anforderungen rein zeitlich leisten kann. Welche Konsequenzen dies hat, zeigt sich beispielsweise im Musikstudium, bei dessen Studienplänen nun auch die Übezeiten berücksichtigt werden müssen. Wenn man bedenkt, dass ein fortgeschrittener Klavier-Student täglich etwa sechs bis acht Stunden üben muss, um überhaupt eine Chance zu haben mit diesem Instrument später seinen Lebensunterhalt zu bestreiten, dann erkennt man leicht, welch radikaler Perspektivenwechsel mit der Berücksichtigung des Workloads verbunden ist.

Drittens haben alle Studierenden mit dem Studienabschluss Anspruch auf ein Diploma Supplement. Dieses enthält in englischer Sprache einheitliche Angaben zur Beschreibung von Hochschulabschlüssen und damit verbundenen Qualifikationen. Das Diploma Supplement wird den offiziellen Dokumenten über Hochschulabschlüsse als ergänzende Information beigefügt und enthält Angaben auch über die Hochschule, an der studiert wurde sowie über die Ausgestaltung des Studiums. Dies gilt nicht zuletzt auch für die Frage, ob ein Studienabschluss an einer Universität oder einer Fachhochschule erworben wurde. Damit gewinnt das Abschlusszeugnis an Aussagekraft und ist auch im internationalen Gebrauch von größerem Wert als bisher (Hochschulrektorenkonferenz 2005a).

Laut Internet-Auskunft des Bundesministeriums für Bildung und Forschung waren zum Wintersemester 2008/2009 rund 75 Prozent aller Studiengänge (9.200 von insgesamt 12.300 Studiengängen) an deutschen Hochschulen auf Bachelor und Master umgestellt. Insbesondere an den Fachhochschulen ist die Umstellung mit 94% aller Studiengänge schon sehr weit fortgeschritten. Der Großteil der nicht umgestellten Studiengänge (ca. 1.900) führt zu staatlichen bzw. kirchlichen Abschlüssen. Allerdings lag der Anteil von Studierenden in Bachelor- und Master-Studiengängen gemessen an der Gesamtstudierendenzahl im Wintersemester

2007/2008 erst bei rund 30 %. Das ist darauf zurückzuführen, dass die neuen Bachelor- und Master-Studiengänge erst in jüngster Zeit eingeführt wurden und deshalb immer noch viele Studierende auf Diplom oder Magister studieren. Dennoch ist aus diesen Zahlen bereits erkennbar, dass der Bologna-Prozess mit großer Dynamik vorangeht und zweifellos längst unumkehrbar geworden ist.

Da sich die Diskussion zum Bologna-Prozess über Jahre hinweg nur auf die Bachelor- und Master-Phase konzentriert hat, wurde lange übersehen, dass schon auf den Bologna-Konferenzen 2003 in Berlin und vor allem 2005 in Bergen auch vom dritten Zyklus die Rede war. 2003 erklärten die europäischen Bildungsminister die Promotionsphase – ergänzend zu Bachelor und Master – zum so genannten dritten Zyklus des Bologna-Prozesses. Demnach entspricht dieser dritte Zyklus in der Regel einem drei- bis vierjährigen Vollzeitstudium, währenddessen Doktoranden sowohl als Studierende wie auch als Nachwuchswissenschaftler anerkannt werden. Das gilt auch für entsprechende künstlerische Studienabschnitte an Kunsthochschulen (z.B. Meisterklassen, Solistenklassen, Konzertexamen).

Allerdings hat man in Bergen darauf verzichtet, die Promotionsphase in ähnlicher Weise zu reglementieren wie die beiden ersten Zyklen. Stattdessen wurde betont, dass die originäre Forschung das Kernelement des dritten Zyklus bleibe und jede Reglementierung die Individualität und Originalität der Forschung einschränken würde.

Sieht man die Elemente Studienstruktur, Modularisierung und Leistungspunktesystem zusammen, so wird deutlich, dass es sich beim Bologna-Prozess nicht um eine bloße Umetikettierung vorhandener Studiengänge handelt, sondern um eine grundlegende Reform, die ein Umdenken und einen Perspektivenwechsel auf der Hochschulseite und eine wesentlich stringentere und zielorientierte Studienplanung auf der Studierendenseite erforderlich machen. So sehr die Ziele einer internationalen Ausrichtung des deutschen Hochschulstudiums und eine staatenübergreifende Vergleichbarkeit von Studienabschlüssen zunächst im Vordergrund gestanden haben mögen, sollte doch auch nicht übersehen werden, dass im Laufe des Prozesses die Verkürzung der Studiendauer und damit die Erhöhung der Absolventenzahlen bei gleichem Ressourceneinsatz zu immer wichtigeren Kriterien wurden. Das erklärt das nach wie vor große Interesse der Hochschulträger an einer zügigen Umsetzung des Bologna-Prozesses.

Begleitend zur deutschen Hochschulreform und zur internationalen Studienstrukturreform wurde ein drittes Element in das Hochschulwesen eingeführt, dass sich als willkommene Ergänzung zu den beiden anderen Reformprozessen erweist: eine systematische Qualitätssicherung durch die Evaluation von Lehre und Forschung sowie durch die externe Akkreditierung von Studiengänge. Vergleiche dazu ausführlich Abschnitt 4.4.

3 Kernfunktionen des Hochschulmanagements

Diente das vorangegangene Kapitel der Vorstellung des Hochschulbetriebs, so wird in den beiden nun folgenden Kapiteln die Anwendung von Managementfunktionen und -methoden im Hochschulbetrieb im Vordergrund stehen. Es vollzieht sich mithin ein Perspektivenwechsel; im Begriff Hochschulmanagement wird künftig der zweite Teil des Wortes etwas stärker betont werden als bisher. Dabei werden in diesem Kapitel die für das Hochschulmanagement wichtigsten Managementfunktionen im Zentrum stehen, während im Kapitel 4 Aufgabenschwerpunkte vorgestellt werden.

Als Managementfunktionen bezeichnet man das Handeln in der Unternehmensführung, soweit es rational und an bestimmte Regeln ausgerichtet ist. Managementfunktionen unterscheiden sich deutlich von einem emotionalen und nur auf Erfahrung ausgerichteten Handeln. Vielmehr sind sie beschreibbar, erlernbar und rational anwendbar. Was allerdings den Managementfunktionen konkret zugerechnet werden kann, ist in der Literatur höchst uneinheitlich dargestellt. Die "klassische" Einteilung findet sich in einem Aufsatz des amerikanischen Organisationswissenschaftlers Luther Gulick aus dem Jahr 1937; Gulick fasst seine Beschreibung der Managementfunktionen zu dem Akronym POSDCORB zusammen:

- „Planning, d.h. Richtlinien zu erstellen, was auf welche Weise zur Realisierung des Objektes getan werden muss;
- Organizing, d.h. eine formale Autoritätsstruktur zu errichten, wodurch Arbeitseinsichten im Hinblick auf das Objekt gebildet, voneinander abgegrenzt und koordiniert werden;
- Staffing, d.h. Personal in die Organisation einzubringen, anzulernen und fortzubilden, und zudem günstige Arbeitsbedingungen zu erhalten;
- Directing, d.h. Entscheidungen treffen und sie in die Form spezieller oder genereller Anweisungen zu bringen und als Leiter der Unternehmung zu fungieren;
- Co-ordinating, d.h. die verschiedenen Arbeitsteile in Beziehung zueinander setzen - eine überaus wichtige Aufgabe;
- Reporting, d.h. für den Leiter, die Leute, denen er verantwortlich ist, über alles ständig zu informieren, was gleichzeitig bedeutet, dass er sich selbst und seine Untergebenen durch Berichte und Inspektionen immer auf dem laufenden halten muss;
- Budgeting, d.h. Haushaltsplanung, Buchhaltung und Kontrolle (Gulick (1937) 1976, S.170).

Heute konzentriert sich die Managementlehre in der Regel auf vier oder fünf Managementfunktionen, die man gern als Managementkreis darstellt. Im Uhrzeigersinn folgen die Funktionen Zielsetzung, Planung, Entscheidung, Realisierung und Kontrolle (Schubert 1972, S. 42). Im Sinne eines endlosen Kreises folgt nach der Kontrolle wieder die Zielsetzung usw. Damit soll zum Ausdruck gebracht werden, dass die Abfolge der Managementfunktionen nicht abschließend ist, sondern aus den Erfahrungen eines Durchlaufs wieder in einen neuen Prozess von höherer Qualität gestartet wird. Diese Kreisdarstellung ist auch deshalb besonders hilfreich und anschaulich, weil in der Mitte des Kreises die Stichworte Information und Kommunikation stehen. Damit soll zum Ausdruck gebracht werden, dass jede Funktion des Managementkreises einer internen Kommunikation und Information bedarf.

So hilfreich solche Modelle – ob als Akronym oder Grafik – für ein erstes Verständnis von Management auch sind, so wenig angemessen sind sie doch, wenn es um die tatsächliche Praxis des Managements geht. Wie sich in Abschnitt 3.2 noch näher zeigen wird, werden in einem modernen Verständnis von Management die verschiedenen Funktionen viel stärker als Einheit gesehen als dies beispielsweise der Managementkreis vermuten lässt. Ebenso wenig werden diese Modelle den Kernfunktionen in einem konkreten Managementbereich gerecht. Im Fall des Hochschulmanagements beispielsweise ist die Führung von zentraler Bedeutung, da man es mit Personen zu tun hat, die sich nicht als nachgeordnete Mitarbeiter, sondern als Kollegen und Partner verstehen. Folglich ist es gerechtfertigt, die Managementfunktionen mit Blick auf die Herausforderungen im Hochschulmanagement etwas anders zu ordnen. Dazu wurde bereits in Abschnitt 1.3 ein Vorschlag gemacht, der hier wieder aufgegriffen werden soll. Demnach wird vorgeschlagen, folgende Kernfunktionen im Hochschulmanagement zu unterscheiden:

- Führen
- Planen und Organisieren
- Informieren und kommunizieren
- Gremien leiten und Entscheidungen treffen

Andere Funktionen wie beispielsweise Personalführung oder Finanzmanagement werden hier als Aufgabenschwerpunkte (Kapitel 4) verstanden. Es wird also unterschieden zwischen Funktionen des Managements, die von oben nach unten in die Hochschule hineinwirken (vertikal) und den Aufgabenschwerpunkten, die sich quer durch die ganze Hochschule ziehen (horizontal) und bei deren Wahrnehmung die Managementfunktionen zum Einsatz kommen.

3.1   Führen

Führung heißt, das Tun von Menschen zusammenzubringen. In der Managementlehre klingt das etwas komplizierter: Als Führung bezeichnet man die personale Seite der Steuerung von Prozessen und Betrieben. Durch Führung sollen Mitarbeiter veranlasst (motiviert, in die Lage versetzt) werden, Ziele zu erreichen. Diese Ziele sind vorrangig Unternehmensziele, sie sollten aber mit den persönlichen Leistungszielen möglichst identisch sein.

Was eine Führungspersönlichkeit ausmacht und auf welche Eigenschaften und Kompetenzen Führungspersönlichkeiten ihren Erfolg zurückführen, wurde vielfach in empirischen Untersuchungen hinterfragt. Eine Befragung von 61 Spitzenmanagern der deutschen Wirtschaft, was ihrer Meinung nach die Quellen ihres Erfolgs seien, ist auch für Führungspositionen im Hochschulmanagement interessant (n = 61; Mehrfachnennungen möglich):

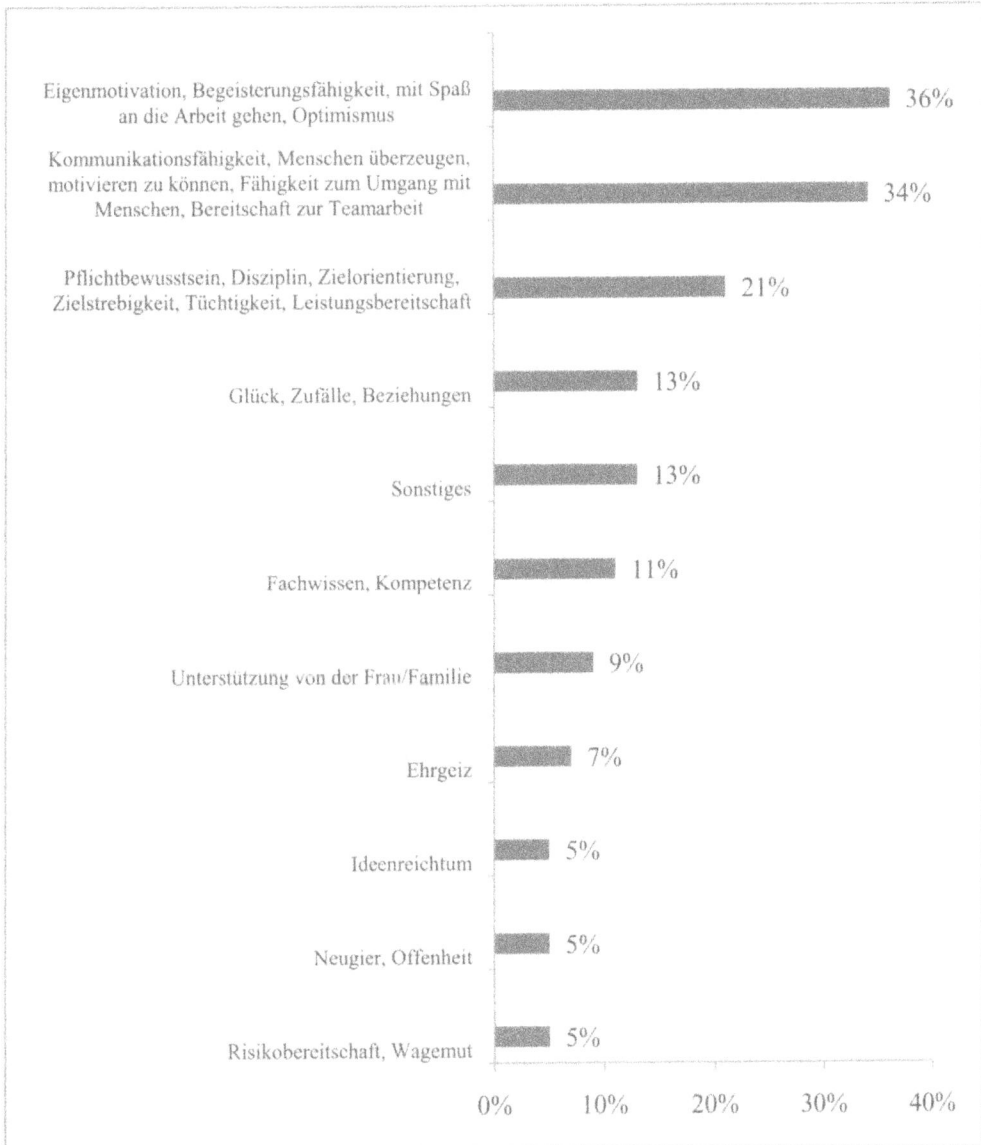

Abb. 5 Die deutschen Spitzenmanager: die Quellen ihres Erfolgs (Buß 2007, S. 129)

Es fällt auf, dass die Topmanager vor allem Eigenmotivation und kommunikative Kompetenz als Grundlage für ihren Erfolg sehen. Auch Pflichtbewusstsein und Zielorientierung haben noch einen hohen Stellenwert. Dagegen folgen Fachwissen und Sachkompetenz erst an sechster Stelle. Dieses Ergebnis ist für das Hochschulmanagement deshalb von Interesse, weil es eine Entwicklung bestätigt, die nicht nur in der Wirtschaft, sondern auch an Hochschulen seit einigen Jahren zu beobachten ist. Wenn Manager von einer Branche zur anderen wechseln, ist offensichtlich nicht deren Fachwissen über das vom Unternehmen hergestellte Produkt entscheidend, sondern allein deren Kompetenz als Manager. Wenn man die Parallele zum Hochschulbereich zieht, so ist nicht mehr der international renommierte Wissenschaftler für das Amt eines Hochschulrektors oder Dekans prädestiniert, sondern viel eher Persönlichkeiten, die sich in erster Linie durch die beiden in Abb. 5 zuerst genannten Charakteristika auszeichnen. Nur so wird verständlich, weshalb viele Hochschulen inzwischen dazu übergangen sind, externe Persönlichkeiten in ein Rektorenamt zu wählen.

In der Führungslehre ist man aber nicht nur den Weg der Befragung und damit der rückblickenden Selbstreflexion von Managern gegangen, um herauszufinden, was eine Führungspersönlichkeit ausmacht, sondern hat auch versucht, einen durchgängigen theoretischen Ansatz zu finden,. In der Fachliteratur findet man dazu vor allem die folgenden drei Ansätze (Steinmann/ Schreyögg 1991, S. 487ff.):

Eigenschaftsansatz

Dieser schon etwas ältere Ansatz versteht Führung als Ausfluss von Führungseigenschaften. Demnach ist das Gelingen von Führung in erster Linie von der Führungsperson abhängig, die offensichtlich über einige natürliche Eigenschaften verfügt, die andere nicht haben. Der Eigenschaftsansatz konzentrierte sich deshalb auf die Frage, welche spezifischen Eigenschaften eine Führungsperson haben sollte. Erstaunlicherweise will es aber nicht gelingen, bei erfolgreichen Führungspersönlichkeiten so viele übereinstimmende Eigenschaften auszumachen, dass man davon den Erfolg der Führung ableiten könnte.

Prozessansatz

Der zweite, noch heute weit verbreitete Ansatz versteht Führung als einen Prozess der Beeinflussung. Führung hängt demnach nicht mehr allein von der Person des Führers ab, sondern auch vom Verhalten der zu führenden Personen und den Bedingungen der konkreten betrieblichen Umwelt. Führung heißt demnach, in einer bestimmten Umwelt Einfluss zu nehmen auf die Interaktion zwischen dem Vorgesetztem und den Mitarbeitern. In einem solchen Prozess der Beeinflussung spielen psychologische und soziale Momente eine weit größere Rolle als die Charaktermerkmale der Führungspersönlichkeit. Folglich ist Führung in diesem Verständnis auch lernbar oder zumindest einübbar (was sich im Eigenschaftsansatz natürlich weitgehend ausschließt).

Systemansatz

Der dritte Ansatz kommt aus der Führerschaft als Beeinflussungsprozess, betont aber noch stärker die Gestaltung der betrieblichen Umwelt. Hier wird Führung als Funktion von Management definiert und folglich eingebunden in den gesamten Prozess der Erstellung und Sicherung von Leistungen. Dazu hat die Managementlehre eine Reihe von Systemen entwickelt, die allgemein als Management-by-Systeme bezeichnet werden. Im Gegensatz aber zu den zuvor genannten Ansätzen sehen Management-by-Systeme Führung nur als eine von mehreren Komponenten in einer komplexen Unternehmenssteuerung.

Heute wird ein Verständnis von Führung bevorzugt, das sich aus Elementen des Prozessansatzes und des Systemansatzes zusammensetzt. Demnach ist Führung nicht in erster Linie die einzigartige Leistung einer großen Persönlichkeit, sondern eine Leistung, die sich aus einer kompetenten und erfahrenen Kombination von Managementhandeln ergibt. Ein solches Bild von Führung entspricht auch dem, was sich als Ergebnis der empirischen Erhebung in Abb. 5 niederschlägt.

3.1.1   Führungsprinzipien

Im Kontext von Führung sind die Management-by-Systeme von besonderem Interesse, die auch als Führungsprinzipien (Wöhe 1993, S. 136) bezeichnet werden. Darunter versteht man systematische Verknüpfungen von Methoden zur Steuerung und Führung einer Unternehmung. Dabei steht in der Regel ein bestimmtes Grundprinzip im Vordergrund, das dem Managementsystem auch seinen Namen gibt. In Anlehnung an die amerikanische Terminologie wird das Grundprinzip mit dem Begriff Management verknüpft (z.B. Management by objectives), weshalb man von Management-by-Systemen spricht. Gleichsam „klassische" Management-by-Systeme sind die beiden Systempaare (1) Management by delegation und Management by exception sowie (2) Management by objectives und Management by results.

Management by delegation

Führung durch Delegation. Sie ist dadurch gekennzeichnet, dass Führungsaufgaben geteilt werden, indem innerhalb der Grenzen klar definierter Zuständigkeiten Entscheidungen an nachgeordnete Mitarbeiter und Sachgebiete delegiert werden und damit auf der nachgeordneten Ebene ein relativ selbstständiges Arbeiten möglich wird. Voraussetzungen dieses Systems sind eindeutige Aufgabenbeschreibungen und Kompetenzabgrenzungen. Dieses Prinzip der Zuständigkeitsregelungen durch Stellenbeschreibungen wird vor allem in öffentlichen Verwaltungen bevorzugt.

Da die Hochschulverwaltung weitgehend nach den Regeln der öffentlichen Verwaltung arbeitet, ist Führung durch Delegation natürlich auch dort anzutreffen. Man kennt dieses Prinzip aber auch im Verhältnis zwischen Hochschulleitung und Fakultäten. Schon in den Landeshochschulgesetzen sind die Zuständigkeiten der Fakultäten klar definiert; nicht selten finden diese Regelungen ihre Ergänzung in der Grundordnung. Solche klaren Zuständigkeitsregelungen für verschiedene Führungsebenen deuten immer auf ein Management by delegation hin.

Durch eine gesetzliche Regelung ist aber noch nicht vorgegeben, in welchem Maße und mit welchem Selbstverständnis eine Führung durch Delegation tatsächlich umgesetzt wird. Man kann Delegation in der Weise betreiben, dass man argwöhnisch darauf schaut, ob die nachfolgende Ebene ihre Kompetenzen nicht überschreitet. Man kann mit der Delegation von Zuständigkeiten aber auch einen Vertrauensvorschuss an die nachfolgende Ebene verbinden. Für eine vertrauensvolle Delegation spricht die Erfahrung, dass Entscheidungen auch dort getroffen werden sollten, wo die Fachkompetenz vorhanden ist. Wenn eine nachfolgende

Ebene im Rahmen der Haushaltsmittel beispielsweise berechtigt ist, Personal Computer anzuschaffen, dann muss die Hochschulverwaltung ihr nicht auch noch vorschreiben, ob sie das Model X oder das Model Y zu kaufen hat.

Die Delegation von Zuständigkeiten führt auf der oberen Ebene zu einer Arbeits- und Entscheidungsentlastung und stärkt gleichzeitig auf der nachfolgenden Ebene das Verantwortungsbewusstsein, weil man nun dort für eventuelle Fehlentscheidungen selbst verantwortlich ist. Der Nachteil dieses Systems besteht aber darin, dass es in komplexen und verwaltungsaufwändigen Systemen relativ umfangreiche Verhaltensanweisungen und Abgrenzungen (Zuständigkeitsregelungen) erforderlich macht, weshalb das Risiko besteht, dass aus der gut gemeinten Delegation ein lästiger Bürokratismus wird.

Management by exceptions

Führung im Ausnahmefall. Entscheidungskompetenzen werden grundsätzlich delegiert, erst bei Abweichungen vom normalen Betriebsablauf und bei Überschreitung definierter Toleranzgrenzen kann der Vorgesetzte Entscheidungskompetenzen wieder an sich nehmen. Damit steht Management by exceptions in einem engen Zusammenhang mit dem Prinzip Management by delegation; es bildet gleichsam die notwendige Abweichung vom Grundsatz der Führung durch Delegation. Diese Kombination von zwei Managementprinzipien wird heute in öffentlichen Verwaltungen und auch in Dienstleistungsbetrieben gegenüber einer reinen Delegation bevorzugt. Nach dieser Regelung geht die Entscheidung an den nächst höheren Vorgesetzten über, wenn beispielsweise ein haushaltswirksamer Vorgang eine bestimmte Höchstsumme überschreitet. Für die Mitarbeiter auf unteren Ebenen bleibt damit nur die Routine des immer Gleichen – ein typisches Führungsproblem öffentlicher Verwaltungen.

Ein Hochschulmanagement wird ohne Management by exceptions nicht auskommen können, da es immer wieder Fälle geben wird, in denen eine Angelegenheit auf der Instituts- oder Fakultätsebene von so grundsätzlicher Bedeutung wird, dass sie auf die nächst höhere Ebene zurückgenommen werden muss. Hier ist es gerade im Hochschulmanagement erforderlich, dass die nachgeordnete Ebene ein Gespür und ein Verantwortungsgefühl für Vorgänge entwickelt, die von rechtlicher oder politischer Relevanz sind. Doch dieses Gespür für juristisch und politisch heikle Fälle kann man im Hochschulbereich nicht automatisch erwarten, weil die dort tätigen Personen in erster Linie wegen einer anderen Kompetenz eingestellt wurden. Deshalb empfiehlt es sich, die Prinzipien von Delegation und Ausnahmeregelung mit einer festen Struktur gegenseitiger Information zu verbinden. Dahinter sollte sich möglichst keine Verpflichtung zur Anfertigung von Aktenvermerken verbinden, sondern vielmehr feste Gesprächstermine (jour fixe), entweder in kleinen Gruppen oder auch für einzelne Personen, bei denen Themen, die möglicherweise problematisch werden könnten, relativ formlos besprochen werden können.

Management by objectives

Führung durch Zielvereinbarung. Dieses Prinzip geht von einer gemeinsamen Zielvereinbarung zwischen dem Vorgesetzten und den Mitarbeitern aus, bei der die Interessen des Betriebs (weitgehend vertreten durch den Vorgesetzten) und die Interessen der Mitarbeiter miteinander in Einklang gebracht werden müssen (Kontraktmanagement). Am Ende sollten sich die Interessen der Mitarbeiter mit den Interessen der Unternehmung weitgehend decken, um dadurch eine zusätzliche Motivation durch Identifikation (mit dem Betrieb und seinen Zielen) zu erreichen. Natürlich ist dies nur möglich bei operationalisierbaren Zielen (keine Visionen), die die Mitarbeiter in ihrem Arbeitsbereich auch unmittelbar umsetzen können. Der Vorgesetzte beschränkt sich – neben der Beteiligung an der Zielvereinbarung – auf die Kontrolle der Zielerreichung, selbstverständlich auch in dieser Phase wieder gemeinsam mit seinen Mitarbeitern. Da das gesetzte Ziel in der Regel nicht vollständig erreicht wird, ist der Soll-Ist-Vergleich in Form einer Analyse der Ursachen der Zielabweichungen wiederum ein wichtiges Instrument, um die Leistungen der Mitarbeiter künftig zu verbessern.

Im Hochschulbereich ist Führung durch Zielvereinbarung vor allem zu einem Prinzip der hochschulpolitischen Steuerung geworden, indem die Ministerien mit den Hochschulen im Rahmen der mittelfristigen Haushaltsplanung Zielvereinbarungen treffen. Zweitens sind Zielvereinbarungen aber auch im Qualitätsmanagement von großer Bedeutung.

Doch ganz gleich, wo man dieses Prinzip einsetzt, Führung durch Zielvereinbarung bedeutet im Hochschulmanagement immer, dass alle Ebenen der Hochschule auch über die notwendige Kompetenz und Information verfügen müssen, um die gesetzten Ziele tatsächlich auch erreichen zu können. Dazu zählt nicht nur die unmittelbare Information beispielsweise über eine hochschulinterne Kommunikation, sondern auch eine betriebliche Weiterbildung, die Angehörige der nachfolgenden Ebenen überhaupt erst in die Lage versetzt, Zielvereinbarungen umzusetzen.

Keine Definition von Zielen und keine Zielvereinbarung taugt etwas, solange man sich nicht die Mühe macht, das Erreichen oder Verfehlen von Zielen auch tatsächlich zu überprüfen. Die Feststellung und vor allem die Analyse von Zielabweichungen sind deshalb wichtige Elemente dieses Führungsprinzips. Dabei muss daran erinnert werden, dass der zentrale Begriff Zielvereinbarung lautet und nicht etwa Zielvorgabe. Wenn das Ziel gemeinsam gefunden wurde und in eine gemeinsame Vereinbarung eingeflossen ist, müssen auch das Ergebnis des Prozesses und eine mögliche Zielabweichung gemeinsam festgestellt und analysiert werden.

Durch die gemeinsame Zielvereinbarung wird die Verantwortungsbereitschaft der Hochschulangehörigen erhöht, was sich gleichzeitig auf deren Motivation auswirken dürfte. Zudem wird die Kompetenz der nachfolgenden Ebenen stärker genutzt und gefördert. Drittens erleben die Hochschulangehörigen durch die Analyse der Zielabweichungen einen ständigen Lern- und Anpassungsprozess. Andererseits lassen sich – wie bei anderen Managementsystemen auch – die Vorteile nicht generalisieren, weshalb es vor allem auf die Klugheit der Hochschulleitung ankommt, dieses Führungsprinzip an der richtigen Stelle und zum richtigen Zeitpunkt einzusetzen.

Management by results

Ergebnisorientierte Führung. Ähnlich wie sich die Prinzipien Management by delegation und Management by exceptions als Kombination anbieten, gilt dies auch für eine Kombination von Management by objectives und Management by results. Auch beim Management by results stehen die Zielvereinbarung und die selbstständige Realisierung der Ziele im Vordergrund; die Unternehmensführung konzentriert sich aber in ihrem Führungsprinzip im Wesentlichen auf den Soll-Ist-Vergleich der Zielerreichung.

Im Hochschulmanagement wird dieses Führungsprinzip vor allem im Forschungsbereich angewendet. Besonders dort, wo die Forschungsarbeit neben der Lehre ein gleichberechtigter Teil der Aufgaben des Personals ist, wird von der Hochschulleitung und den Fakultätsvorständen nur das Resultat bewertet. Ein typisches Beispiel sind Forschungssemester, nach deren Ablauf der Hochschullehrer verpflichtet ist, das Ergebnis seiner Forschungsarbeit hochschulintern vorzustellen. Dagegen ist es nicht üblich, mit der Genehmigung eines Forschungssemesters eine Zielvereinbarung zu schließen.

Noch deutlicher wird die Anwendung dieses Führungsprinzips im Hochschulbereich in solchen Instituten und anderen wissenschaftlichen Einrichtungen, die vorwiegend in der Forschung tätig sind und die sich in hohem Maße aus speziell eingeworbenen Drittmitteln finanzieren. Sie werden vorrangig über die Ergebniskontrolle gesteuert. Das gilt auch für Angehörige der Forschungseinheit, die nicht selten ebenfalls über Drittmittel finanziert werden. In diesem Fall sehen die Hochschulgesetze sogar ein besonderes Weisungsrecht der Leiter von Forschungseinheiten gegenüber aus Drittmitteln finanzierten Mitarbeitern vor, d.h. die Abläufe in einem solchen Forschungsinstitut sind der Steuerung durch die Hochschulleitung so sehr entzogen, dass wirklich nur noch das Ergebnis überwacht werden kann.

3.1.2   Führungsstile

Die Umsetzung von Führungsprinzipien erfolgt nicht abstrakt, sondern ist geprägt von bestimmten Verhaltensmustern der Führungspersonen. Solche Verhaltensmuster von Führungspersonen bezeichnet man als Führungsstil. Er beschreibt die idealtypische Art und Weise, wie Vorgesetzte mit Mitarbeitern umgehen.

Max Weber beschreibt in seinem Werk „Wirtschaft und Gesellschaft" (1922/2005) vier von ihm als „Idealtypen" bezeichnete Führungsstile. Es sind dies (auszugsweise zitiert nach Bestmann 1992, S. 151):

- Der **patriarchalische Führungsstil** beruht auf dem Leitbild „Vater – Kinder". Er ist gekennzeichnet durch den absoluten Herrschaftsanspruch und durch absoluten Gehorsam. Der Patriarch zeichnet sich durch Wärme und Menschlichkeit aus, fordert eine uneingeschränkte Treue und garantiert eine ausreichende soziale Versorgung. (…)

- Der **charismatische Führungsstil** basiert auf dem Leitbild „Führer – Gefolgsleute". Kennzeichnend ist die besondere Ausstrahlungskraft – das Charisma – einer Person, die „blinde" Gefolgschaft fordert, ohne damit eine unmittelbare Fürsorgepflicht zu übernehmen." (…)

- Der **autokratische Führungsstil** weist sich durch das Leitbild „Diktator – Untertan" aus. Im Gegensatz zum patriarchalischen und charismatischen Führungsstil bedient sich der Autokrat jedoch eines umfassenden Führungsapparates, um seine Entscheidungen durchzusetzen. (…)

- Der **bürokratische Führungsstil** lässt sich durch das Leitbild „Bürokrat - Verwaltete" beschreiben. Die Willkür der bisher dargestellten imperativen Führungsstile wird durch das Prinzip der Legalität ersetzt. Bei einem weiteren Ausbau der hierarchischen Gliederung verliert die Führungspersönlichkeit an Bedeutung. Es folgt eine Führung „ohne Ansehen der Person" mit dem Ziel der absoluten Gleichbehandlung der Geführten."

Der Blick auf die Weber'schen Idealtypen zeigt, wie sehr nach damaligem Verständnis allein das Verhalten der Führungsperson für den Führungsstil entscheidend war. Doch schon im bürokratischen Führungsstil klingt an, dass auch die betriebliche Umwelt auf den Führungsstil Einfluss haben kann, wenn sich nämlich die Bürokratie zu verselbständigen droht.

Die Weber'schen Idealtypen sind keineswegs überholt; sie stecken weit mehr in manchem Führungsverhalten als es die betreffenden Führungspersonen wahrhaben wollen. Dennoch geht die moderne Führungslehre von anderen Verhaltensmustern aus, indem sie die Rolle der geführten Personen stärker mit in den Blick nehmen. So entstanden die Antipoden „autoritärer Führungsstil" und „kooperativer Führungsstil", die in der Kontinuum-Theorie von Tannenbaum und Schmidt von 1958 eine überzeugende und viel zitierte Darstellung fanden. „Tannenbaum und Schmidt gehen von dem in der Realität zu beobachtenden Führungsverhalten aus und ordnen es nach dem Ausmaß der Anwendung von Autorität durch den Vorgesetzten und dem Ausmaß an Entscheidungsfreiheit der Mitarbeiter auf einem Kontinuum von extrem Vorgesetzten-zentrierten zu einem extrem Mitarbeiter-zentrierten Verhaltensmuster an" (Staehle 1994, S. 316). Auf diese Weise unterscheiden sie sieben Führungsstile (Tannenbaum/Schmidt 1958, S. 96):

- **Autoritär:** Vorgesetzter entscheidet allein und ordnet an

- **Patriarchalisch:** Vorgesetzter ordnet an und begründet seine Entscheidung

- **Beratend:** Vorgesetzter entscheidet vorläufig, holt Meinungen ein und entscheidet endgültig

- **Konsultativ:** Vorgesetzter schlägt Ideen vor und gestattet Fragen, Vorgesetzter entscheidet

- **Partizipativ:** Vorgesetzter zeigt das Problem auf, die Gruppe schlägt Lösungen vor, Vorgesetzter entscheidet

- **Delegativ:** Vorgesetzter zeigt das Problem auf und legt Entscheidungsspielraum fest, Gruppe entscheidet

- **Demokratisch:** Gruppe entscheidet autonom, Vorgesetzter ist Koordinator

Tannenbaum und Schmidt sehen in dieser Auflistung ein Kontinuum, an dessen Anfang ein autoritärer und an dessen Ende ein kooperativer Führungsstil stehen. Mit Blick auf das Hochschulmanagement muss man sicher zugeben, dass dort kein Führungsstil wirklich fremd ist. Damit ist weit weniger gemeint, dass es mal autoritäre, mal konsultative und dann auch wieder demokratisch führende Rektoren, Dekane und Institutsleiter gibt. Vielmehr ist damit der Hinweis verbunden, dass es durchaus Situationen geben kann, in denen sich mal der eine und mal der andere Führungsstil empfiehlt.

In der Tat spricht die heutige Führungslehre nicht mehr von Idealtypen, sondern von einem „situationsgerechten Führungsstil" (Staehle 1994, S. 316). Für das jeweilige Führungsverhalten sind die Charakteristika einer Führungspersönlichkeit und deren Vertrauen in die Mitarbeiter ebenso von Bedeutung wie die Charakteristika der Mitarbeiter, deren fachliche Kompetenz und deren Engagement. Nicht zuletzt ist auch die aktuelle Situation für das Gelingen von Führung von Bedeutung wie auch das organisatorische Umfeld und die Art des Problems. Deshalb ist unbedingt anzuraten, alle Analysen und Modelle zu Führungsstilen – und es gibt deren Hunderte – nur als Anregung für die eigene Situation zu betrachten und keineswegs als eine den Erfolg sichernde Rezeptur.

Fredmund Malik vom Management-Zentrum St. Gallen behauptet sogar „Führungsstil ist nicht wichtig" (Malik 2001, S. 141), weil es genügend kooperative Führungskräfte gebe, die sehr gute, wie auch solche, die sehr schlechte Arbeit machten und umgekehrt etliche autoritäre Führungskräfte zu besten Ergebnissen und andere wiederum zu sehr schlechten Ergebnissen kämen. Er gesteht allerdings ein, dass sich dahinter die Frage verbirgt, ob man den Führungsstil oder das Resultat der Unternehmensführung bewerten wolle (ebda, S. 142). Diese Frage stellt sich in einem auf Profit ausgerichteten Wirtschaftsbetrieb möglicherweise anders als in einer auf Gemeinnutz ausgerichteten Hochschule. Dennoch muss man Malik insofern Recht geben als es nicht darauf ankommt, eine Rolle als Führungsperson mit einem bestimmten Führungsstil zu spielen. „Führungskräfte haben Aufgaben zu erfüllen und nicht Rollen zu spielen" (ebda, S. 141). In der Tat dürfte gerade im Hochschulmanagement die authentische Führungspersönlichkeit weit mehr zu überzeugen wissen als eine Person, die sich einen Führungsstil zugelegt hat. Gegen einen allzu autoritären Stil werden sich ohnehin die Gremien zu wehren wissen.

3.1.3   Führungstechniken

Innerhalb der Führungsstile werden so genannte Führungstechniken eingesetzt, um das Verhalten von Mitarbeitern vor allem durch die Gestaltung der Umwelt zu beeinflussen. Im Hintergrund aller Führungstechniken steht die Motivation der Mitarbeiter. Führungspersonen sind gehalten, die Motivation der Mitarbeiter zu fördern und sie dazu zu bewegen, von sich aus bessere Leistungen anzustreben. Typische Führungstechniken sind beispielsweise:

- Anweisungen geben
- Entscheidungen treffen
- Mitarbeiter loben
- Mitarbeiter kritisieren
- Kontrollen durchführen
- mit Beschwerden umgehen
- Informationen erhalten und weitergeben
- Aufgaben und Verantwortung delegieren

Zu den Situationen, in denen man als Führungskraft einer Hochschule Führungstechniken anwenden muss, gehört beispielsweise die Bereinigung von Konflikten. Von einem Konflikt spricht man, wenn einander entgegengesetzte Interessen, Intentionen und Motivationen aufeinandertreffen. Zwar kennt die Psychologie den Konflikt auch als inneren Widerstreit, doch soll hier nur von sozialen Konflikten zwischen mehreren Einzelpersonen oder zwischen Personen und Gruppen oder zwischen mehreren Gruppen die Rede sein. Besonders problematisch wird ein Konflikt dann, wenn eine schlichte Meinungsverschiedenheit zu einer grundsätzlichen Auseinandersetzung aufgebauscht wird.

Zur Konfliktregelung gibt es zahlreiche Strategien, die hier unmöglich im Einzelnen auch nur angesprochen werden können. In der Regel hat man als Führungskraft in einer Hochschule auch nicht die Zeit, sich den möglicherweise schon seit Jahren schwelenden Konflikten in aller Breite zu widmen. In einem solchen Fall muss man die Streithähne vielleicht auch einmal an eine psychologische Beratung verweisen.

Soweit es sich aber um aktuelle Konflikte handelt, deren Lösbarkeit dem Außenstehenden nicht völlig ausgeschlossen erscheint, sollte man möglichst den Fehler vermeiden, von Anfang an für den gesamten Konflikt nach einem Kompromiss zu suchen. Ein Kompromiss hinterlässt nur Verlierer, es sei denn, dass eine Partei sich schon damit zufrieden gibt, dass die andere Partei nicht gewonnen hat. Stattdessen empfiehlt schon die antike Dialektik für solche Situationen ein mehrstufiges diskursives Konsensverfahren, das sich erstaunlicherweise immer wieder bewährt. Das Verfahren ist relativ einfach und deshalb auch leicht zu merken (in Anlehnung an Lay 1991, S. 35f):

Diskursives Konsensverfahren der antiken Dialektik

(1) Es wird ein Basiskonsens festgestellt.

(2) Über den verbleibenden Dissens wird mit dem Willen, Konsens zu erzielen, diskutiert.

(3) Es wird festgehalten, für welche Teile des diskutierten Dissenses ein zusätzlicher Konsens festgestellt werden kann (Diskussionskonsens).

(4) Der verbleibende Dissens wird beschrieben und festgestellt.

(5) Handelt es sich (a) um verbleibende Prioritätssetzungen innerhalb einer Güterabwägung oder (b) um unterschiedliche Umwelterwartungen im Bereich von Entscheidungen unter Unsicherheit, wird über den verbleibenden Dissens ein Kompromiss angestrebt.

(6) Handelt es sich (c) um dogmatisch gefestigte Überzeugungen, wird das Konsensverfahren abgebrochen.

Der Vorteil dieses Verfahrens besteht mithin darin, dass der Konflikt möglichst an den Rand gedrängt und der Konsens in den Mittelpunkt gestellt wird. Nach dem Basiskonsens („Wir sind uns doch sicher grundsätzlich darüber einig, dass …") sollte nach einer ersten Diskussionsrunde ein weiterer Teilkonsens (Diskussionskonsens) festgestellt werden. Dadurch wird der strittige Bereich immer kleiner. Er dürfte am Ende drei Arten von Ursachen haben:

a) unterschiedliche Prioritätssetzungen innerhalb einer Güterabwägung, wenn z.B. ein
    Hochschullehrer sich auf ein Forschungsprojekt konzentrieren möchte und deshalb die
    aufwändige Einführungsvorlesung an einen Kollegen abgeben möchte;

b) unterschiedliche Umwelterwartungen bei Entscheidungen unter Unsicherheit, wenn z.B.
    ein Hochschullehrer ein Seminar nicht anbieten will, weil er keine Nachfrage der Studie-
    renden erwartet, obwohl das Thema im Studienplan steht;

c) (ganz selten) dogmatisch gefestigte Überzeugungen, z.B. wenn sich ein männlicher
    Mitarbeiter weigert, sein Büro mit einer Frau zu teilen.

Sofern in den Fällen (a) oder (b) kein weiterer Teilkonsens erreicht werden kann, müsste ein
Kompromiss gefunden werden. Da sich der Kompromiss im Idealfall nur noch auf einen
kleinen Teil des Konfliktes beschränken dürfte, werden die Konfliktparteien dem Kompromiss ohne Gesichtsverlust zustimmen können. Dagegen kann bei einem dogmatisch gefestig-
ten Konflikt kein Kompromiss (c) erzielt werden; hier sollte das Gespräch abgebrochen werden. Gegebenenfalls müssten im Fall (c) arbeitsrechtliche Konsequenzen gezogen werden.

Zu den bisweilen unangenehmen Aufgaben, die man als Führungskraft wahrzunehmen hat,
gehört auch die Kritik von Fehlverhalten oder fehlerhafter Arbeit. Dazu findet ein Kritikgespräch statt, sofern folgende Voraussetzungen erfüllt sind:

• Der Anlass muss aktuell sein; nicht Kritikpunkte „sammeln". Die Kritikpunkte müssen
  konkret und belegbar sein (keine Mutmaßungen).

• Das Kritikgespräch findet nur unter vier Augen statt. Keine negativen Bemerkungen über
  nicht anwesende Personen.

• Die Kritik darf sich nur auf das Verhalten oder auf eine Leistung beziehen, nicht auf die
  Person; persönliche Bemerkungen und Anspielungen auf Charaktereigenschaften oder
  Lebensumstände haben zu unterbleiben.

• Blickkontakt suchen; die eigene Gestik und Mimik sowie der eigene Tonfall sind sorgfältig zu kontrollieren.

Sofern diese Voraussetzungen erfüllt sind bzw. sofern sich die Führungskraft dieser Voraussetzungen bewusst ist, findet das Kritikgespräch in fünf Stufen statt:

Kritikgespräch in fünf Stufen

Stufe I Problemformulierung

- Die Defizite im Arbeitsergebnis bzw. kritikwürdige Punkte im Arbeitsverhalten werden festgestellt.
- Das Gesprächsziel wird benannt und eine weitere Kooperationsbereitschaft wird signalisiert (es geht um eine Kritik, die künftig zu besseren Leistungen führen soll, nicht um eine Kündigung).

Stufe II Kontaktstufe

- Die Stärken des Mitarbeiters werden herausgestellt.

Stufe III Einsichtsstufe

- Schwächen und Defizite werden so formuliert, dass der Mitarbeiter dies als Frage, Wunsch, Rat, Verbesserungsvorschlag aufnehmen kann.
- Der Mitarbeiter erhält Gelegenheit, sich zu äußern und zu rechtfertigen; diese Einwände werden berücksichtigt oder widerlegt.

Stufe IV Problemlösen

- Der Mitarbeiter wird aufgefordert, eigene Ideen und Verbesserungsvorschläge einzubringen, die grundsätzlich positiv aufgenommen werden.
- Anschließend geht man gemeinsam dazu über, die Ideen und Vorschläge zu bewerten.
- Zur Umsetzung werden solche Ideen und Vorschläge ausgewählt, die sich sofort realisieren lassen.

Stufe V Zusammenfassung und Vereinbarung

- Es wird eine Vereinbarung darüber getroffen, was jetzt zu geschehen hat und wer was bis wann zu erledigen hat.
- Kommt keine Vereinbarung zustande, wird ein Termin für ein neues Gespräch über eine Vereinbarung festgelegt (nicht ergebnislos auseinandergehen!).
- Eine Kontrolle der Erledigung wird angekündigt.
- Mit der Zuversicht auf den Erfolg der Vereinbarung verabschiedet der Vorgesetzte den Mitarbeiter mit Handschlag.

Doch sollte man stets bedenken, dass nicht nur Kritik eine Führungstechnik ist, sondern auch die Anerkennung von Leistungen und Verhaltensweisen. Anerkennung kann als kurze Bestätigung erfolgen (beispielsweise auch über eine kurze Rückmeldung per E-Mail) oder natürlich auch durch ein verbales Lob. Weitaus wirksamer und vor allem mittelfristig von Erfolg ist eine Anerkennung in Form von Kompetenzerweiterungen, Beteiligung an wichtigen Entscheidungen usw. Keinesfalls sollte man nach der schwäbischen Devise verfahren: „Nicht getadelt ist genug gelobt!"

Allerdings sind auch bei Lob und Anerkennung einige Regeln zu beachten, damit sie nicht wirkungslos verpuffen oder nicht ernst genommen werden.

Verhaltensgrundsätze für Lob und Anerkennung

- Möglichst häufig positive Rückmeldung geben, aber ohne dass sie zur Belanglosigkeit werden.
- Innerhalb einer Gruppe keine Leistungen miteinander vergleichen.
- Nicht Charaktereigenschaften, sondern Verhalten oder Leistung bestätigen oder anerkennen.
- Nicht pauschal loben und anerkennen, sondern immer konkret und genau bestätigen und anerkennen.
- Keine Vollkommenheit abwarten, sondern schon richtige Ansätze oder Teilerfolge sofort bestätigen.
- Angemessen bestätigen und anerkennen (keine Übertreibungen).
- Eine Anerkennung ist umso wirkungsvoller, je deutlicher man den Mitarbeitern die positiven Auswirkungen darlegt und sie so am Erfolg teilhaben lässt.
- Durch Bestätigung und Anerkennung die Verantwortungsbereitschaft fördern.
- Von Dritten geäußerte Anerkennung an den Mitarbeiter weitergeben.

So hilfreich solche Checklisten für Kritik oder Lob auch sein mögen, so darf man doch weder das Eine noch das Andere mechanisch und routinehaft anwenden. Jede Äußerung und jede Handlung einer Führungspersönlichkeit hat umso größere und nachhaltigere Wirkung, je individueller sie getätigt wird. Dies gilt in besonderem Maße für das Führungspersonal in Hochschulen, hat man es dort doch sowohl mit Professoren als auch mit Verwaltungsangestellten und Hausmeistern zu tun. Grundsätzlich haben auch Verwaltungsangestellte und Hausmeister natürlich ein Recht darauf, nicht schlechter behandelt zu werden als Professoren, doch wird man für die eine Personengruppe vielleicht einen anderen Gesprächskontext und eine andere Kommunikationssituation suchen als für die andere. Hier wie auch in anderen Situationen hängt der Erfolg der Führung nicht zuletzt von der Authentizität, dem Einfühlungsvermögen und der Überzeugungskraft der Führungspersönlichkeit ab.

3.2   Ziele setzen und planen

Bereits einleitend zu diesem Kapitel wurde davon gesprochen, dass Modelle wie der Managementkreis nur für ein erstes Verständnis hilfreich sind; für das praktische Managementhandeln erweist sich vielmehr, dass verschiedene Kernfunktionen des Managements oftmals nur als Einheit oder zumindest in einem engen Zusammenhang gesehen werden müssen. Darin kommt ein modernes Verständnis von Management zum Ausdruck, das sich von zu starren Regelwerken verabschiedet hat und bewusst vermeidet, die Komplexität von Management auf zu einfache Modelle zu reduzieren. Dies gilt in besonderem Maße für die Kernfunktionen Planen und Organisieren.

Mehr noch als die Managementfunktion Führung arbeiten die Managementfunktionen Planung und Organisation mit höchst diffizilen Managementtechniken (Schneck 1996). Diese Managementtechniken nehmen in vielen Handbüchern der Managementlehre breiten Raum ein. Mit Büchern über Kreativitätstechniken, Prognosetechniken, Ablaufplanung oder Entscheidungsregeln könnte man ganze Regale füllen. Es liegt nahe, dass für solche Feinheiten der Managementlehre hier kein Platz ist. Doch soll wenigstens durch einzelne Beispiele angedeutet werden, welcher Art solche Techniken sind und wie man sie einsetzen könnte.

In älteren Lehrbüchern wird noch zwischen Zielsetzung und Planung unterschieden. Die Planung wurde demnach als Umsetzung des Ziels verstanden. In der neueren Managementliteratur sieht man dagegen die Zielsetzung als Teil eines übergeordneten Planungsprozesses. Jürgen Wild, der den modernen Planungsprozess ganz wesentlich mit geprägt hat, definiert Planung als „ein systematisches, zukunftsdurchzogenes Durchdenken und Festlegen von Zielen, Maßnahmen, Mitteln und Wegen zur künftigen Zielerreichung" (Wild 1974, S. 13) und bindet damit die Zielsetzung in den Planungsprozess ein. Inzwischen geht man sogar noch einen Schritt weiter und betont die Zusammenhänge von Planung (einschließlich Zielsetzung) und Kontrolle. Steinmann/Schreyögg bezeichnet Planung (einschließlich Ziele setzen) und Kontrolle als „Zwillingsfunktionen" (Steinmann/Schreyögg 1991, S. 19) und Horváth spricht von einem „Planungs- und Kontrollsystem" (Horváth 2006, S. 150ff.).

Gleichwohl sind im Managementprozess einzelne Schritte zu erkennen, nur sollte man diese Schritte nicht isoliert und unabhängig voneinander sehen, sondern als Teil eines integrativen Prozesses. In Anlehnung an Wild 1974, S. 32ff. unterscheidet Horváth folgende „Planungsaktivitäten" (Horváth 2006, S, 188ff.):

- Zielbildung
- Problemanalyse
- Alternativensuche
- Prognose
- Bewertung
- Entscheidung
- Durchsetzung
- Realisation
- Kontrolle
- Abweichungsanalyse

Jedes manageriale Handeln beginnt bei der **Zielsetzung**, also bei der Definition dessen, was man erreichen möchte. „Unter einem Ziel wird ein erstrebenswerter Zustand verstanden, der in der Zukunft liegt und dessen Eintritt von bestimmten Handlungen und Unterlassungen abhängig ist, der also nicht automatisch eintritt" (Bestmann 1992, S. 98). Es gibt kaum einen anderen Begriff, der im Management von ähnlicher Bedeutung ist wie die Zielsetzung, denn letztlich ist Management immer zielorientiertes Handeln. Jedes Managementhandeln dient allein dem Zweck, ein bestimmtes Ziel zu erreichen. Ohne Ziel ist keine Planung möglich, und ohne Ziel kann auch keine Rechenschaft (Kontrolle) darüber abgelegt werden, ob das Ziel erreicht wurde. Eine Zielsetzung kann im Planungsprozess des Managements nur dann erfolgreich sein, wenn man die Ziele möglichst konkret benennt. Pepels listet dazu eine Reihe von hilfreichen Fragen auf (Pepels 2009, S. 1397f.):

„Zielobjekt:	Was ist der Gegenstand des benannten Ziels?
Zielsubjekt:	Bei welchen Personen (auch für Organisationen) soll das Ziel erreicht werden?
Zieleinheit:	Wer ist für dieses Objekt im Unternehmen zuständig?
Zielbeziehung:	Wie verhält sich dieses Ziel (horizontal) zu anderen Zielen?
Zielzeitbezug:	Wie lautet der Zeithorizont zur Zielerreichung? (....)
Zielrichtung:	Geht es beim Ziel um Wachstum, Schrumpfung oder Haltung?
Zielinhalt:	Was ist Inhalt des Ziels? (…)
Zielgewichtung:	Wie ist dieses Ziel hierarchisch in der Zielpyramide eingeordnet?"

Die Antworten auf diese Fragen helfen bei der ersten und wichtigsten Zuordnung der Zielsetzung, nämlich der Unterscheidung zwischen strategischen und operativen Zielen. Strategische Ziele sind mittel- und langfristig orientiert, betreffen die gesamte Hochschule oder zumindest große Teile von ihr und sind typische Angelegenheiten der Führungsebene. Operative Ziele dagegen können kurz- und mittelfristig realisiert werden, betreffen im Allgemeinen nur eine Hochschuleinrichtung oder auch mal eine ganze Fakultät und sind eher auf der mittleren und unteren Entscheidungsebene angesiedelt. Strategische Ziele sind sehr komplex und deshalb auch nur aufwändig umzusetzen. Deshalb werden sie hier unter der Überschrift „Strategisches Management" (Abschnitt 4.5) gesondert behandelt.

Andererseits darf man operative Ziele nicht völlig losgelöst von strategischen Zielen sehen; in vielen Fällen verbergen sich hinter operativen Zielen Bausteine zur Umsetzung strategischer Ziele. Wie es bereits im Fragenkatalog von Pepels anklingt, stehen operative Ziele fast immer in einem größeren, strategischen Zusammenhang. Das kann in einer Hochschule mal der Struktur- und Entwicklungsplan, mal der Gleichstellungsplan, das Leitbild, das Marketingkonzept oder auch der Personalentwicklungsplan sein. Entscheidend ist nur, dass man sich bei der Definition von Zielen dieser Zusammenhänge bewusst ist.

Zudem ist zu prüfen, ob es sich wirklich um ein gleichsam monolithisches Ziel handelt oder ob nicht das Ziel in mehrere Teilziele zerfällt. Das wäre für die Planung und für den Ressourceneinsatz möglicherweise von großer Bedeutung.

Wie schon erwähnt, gehen Zielsetzung und Planung eng ineinander über; ohne Zielsetzung keine Planung, und eine Planung ohne Zielsetzung verdient wahrscheinlich nicht einmal diesen Namen. Die **Planung** ist die systematische gedankliche Vorwegnahme einer angestrebten Realisierung. Planung ist nicht das Erträumen eines Zustandes, sondern das Aufzeigen von – realistischen, weil realisierbaren – Schritten zur Umsetzung von Zielen. In der Planung wird die Zielsetzung in Planungsziele überführt.

Doch bevor dieser Grad an Konkretisierung erreicht wird, sollten noch einmal eine sehr sorgfältige Problemanalyse und Alternativensuche zwischengeschaltet werden. Der häufigste Fehler jeder Zielsetzung und Planung im Management ist eine verkürzte Sicht zwischen

Zielsetzung und Planung. Man hat sich für ein bestimmtes Ziel entschieden und sieht nur die eine Möglichkeit, dieses Ziel umzusetzen. Folglich beginnt man gleich mit der Planung.

Die **Problemanalyse** beschreibt noch einmal sehr genau das Problem, das es mit der Planung zu lösen gilt. Wenn es beispielsweise das Ziel ist, die Dauer des Einschreibungsverfahrens nach der Rückmeldung deutlich zu verkürzen, so muss zunächst sehr detailliert analysiert werden, weshalb es überhaupt zu einer unverhältnismäßig langen Dauer des Einschreibungsverfahrens kommt. Werden von den Studierenden Unterlagen verlangt, die man eigentlich überhaupt nicht benötigt? Ist das Verfahren gekoppelt an eine andere Institution (Studentenwerk, ÖPNV usw.), so dass die Hochschule selbst nur einen begrenzten Einfluss auf die Verfahrensdauer hat? Ist das Studentensekretariat während der Rückmeldung zu gering besetzt? Solche und ähnliche Fragen sind zunächst sorgfältig zu stellen und noch sorgfältiger zu beantworten, bevor der nächste Planungsschritt angegangen werden kann.

Im Management führt die Zielsetzung in der Regel nicht nur zu einer einzigen Handlungsoption. Wenn man Durst hat, muss man etwas trinken; eine andere Möglichkeit gibt es nicht. Im Management geht es meistens komplizierter zu. Nicht selten ist man in dieser Phase als Manager besonders gefordert, statt der ausgetretenen Pfade auch einmal neue Wege mit innovativen Lösungen zu gehen. Doch ist eine solche **Alternativensuche** oft leichter gefordert als getan. Die Managementlehre empfiehlt, in dieser Phase Kreativitätstechniken einzusetzen, die man besser noch als Problemlösungstechniken bezeichnen sollte (z.B. Brainstorming, Methode 635, Morphologische Methode, Synektik, Wertanalyse usw.; vgl. dazu beispielsweise Backerra u.a. 2007). Doch ob mit oder ohne Problemlösungstechniken sollte es nach einer ernsthaften Alternativensuche möglich sein, zwischen mehreren Optionen wählen zu können. Wenn sich im eben genannten Beispiel zum Rückmeldeverfahren etwa herausstellen sollte, dass das Studentensekretariat während dieser Zeit personell zu schwach besetzt ist, gäbe es nicht nur die Möglichkeit, zusätzliches Personal einzustellen, sondern man könnte auch über vorübergehende Abordnungen aus anderen Abteilungen, über finanzielle Anreize für Überstunden, über Personaldienstleistungen einer Zeitarbeitsfirma usw. nachdenken.

Natürlich bietet jede Alternative andere Chancen, das gesetzte Ziel zu erreichen. Da man sich aber nur für eine Option entscheiden kann, gilt es, noch während der Planungsphase zu prognostizieren, welche Alternative sich am besten zur Erreichung des Ziels eignen dürfte. Diese **Prognose** geht also von der Frage aus, ob die im Rahmen der Alternativensuche gefundenen Lösungsmöglichkeiten wirklich zu einer optimalen Lösung des Problems führen werden. Während also die Alternativensuche ihre Ideen relativ losgelöst von den tatsächlichen Möglichkeiten produziert, wird in der Prognosephase untersucht, ob die Umsetzung der vorgeschlagenen Alternativen in der Zukunft zu realistischen und der Zielsetzung angemessenen Ergebnissen führen wird. Zur Unterstützung dieser doch recht schwierigen Phase empfiehlt die Managementlehre den Einsatz verschiedener Prognosetechniken (z.B. Trendextrapolation, Szenario-Technik, Delphi-Methode usw.; vgl. dazu beispielsweise Franke u.a. 1994). Im vorliegenden Beispiel wäre etwa zu prognostizieren, welche Alternative welche Kosten verursacht und – vor allem – welche Alternative voraussichtlich am ehesten zum Erfolg, d.h. zum gesetzten Ziel führt und damit das Problem löst.

Nach Problemanalyse, Alternativensuche und Prognose folgt die **Bewertung**. Diese Bewertung ist deshalb von so wesentlicher Bedeutung, weil sie die letzte Gelegenheit bietet, um sich ohne den Einsatz von Ressourcen noch einmal intensiv mit der Zielsetzung und den in Betracht gezogenen Lösungsmöglichkeiten auseinanderzusetzen. Häufig bedeutet dies auch, dass diese Bewertungsphase das letzte Stadium ist, in dem man über die Umsetzung der Ziele ohne Einbeziehung der Gremien oder gar der Öffentlichkeit reden kann. Am Ende der Bewertung steht der Vorschlag für die Hochschulleitung oder für die Gremien, die letztlich die **Entscheidung** über die Planung treffen.

Um ein letztes Mal auf den skizzierten Praxisfall einzugehen: kennt man die möglichen Alternativen für eine Beschleunigung des Einschreibungsverfahrens und kann man aufgrund einer sorgfältigen Prognose absehen, welche Alternative wie zur Lösung des Problems führen wird, so bleiben immer noch Risiken, die zu bewerten und über die zu entscheiden ist. Geradezu ein Dilemma wäre es beispielsweise, wenn eine Alternative zwar schneller zum Erfolg führen würde, dabei aber teurer wäre, während die andere Alternative zwar kostengünstiger wäre, aber auch nicht so schnell zu einem Erfolg führen würde. In einer solchen Situation, in der die Entscheidung unterschiedliche Konsequenzen hätte, würden sich beispielsweise Rektor und Kanzler noch einmal sorgfältig beraten. Das aber wäre nichts anderes als die bereits angesprochene Phase der Bewertung. Doch dann kann es immer noch vorkommen, dass in der Bewertung die Alternative A besser abschneidet als die Alternative B und man sich dennoch aus guten Gründen für die Alternative B entscheidet. Das zeigt, dass die Phase der Bewertung nicht zwingend mit der Phase der Entscheidung identisch sein muss.

Der Teil des Planungsprozesses von der Zielsetzung über die Problemanalyse, die Alternativensuche und Prognose bis hin zur Bewertung und Entscheidung ist deshalb verhältnismäßig breit dargelegt, weil genau dort im Planungsverlauf am häufigsten Fehler gemacht werden. Folgende Fehler sind immer wieder zu beobachten:

- Ziele werden ungenau vorgegeben bzw. sie werden nur oberflächlich beschrieben;
- Problemanalyse, Alternativensuche, Prognose und Bewertung werden übersprungen;
- ohne weitere Prüfung von Alternativen und Abwägung von Möglichkeiten entscheidet man sich dafür, eine Lösung anzustreben;
- die angestrebte Lösung konkretisiert im weiteren Verlauf das Ziel, d.h. das Ziel wird nachträglich über die angestrebte Lösung definiert.

Dass diese Analyse gar nicht so weit hergeholt ist, zeigt das folgende Beispiel aus einer baden-württembergischen Universität. Dort bestand bereits seit längerem der geheime Wunsch, wieder zu den Ursprüngen einer rein Technischen Universität zurückzukehren. Folglich beschloss die Hochschulleitung, 25 in den nächsten Jahren frei werdende Professorenstellen aus dem geistes- und sozialwissenschaftlichen Bereich künftig im technischen Bereich neu zu besetzen. Dazu wurde ein Masterplan erstellt und den Gremien zur Abstimmung vorgelegt. Doch die Folge war ein Sturm der Entrüstung in den geistes- und sozialwissenschaftlichen Fächern, woraufhin der Masterplan sowohl im Senat als auch im Hochschulrat durchfiel. Zudem gab es eine Resolution des Gemeinderats, und selbst der Kultusminister bezog Position, weil das Land um die Ausbildung seiner Lehrer fürchtete. Auch als die Hochschulleitung in der Debatte das eigentliche Ziel der Planung bekanntgab, nämlich über eine Stärkung der technischen und naturwissenschaftlichen Fächer die Chancen der Universität bei der nächsten Exzellenzinitiative zu verbessern, fand der Plan keine Gnade mehr. Das Vorhaben des Rektors endete in einem planerischen Desaster, für das die Gründe aber auf der Hand liegen:

- Das Ziel war falsch vorgegeben; nicht die Stärkung der technischen und naturwissenschaftlichen Fächer war das Ziel, sondern die Verbesserung der Chancen bei der nächsten Exzellenzinitiative.
- Das Problem war überhaupt nicht analysiert.
- Das angebliche Ziel, nämlich die Stärkung der technischen und naturwissenschaftlichen Fächer, war in Wahrheit nur eine von mehreren möglichen Alternativen; über weitere Alternativen aber wurde offensichtlich nie nachgedacht.
- Prognose und Bewertung fehlten völlig.

Hätte man das Ziel (Exzellenzinitiative) von vornherein klar benannt und hätte man das Problem (warum war die Universität bei zwei Exzellenzinitiativen gescheitert) analysiert, wäre die erforderliche Offenheit gegeben gewesen, um sich über Problemlösungsalternativen ausreichend Gedanken zu machen. An dieser Diskussion hätten sich wahrscheinlich auch die geistes- und sozialwissenschaftlichen Fächer ausführlich beteiligt. Damit hätten für eine konstruktive und zielorientierte Fortsetzung des Planungsprozesses beste Bedingungen bestanden.

An diesem Beispiel zeigt sich einmal mehr, dass die sorgfältige Beachtung aller Schritte im Planungsprozess für den Erfolg eines solchen Prozesses wirklich unverzichtbar ist. In der folgenden Grafik werden deshalb diese Schritte noch einmal zusammengefasst:

```
                        ┌─────────────────────────┐
                        │                         │
                        │       Zielbildung       │
                        │                         │
                        └─────────────────────────┘
                                     │
                        ┌─────────────────────────┐
                        │                         │
                        │      Problemanalyse     │
                        │                         │
                        └─────────────────────────┘
                                     │
        ┌────────────────────┬───────┴──────────┬────────────────────┐
        ▼                    ▼                   ▼
┌───────────────┐   ┌───────────────┐   ┌───────────────┐
│               │   │               │   │               │
│ Alternative I │   │ Alternative II│   │ Alternative III│
│               │   │               │   │               │
└───────────────┘   └───────────────┘   └───────────────┘
        │                    │                   │
        ▼                    ▼                   ▼
┌───────────────┐   ┌───────────────┐   ┌───────────────┐
│               │   │               │   │               │
│  Prognose I   │   │  Prognose II  │   │  Prognose III │
│               │   │               │   │               │
└───────────────┘   └───────────────┘   └───────────────┘
        │                    │                   │
        ▼                    ▼                   ▼
┌───────────────┐   ┌───────────────┐   ┌───────────────┐
│               │   ┊ Alternative II┊   │               │
│  Bewertung I  │   ┊ in der        ┊   │ Bewertung III │
│               │   ┊ Bewertung     ┊   │               │
└───────────────┘   ┊ verworfen     ┊   └───────────────┘
                    └┄┄┄┄┄┄┄┄┄┄┄┄┄┄┄┘           │
                                                ▼
                                        ┌───────────────┐
                                        │               │
                                        │ Entscheidung  │
                                        │ für           │
                                        │ Alternative III│
                                        └───────────────┘
```

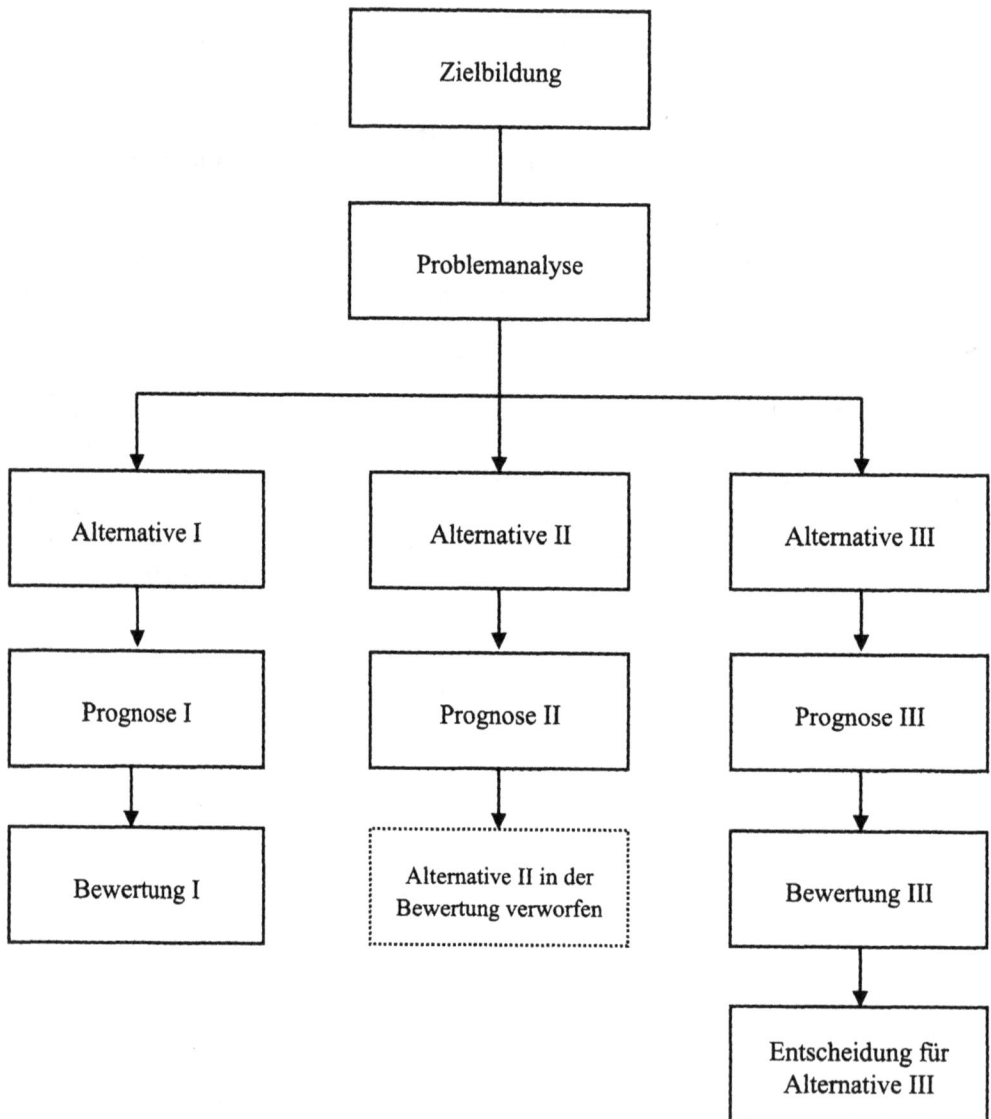

Abb. 6   Zielsetzungs- und Planungsprozess

Nach der Entscheidung folgen im Zielsetzungs- und Planungsprozess die Phasen der Durchsetzung und der Realisation. Die **Durchsetzung** ist die planerische Vorbereitung der Realisation, bei der vor allem die Frage beantwortet wird: wer macht was wann? Sofern es sich um
komplexere Vorhaben handelt, die nicht unmittelbar einem Sachgebiet der Verwaltung oder
einem Institut zur Umsetzung übertragen werden können, bedient man sich dazu einer Ablaufplanung oder Ablauforganisation.

Als **Ablaufplanung** bezeichnet man die Organisation eines Planungsprozesses unter zeitlichen und arbeitsorganisatorischen Gesichtspunkten. Die Ablauforganisation vereinigt folgende Steuerungshandlungen:

(1) die Gliederung eines Produktionsprozesses in einzelne, überschaubare und handhabbare Arbeitsschritte;
(2) die Abfolge der Arbeitsschritte in einem zeitlichen Rahmen und in einer sinnvollen Reihenfolge;
(3) die Verknüpfung von Arbeitsschritten, soweit dies für den Gesamtprozess notwendig ist;
(4) die Berücksichtigung der personellen und räumlichen Komponente.

Zwar ist die Ablaufplanung auf die terminliche Abfolge einzelner Arbeitsschritte konzentriert, doch sollte sie – vor allem wenn aufwendigere Techniken eingesetzt werden – weit mehr aussagen können, wie beispielsweise der Ressourceneinsatz (Personal, Räume, Sachmittel, Finanzmittel) und vor allem die Abhängigkeit einzelner Arbeitsschritte voneinander.

Im Nonprofit-Bereich bieten sich vor allem die Checkliste, das Balkendiagramm, die Meilensteinplanung und – für besonders komplexe Vorgänge – die Netzplantechnik als Techniken der Ablauforganisation an. Welche Technik sich im Einzelfall empfiehlt, hängt von der Art des einzelnen Vorgangs und der Zielsetzung der Ablaufplanung ab. Relativ einfacher Art sind die Checkliste, das Balkendiagramm und die Meilensteinplanung. Darüber hinaus gibt es aber inzwischen auch Ablaufplanungstechniken, die als Software für den PC erworben oder kostenlos heruntergeladen werden können. Hierzu muss allerdings auf die einschlägige Literatur verwiesen werden (z.B. Sauer 2004).

Die eigentliche **Realisation** ist nicht mehr Teil der Planung, sondern gehört zum Aufgabenbereich jener Organisationseinheit, der die Aufgabe übertragen wurde.

Der Planungsprozess ist aber dennoch nicht abgeschlossen, denn da von einem integrativen Planungs- und Kontrollsystem die Rede war, folgen zwangsläufig auch noch die Phasen Kontrolle und Abweichungsanalyse (vgl. Horváth 2006, S. 190). Die **Kontrolle** bezieht sich auf den Soll-Ist-Vergleich sowohl des Ergebnisses als auch des Planungsprozesses. Wurde das angestrebte Ziel erreicht und gelang die Zielerreichung mit dem prognostizierten Aufwand? Sind Abweichungen festzustellen, folgt eine **Abweichungsanalyse**, über die die Ursachen der Abweichungen zu ermitteln und zu erklären sind. Sind die Abweichungen schwerwiegend, ist eine Prognose der Abweichungskonsequenzen zu erstellen und zu fragen, welche Wirkung die Abweichung auf die Zielerreichung haben dürfte. Natürlich enthält die Abweichungsanalyse auch Vorschläge für die Beseitigung der Abweichungen und hält fest, durch welche Maßnahmen solche Abweichungen in einem künftigen Planungsprozess vermieden werden könnten. Die Phasen Planung und Abweichungskontrolle sind typische Aufgaben des Controllings, das allerdings nicht erst nachträglich zum Einsatz kommen, sondern möglichst den gesamten Planungsprozess kritisch begleiten sollte.

3.3   Organisieren

Eine weitere Kernfunktion des Managements und damit auch des Hochschulmanagements ist die Organisation. Nun ist Organisation ein weiter Begriff; das Universallexikon spricht von der „Gesamtheit der Vorgänge des ordnenden Gestaltens sowie das Ergebnis dieser Vorgänge selbst" (Brockhaus). In der betriebswirtschaftlichen Organisationlehre beschränkt man sich auf die Steuerung eines dauerhaft bestehenden arbeitsteiligen Systems. „Diese Ordnung muss zunächst geplant und dann mit Hilfe von organisatorischen Maßnahmen verwirklicht werden. Unter Organisation verstehen wir einerseits den Prozess der Entwicklung dieser Ordnung aller betrieblichen Tätigkeiten (Strukturierung) und andererseits das Ergebnis dieses gestalterischen Prozesses, d.h. die Gesamtheit aller Regelungen, deren sich die Betriebsleitung und die ihr untergeordneten Organe bedienen (…)" (Wöhe 1993, S. 179).

In diesem Verständnis gibt es fast nichts, das nicht der Organisation unterliegen würde. In der Tat nennt beispielsweise das „Handwörterbuch der Organisation" (Grochla 1980) die Organisation von Absatz, Fertigung, Forschung, Personalwesen, Rechnungswesen und dergleichen mehr. Insofern trifft man auch im Hochschulmanagement immer auf Organisationsaufgaben, auch wenn diese im Einzelfall nicht immer so benannt sind. Letztlich betrifft Organisation alle Aufgaben, die sich wiederholen und für die sich deshalb eine gewisse Verstetigung als sinnvoll erweist. Das kann sowohl bestimmte Arbeitsabläufe betreffen (z.B. im Personalwesen, im Studentensekretariat oder auch im Lehrbetrieb und in der Prüfungsorganisation) als auch Strukturen, über die Zuständigkeiten und Aufgaben dauerhaft zugeteilt werden. „Das Organisieren ist damit als ein Strukturierungsvorgang zu verstehen, der sich in formalen Regeln konkretisiert" (Bestmann 1992, S. 107).

3.3.1   Aufbauorganisation

In der betriebswirtschaftlichen Organisationslehre zeigt sich dieser Strukturierungsvorgang in erster Linie in der Ablauforganisation (die Gestaltung prozessualer Abläufe) und in der Aufbauorganisation (die Gestaltung des institutionellen Aufbaus) (Hub 1994). Auf die Ablauforganisation wurde bereits in Abschnitt 3.2 unter dem Stichwort Ablaufplanung eingegangen; eine Wiederholung oder Vertiefung erübrigt sich hier. Dagegen bedarf die Aufbauorganisation einer genaueren Vorstellung, da deren Modelle für die innere Organisation einer Hochschule von großem Nutzen sein können.

Die Aufbauorganisation gliedert einen Betrieb in Teileinheiten und koordiniert die Teileinheiten zueinander. Sie ist grundsätzlich auf Dauer angelegt. In einem Betrieb stellt die Aufbauorganisation die organisatorischen Strukturen bereit, wie sie für die ständige Wahrnehmung von Aufgaben erforderlich sind. Grundlage der Aufbauorganisation ist die Definition von Arbeitsplätzen, die zu sinnvollen Einheiten (Sachgebiete, Abteilungen, Institute) zusammengefasst werden. Des Weiteren sind die solchermaßen gebildeten betrieblichen Einheiten gegeneinander abzugrenzen (Kompetenzabgrenzung, Differenzierung) und wiederum durch Kommunikationsbeziehungen miteinander zu verknüpfen (Koordination).

Eine gute Aufbauorganisation sollte in der Lage sein, folgende Ziele angemessen zu berücksichtigen (in Anlehnung an Schneck 1996:161):

- Flexibilisierung
  Anpassungsfähigkeit an Umweltveränderungen; z.B. bei Veränderungen im Nachfrage-verhalten der Studierenden sollte es möglich sein, durch die Verlagerung von Arbeits-schwerpunkten auch in der Aufbauorganisation zu reagieren.

- Stabilisierung
  Dauerhaftigkeit; z.B. muss eine neu geschaffene Institutsorganisation auch die Chance haben, sich zu bewähren.

- Produktivität und Wirtschaftlichkeit
  Erhöhung der Effizienz und Minderung von Organisationskosten, wenn z.B. zu viele Gremien mit der gleichen Sache befasst sind.

- Humanisierung
  Soziale Akzeptanz neuer Strukturen; z.B. wenn Arbeitsmotivation aus dem Arbeitsklima heraus entstehen soll; personelle Umsetzungen sollten nicht allein nach Effizienzkriteri-en vorgenommen werden.

- Kommunikation
  Reibungslose, klare Informationsflüsse in der Struktur; Informationen nicht nur ermögli-chen (freiwillig), sondern auch (aus dem System heraus) strukturell vorgeben.

- Kongruenz
  Abstimmung von Verantwortung und Kompetenzen auf allen Ebenen, z.B. bei sehr komplexen Forschungsprojekten.

Diese Ziele müssen nicht gleichwertig nebeneinander stehen, es können auch Prioritäten und Hierarchien gebildet werden.

Je nach Art der Differenzierung und Koordination ergeben sich unterschiedliche Organi-sationsstrukturen. Die gängigsten Strukturmodelle sind die Linienorganisation, die Stab-Linienorganisation, die Mehrlinienorganisation sowie die Matrixorganisation. Jede Entschei-dung für das eine oder andere Modell der Aufbauorganisation ist an den oben aufgeführten Zielen zu messen, d.h. es ist festzustellen, ob und in welcher Weise die wichtigsten Ziele (Prioritäten) durch das gewählte Organisationsmodell umgesetzt werden.

Die Linienorganisation und die Mehrlinienorganisation eignen sich für eine auf Dauer ausge-richtete Aufbauorganisation, während die Stab-Linienorganisation und die Matrixorgani-sation vorrangig im Projektmanagement zur Anwendung kommen.

Linienorganisation

Die Linienorganisation ist die strengste und hierarchischste Form der betrieblichen Aufbau-organisation, denn sie geht von der Einheitlichkeit der Auftragserteilung aus. Danach darf eine Organisationsebene nur von der nächst höheren Ebene Weisungen empfangen, so dass sich eine klar gegliederte Hierarchie ergibt. Dies drückt sich selbst in der Kommunikation aus, die nur über den vorgegebenen Instanzenweg (Dienstweg) möglich ist. Die Linienorga-nisation ist deshalb die bevorzugte Organisationsform der öffentlichen Verwaltung.

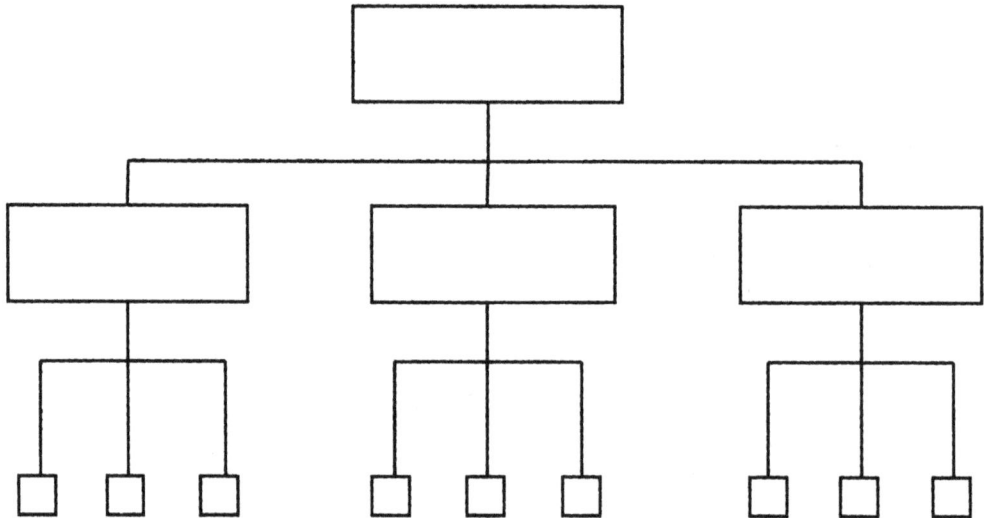

Abb. 7 Linienorganisation

Die Vorteile dieses Systems bestehen vor allem in der eindeutigen Zuordnung von Kompetenzen und Verantwortlichkeiten; jeder Mitarbeiter weiß, was er zu tun hat. Auch ist eine Koordination von Aufgaben und eine betriebliche Kontrolle leicht "von oben herab" möglich. Man spricht deshalb auch von einer Pyramidenorganisation mit einer einzigen Spitze und einer nach unten hin immer breiter werdenden Basis. Auf der anderen Seite erweist sich ein solches Liniensystem als höchst schwerfällig und bürokratisch; es lässt fast nur einen bürokratischen Führungsstil zu, der nur wenig Chancen zur Entfaltung individueller Fähigkeiten bietet. Wegen der häufig langen Dienstwege sind Informationen nur schwer zu transportieren. Auch ist nicht zu übersehen, dass das System für den Leiter mit einer hohen Belastung verbunden ist; er ist letztlich für alles verantwortlich. „Mit zunehmender Entfernung von der Spitze der Pyramide nimmt definitionsgemäß das Ausmaß an Autorität, an Verantwortung und an Wissen ab. Heutzutage sind jedoch entscheidungsrelevante Informationen und Kenntnisse auch auf niederen Hierarchieebenen zu finden. Den höheren Instanzen fehlt häufig das für die Entscheidungsfindung notwendige Fachwissen, was zeitaufwändige Rückfragen bei hierarchisch niederen Stellen erforderlich macht" (Staehle 1994, S. 675).

Die Linienorganisation ist in Hochschulen sowohl in der Hochschulverwaltung als auch in der Organisation der Fakultäten und Institute zu finden. Das mag bezüglich der Hochschulverwaltung nicht überraschen, denn dies entspricht der Verwaltungstradition und ist auch durch die rechtliche Absicherung von Verwaltungsvorgängen gerechtfertigt. Es überrascht aber, dass eine so hierarchische Struktur auch in der Organisation der Fakultäten und Institute zu finden ist. Ein Blick auf die Abb. 7 lässt leicht erkennen, dass sich auf der oberen Ebene die Hochschulleitung, auf der mittleren Ebene die Fakultäten und auf der unteren Ebene die Institute befinden. Daraus ergeben sich leider einige Nachteile, die Ursache für die oft beklagte Schwerfälligkeit der Hochschulen sind:

- Der Instanzenweg von oben nach unten und umgekehrt ist sehr lang; er wird noch durch die einzuschaltenden Gremien zeitlich verlängert.
- Die vertikalen Elemente der Organisation dominieren; horizontale Elemente sind nicht vorgesehen. Folglich verpuffen beispielsweise Impulse von einem Institut der Fakultät I in ein Institut der Fakultät III.
- Kommunikation und Information funktionieren nur sehr schlecht bzw. immer nur gefiltert über die nächst höhere Ebene.
- Konflikte zwischen zwei Instituten oder zwei Fakultäten werden zwangsläufig nur über die nächst höhere Instanz ausgetragen. Misslingt dies, bleiben Konflikte über Jahre hinweg unausgesprochen, weil man sich – im wörtlichen Sinne – aus dem Weg gehen kann.

Angesichts dieser gravierenden Nachteile ist es dringend erforderlich, in den Hochschulen horizontale Organisationselemente einzubauen. Dazu eignen sich sowohl auf Dauer angelegte als auch vorübergehend eingerichtete Strukturen:

(1) auf Dauer angelegte horizontale Organisationselemente

- fakultätsübergreifende Departments nach US-amerikanischem Vorbild
- fakultätsübergreifende Fachbereiche/Fächergruppen nach dem Muster der Ludwig-Maximilians-Universität München (LMU)
- an Kunsthochschulen instituts- und falkultätsübergreifende Studios (z.B. für Alte Musik)
- fakultätsübergreifende Forschungs- und Lehreinrichtungen

(2) vorübergehend angelegte horizontale Organisationselemente

- instituts- und fakultätsübergreifende Lehrprojekte
- instituts- und fakultätsübergreifende Forschungsprojekte

Sofern es gelingt, durch solche horizontalen Elemente die oben aufgelisteten Nachteile der Linienorganisation einzuschränken, kann diese alte und in der täglichen Praxis leicht handhabbare Organisationsform auch heute noch vorteilhaft eingesetzt werden.

Mehrlinienorganisation oder Funktionale Organisation

Eine Alternative zur starren Linienorganisation bietet das Mehrliniensystem. In dieser Organisationsform ist die hierarchisch niedrigere Organisationsstufe mit der hierarchisch höheren durch mehrere Linien verbunden. Demnach werden alle Mitarbeiter entsprechend ihrer spezifischen Kompetenzen eingesetzt, d.h. die Wahrnehmung von Aufgaben steht im Vordergrund gegenüber der Einhaltung von Hierarchien. Deshalb nennt man diese Organisationsform auch Funktionale Organisation, weil sie von der Funktion der nachgeordneten Einheit ausgeht. Die Einheitlichkeit der Auftragserteilung – ein wesentliches Merkmal der Linienorganisation – ist damit durchbrochen, d.h. jeder Vorgesetzte kann jedem Mitarbeiter mit einer

bestimmten Kompetenz Aufträge erteilen. In der grafischen Darstellung zeigt sich die Mehrlinienorganisation wie folgt:

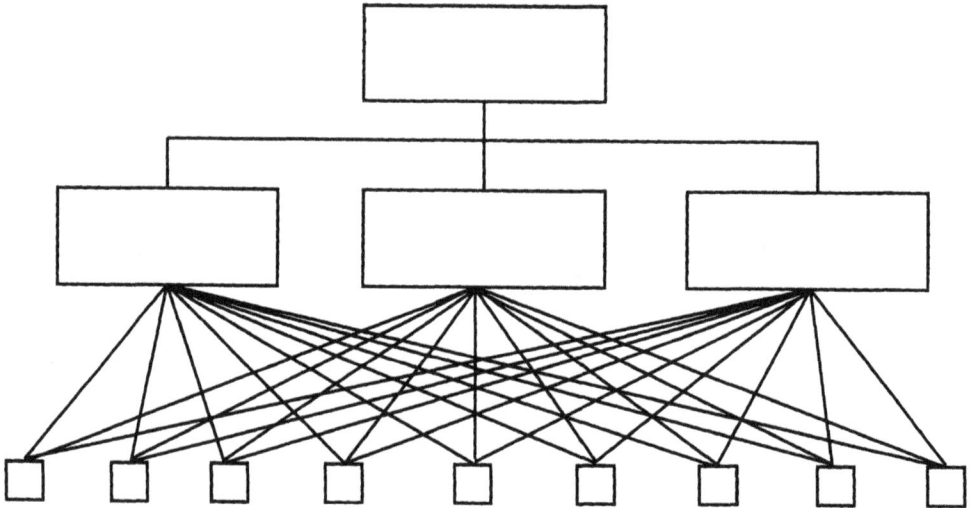

Abb. 8 Mehrlinienorganisation oder Funktionale Organisation

Größter Vorteil dieses Systems ist die Einheit von Fachkompetenz und Funktion (Zuständigkeit); vorhandene Kompetenzen werden also optimal genutzt. Auch ist die Kommunikation
gegenüber der Linienorganisation deutlich erleichtert, weil der Instanzenweg aufgehoben ist.
Nachteile sind darin zu sehen, dass die Mitarbeiter den Eindruck haben „mehreren Herren
dienen zu müssen". Um Koordinationsprobleme und Überbelastungen bei Mitarbeitern zu
vermeiden, sind in hohem Maße Absprachen (Dienstbesprechungen) erforderlich. Auch ist
eine durchgehende Kontrolle seitens der obersten Leitungsebene kaum noch möglich.

Im Hochschulmanagement erscheint diese Organisationsform zunächst fremd und unangemessen. Geht man auch hier wieder davon aus, dass die mittlere Ebene die Fakultätsebene
abbildet, so kann man sich kaum vorstellen, dass alle Dekane gegenüber allen Instituten
weisungsberechtigt sein könnten. Doch in ganz bestimmten Situationen könnte ein solches
Modell eine hilfreiche Anregung für eine neue Organisationsform sein. Beispielsweise hat
die Technische Universität München zum 1.10.2009 eine „TUM School of Education" gegründet, eine neue Fakultät, in der alle Lehramtsstudiengänge der TU München zusammengefasst sind. Damit ist erstmals eine Fakultät nicht mehr fächerorientiert, sondern
studiengangsorientiert aufgebaut. Da andererseits aber auf Fachkenntnisse nicht verzichtet
werden kann, braucht die neue Fakultät einen „Zugriff" auf die Fachwissenschaften der betreffenden Fakultäten und Institute. Für einen solchen „Zugriff" ist die Funktionale Organisation ein interessantes Modell.

Grundsätzlich ist die Funktionale Organisation im Hochschulmanagement überall dort anwendbar, wo Organisationseinheiten außerhalb von Hierarchien und Linien eingebunden

werden sollen. Das kann in studiengangsorientierten Einheiten wie der Lehramtsausbildung, aber auch in fächerübergreifenden Lehr- und Forschungsprojekten der Fall sein. Will man vorhandene Organisationsstrukturen für eine besondere Aufgabe (z.B. für ein Forschungsprojekt) flexibel nutzen, so eignen sich dazu aber auch die Stab-Linienorganisation oder die Matrixorganisation.

Stab-Linienorganisation

Die Stab-Linienorganisation behält die vorhandene Linienorganisation bei, ergänzt sie aber durch kleine Einheiten, die den verschiedenen Elementen der Linienorganisation angefügt werden. Dadurch bleibt die Linienorganisation stabil, obwohl zusätzliche Aufgaben wahrgenommen werden. Die Leitung des Stabes übernimmt entweder ein Mitarbeiter "aus der Linie" oder aber – was eher der Regelfall ist – ein Mitarbeiter aus dem Stab. Wird die Stab-Linienorganisation im Projektmanagement eingesetzt, können evtl. auch Mitarbeiter aus anderen Arbeitsbereichen zu einem Projektteam zusammengesetzt werden, ohne dass wiederum die Linie beeinträchtigt wird. Eine solche Situation zeigt die folgende Grafik:

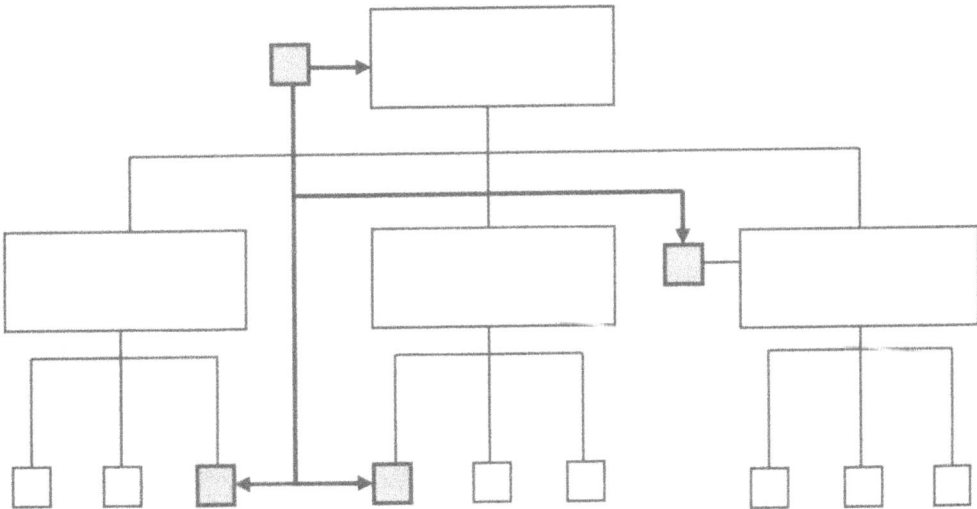

Abb. 9 Stab-Linienorganisation

In Abb. 9 wird eine Stab-Linienorganisation genutzt, um ein Projektteam zusammenzustellen; es besteht aus den vier Personen/Positionen, die grau unterlegt sind. Typische Stabsstellen ohne ein Projektteam wären beispielsweise die Positionen neben der Hochschulleitung (z.B. ein Pressereferent) oder auf der mittleren Ebene (Fakultätsebene) neben der dritten Fakultät (z.B. als Bologna-Beauftragter).

Im Hochschulmanagement wird man ab einer gewissen Größe nicht ohne Stabsstellen auskommen können. Stabsstellen eignen sich vor allem für solche Aufgaben, die entweder dauerhaft unverzichtbar sind oder nur vorübergehend anfallen, die aber wiederum nicht so umfangreich sind, dass man dafür eine eigene Abteilung oder ein selbstständiges Institut einrichten würde. Zudem ist es eine Besonderheit von Stabsstellen, dass sie immer einer Führungsposition in einer Organisation unmittelbar zugeordnet sind. Doch bringen Mitarbeiter in Stabsstellen häufig eine zusätzliche Kompetenz mit; sie dürfen deshalb nicht mit Assistenten, die einen Professor in dessen Lehr- und Forschungsbereich unterstützen, verwechselt werden. Typische Stabsstellen im Hochschulmanagement sind:

- Persönlicher Referent des Rektors
- Referent für Presse- und Öffentlichkeitsarbeit
- Planungs- und Entwicklungsstab
- Bologna-Beauftragter
- Fundraising-Beauftragter
- Alumni-Beauftragter
- Projektbeauftragter für die Koordination von Forschungsprojekten

Vielleicht vom Persönlichen Referenten abgesehen, können alle Positionen in der Praxis von einer oder von mehreren Personen wahrgenommen werden. Vor allem die Technische Universität München macht seit ihrer Reform im Jahr 1999 von diesem Stabsstellen-Modell regen Gebrauch.

Der Vorteil dieses Verfahrens besteht darin, dass die Linienorganisation erhalten bleibt und dennoch sehr flexibel auf einen zusätzlichen personellen und organisatorischen Bedarf reagiert werden kann. Dazu können vorhandene Mitarbeiter freigestellt oder über befristete Verträge zusätzliche Mitarbeiter in die Organisation eingebunden werden. Ein weiterer Vorteil dieses Leitungssystems besteht darin, dass Stabsstellen die Leiter entlasten und über Stäbe auch Koordinierungsaufgaben wahrgenommen werden können. Ein Nachteil solcher Stabsstellen ist darin zu sehen, dass sich wegen der engen Anbindung der Stäbe an Leitungspositionen Konflikte ergeben können. Stabsmitarbeiter können anderen Mitarbeitern als indirekte Kontrollinstanzen der Leitung erscheinen, was die Kommunikation und die Informationsbereitschaft gegenüber den Stäben deutlich einschränken wird. Da Stäbe an Entscheidungen nur indirekt und vorbereitend beteiligt sind, die Entscheidung selbst aber immer der Linie vorbehalten ist, haben Stäbe in der Regel einen großen Einfluss, ohne Verantwortung übernehmen zu müssen (was man allgemein als „graue Eminenz" bezeichnet). Dennoch spricht im Hochschulmanagement wie auch in vielen anderen Bereich sehr viel für solche Stäbe, weil auf diese Weise eine traditionelle Aufbauorganisation ergänzt werden kann, um besondere Herausforderungen wahrnehmen zu können.

Matrix-Organisation

Eine eher ungewöhnliche und in der Praxis auch nicht ganz leicht realisierbare Aufbauorganisation ist die Matrixorganisation. Auch hier wird die Linienorganisation beibehalten, allerdings wird sie zusätzlich überlagert durch eine zweite Aufgabenebene. Im Hochschulmanagement eignet sich die Matrix-Organisation vor allem für fächerübegreifende Forschungsprojekte, aber auch für eine studiengangsorientierte Organisation. Um dies grafisch darzustellen, wird die bekannte Linienorganisation ein wenig verändert (die Positionen für die Mitarbeiter stehen nun untereinander) und gleichzeitig die Grafik in Form eines Beispiels (Lehramtsstudiengänge) konkretisiert.

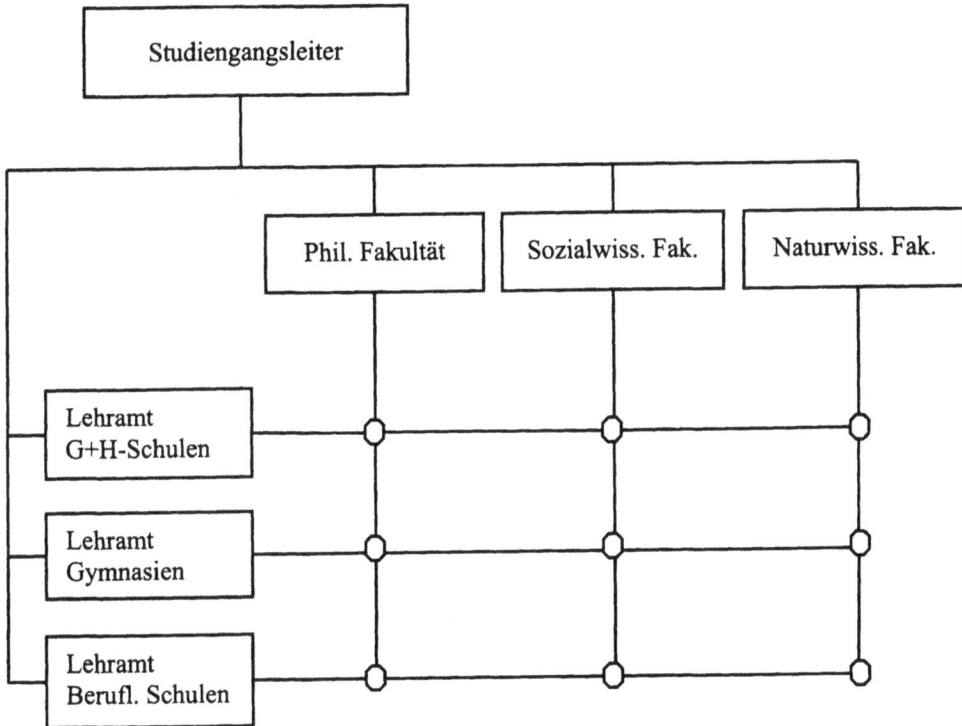

Abb. 10 Matrixorganisation

Die Senkrechte zeigt die nach Funktionen gegliederte Organisationsstruktur mit den Philosophischen, Sozialwissenschaftlichen und Naturwissenschaftlichen Fakultäten, wie sie auch aus der Linienorganisation bekannt ist. In der Waagerechten aber werden die Untergliederungen der Fakultäten an Studiengänge (Lehramt an Grund- und Hauptschulen, Lehramt an Gymnasien und Lehramt an Beruflichen Schulen) angebunden, d.h. die Struktur ist nun produkt- oder projektorientiert. In diesem Fall ist das Produkt der jeweilige Studiengang. Im Schnittpunkt der Linien befinden sich Mitarbeiter, Gruppen von Mitarbeitern oder ganze Institute, die für die Aufgaben zuständig sind, die in diesen Matrix-Schnittstellen anfallen.

Die Matrixorganisation zeichnet sich also dadurch aus, dass sie die Funktionsorganisation mit einer Produktorganisation verbindet, während sich alle anderen Organisationsmodelle für eine der beiden Organisationsalternativen entscheiden müssen. In der Regel ist dies die Funktionsorientierung wie beispielsweise die nach Fächern gegliederten Fakultäten und Institute. Theoretisch wäre es auch möglich, stattdessen nach Produkten zu gliedern, also etwa nach Studienabschlüssen oder Berufsprofilen. Das praktizieren beispielsweise die Theologischen Fakultäten, die produktorientiert auf die Ausbildung von Priesterberufen ausgerichtet sind, weshalb es dort auch Erziehungswissenschaftler, Historiker, Philosophen und Juristen gibt. An Musikhochschulen lässt sich das ebenfalls gut verdeutlichen. Dort erfolgt die funktionale Organisation nach Instrumentengruppen (Bläser, Streicher, Klavier usw.); würde man produktorientiert gliedern (Musiklehrer, Orchestermusiker, Kammermusiker usw.), müssten in allen Instituten Klavierlehrer, Geigenlehrer usw. angesiedelt sein. Nur die Matrixorganisation bietet die Möglichkeit, Funktion und Produkt miteinander zu verbinden.

Die Matrixorganisation hat auch den großen Vorteil, dass sie die in jeder Linienorganisation unübersehbaren Hierarchien weitgehend auflöst und damit ein Lean Management mit flachen Hierarchien erreicht. Das entspricht dem Selbstverständnis einer auf Kooperation und Kollegialität ausgerichteten Hochschulstruktur und stärkt gleichzeitig die Verantwortungsbereitschaft aller, die in einer solchen Matrix-Organisation arbeiten. „In der Literatur wird immer wieder auf die gewollte Kompetenzüberschneidung und damit den eingeplanten Konflikt dieses Koordinationsmechanismus hingewiesen. Dieser habe keineswegs destruktive, sondern eher innovative Folgen. Der argumentativen Auseinandersetzung mit ein und demselben Problem aus der Sicht zweier unterschiedlich motivierter Stellen wird ein hohes Integrationspotential zugeschrieben" (Staehle 1994, S. 680).

Ein weiterer Vorteil der Matrixorganisation besteht darin, dass der Leiter (Rektor, Dekan usw.) entlastet wird, da das System sich immer wieder selbst einen Primus inter pares aussuchen wird. Das alles entspricht dann genau dem, was man sich unter der Überschrift „Freiheit von Wissenschaft und Forschung" für einen Hochschulbetrieb wünscht. Doch bietet die Matrixorganisation nicht nur Einsatzmöglichkeiten in Lehre und Forschung, sondern auch in der Hochschulverwaltung (z.B. zur Steuerung einer dezernatsübergreifenden Umsetzung des Bologna-Prozesses oder einer mit allen Fakultäten koordinierten Öffentlichkeitsarbeit). Deshalb sollte sich auch die Hochschulverwaltung immer wieder mit der Matrixorganisation als einer möglichen Alternative zu bestehenden Organisationsstrukturen auseinandersetzen.

Allerdings funktioniert das System in der Praxis nicht so gut wie man es vom Modell her erwarten würde. Auch in der Wirtschaft macht man von dieser Organisationsform erstaunlich wenig Gebrauch. Hintergrund dieser Zurückhaltung ist ein hoher Kommunikationsbedarf und damit eine relativ große Abhängigkeit von der Kommunikationsfähigkeit der in der Matrixorganisation Tätigen. Das Vertrauen in die Sachorientierung aller Beteiligten muss groß sein und muss sich auch bewahrheiten; andernfalls entsteht schnell eine Sehnsucht nach einer hierarchisch klar gegliederten Linienorganisation. Dennoch wäre es – angesichts der erkennbaren Vorzüge – sicher berechtigt, sich des Öfteren mal mit den Möglichkeiten der Matrixorganisation zu beschäftigen, statt sich unkritisch von vornherein wieder für eine neue Linienorganisation zu entscheiden.

3.3.2 Erweiterung der Organisationsstruktur durch privatrechtliche Elemente

Hochschulen sind in ihrer Organisationsstruktur weitgehend vorgeprägt durch die Tradition der Fakultäten und Institute sowie durch die Hochschulverwaltung, die im Wesentlichen an der Staatsverwaltung ausgerichtet ist. Allerdings kennen die Landeshochschulgesetze heute auch vielfach schon Experimentierklauseln und lassen auch für bestimmte Aufgaben ausdrücklich privatrechtliche Organisationsformen zu. Die Experimentierklauseln nutzen inzwischen viele Hochschulen, um das starre System der Fakultäten sowie die Zuständigkeiten von Fakultäten, Senat und Hochschulrat zu optimieren; davon wird im nächsten Abschnitt die Rede sein.

Eine besondere Erwähnung verdienen hier die privatrechtlichen Organisations- und Strukturformen, die die bestehende Hochschulstruktur sinnvoll ergänzen können. Dafür kommen vorrangig der Verein, die GmbH und die Stiftung in Frage.

- **Verein**

Der Verein, dessen rechtliche Grundlagen im Bürgerlichen Gesetzbuch (BGB) geregelt sind (§§ 21ff. BGB), ist ein auf gewisse Dauer angelegter, körperschaftlich organisierter und in seinem Bestand vom Wechsel der Mitglieder unabhängiger Zusammenschluss mehrerer Personen unter einem Gesamtnamen zur Verfolgung gemeinsamer Zwecke. Die Bildung eines Vereines unterliegt, soweit er keinen verbotenen Zweck verfolgt, keinen Beschränkungen. Aus diesem Grund und wegen seiner vielseitigen Einsetzbarkeit ist der Verein im privaten und gesellschaftlichen Bereich die am häufigsten anzutreffende Organisationsform.

Zur Gründung eines Vereins sind mindestens sieben die Satzung unterschreibende Gründer nötig; nicht dagegen sieben Mitglieder, wie oft fälschlich behauptet wird. Man unterscheidet wirtschaftliche Vereine (§ 22 BGB), die aber eher selten sind (z.B. Wohnbauvereine) und so genannte Idealvereine (§ 21 BGB). Idealvereine widmen sich einem ideellen Zweck wie beispielsweise der Pflege der Musik in einem Musikverein oder einer nicht-gewerbsmäßigen Tätigkeit wie beispielsweise ein Gartenbauverein. Ein Idealverein kann durch die Eintragung in das Vereinsregister des zuständigen Amtsgerichts Rechtsfähigkeit erlangen, er kann aber auch auf die Eintragung ins Vereinsregister verzichten. Das erleichtert die Gründung erheblich und hat dennoch kaum Nachteile (beispielsweise könnte der Verein keine Immobilie erwerben bzw. das Verfahren wäre sehr kompliziert). Wenn also weder ein Vermögen angestrebt wird noch Gewinne zu erwarten sind, kann ein nicht-eingetragener Verein durchaus eine Alternative zum eingetragenen Verein sein. (Auch die Hochschulrektorenkonferenz ist ein nicht-eingetragener Verein, der allerdings mit einer Stiftung als Rechts- und Finanzträger verbunden ist.)

Anders als der nicht-eingetragene Verein ist der eingetragene Verein auch beim Finanzamt anzumelden, wo ihm auf Antrag die Gemeinnützigkeit anerkannt wird. Eingetragene und nicht-eingetragene Vereine sind prinzipiell steuerpflichtig, doch können sie von der Körperschaftssteuer im Rahmen der Gemeinnützigkeit befreit werden. Wenn also aufgrund der absehbaren Umsätze und eines zu erwartenden Überschusses eine Körperschaftssteuerpflicht zu erwarten ist, empfiehlt sich die Form des eingetragenen Vereins. Eine dem ideellen Hauptzweck untergeordnete wirtschaftliche Nebentätigkeit des Vereins ist vereinsrechtlich unschädlich, aber bei der Anerkennung der Gemeinnützigkeit zu beachten.

Der Verein muss sich eine Satzung geben. Organe des Vereins sind die Mitgliederversammlung und der Vorstand; das Weitere regeln das BGB und die Satzung. Der Vorstand vertritt den Verein gerichtlich und außergerichtlich; er führt die Geschäfte des Vereins (vgl. dazu z.B. Ott 2002).

Vereine eignen sich im Hochschulmanagement sehr gut, um ideelle Aufgaben wahrzunehmen, die an einen größeren Kreis von Personen gebunden sind. Das trifft beispielsweise für einen Förderverein oder auch für eine Alumni-Vereinigung zu. Auch das Studium Generale oder Veranstaltungsreihen in Kooperation mit Partnern (z.B. regionalgeschichtliche Aktivitäten des Instituts für Regionalgeschichte in Zusammenarbeit mit einer Landesgeschichtlichen Vereinigung) bis hin zu Jubiläumsaktivitäten, in die die Bevölkerung eingebunden werden soll, sprechen für eine vereinsrechtliche Regelung. Immer dann, wenn ein ideeller Zweck gegeben ist und wenn sich mehrere Personen – gerade auch von außerhalb der Hochschule – diesem Zweck widmen wollen, sollte eine Vereinsgründung in Erwägung gezogen werden.

Allerdings bedarf es für die Vereinsarbeit zuverlässiger Personen, die bereit sind, einen Teil ihrer Freizeit für die Vereinsarbeit zu opfern. Wenn der Verein zwar auf dem Papier besteht, die Geschäfte aber letztlich doch von der Hochschulverwaltung erledigt werden müssen, hat man nichts gewonnen, weil durch die Beachtung der vereinsrechtlichen Vorgaben (Mitgliederversammlungen, Mehrheitsentscheidungen usw.) die Arbeit dann eher behindert als befördert wird.

Fördervereine und Alumni-Vereine eignen sich auch sehr gut, um Fundraising (siehe Abschnitt 4.3.3) zu betreiben. Gerade kleine Hochschulen, die sich keine hauptberufliche Sachbearbeitung für Fundraising leisten können, werden in einem Förderverein eine gute Alternativlösung finden. Der Förderverein ist selbst gemeinnützig und auf die Förderung der Hochschule ausgerichtet; wenn er zusätzlich Spenden von Förderern sammelt, die nicht dem Förderverein angehören, wirkt dies nicht selten überzeugender oder zumindest weniger eigennützig, als wenn die Hochschule selbst als Spendensammler auftritt. Nicht zuletzt kann ein solcher Verein für die Hochschule auch als Servicestelle auftreten, um beispielsweise eine Aufgabe zu übernehmen, die nicht unmittelbar in die Zuständigkeit der Hochschule fällt, aber dennoch im Interesse der Hochschule ist (z.B. im Zusammenhang mit Hochschulpartnerschaften). All diese Beispiele zeigen, dass ein Verein eine interessante privatrechtliche Ergänzung der öffentlich-rechtlichen Hochschulorganisation ist, auf die man – schon nach den ersten Erfahrungen – nur noch ungern wird verzichten wollen.

- **Stiftung**

Dem Verein nicht unähnlich ist die Stiftung, allerdings ohne die Bindung an eine Gruppe von Mitgliedern. Eine Stiftung zeichnet sich dadurch aus, dass ein Stifter einen Teil seines Vermögens für einen gemeinnützigen Zweck zur Verfügung stellt. In der Regel kommen aber nur die Erträge aus diesem Vermögen dem gemeinnützigen Zweck zugute. Eine Stiftung unterscheidet sich damit von der Spende dadurch, dass die Stiftung auf Dauer angelegt ist, während die Spende für einen zeitnahen Verbrauch bestimmt ist. Daraus ergibt sich auch der wichtigste Unterschied zum Verein; während die vom Förderverein gesammelten Spenden der „zeitnahen Mittelverwendung" – so der Terminus im Abgabenrecht – unterliegen, bleibt das Stiftungsvermögen, das letztlich einer Großspende vergleichbar ist, auf Dauer bestehen. (Vgl. dazu auch Abschnitt 4.3.3 sowie Strachwitz, Mercker 2005.)

Einheitlich haben allen Stiftungen folgende sieben Merkmale:

(1)   ein eindeutiger Stifterwille,
(2)   ein vom Stifter gesetzter Stiftungszweck, der in der Regel gemeinnützig ist,

(3)   die Dauerhaftigkeit des Stiftungszweckes (die sie von der auf Verbrauch gerichteten Spende abgrenzt),

(4)   die Ausstattung mit einem eigenen Sondervermögen, das Erträge zu erwirtschaften in der Lage ist, aus denen der Stiftungszweck realisiert wird,

(5)   die Einrichtung einer auf Dauer stabilen Organisation zur Durchsetzung des Stifterwillens,

(6)   ein konstitutiver Genehmigungsakt des Staates (d.h. des jeweiligen Bundeslandes, in dessen Gebiet die Stiftung ihren Sitz haben soll), mit dem auch die staatliche Stiftungsaufsicht verbunden ist sowie

(7)   ein Stiftungsakt in Form einer Stiftungsurkunde, die mindestens Name, Sitz und Zweck der Stiftung, deren Organe, das Vermögen und die Verwendung von dessen Erträgen für den Stiftungszweck enthalten muss.

Diese Regeln sind einerseits sehr formal und einengend, vor allem was den Stiftungszweck betrifft, andererseits lassen sie in der Ausgestaltung der Stiftung aber doch große Spielräume zu. Doch besagen die einheitlichen Merkmale noch nicht, dass alle Stiftungen von ihrer Art her gleich sind. Vielmehr sind folgende Stiftungsarten zu unterscheiden:

•   Trägerstiftung/Anstaltsstiftung (die Stiftung ist Träger einer Einrichtung, wie beispielsweise die Stiftung Henri und Eske Nannen als Trägerin der Kunsthalle Emden);

•   Einkommensstiftung (eine Stiftung, die kein Vermögen besitzt, sondern regelmäßig aus Zuwendungen der öffentlichen Hand gespeist wird (z.B. Stiftung Haus der Geschichte der Bundesrepublik Deutschland); es handelt sich letztlich nur um eine formale Stiftung, ohne den konstitutionellen Aspekt der Vermögenswidmung, aber mit einer hohen Absicherung auf Dauer, um sie beispielsweise von politischen Veränderungen unabhängig zu machen);

•   Publikumsstiftung oder Sammelstiftung (amerik.: community foundations; es handelt sich um eine so genannte „wachsende Stiftung", d.h. sie finanziert sich über Zustiftungen verschiedener Personen und Institutionen, die Teile ihres Vermögens in das bereits vorhandene Stiftungsvermögen einbringen, z.B. die in vielen Städten bestehenden so genannten Bürgerstiftungen);

•   Projektstiftung oder operative Stiftung (sie führt eigene Projekte entsprechend dem Stiftungszweck durch; eine Förderung Dritter ist nur in der Weise möglich, dass die Projektstiftung das Projekt eines Dritten als eigenes übernimmt, d.h. die Stiftung wird Veranstalter und die zu fördernde Einrichtung führt das Projekt im Auftrag der Stiftung durch; z.B. Siemens-Stiftung, Bertelsmann Stiftung);

•   Förderstiftung (sie fördert vorrangig oder ausschließlich Projekte Dritter, ohne selbst Veranstalter zu werden; z.B. Sparkassen-Stiftungen, Jürgen-Ponto-Stiftung);

•   betriebsnahe Stiftung (arbeitet ähnlich wie ein Förderverein, d.h. die Stiftung dient ausschließlich dem Zweck, eine bestimmte Einrichtung, z.B. eine Hochschule zu fördern; betriebsnahe Stiftungen sind häufig als Publikumsstiftungen organisiert).

Darüber hinaus gibt es auch Stiftungen mit Mischformen, die also beispielsweise sowohl als Projektstiftung als auch als Förderstiftung tätig werden. Und um die Verwirrung zu vervollständigen gibt es auch Stiftungen, die überhaupt keine Stiftungen sind, sondern eingetragene Vereine wie beispielsweise die Studienstiftung des deutschen Volkes.

Für das Hochschulmanagement sind Stiftungen vor allem aus zwei Gründen von Interesse. Zum einen können sie zur Hochschulfinanzierung beitragen, besonders dann, wenn eine vorhandene Stiftung durch Zustiftungen (Publikumsstiftung oder Sammelstiftung) ergänzt werden kann. In diesem Sinne wird die Stiftung in Abschnitt 4.4.3 erneut vorgestellt. Zum zweiten sind im Hochschulmanagement die oben genannten Trägerstiftungen oder Anstaltsstiftungen von Vorteil. Darunter versteht man Stiftungen, deren Vermögen letztlich in einer Einrichtung besteht, die die Stiftung selbst bildet. So besteht das Vermögen beispielsweise der Stiftung Preußischer Kulturbesitz aus der riesigen Sammlung von Schlössern, Gärten, Museen und Sammlungen.

Der Vorteil einer Rechtsform als Stiftung besteht darin, dass diese Stiftung vor politischen und finanziellen Wechselfällen geschützt ist. Diesen Vorteil kann sich auch eine Hochschule zunutze machen, indem sie beispielsweise eine naturhistorische oder kunsthistorische Sammlung zusammen mit dem Gebäude in eine Stiftung überführt. Denkbar ist dies beispielsweise auch für einen historischen Bibliotheksbestand in einem traditionsreichen Bibliotheksgebäude. Oder eine Instrumentensammlung einer Musikhochschule, die einen besonderen Wert hat. In all diesen Fällen würde die Stiftung zu einer Art Sondervermögen, das nicht mehr veräußert werden kann.

Zwar ist durch die Stiftungsform noch nicht die Finanzierung gesichert, doch öffnen sich damit zumindest einige Chancen. So fällt es einer Stiftung leichter, selbst als Spendensammler aufzutreten als dies für die Hochschule möglich wäre. Im Bewusstsein der Öffentlichkeit ist die Hochschule vom Staat zu finanzieren; deshalb tun sich hochschulferne Institutionen wie Fördervereine und Stiftungen mit dem Fundraising leichter. Zudem kann eine solche Stiftung auch durch Zustiftungen ergänzt werden. Gerade wenn jemand einen größeren Betrag spenden möchte, der für eine zeitnahe Verwendung zu groß, für die Errichtung einer eigenen Stiftung aber zu klein ist – um eine Stiftung zu gründen, benötigt man mindestens 50.000 € –, kommt eine Zustiftung in Betracht. Das bedeutet, dass zum vorhandenen Sach- und Immobilienvermögen zusätzlich ein Barvermögen entsteht, aus dessen Erträgen wiederum der ideelle Zweck der Stiftung gefördert werden kann.

- **Gesellschaft mit beschränkter Haftung (GmbH)**

Ist eher daran gedacht, statt eines ideellen Zwecks einen kommerziellen Zweck zu verfolgen, bietet sich als privatrechtliche Ergänzung der Hochschulstruktur die Gesellschaft mit beschränkter Haftung (GmbH) an. Die GmbH ist eine Kapitalgesellschaft mit eigener Rechtspersönlichkeit, die selbst mit ihrem Vermögen unbeschränkt haftet. Eine Haftung der Gesellschafter besteht nur gegenüber der Gesellschaft; sie ist begrenzt auf die Erbringung der Einlagen und etwaiger Nachschüsse. Ihr Stammkapital beträgt mindestens 25.000 €, je Stammeinlage mindestens 250 €, wobei die Beteiligung für die verschiedenen Gesellschafter verschieden hoch sein kann. Die GmbH verfügt über ein eigenes Betriebsvermögen und ist damit konkursfähig.

Die GmbH wird errichtet, indem mehrere (natürliche oder juristische) Personen in notarieller Form einen Gesellschaftsvertrag abschließen. Seit 1980 sind auch Einmann-Gründungen mit nur einem Gesellschafter möglich. Der Gesellschaftsvertrag muss Angaben über den Namen und Sitz der Gesellschaft, über den Gegenstand des Unternehmens, die Höhe des Stammkapitals sowie die Stammeinlagen der Gesellschafter enthalten. Er bestimmt die Organe der Gesellschaft, die Aufgaben- und Kompetenzverteilung zwischen diesen Organen, die Festlegung des Geschäftsjahres und regelt den Jahresabschluss. Die GmbH entsteht mit der Eintragung ins Handelsregister; vor der Eintragung ist die Gesellschaft ein nichtrechtsfähiger Verein bzw. eine sog. Vorgesellschaft.

In aller Regel ist eine GmbH auf die Erzielung von Gewinnen ausgerichtet, d.h. sie ist eine privatwirtschaftliche oder kommerzielle Gesellschaftsform. Es gibt allerdings auch die Möglichkeit der gemeinnützigen GmbH (gGmbH), die dann dem Gemeinnützigkeitsrecht nach dem Abgabenrecht unterliegt. Allerdings ist die Errichtung einer gGmbH selten sinnvoll, weil die kaufmännische Buchführung einer GmbH, deren Bilanzpflicht und auch die Haftungsbeschränkung auf die Stammeinlage ganz auf einen kommerziellen Betrieb ausgerichtet sind. Für gemeinnützige Zwecke wären ein Verein oder auch eine Stiftung wesentlich leichter zu handhaben.

Die handelnden Organe der GmbH sind die Gesellschafterversammlung, der Aufsichtsrat und die Geschäftsführung. Die Gesellschafterversammlung ist das oberste Organ der GmbH. Ein Aufsichtsrat ist nach dem GmbH-Gesetz nicht zwingend erforderlich. Sofern ein Aufsichtsrat vorhanden ist, regeln der GmbH-Vertrag oder eine separate GmbH-Satzung die Zuständigkeiten zwischen Gesellschafterversammlung und Aufsichtsrat, sofern dies nicht bereits im GmbH-Gesetz festgelegt ist (Satzungskompetenz, Bestellung und Abberufung der Geschäftsführung, Feststellung des Jahresabschlusses, Genehmigung des Geschäftsberichts, Entlastung der Geschäftsführung usw.). Der Geschäftsführung obliegt die kaufmännische und fachliche Gesamtverantwortung. Der Geschäftsführung der GmbH ist allerdings kein eigener Kompetenzbereich gesetzlich garantiert, d.h. der Gesellschaftsvertrag kann deren Handlungsfreiheit einengen. Zu den Aufgaben der Geschäftsführung gehören beispielsweise die Vertretung der Gesellschaft, die laufende Betriebsführung, die Aufstellung des Wirtschaftsplanes und des Jahresabschlusses sowie die Personalplanung (vgl. Waldner, Wölfel 2009).

Im Hochschulmanagement empfiehlt sich eine GmbH vor allem für die Bereiche, die bewusst kommerziell ausgerichtet sind und wo die Hochschule durchaus auch Gewinne erwirtschaften möchte. Das gilt beispielsweise für Weiterbildungsveranstaltungen (z.B. Kontaktstudien), die zu marktüblichen Preisen angeboten werden oder für Dienstleistungen von Hochschulen (z.B. Auftritte eines Ensembles einer Musikhochschule bei einer Betriebsfeier) oder auch für den Handel mit Lizenzen (z.B. im Forschungsbereich). Auch kann die GmbH als ein kleiner Verlag betrieben oder – wiederum an Musikhochschulen – als Label (Schallplatten-Marke) eingesetzt werden. Selbst der Veranstaltungsbetrieb einer Hochschule mit Vorverkauf, Catering usw. ließe sich über die GmbH managen. Die Möglichkeiten sind fast unbegrenzt.

Sicher wird man versuchen, eine Steuerpflicht durch zu große Gewinne zu vermeiden. Das ist leicht dadurch möglich, dass man der GmbH auch entsprechende Kosten aufbürdet (von den Kosten für das Personal bis hin zum Dienstwagen des Geschäftsführers). Insofern entsteht für die Hochschule kein unmittelbarer finanzieller Vorteil. Aber es besteht die Möglichkeit, über die Erlöse der GmbH Kosten abzudecken und vor allem zusätzliches Personal einzustellen und zu finanzieren, ohne dass man den strengen Regeln des Stellenplans und des öffentlichen Dienstrechts unterworfen ist.

In der Summe kommt es darauf an, die verschiedenen Möglichkeiten privatrechtlicher Gesellschaftsformen klug und aufgabengerecht im Rahmen der Hochschulorganisation einzusetzen. Wenn hier die Strukturen richtig gewählt sind und die handelnden Personen auch ein wenig Lust am unternehmerischen Management verspüren, kann eine solche Erweiterung der Hochschulstruktur zu einer erfreulichen Flexibilität und zu ungeahnten Möglichkeiten des Handelns führen.

3.3.3   Leitungs- und Gremienorganisation

Bisher war nur von Organisationsstrukturen mit Blick auf Lehre und Forschung bzw. bezogen auf die Hochschulverwaltung die Rede. Bedingt durch den hohen Stellenwert der Gremien gibt es allerdings in Hochschulen auch eine Organisationsstruktur im Zusammenwirken von Hochschulleitung und Hochschulgremien. Diese „Leitungs-, Entscheidungs- und Organisationsstrukturen der Hochschulen in Deutschland sind sehr heterogen. Das basiert zum einen auf den unterschiedlichen Landesgesetzgebungen, aber auch auf unterschiedlichen Traditionen und gewachsenen Strukturen. In den letzten Jahren sind zudem Veränderungen durch den Modellstatus einzelner Hochschulen, denen weitreichende Autonomie zugebilligt wurde, hinzugekommen" (Erhardt u.a. 2008, S. 51).

Hintergrund der sehr unterschiedlichen Leitungs- und Gremienstrukturen ist die Besonderheit, dass insgesamt vier Komponenten an der Leitung einer Hochschule beteiligt sind:

- das zuständige Landesministerium
- der Hochschulrat
- der Senat
- und die Hochschulleitung (Rektor/Rektorat, Präsident/Präsidium)

Grundsätzlich besteht zwar seitens der Länder als Hochschulträger die Bereitschaft, die Hochschulautonomie zu stärken, doch ergeben sich damit gleich zwei Probleme. Erstens möchte und kann das Land seine Zuständigkeit nicht völlig aus der Hand geben. Schließlich sind die Hochschulen immer auch Landeseinrichtungen, die damit – in unserem demokratisch-parlamentarischen Staatsverständnis – dem Zugriff und der Verantwortung der Parlamente und der von ihnen gewählten Regierungen unterstehen. Das zweite Problem ergibt sich aus der schlichten Frage, zu wessen Gunsten die Autonomie der Hochschulen gestärkt werden soll, denn zweifellos hat jeder der drei Kandidaten (Hochschulleitung, Senat, Hochschulrat) für sich gute Argumente.

Die Technische Universität Darmstadt versucht im Rahmen ihrer Modellphase dem Problem der Gremienpriorität dadurch zu entgehen, dass sie ein neues Gremium, nämlich die Universitätsversammlung eingerichtet hat. Die Universitätsversammlung wird wie der Senat von und aus der Mitte der Mitglieder der Hochschule gewählt, hat aber gegenüber dem (weiterhin bestehenden) Senat einige herausragende Zuständigkeiten (Grundordnung, Wahl und Abwahl der Hochschulleitung). Da man andererseits auch die Hochschulleitung stärken wollte – sie entscheidet in allen strategischen und operativen Angelegenheiten – haben Hochschulrat und Senat gegenüber der Universitätsversammlung deutlich an Zuständigkeiten eingebüßt. Der Hochschulrat hat in erster Linie beratende Funktion und wirkt bei der Wahl der Hochschulleitung mit. Der Senat gibt vorrangig nur noch Stellungnahmen und Empfehlungen an die Hochschulleitung ab. Dass in dieser Konstellation der Senat von Amts wegen vom Präsidenten geleitet wird, Hochschulrat und Universitätsversammlung sich aber eigene Leiter wählen dürfen, ist nur schwer nachvollziehbar. Das führt im schlechtesten Fall zu einer Konkurrenz der drei Leiterpositionen.

Dennoch ist die Zielsetzung dieses Modells deutlich erkennbar: man wollte auf der einen Seite eine starke Hochschulleitung, konnte sich andererseits aber nicht dazu entschließen, den Hochschulrat oder den Senat zum zweiten wichtigen Gremium aufzuwerten. So entschied man sich für ein drittes, ein neues Gremium. Diese Lösung ist insofern erstaunlich, weil erfahrungsgemäß eine Konkurrenz zwischen zwei bestehenden Gremien noch nie dadurch aus der Welt geschafft wurde, dass man ein neues, drittes Gremium bildet. Dies führt nur zu einer Verlagerung der Konkurrenz auf eine andere Ebene.

An der Technischen Universität München, die in den letzten Jahren ebenfalls durch ein innovatives Modell von sich reden machte, geht man seit einer Reform im Jahr 1999 einen deutlich anderen Weg. Dort wird unterschieden zwischen der strategischen und operativen Kompetenz auf der einen Seite und der Kontrollfunktion auf der anderen Seite. Ganz im Gegensatz zur TU Darmstadt wurde an der TU München die Anzahl der Gremien reduziert. Die Hochschulleitung wurde deutlich gestärkt; sie ist heute für die Richtlinien der Hochschulpolitik und für die strategische Führung zuständig. Im operativen Bereich wird die Hochschulleitung zur erweiterten Hochschulleitung ergänzt, der auch die Dekane angehören. Der Hochschulrat hat im Sinne eines Aufsichtsrats die Kontrollfunktion gegenüber der Hochschulleitung und ist für wesentliche Angelegenheiten wie die Grundordnung, den Entwicklungsplan und die Struktur der Hochschule zuständig. Die Münchner Besonderheit besteht darin, dass die gewählten Senatsmitglieder (nur neun stimmberechtigte Mitglieder) auch dem Hochschulrat angehören, der zudem aus acht stimmberechtigten externen Mitgliedern besteht. Folglich gibt es keine Konkurrenz zwischen Hochschulrat und Senat, zumal die Senatsmitglieder im Hochschulrat eine Stimme mehr haben. Darüber hinaus hat der Senat als eigenständiges Gremium noch eine alleinige Zuständigkeit für alle akademischen Angelegenheiten, also für Fragen der Forschung und Lehre, einschließlich der Berufung von Professoren. Dagegen wurde die frühere „Große Versammlung", vergleichbar der Universitätsversammlung der TU Darmstadt, abgeschafft.

Dieses Modell nimmt für sich in Anspruch, gleich mehrere Standardprobleme zu lösen: Die Konkurrenz zwischen Hochschulrat und Senat ist aufgehoben, da es einen Hochschulrat ohne Senat nicht gibt. Damit steht auch die Frage der Zuständigkeit für die Wahl oder Abwahl des Rektors nicht mehr zur Debatte. Zweitens ist die Hochschulleitung wirklich gestärkt und hat zudem über die erweiterte Hochschulleitung noch die Möglichkeit, operative Entscheidungen leichter bis in die Fakultäten hinein umzusetzen. Drittens gibt es eine klare Trennung zwischen strategischer und operativer Zuständigkeit der Hochschulleitung und den Kontrollfunktionen der Gremien. Dennoch muss bei diesem Modell die Frage erlaubt sein, warum es eine strategische Zuständigkeit der Hochschulleitung und der erweiterten Hochschulleitung gibt, gleichzeitig aber der Hochschulrat für Struktur- und Entwicklungsfragen zuständig ist. Auch darf nicht übersehen werden, dass die Vertretung der Hochschulmitglieder durch gerade mal neun Senatsmitglieder recht mager ausfällt.

Die Idee, die konkurrierenden Gremien Hochschulrat und Senat in irgendeiner Form zusammenzubinden, hat auch den Stifterverband der Deutschen Wissenschaft angeregt, zusammen mit der Heinz Nixdorf Stiftung im Jahr 2008 ein „idealtypisches Hochschulleitungsmodell" vorzulegen (Erhardt u.a. 2008, S. 57ff.). Dieses Modell unterscheidet folgende Zuständigkeiten:

- Der Hochschulrat hat eine Aufsichts- und Beratungsfunktion. In strategischen Fragen hat er ein Mitspracherecht (Zustimmung) und wirkt mit bei der Wahl der Hochschulleitung.

- Der Senat gibt Stellungnahmen und Empfehlungen an die Hochschulleitung ab und entscheidet über akademische Angelegenheiten.

- Hochschulrat und Senat sollen als Kontrollgremien zusammenwirken. Zudem können sie für bestimmte Aufgaben gemeinsam tagen und beschließen, beispielsweise bei der Wahl der Hochschulleitung.

- Die Hochschulleitung ist für alle strategischen und operativen Angelegenheiten zuständig und damit deutlich gestärkt.

- Unterhalb der Ebene der Hochschulleitung bestehen dezentrale akademische Ebenen der Fakultäten und Institute.

Die Zuordnung der verschiedenen Gremien und Komponenten zeigt die folgende Grafik:

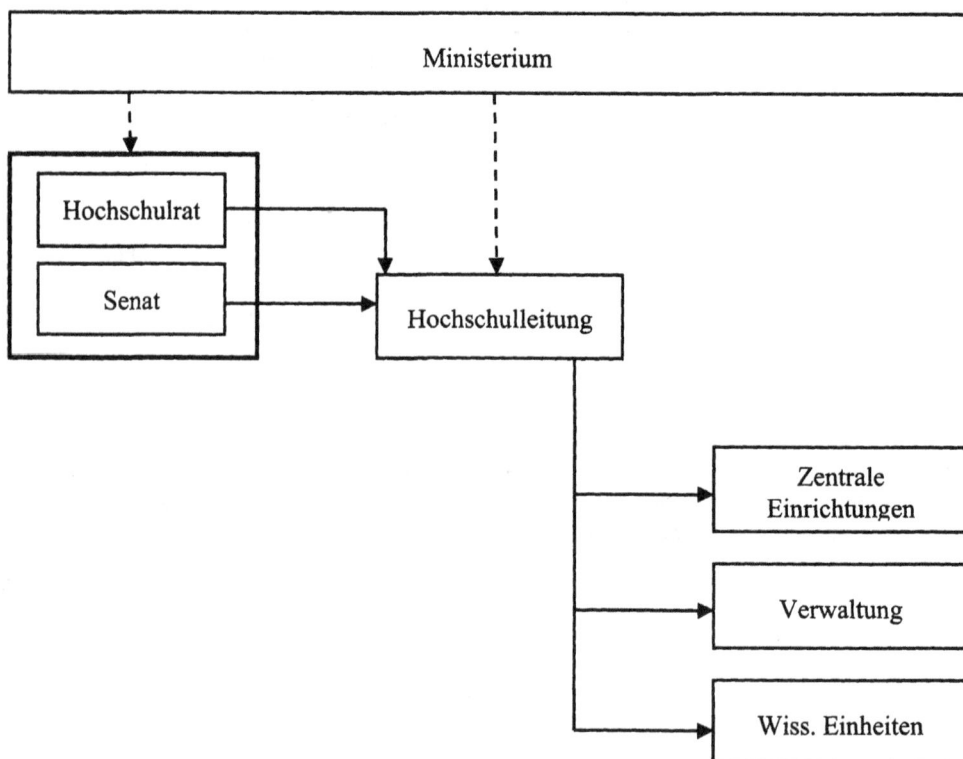

Abb. 11 Idealtypisches Strukturmodell der Hochschulleitung (Erhardt u.a. 2008, S. 57)

Das idealtypische Modell des Stifterverbandes zeichnet sich dadurch aus, dass die Hochschulleitung deutlich gestärkt wird, ohne dass die traditionellen Zuständigkeiten von Senat (akademische Angelegenheiten) und Hochschulrat (Kontroll- und Beratungsgremium) in Frage gestellt werden. Ein weiterer Vorteil dieses Modells besteht sicherlich darin, dass die Konkurrenz zwischen Hochschulrat und Senat durch die Möglichkeit aufgehoben oder zumindest reduziert wird, dass beide Gremien auch zusammen tagen und entscheiden können.

Liest man die Aufgaben der Gremien aber im Einzelnen, so ist die Zuordnung von strategischen Entscheidungen zwischen Hochschulrat und Hochschulleitung noch recht unscharf. So heißt es an einer Stelle: „Die Hochschulleitung entscheidet in allen strategischen und operativen Angelegenheiten und trägt dafür die persönliche Verantwortung" (ebda, S. 58). An anderer Stelle aber heißt es, dass der Hochschulrat „Entscheidungsbefugnis" hat und zwar u.a. hinsichtlich der „Zustimmung zur längerfristigen Strategie (inkl. Profilbildung)" (ebda, S. 57). Hier ist zweifellos eine Konkretisierung erforderlich, zumal zumindest die externen Mitglieder des Hochschulrats erfahrungsgemäß großen Wert auf die strategische Entscheidungskompetenz legen, da sie – beispielsweise als Vertreter der regionalen Wirtschaft – an der strategischen Entwicklung der örtlichen Hochschulen größtes Interesse haben werden.

Während diese Konfliktlinie zwischen Hochschulrat und Hochschulleitung verläuft, zeichnet sich ein anderer Konflikt zwischen Hochschulrat und Senat ab. Der Stifterverband schlägt vor, dem Hochschulrat auch ein Zustimmungsrecht „zu außerordentlichen Berufungen" (ebda, S. 58) zuzugestehen. Das entspricht zwar dem strategischen Anspruch des Hochschulrats, denn mit wichtigen Berufungen werden in der Tat Weichen gestellt, tangiert aber das ureigenste Recht des Senats und der akademischen Selbstverwaltung.

Noch etwas vage bleibt das Stifterverband-Modell hinsichtlich der Wahl der Hochschulleitung. Es heißt: „In der Wahl sollten sowohl Universitätsmitglieder wie Externe mitwirken. Denkbar sind gemeinsame Organe z.B. von Hochschulrat und Senat oder gestufte Vorgänge mit zugeordnetem Wahlvorschlag und Wahl in zwei unterschiedlichen (intern/extern) Organen" (ebda, S. 58). Das ist eigentlich kein Vorschlag, sondern beschreibt nur die höchst unterschiedlichen Modelle in den verschiedenen Landeshochschulgesetzen (vgl. dazu auch Abschnitt 4.1.2). Die Erfahrungen, die man mit diesen verschiedenen Modellen gemacht hat, sind noch wenig eindeutig; eine wirklich überzeugende und befriedigende Lösung zeichnet sich bisher nicht ab. Es bleibt der Konflikt zwischen einem Hochschulrat, der sich als Aufsichtsrat im Sinne des Aktiengesetzes verstehen soll und einem Senat, der sich als Verkörperung der akademischen Selbstverwaltung sieht.

Bleibt zuletzt noch die Zuständigkeit der Ministerien anzusprechen, die bisher in allen Modellen ausgespart wurde. Alle Modelle und auch alle geltenden Landeshochschulgesetze gehen grundsätzlich von einem staatlichen Aufsichtsrecht und von einer Berichtspflicht der Hochschulen aus. Beide Elemente beziehen sich in der Regel auf vier Bereiche:

- Wahl der Hochschulleitung
- Wahl der Mitglieder des Hochschulrats
- Berufungsverfahren
- Einrichtung von Studiengängen sowie Erlass von Studien- und Prüfungsordnungen

Die Wahl der Mitglieder der Hochschulleitung durch Gremien der Hochschule bedarf in der Regel des Einvernehmens mit dem zuständigen Landesministerium. Einvernehmen bedeutet, dass vor der Ernennung das Einverständnis des Ministeriums vorliegen muss. Diese relativ hohe Hürde ist deshalb verständlich, weil die Hochschulleitung auch staatliche Aufgaben wahrnimmt wie beispielsweise die Sicherstellung staatlicher Prüfungen oder die Einstellung von Staatsbeamten.

Auch die Mitwirkung des Ministeriums bei der Wahl der Mitglieder des Hochschulrats ist nachvollziehbar. Die Landesministerien haben einen Teil ihrer Aufsichts- und Kontrollrechte an die Hochschulräte abgetreten und möchten deshalb auch einen kleinen Einfluss auf die Personen behalten, denen sie diese Rechte übertragen haben. Abgesehen davon ist es erfahrungsgemäß leichter, wenn der jeweilige Minister oder gar der Ministerpräsident prominente Persönlichkeiten in einen Hochschulrat beruft als wenn das Ernennungsschreiben vom Rektor unterschrieben ist.

Dagegen sind die Mitwirkungsrechte der Ministerien in Berufungsverfahren eher umstritten. Die Hochschulen verstehen die Berufung von Professoren als den vielleicht wichtigsten Teil der akademischen Selbstverwaltung und sehen auch gerade in ihrem Berufungsrecht einen Ausdruck der grundgesetzlich garantierten Freiheit von Forschung und Lehre. Doch haben nicht alle Bundesländer die mit der Hochschulreform der letzten Jahre einhergehende Deregulierung von Berufungsverfahren in gleicher Form umgesetzt. In einigen Bundesländern setzt das Einverständnis des Ministeriums weiterhin eine Prüfung der fachlichen Befähigung voraus, in anderen Bundesländern beschränkt man sich auf ein Einvernehmen hinsichtlich der beamtenrechtlichen Voraussetzungen.

Die Einrichtung und damit auch die Schließung von Studiengängen setzt zumindest dort eine Zustimmung des Ministeriums voraus, wo staatliche Studiengänge berührt sind. Würde es diese Vorschrift nicht geben, wäre es theoretisch denkbar, dass alle Hochschulen eines Bundeslandes beispielsweise auf die Ausbildung von Juristen oder von Mathematiklehrern verzichten würden. Dann aber könnte der Staat in bestimmten Bereichen seiner Daseinsvorsorge nicht mehr nachkommen. Deshalb ist es verständlich, dass sich der Staat hier einen Vorbehalt gesichert hat.

Anders ist die Situation dagegen bei den Studien- und Prüfungsordnungen, die in die alleinige Zuständigkeit der Hochschulen fallen sollten. Dies gilt auch für staatliche Prüfungen (Medizin, Rechtswissenschaft, Schullehrer usw.). Auch dort würde es völlig ausreichen, wenn der Staat einige Rahmenvorgaben machen würde – wie dies beispielsweise früher in der Magister-Rahmenordnung der Fall war – und die Detailregelungen den Hochschulen überlassen würden.

Zusammenfassend kann aber hinsichtlich der Mitwirkungsrechte der Landesministerien festgehalten werden, dass die Deregulierung der letzten Jahre dazu geführt hat, dass die interne Leitungs- und Gremienorganisation der Hochschulen deutlich gestärkt wurde.

3.3.4   Büroorganisation

Als Büroorganisation bezeichnet man den gesamten Komplex von Handlungen zur Steuerung von Büroabläufen. Dabei handelt es sich überwiegend um sich ständig wiederholende
Aufgabentypen, weshalb die Büroorganisation in erster Linie eine Aufgabe der Hochschulverwaltung und des unteren Managements ist. Insofern ist die Behandlung dieses Themas in
einem Buch über Hochschulmanagement und damit für die Zielgruppe des Führungspersonals einer Hochschule eher fehl am Platze.

Dennoch soll hier wenigstens ansatzweise auf das Thema eingegangen werden, weil leider
oft zu beobachten ist, dass sich Wissenschaftler, die mit Büroorganisation keinerlei Erfahrung haben, mit dieser (bescheidenen) Herausforderung äußerst schwer tun. Folgende typische Verhaltensweisen sind immer wieder zu beobachten:

- Auf den Schreibtisch türmen sich Berge unerledigter Arbeit.
- Die Sekretärin ist im Wesentlichen damit beschäftigt, irgendwelche Vorgänge zu su-
  chen.
- Terminsachen werden immer „auf dem letzten Drücker" erledigt.
- Man erscheint schlecht vorbereitet zu Sitzungen und Terminen.
- Der Chef bekommt seine Arbeit kaum noch bewältigt, obwohl enge Mitarbeiter oft nicht
  wissen, was sie den lieben langen Tag tun sollen.

Entschuldigend wird dann von einem „kreativen Chaos" gesprochen und dass nur der Intelli-
gente in der Lage sei, sich in einem Chaos zu Recht zu finden. Zweifellos muss nicht jedes
Blatt Papier penibel am Platz liegen; eine Lockerheit tut hier oftmals gut. Doch wenn die
Zeit, die man im Laufe eines Tages mit dem Suchen nach Vorgängen verbringt, eine halbe
Stunde überschreitet, besteht zweifellos organisationstechnischer Handlungsbedarf.

Weil in vielen Fällen nicht nur eine halbe Stunde, sondern ein halber Tag lang gesucht wird,
Termine nicht eingehalten und Leistungen deshalb schlecht erbracht werden, es zu Kommu-
nikationsdefiziten und Informationsmängeln kommt, und all dies erhebliche finanzielle
Auswirkungen haben kann, haben sich die Betriebswirtschaftslehre und die Verwaltungsleh-
re stets sehr intensiv mit der Büroorganisation beschäftigt. Durch elektronische Formen der
Bürokommunikation, die allein wegen des ständigen Erneuerungsbedarfs sehr teuer sein
können, hat das Thema zusätzlich an Brisanz gewonnen. Deshalb gibt es dazu auch eine
nicht mehr überschaubare Anzahl von Handbüchern (z.B. Vogel-Kammerer 2009) und Fort-
bildungskursen. Hier aber kann und soll nur von wenigen alltagstauglichen Hilfen die Rede
sein, gleichsam Tipps, um auch als büroferner Wissenschaftler oder Künstler den Büroalltag
relativ unfallfrei zu überstehen.

Den Problemen, die sich in der persönlichen Büroorganisation auftun, liegen fast immer vier
Fehler zu Grunde:

- Die Strukturen eines Büros sind nicht bekannt oder werden nicht genutzt.
- Es wird kaum zwischen wichtigen und weniger wichtigen Aufgaben unterschieden.
- Die persönliche Zeitplanung ist chaotisch.
- Ablage und Wiedervorlage werden nicht optimal eingesetzt.

Jede Büroorganisation ist strukturiert nach Aufgabentypen. Nur wenn man diese Aufgabentypen kennt, ist man auch in der Lage, sie beispielsweise im Rahmen von Arbeitsdelegation
optimal einzusetzen. Eine große Studie zur Typologie von Büroarbeitsplätzen ergab schon
1982 folgende Gliederung, die im Wesentlichen bis heute und für alle Büroarten gilt:

Aufgabentyp	Aufgabenmerkmale
Führungsaufgaben Leitung, Mitarbeitermotivation, Repräsentation, Aufbau von Kommunikation, Aufnahme und Verbreitung von Information	Problemlösung und Entscheidung bei hoher Unsicherheit, Konsensbildung
Fachaufgaben Leitung, Mitarbeitermotivation, Repräsentation, Aufbau von Kommunikation, Aufnahme und Verbreitung von Information[8]	weitgehende Selbstorganisation der wenig strukturierten Aufgaben, an Aufgaben/ Problemen orientiert
Sachbearbeitungsaufgaben laufende Bearbeitung wiederkehrenden Sachverhalts, mit begrenztem Fachwissen lösbar	gut strukturierte und formalisierbare Aufgaben, an Ereignissen/Vorgängen orientiert
Unterstützungsaufgaben Schreiben, Vervielfältigen und Transport von Informationen	Ausführende Tätigkeiten, an Aufträgen orientiert

Abb. 12   Typen von Büroaufgaben (Szyperski u.a. 1982, S. 21ff.)

Die Abbildung zeigt deutlich, dass in Betrieben nicht nur eine Hierarchie hinsichtlich der
Weisungsbefugnis besteht, sondern auch mit Blick auf die Aufgabentypen. Wer in einer
bestehenden Büroorganisation erfolgreich wirken will, muss sich diese Aufgabentypen zu
eigen machen. Das bedeutet, dass Aufgaben nicht nach Neigung und Vorlieben delegiert
werden dürfen („Frau M. macht so was immer sehr gerne ..."), sondern nach Aufgabentypen, weil die damit verbundenen Aufgabenmerkmale auch am besten zur Kompetenz und zur
Berufserfahrung der betreffenden Personen passen. Kommt man also neu in ein Führungsamt, ist es ratsam, sich zunächst die Struktur der Hochschulverwaltung im Sinne der beschriebenen Aufgabentypen zu vergegenwärtigen. Dabei ist der Geschäftsverteilungsplan der
Hochschulverwaltung eine große Hilfe.

Das zweite oben aufgelistete Problem betrifft die Unterscheidung zwischen wichtigen und
weniger wichtigen Aufgaben. Dazu bedient man sich eines Prinzips, das nach dem früheren
US-Präsidenten Eisenhower als Eisenhower-Prinzip benannt ist und das er während seiner

---

[8]   Die von Szyperski u.a. sehr auf den Wirtschaftsbetrieb ausgerichtete Beschreibung der Fachaufgaben wurde an
       den Hochschulbetrieb angepasst.

Zeit als US-General entwickelt hat. Es ist denkbar einfach, denn es geht nur von zwei Parametern aus: Dringlichkeit und Wichtigkeit. Eine Vorlage für den Landtag ist zweifellos wichtig, aber wegen einer großzügigen Terminierung möglicherweise nicht dringlich. Andererseits ist die Entscheidung darüber, ob zum heutigen Festakt noch Blumen benötigt werden, sicher dringlich, aber eigentlich nicht wichtig (diese Entscheidung könnte also auch ein anderer treffen). Eisenhower hat beide Parameter zu einer Matrix zusammengeführt:

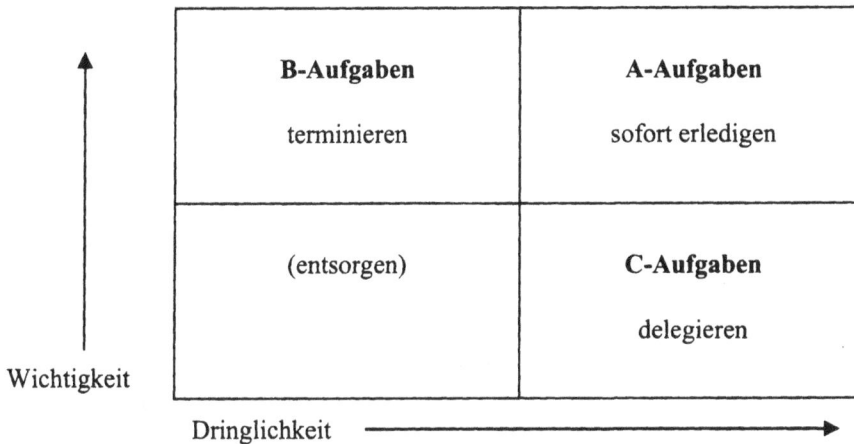

B-Aufgaben	**A-Aufgaben**
terminieren	sofort erledigen
(entsorgen)	**C-Aufgaben**
	delegieren

Wichtigkeit

Dringlichkeit ⟶

Abb. 13 Das Eisenhower-Prinzip

A-Aufgaben, die wichtig und dringlich sind (z.B. eine aktuelle Presseauskunft zu einem hochschulpolitisch brisanten Thema) muss man als Führungskraft sofort selbst erledigen. Ähnliches gilt für B-Aufgaben, die ebenfalls wichtig sind und deshalb von der Führungskraft selbst wahrgenommen werden müssen. Doch da sie weniger dringlich sind, legt man mit Hilfe des Terminkalenders einen Zeitpunkt fest, zu dem man sie erledigen wird bzw. legt den Vorgang auf Wiedervorlage (terminieren). Ist ein Vorgang zwar dringlich, aber nicht so wichtig (C-Aufgaben), kann er an nach Aufgabentypen geeignete Mitarbeiter delegiert werden. Ist ein Vorgang weder wichtig noch dringlich, gehört er in die Ablage oder sogar in den Papierkorb.

Es ist immer wieder festzustellen, dass gerade Führungspersonen im Hochschulmanagement mit dem Feld links unten (weder wichtig noch dringlich) die größten Probleme haben. So stapelt sich irgendwann der Müll auf dem Schreibtisch, weil man nicht bereit ist einzugestehen, dass 80 % dessen, was auf dem Schreibtisch liegt, eigentlich in den Papierkorb gehört. Erfahrene Führungskräfte haben es sich deshalb längst zum Prinzip gemacht, beim Lesen der Postmappe den Papierkorb neben sich zu stellen (und ihn auch eifrig zu benutzen) oder der

Sekretärin gleich eine rigorose Vorauswahl zu übertragen. Denn schon Kurt Tucholsky wusste: „Die Basis einer guten Ordnung ist ein großer Papierkorb!"[9]

Grundlage des Eisenhower-Prinzips ist die in der Betriebswirtschaftslehre vielfach angewendete ABC-Analyse (Haupt 1996), die aber nur von drei Feldern ausgeht. Demnach unterscheidet man zwischen den Gruppen A (wichtig, dringend), B (wichtig, aber weniger dringlich) und C (unwichtig, nebensächlich, delegierbare Routinearbeit). Setzt man nun die Wertigkeit einer Aufgabe in Relation zur aufgewendeten Zeit, so stellt man fest, dass man für Aufgaben der geringsten Wertigkeit (C = Routinearbeit) häufig die meiste Zeit einsetzt, während der Zeitaufwand für die A-Aufgaben der Bedeutung dieser Aufgaben nur selten gerecht wird. Man ersäuft geradezu im Kleinkram und kommt nicht mehr dazu, sich um die wirklich wichtigen Dinge zu kümmern. Ein wichtiges Ziel des persönlichen Zeitmanagements ist deshalb die Unterscheidung zwischen den A-, B- und C-Aufgaben sowie eine konsequente und regelmäßige Kontrolle des entsprechenden Zeiteinsatzes.

Um dieses Ziel zu erreichen, stehen drei Hilfsmittel zur Verfügung, nämlich die Wiedervorlage, die Ablage und der Terminkalender. Eine gute Wiedervorlage ist die wunderbarste Einrichtung, die die Büroorganisation zu bieten hat. Die Wiedervorlage, für die es eigens konzipierte und vielfach bewährte Wiedervorlagemappen gibt, dient folgenden Zwecken:

- Terminierung der Vorgänge, die zwar wichtig sind, aber nicht sofort erledigt werden müssen (B-Aufgaben);
- Erinnerung an wiederkehrende Vorgänge (z.B. Tagesordnungspunkte für den Senat sammeln oder Themen, die im jährlichen Rechenschaftsbericht erwähnt werden sollen);
- Kontrolle von Aufgaben, die an Dritte delegiert wurden (überprüfen, ob ein Auftrag fristgerecht erledigt wurde).

Der große Vorteil der Wiedervorlage besteht in ihrer entlastenden Funktion. Was in der Wiedervorlagemappe liegt, muss man sich nicht merken, also lebt man auch nicht in dem Stress, etwas vergessen zu können. Zudem entlastet die Wiedervorlage den Schreibtisch, d.h. man hat die Gewissheit, dass das, was auf dem Schreibtisch liegt, wirklich wichtig und dringlich ist.

Ähnlich hilfreich wie Wiedervorlage und Ablage ist auch die Führung eines Terminkalenders. Kombiniert man einen Terminkalender auch mit einer elektronischen Terminverwaltung (Personal Information Manager), kurz PIM, wie sie etwa in Outlook (für Windows) oder in Entourage (für Mac OS) angeboten werden, so kann man darüber auch persönliche Daten wie Kontakte, Aufgaben, Notizen und manches mehr steuern. Inzwischen bieten auch Mobil Telefone solche Terminverwaltungen an, so dass man sich den zusätzlichen Terminkalender, ob in Papierform oder als Palm, sogar sparen kann. Für besondere Ansprüche wird inzwischen ein Business Contact Manager (BCM) bereitgehalten, über den auch Kundenkontakte gesteuert werden können.

Ohne hier auf alle Finessen einer modernen Terminkalenderführung einzugehen, sind doch einige Hinweise erforderlich:

---

[9]   Kurt Tucholsky unter dem Pseudonym Peter Panter in einem Essay unter der Überschrift: „Das kann man noch gebrauchen!" Veröffentlicht in der Neuen Leipziger Zeitung vom 19. August 1930

- Ein Terminkalender ist nicht die Dokumentation dessen, was man als Führungskraft im Laufe eines Tages an Termindruck zu erdulden hat, sondern ein Instrument zur aktiven Gestaltung des eigenen Tages- und Wochenablaufs.
- Demnach gehören in einen Terminkalender nicht nur Besucher- und Besuchstermine, sondern auch Phasen, in denen man ungestört etwas überdenken, Briefe diktieren oder Telefongespräche führen möchte.
- Eine Tagesplanung sollte zu 60 % aus geplanten Aktivitäten und zu 20 % aus Phasen für kreative Arbeit und soziale Aktivitäten bestehen. Etwa 20 % sollten von vornherein für unerwartete Störungen vorgesehen werden.
- Im Terminkalender muss sich die Wertigkeit der Aufgaben widerspiegeln, d.h. man sollte max. zwei Aufgaben pro Tag als besonders wichtige Aufgaben herausstellen.

Eine oft vergessene Regel bei der Führung eines Terminkalenders ist sicher die, dass auch die Zeiten, in denen man ungestört sein möchte, im Terminkalender aufzuführen sind. Missachtet man diese Regel, so füllt sich der Terminkalender bis zu Rand. Dann aber erlebt man die Suche nach jenen Zeiten, in denen man über wichtige Aufgaben einmal in Ruhe nachdenken kann, als einen belastenden Stress.

Diese wenigen Anmerkungen zur Büroorganisation sind nur als erste Hinweise zu verstehen und werden dem Thema in seiner ganzen Komplexität sicher nicht gerecht. Wer allerdings als Leser den Eindruck hat, schon auf diesen wenigen Seiten würden genau seine täglichen Probleme wiedergegeben, der sollte sich dringend einer entsprechenden Fortbildung oder Fachlektüre unterziehen.

3.4 Informieren und kommunizieren

Eine Hochschule ist ein Betrieb, der Wissen sammelt, weiterentwickelt und vermittelt. Diese Vermittlung von Wissen erfolgt gegenüber den Studierenden, aber auch im kollegialen Austausch derer, die für das Sammeln und die Weiterentwicklung von Wissen primär zuständig sind. Eine Hochschule lebt von der Offenheit und vom ungehinderten Austauschs von Ideen und Meinungen.

Dieses Prinzip sollte auch im Hochschulmanagement gelten, denn ein weiteres Merkmal von Hochschulen ist die schon mehrfach erwähnte demokratische Meinungsbildungs- und Entscheidungsstruktur. Hochschulen sind geprägt durch die Hochschulselbstverwaltung, die wiederum von einer Vielzahl von Gremien getragen wird. Gremien aber können nur dann beraten und entscheiden, wenn sie auch über die notwenigen Informationen verfügen und wenn die Kommunikation über Instituts- oder Fakultätsgrenzen hinweg auch strukturell ermöglicht und gefördert wird. Deshalb gehört es zu den Kernfunktionen von Hochschulmanagement, die Offenheit der internen Hochschulinformationen und -kommunikation zu ermöglichen und zu befördern.

3.4.1   Information

Unter Information versteht man nicht jedes beliebige Wissen, sondern „zweckorientiertes Wissen, also solches Wissen, das zur Erreichung eines Zweckes, nämlich einer möglichst vollkommenen Disposition eingesetzt wird" (Wittmann 1959, S. 14). Die Zweckbestimmung der Information besteht „in einer bestmöglichen Vorbereitung des Handels" (Bestmann 1992, S. 94). Je besser und sicherer die Informationen sind, umso zielorientierter ist Handeln möglich. „Auch wenn betriebswirtschaftliche Entscheidungen generell auf der Grundlage unvollkommener Informationen getroffen werden müssen, so hängt der Wert von Entscheidungen doch ceteris paribus von der Güte und dem Umfang an Informationen ab" (ebda S. 94).

Information ist in jedem betrieblichen Management sowohl betriebsextern als auch betriebsintern von Bedeutung. Es gilt, betriebsexterne Informationen einzuholen als auch für einen angemessenen betriebsinternen Informationsfluss und -austausch zu sorgen. Dabei stellt sich das Problem der Informationsbeschaffung als ein Zusammenwirken von Informationsbedarf, Informationsnachfrage und Informationsangebot dar:

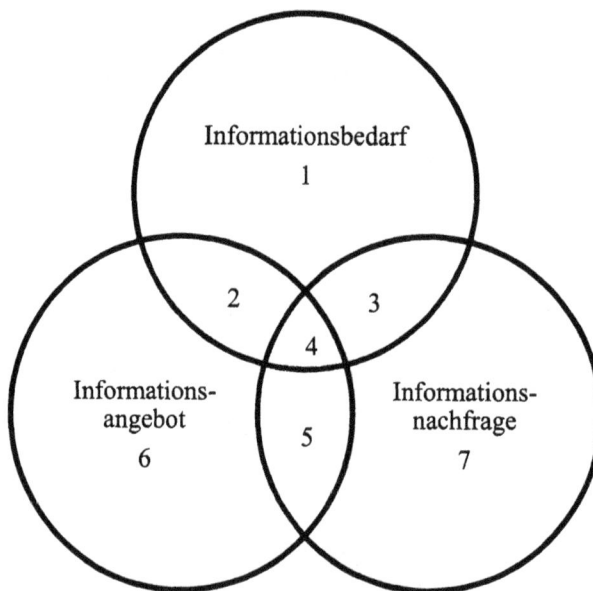

Informationsbedarf
1

2   3

4

Informations-   Informationsangebot   5   nachfrage

6   7

1 = Informationen, die weder angeboten noch nachgefragt werden
2 = Informationen, die angeboten, aber nicht nachgefragt werden
3 = Informationen, die nachgefragt, aber nicht angeboten werden
4 = angebotene und zugleich nachgefragte Informationen
5 = Nachrichten, die angeboten und nachgefragt werden, aber nicht notwendig sind
6 = Nachrichten, die angeboten werden, aber weder nachgefragt werden noch notwendig sind
7 = Nachrichten, die nachgefragt werden, aber weder angeboten werden noch notwendig sind

Abb. 14 Informationsbedarf, -nachfrage und -angebot (Berthel 1975, S. 30)

Wie komplex das Thema Information gerade auch im Hochschulmanagement ist, zeigt sich allein schon bei einer einfachen Interpretation von Abb. 14:

- Idealfall ist das Feld mit der Zahl 4. Diese Informationen werden angeboten und zugleich nachgefragt; der Informationsbedarf wird damit genau gedeckt.

- Als typische Herausforderung erlebt man die Situation, dass Informationen, die man eigentlich dringend braucht (z.B. über die Sozialkompetenz einer Person die für eine Berufung vorgesehen ist), zurückgehalten werden (3).

- Die eigentlichen Probleme in der Informationsbeschaffung treten aber dort auf, wo es zwar eine Fülle von Informationen gibt (Fachzeitschriften, Buchpublikationen, Hörfunk und Fernsehen, Newsletter usw.), für diese Informationen aber keine Nachfrage besteht (2). Es entsteht eine Informationsschwemme, deren Bewältigung einen nicht unerheblichen Zeitaufwand (bei verhältnismäßig geringer Ausbeute) zur Folge hat, weil zumindest geprüft werden muss, ob vielleicht doch ein Informationsbedarf vorliegt.

- Häufig handelt es sich dabei sogar um solche Nachrichten, die nicht nur nicht nachgefragt werden, sondern auch nicht notwendig sind (6), die aber allein durch ihre Präsenz die Arbeit ganz erheblich behindern (etwa die lästigen Newsletter). Irrelevante Nachrichten (6) von nur möglicherweise relevanten (2) zu unterscheiden, verlangt schon sehr viel Geschick und Erfahrung.

- Sind die Fälle (2) und (6) lästig und arbeitsaufwändig, so liegt in den Fällen (5) und (7) ein echtes Missmanagement vor, wenn nämlich jemand Nachrichten hinterherläuft, die überhaupt nicht notwendig sind.

Die Diskussion der sieben Felder in der Grafik lässt erahnen, dass das eigentliche Problem im Management der Umgang mit jenen Informationen ist, für die kein Bedarf oder nur eine geringe Relevanz besteht. Es ist die täglich neue Frage, was sollte man von dem, was in der Zeitung steht, wirklich lesen? In Anlehnung an das Pareto-Prinzip[10] wird gerne behauptet, dass 20 % des Zeitungsumfangs 80 % der relevanten Informationen enthalten, d.h. wenn man auch die restlichen 80 % der Zeitung noch liest, erhöht man den Anteil der relevanten Informationen lediglich um weitere 20 %. Damit besteht die Kunst der Information offensichtlich in der Auswahl der richtigen Informationen, weniger in der Beschaffung von Informationen.

Aus betriebswirtschaftlicher Sicht ist die Beschaffung von Informationen vor allem eine Aufgabe des Controlling. Für Horváth beispielsweise erweist sich Führung immer auch als eine Herausforderung an die Informationsversorgung und zwar während des gesamten Managementprozesses. Deshalb enthält auch der Managementkreis neben den Funktionen Ziele setzen, planen, entscheiden, realisieren und kontrollieren im Zentrum die Funktionen informieren und kommunizieren. „Die Phasen des Führungsprozesses können auch als Informationsverarbeitungsphasen betrachtet werden. Jede Phase enthält dabei spezielle Informationsgewinnungs-, -verarbeitungs-, -speicherungs- und -übermittlungsprozesse. In den einzel-

---

[10] Der italienische Nationalökonom Vilfredo Pareto (1848-1923) fand heraus, dass 80% des Volksvermögens sich in den Händen von nur 20 % der Bevölkerung befinden. Diese Relation wird seitdem auf viele Bereiche übertragen, ohne dass die Richtigkeit immer empirisch nachgewiesen wäre.

nen Phasen des Führungsprozesses dominieren verschiedene Informationsarten. Z.B. sind für die Zielbildung Soll-Informationen maßgeblich, für die Prognosephase prognostische Informationen. Es kommt auf unsere Betrachtungsweise an, ob wir nun die Phasen- oder die Informationsverarbeitungsaspekte des gleichen Sachverhalts hervorheben" (Horváth 2006, S. 317).

Aus der Sicht des Controlling ist die Informationssituation an Hochschulen eher unbefriedigend. Zwar existieren Daten über die Haushaltsabwicklung, auch ist eine Studentenstatistik vorhanden, aber schon bei Informationen über die tatsächlichen Kosten eines Studienplatzes tun sich viele Hochschulverwaltungen schwer. Das ist weniger auf eine objektive Unmöglichkeit als vielmehr auf ein latentes Desinteresse zurückzuführen. Dieses Desinteresse rührt erstens daher, das die Erhebung von Daten mit Kosten verbunden wäre. Doch „Informationen sind Wirtschaftsgüter, d.h. zu ihrer Erzeugung fallen Kosten an" (ebda, S. 320). Zweitens wird das Desinteresse gestärkt durch die Erkenntnis, dass die Information häufig keine Veränderung zur Folge haben wird. Was hilft es, wenn eine Hochschulleitung zwar weiß, dass beispielsweise eine Reduzierung der Bachelorstudienplätze in einem Fach zugunsten einer Erhöhung von Master-Studienplätzen in einem anderen Fach zu einer erheblichen Entspannung des Etats beitragen würde, wenn aus politischen Gründen mehr Studienanfängerplätze gewünscht werden.

Dennoch sollten sich alle Hochschulen stärker der Beschaffung von Informationen zuwenden. Es ist kaum vorstellbar, dass die Gleichgültigkeit gegenüber wichtigen Daten im Managementprozess, wie sie bisher noch an manchen Hochschulen zu beobachten ist, auf Dauer bestehen bleiben kann. Hier verlangt nicht zuletzt der internationale Wettbewerb der Hochschulen einen baldigen Paradigmenwechsel. Dazu sollte man sich aber frühzeitig auf vier Problemfelder einstellen:

- „Das Mengenproblem betrifft die Frage nach dem erforderlichen Umfang nach Informationen. Die heute typische Situation ist die der ‚Informationsarmut im Informationsüberfluss'. Wesentlich ist daher, durch Filterung, Verdichtung und Kanalisation möglichst aussagekräftige Informationen zu schaffen.
- Das Zeitproblem ist die Folge der zunehmenden Umweltdynamik. Kürzere Planungs- und Kontrollzyklen bedingen aktuellere Informationen über die unternehmensinterne und -externe Situation.
- Das Qualitätsproblem betrifft die Entscheidungsrelevanz der vorhandenen Informationen. Hier ist allerdings danach zu fragen, wie sich Zweckeignung operationalisieren lässt und welche Einflussfaktoren sie bestimmen.
- Das Kommunikationsproblem hat die Frage nach der Kanalisation des Informationsflusses zum Gegenstand, da Informationen in der Regel nicht dort entstehen, wo sie auch benötigt werden" (ebda).

Für die Hochschulen kommt noch das weitere Problem hinzu, dass zwischen Hochschulen und Staat oft nicht einmal über die Zielsetzung der Information Konsens besteht. Ein Gutachten des Stifterverbands für die Deutsche Wissenschaft beklagt:

„Beim Monitoring und bei den Kennziffern besteht die dringende Notwendigkeit, die verschiedenen Sichtweisen von Staat und Hochschulen in Einklang zu bringen. Derzeit mangelt es an einer einheitlichen Datenstruktur, einer einheitlichen Definition von Begrifflichkeiten (…), Verlässlichkeit der Daten (unterschiedliche staatliche Stellen erheben zu verschiedenen Zeiten Daten nach unterschiedlichen Strukturen), Sicherheit über die Entscheidungsrelevanz der Informationen" (Erhardt u.a. 2008, S. 121).

Mit Blick auf das Finanzmanagement, das Qualitätsmanagement, das Personalmanagement, das internationale Hochschulmarketing und die strategische Entwicklung der Hochschulen ist in vielen Bereichen eine Professionalisierung all dessen erforderlich, was in der Managementlehre und in der Betriebswirtschaftslehre unter dem Stichwort Information zusammengefasst wird. Management bedeutet immer, Entscheidungen unter Unsicherheit zu treffen. Diese Unsicherheitsfaktoren gelten sowohl für den Profit- als auch für den Nonprofit-Sektor, weil beide Male mit Blick auf eine ungewisse Zukunft entschieden wird. Damit misst sich die Qualität von Management ganz wesentlich an der Kompetenz, die Entscheidungsrisiken zu minimieren. Entscheidungsrisiken zu minimieren ist aber nicht zuletzt durch verbesserte Information möglich. Folglich erlangt die Information in einem professionellen Hochschulmanagement eine zentrale Bedeutung.

Hinzuweisen ist noch darauf, dass hier Information bewusst im engeren Sinne einer Managementfunktion gesehen wird. Information kann man auch als eine Öffentlichkeitsarbeit nach innen verstehen, indem die Hochschulangehörigen über Newsletter in Papierform oder als E-Mail oder über hausinterne Hochschulzeitschriften informiert werden. Diese Form von Information dient der Vorbereitung und nachträglichen Vermittlung von Entscheidungen, der Motivation der Hochschulangehörigen und der Entwicklung eines Wir-Gefühls innerhalb der Hochschule. Dieser Aspekt von Information ist eher Teil der Kernfunktion Führung und fällt als „Öffentlichkeitsarbeit nach innen" unter den Aufgabenschwerpunkt Hochschulmarketing (siehe Abschnitt 4.2). Nicht zuletzt wird der Begriff Information auch im Kontext von Wissensmanagement verwendet (Jaspers, Fischer 2008). Einem Wissen in diesem Verständnis liegen Informationen zugrunde.

3.4.2   Kommunikation

Grundsätzlich kann man Kommunikation in mehrfacher Hinsicht verstehen. Die Kommunikationswissenschaft beschäftigt sich mit dem Prozess der Übertragung von Nachrichten zwischen einem Sender und einem oder mehreren Empfängern. Kommunikation in diesem Sinne ist Gegenstand der Semiotik und der Linguistik. Zweitens ist die technische Kommunikation gemeint, also die Übertragung von Nachrichten mit Hilfe von technischen Einrichtungen wie Telefon, Fax, Internet, E-Mail und dergleichen mehr, die in der Betriebswirtschaftslehre als Bürokommunikation von zunehmender Bedeutung ist. Noch in den 1970er und 1980er Jahren glaubte man, dass man ein Unternehmen als technisch-informelles System verstehen und steuern könne (Steinbuch 1965), weshalb man von einem kybernetischen Managementansatz sprach. Von dieser Vorstellung hat man inzwischen aber Abstand genommen und betrachtet die Bürokommunikation heute nur noch als funktionale Komponente. Drittens spricht man von Kommunikation im Zusammenhang von Marketing und meint damit die Steuerung von verbalen und nonverbalen Beziehungen auf einem Markt; darauf wird später in Abschnitt 4.2 einzugehen sein. Viertens denkt man an die soziale Kommunikation und meint damit den zwischenmenschlichen Austausch von Gedanken, Meinungen und Gefühlen in Unternehmen und Betrieben.

Im Kontext von Hochschulmanagement interessiert Kommunikation zunächst als Managementfunktion und damit als weitgehend interne soziale Kommunikation. Kommunikation in einer sozialen Gruppe hängt nicht unwesentlich von den Kommunikationsnetzen eines Betriebs ab, denn sie geben vor, wer mit wem ohne Zwischenstationen Informationen austauschen kann. Die am häufigsten verwendeten Strukturmodelle in Kommunikationsnetzwerken sind Stern, Kreis und Vollstruktur:

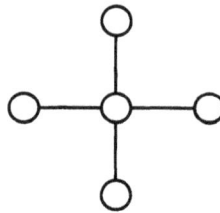

Abb. 15 Kommunikationsnetz Stern

Bei der Grundform des Sterns laufen die Informationen sternförmig vom Vorgesetzten zu den Mitarbeitern, den Mitarbeitern aber ist ein Informationsaustausch untereinander nicht möglich. In einer solchen Kommunikationsstruktur ist die Zentralisation sehr stark ausgeprägt, während es nur wenige Kommunikationskanäle gibt und die Gruppenzufriedenheit entsprechend niedrig ist.

Eine solche Kommunikationsstruktur war früher in Hochschulen in Form der alten Ordinarienstruktur die Regel. Jeder Kommunikationsfluss war allein auf den Lehrstuhlinhaber ausgerichtet; inwieweit die Gruppe einbezogen wurde, hing allein von seiner Entscheidung ab. Heute ist eine solche Struktur nur noch in seltenen Ausnahmefällen vorstellbar.

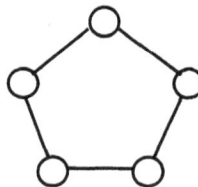

Abb. 16 Kommunikationsnetz Kreis

Bei der Grundform des Kreises können alle Personen nur auf der Kreislinie miteinander kommunizieren, also jeder nur mit maximal zwei Nachbarn. Zentralisation und Führung sind damit niedrig, aber es gibt relativ viele Kommunikationskanäle. Das führt zu einer mittleren Gruppenzufriedenheit.

Häufig erleben gerade Studierende die Hochschule in Form des Kommunikationsnetzes Kreis. Wenn beispielsweise in der Physik die Kollegen der Experimentalphysik eng zusammenarbeiten und ohne Hierarchien miteinander kommunizieren, liegt ein typisches Kreismodell vor. Es zeigt sich dann aber nicht selten, dass die Kommunikation beispielsweise mit der Theoretischen Physik sehr schlecht ist und letztlich nur über die Studierenden läuft. Der Studierende erlebt folglich zwei Kommunikationsnetze Kreis, die je in sich gut funktionieren, aber nicht miteinander kommunizieren.

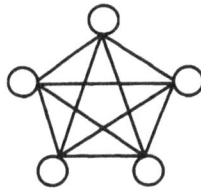

Abb. 17 Kommunikationsnetz Vollstruktur

Die Grundform der so genannten Vollstruktur (auch als Informationsnetz bezeichnet) ermöglicht allen, mit allen zu kommunizieren, was einen optimalen Informationsaustausch zur Folge hat, aber auch zu vielen unnötigen und nicht nachgefragten Informationen führt (Fall 6 aus Abb. 14). Zentralisation und Führung sind hier sehr niedrig, dagegen gibt es im Vergleich aller Modelle die meisten Kommunikationskanäle und auch eine recht hohe Gruppenzufriedenheit.

Dieses Kommunikationsnetz Vollstruktur ist im Hochschulbereich häufig anzutreffen, wenn beispielsweise zwei Institute aus verschiedenen Fakultäten in Projekten zusammenarbeiten, ohne dass die Fakultätsleitung oder die Hochschulleitung Teil des Netzwerkes sein müssen. An Musikhochschulen beispielsweise gibt es so genannte Studios, die immer fächerübergreifend arbeiten (z.B. ein Studio für Alte Musik umfasst alle Instrumentallehrer, die sich auf Alte Musik spezialisiert haben). Der kollegiale Ansatz solcher Kommunikationsnetzwerke macht es möglich, ohne Hierarchien arbeiten zu können.

Im Hochschulbereich sollte die Vollstruktur die Standardversion der Kommunikationsnetzwerke sein. Vor allem in kleineren Instituten, in Forschungsschwerpunkten oder in relativ homogenen Studiengängen hat sich diese Form des Kommunikationsnetzes sehr bewährt.

Alle vorgestellten Kommunikationsnetze steuern zwar den Informationsfluss und Informationsaustausch, aber sie bieten noch keine Gewähr dafür, dass auch die richtigen (und nur die richtigen) Informationen an die richtige (und nur an die richtige) Stelle gelangen. Es bleibt in allen Fällen das gewichtige Problem der Informationsbeschaffung und Informationsverarbeitung.

Zu beachten ist unbedingt, dass alle drei Modelle nicht Elemente der Hochschulgliederung im Sinne der Aufbauorganisation (Abschnitt 3.3.1) sind, sondern nur Kommunikationsnetze. Die Hochschulorganisation wird davon nicht berührt.

Nach der Beschreibung und Bewertung möglicher Kommunikationsnetze ist zweitens der Transport von Kommunikationsinhalten (Informationen) von wesentlicher Bedeutung. Dabei ist zwischen einer formellen und einer informellen Kommunikation zu unterscheiden. Zwar klingt die formelle Kommunikation nach starren Regeln, doch ist sie auch im Hochschulmanagement nicht verzichtbar. Gemeint ist damit der Dienstweg, also die Berücksichtigung hierarchischer Zuständigkeiten, beispielsweise entsprechend einer Linienorganisation. Der Dienstweg ist ein typisches Merkmal der Bürokratie (vgl. Abschnitt 1.2) und deshalb unter Hochschullehrern nicht sonderlich gelitten. Doch ist der Dienstweg vor allem dort erforderlich, wo Rechtsansprüche geltend gemacht werden. Beispielsweise in einem Prüfungsverfahren würde ein Gericht im Falle einer Klage in erster Linie formale Aspekte prüfen und dazu wird auch die Einhaltung des Dienstwegs gehören. Ähnlich ist die Situation bei Entscheidungen mit finanziellen Auswirkungen. Hier ist jeder Hochschullehrer gut beraten, wenn er sich über den Dienstweg bei denen rückversichert, die für finanzielle Angelegenheiten der Hochschule zuständig sind. Seitens der Hochschulleitung gehören auch Rundschreiben, Erlasse, Verfügungen und förmliche Verwaltungsakte zur formellen Kommunikation. Dagegen kennt die informelle Kommunikation keine festen Regelungen; sie findet überall dort statt, wo Informationen zu Hochschulangelegenheiten außerhalb eines förmlichen Rahmens ausgetauscht werden.

Weder die vorgestellten Kommunikationsnetze noch die Kenntnisse der formellen und informellen Kommunikation schützen allerdings vor Kommunikationsstörungen. Sie zeigen sich vor allem dann, wenn sich in einer veränderten Institution alte Kommunikationsgewohnheiten nicht mehr bewähren und die Beteiligten in der Kommunikation gleichsam eine neue Rolle übernehmen müssen. Rupert Lay schildert einen solchen Fall aus einem mittelständischen Unternehmen, das nach einer starken Wachstumsphase mit der gewohnten Kommunikationsform nicht mehr zu Recht kam:

„Der in einem Kleinunternehmen mögliche sternförmige Austausch von Informationen, bei dem alle Informationen über den Inhaber, den Meister oder den Geschäftsführer laufen, wurde beibehalten. Eine unmittelbare entscheidungsrelevante Kommunikation etwa zwischen Produktion und Verkauf gab es nicht – sie lief über den Boss, der ja auch Inhaber war. (...) Mit dem Wachsen des Unternehmens wurde es jedoch nötig, wegen der Fülle zu treffender Entscheidungen einerseits und der nur begrenzten Fachkompetenz der Verantwortlichen andererseits, bestimmte Entscheidungen in einem vorgegebenen Rahmen von anderen treffen zu lassen – ohne dass die Letztverantwortung von dem jeweiligen Chef genommen war. (...) Wenn ein Unternehmen in dieser Situation an sternförmigen Kommunikationsströmen festhält, bedeutet das eine weitgehende Isolation des Verantwortungsträgers vom Entscheidungsträger. Die Kluft kann nur geschlossen werden, wenn ein prinzipiell anderes Muster für die Informationsströme gefunden wird, das eine netzwerkartige Verbindung der Informationsgabe, -nahme und -verarbeitung aller Entscheidungen mit dem Verantwortungsträger erlaubt und zudem dessen Informationen und deren Fachwissen für die Entscheidungsfindung nutzbar macht" (Lay 1989, S. 10f.).

Diese Situation ist auch im Hochschulmanagement immer wieder zu beobachten. Ein kleines Institut wird mit einem anderen kleinen Institut fusioniert, nachdem einer der beiden Institutsleiter in Pension gegangen ist. Beide Institute pflegten bisher eine bestimmte Kommunikationskultur, die sich aber auf das größere Institut nicht übertragen lässt. Die Folge sind erhebliche Konflikte, weil niemand erkennt, dass man es mit zwei verschiedenen Kommunikationsnetzwerken zu tun hat, die sich nicht vereinigen lassen.

Während in diesem Beispiel die Kommunikationsstörung von einer strukturellen Veränderung herrührt bzw. von dem Versäumnis, der veränderten Organisationsstruktur auch eine neue Kommunikationsstruktur anzupassen, können in anderen Fällen die Kommunikationsstörungen auch personenbezogene Ursachen haben. Staehle listet einige Beispiele auf (Staehle 1994, S. 286):

- „Zielkonflikte
- vorgefasste Meinungen
- dissonante Informationen
- semantische Unterschiede (z.B. Fachterminologie)
- fehlende Motivation, Interesselosigkeit
- Unverlässlichkeit der Informationsquelle,
- mangelnde Kommunikationsfähigkeit
- schlechtes Organisationsklima (z.B. Misstrauen)"

Allein diese Stichworte lassen ahnen, wie groß das Risiko ist, dass es zu Kommunikationsstörungen kommt. Angesichts der schwer wiegenden Folgen, die solche Kommunikationsstörungen verursachen können, ist es dringend erforderlich, dass sich alle Ebenen der Hochschulleitung mit den Kommunikationsnetzwerken eines Instituts, einer Fakultät oder der ganzen Hochschule intensiv beschäftigen. Leider konzentriert man sich allzu oft nur auf die Aufbauorganisation, weil damit Machtpositionen und Einfluss verbunden sind, lässt aber die davon berührten Kommunikationsstrukturen unberücksichtigt. Es wäre deshalb dringend angebracht, der Kommunikation als Managementfunktion mehr Aufmerksamkeit zukommen zu lassen.

3.5 Entscheiden

Jede Form von Management ist wesentlich dadurch geprägt, dass Entscheidungen unter Unsicherheit gefällt werden müssen. Entscheidungen bedingen immer, dass es mehrere Alternativen gibt; die Unsicherheit besteht darin, dass man nicht mit letzter Gewissheit absehen kann, welche Entscheidung die richtige sein wird.

Diese Herausforderung besteht auch im Hochschulmanagement. In einer Hochschule sind vom Führungspersonal täglich zahlreiche Managemententscheidungen zu treffen, die sich von Alltagsentscheidungen dadurch unterscheiden, dass sie Teil eines systematischen Zielsetzungs- und Planungsprozesses sind.

Im Hochschulmanagement ist die Managementfunktion Entscheiden deshalb von besonderer Bedeutung, weil viele Entscheidungen nicht von einer einzelnen Person, sondern von einem Gremium getroffen werden. Damit verknüpft sich für fast alle Hochschulmanager die Fähigkeit, Entscheidungen zu treffen mit der Fähigkeit Gremien zu führen bzw. mit der Kompetenz, in Gremien Entscheidungen herbeiführen zu können.

3.5.1   Entscheidungstheorien

Als Entscheidung bezeichnet man eine bewusste Auswahl des Handelns unter mehreren Möglichkeiten. Die Entscheidung setzt sich zusammen aus der Willensbildung und dem Entschluss; ein bloßes Durchdenken von Alternativen ist noch keine Entscheidung. Wichtige Voraussetzung jeder Entscheidung ist ein Ziel, das man erreichen möchte. Wer ohne Ziel vorgeht, handelt willkürlich, aber trifft keine Entscheidung. Entscheidungen werden immer unter Umweltbedingungen getroffen, d.h. es sind Einflussfaktoren, Wahrscheinlichkeiten und Erwartungen zu berücksichtigen.

Seit den 1960er Jahren gibt es in der Managementlehre die Auffassung, dass Management in erster Linie aus Prozessen der Entscheidungsfindung bestehe. Vor allem in organisationstheoretischen Ansätzen von Management wird immer wieder betont, dass jede Organisation letztlich dazu da sei, Entscheidungen zu treffen (Simon 1960). Das hat dazu geführt, dass vor allem in den 1960er Jahren in der Managementlehre zahlreiche Entscheidungstheorien entwickelt wurden, um die Entscheidungsfindung zu systematisieren. „Neu und für die Zukunft richtungsweisend ist nicht die Tatsache, dass sich die Betriebswirtschaftslehre mit Entscheidungen befasst, sondern die Art und Weise, die Methodik, wie sie die Entscheidungen untersucht. Neu sind die Instrumente, die zur systematischen Erforschung und optimalen Gestaltung der Entscheidungsprozesse verwendet werden" (Heinen 1966, S. 4).

Der Entscheidungsprozess im Sinne einer **Theorie der rationalen Wahl** läuft in mehreren Schritten ab (Staehle 1994, S. 493):

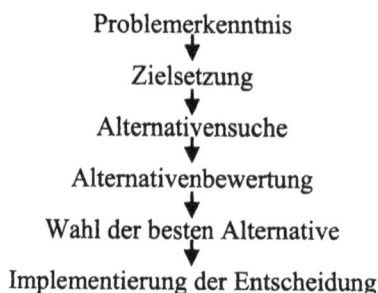

Problemerkenntnis
↓
Zielsetzung
↓
Alternativensuche
↓
Alternativenbewertung
↓
Wahl der besten Alternative
↓
Implementierung der Entscheidung

„Bei der Bestimmung des Entscheidungsproblems handelt es sich um eine genaue Beschreibung sowohl des Entscheidungsgegenstandes wie auch der Umweltsituation, unter der die Entscheidung zu fällen ist" (Bestmann 1992, S. 88). Im Hochschulbereich wären beispielsweise bei der Entscheidung über einen neuen Studiengang nicht nur der geplante Studiengang genau zu beschreiben, sondern auch die benötigten personellen, sächlichen und räumlichen Ressourcen sowie beispielsweise die Chancen von Absolventen auf dem Arbeitsmarkt.

Hinsichtlich dieser Umweltbedingungen ist zudem sorgfältig zu unterscheiden zwischen den Informationen, die mit Sicherheit gegeben sind (vollkommene Information; Wahrscheinlichkeit 100 %), denen die vollkommen ungewiss sind (vollkommene Unwissenheit; Wahrscheinlichkeit 0 %) und den Informationen, die nur unvollständig vorliegen (Risiko; Wahrscheinlichkeit zwischen 0 und 100 %). Nicht selten werden deshalb falsche Entscheidungen getroffen, weil der Sicherheitsgrad der Umweltbedingungen falsch eingeschätzt wurde. Wenn beispielsweise ein Institut einen neuen Studiengang einrichten möchte, weil einige Kollegen sich für dieses Thema brennend interessieren, gleichzeitig die Arbeitsmarktnachfrage aber als viel zu optimistisch eingeschätzt wird, dann ist eine fehlerhafte Entscheidung absehbar. In der Regel neigt man in solchen Situationen dazu, hinsichtlich der Nachfrage von einer „vollkommenen Information" auszugehen, während in Wahrheit nur eine risikobehaftete Information (Wahrscheinlichkeit deutlich unter 100 %) vorliegt.

Aus einer sorgfältigen Problemanalyse ergibt sich die Zielsetzung, der die Suche nach Alternativen folgt. Hierzu kann auf die Alternativensuche im Planungsprozess (Abschnitt 3.2) verwiesen werden.

Wichtigste Phase im Entscheidungsprozess ist die Alternativenbewertung. Dazu wird geprüft, welche Konsequenzen jede Alternative mit sich bringen würde. Um diese Alternativensuche zu systematisieren, wurden in der Managementlehre so genannte Entscheidungsmodelle, -techniken und -verfahren entwickelt. Dazu zählen beispielsweise die Entscheidungstabellen, das Simulationsverfahren, das black-box-Verfahren, das Entscheidungsbaumverfahren usw. Dazu schreibt Bestmann (1992, S. 90): „Die Darstellung von Entscheidungsproblemen im Rahmen von Entscheidungsmodellen hat bislang weitgehend nur wissenschaftliche Bedeutung erlangt. Es handelt sich dabei um eine formale Wiedergabe eines Entscheidungsproblems, das in eine Zielfunktion überführt wird, die einen Endzustand mit Maximaleigenschaften beschreibt. (...) Voraussetzung ist dabei, dass das Ziel, die Bedingungen und die Alternativen mathematisch eindeutig definierbar sind. Weiterhin ist unterstellt, dass die Entscheidung stets als eine rational orientierte Auswahl verstanden wird."

Mit der Wahl der besten Alternative, dem Entschluss, und der Implementation der Entscheidung endet der Entscheidungsprozess, zumindest soweit man ihn als einen rationalen Prozess begreift. Es ist sicher sinnvoll und hilfreich, sich diesen Idealzustand immer wieder vor Augen zu führen, denn auch unvollkommene Prozesse orientieren sich in der Regel an einen Idealzustand. Dennoch darf nicht außer Acht gelassen werden, dass viele Entscheidungsprozesse eher irrational ablaufen und folglich der normative Charakter des eben beschriebenen Prozesses von geringem Praxiswert ist. Die Managementlehre kennt deshalb eine Reihe von deskriptiven Entscheidungstheorien, die verhaltenswissenschaftlich angelegt sind und die damit dem tatsächlichen Ablauf von Entscheidungsprozessen eher gerecht werden als die normative Theorie der rationalen Wahl.

Dem Idealbild der rationalen Wahl kommt die **Theorie der begrenzt-rationalen Wahl** noch recht nahe. Diese Theorie zeichnet sich dadurch aus, dass sie sich dem tatsächlichen Entscheidungsverhalten in Organisationen annähert und dabei folgende empirisch feststellbare Abweichungen von der rationalen Wahl berücksichtigt:

- „je höher die Komplexität einer Entscheidung, um so individueller wird der Entscheidungsvorgang abgewickelt; dies gilt in besonderem Maße für Führungsentscheidungen auf der obersten Führungsebene;
- es liegt nur eine begrenzte Kapazität der Informationsaufnahme und -verarbeitung bei den Entscheidungsträgern vor, was oft zu Voreingenommenheit führt;
- auf der Basis eines unvollkommenen Suchprozesses wird meist nur eine begrenzte Anzahl von Alternativen entwickelt;
- es wird keine maximale Lösung des Entscheidungsproblems, sondern lediglich eine befriedigende Lösung auf der Grundlage des jeweils vorherrschenden Anspruchsniveaus angestrebt" (ebda. S. 92).

Auch in der Praxis des Hochschulmanagements sind die genannten Faktoren nachvollziehbar. Komplizierte Sachverhalte werden nur auf der Ebene des Rektorats entschieden; der Senat bevorzugt nicht selten die handfesten Detailfragen. Obwohl alle Wissenschaftler wissen, wie wichtig die Einbeziehung aller Informationen ist, begnügt man sich im Hochschulmanagement gern einmal mit einer begrenzten Informationsmenge, die die eigene Meinung – oder das eigene Vorurteil – stützt. Um alle Alternativen wirklich durchzuspielen fehlt zudem häufig die Zeit. Am Ende gibt man sich damit zufrieden, eine konsensfähige befriedigende Lösung zu finden. Gerade mit Blick auf die Gremienentscheidungen wäre eine maximale Lösung ohnehin pure Illusion.

„Von begrenzt-rationalem Verhalten wird dann gesprochen, wenn befriedigende Lösungen aufgrund subjektiv wahrgenommener Informationen und unter Berücksichtigung auch individueller Ziele und kollektiver Normen gewählt werden. (...) Die Entscheidung wird als multipersonaler, multitemporaler Prozess konzeptualisiert, wobei zwischen einzelnen Phasen Rückkoppelungsschleifen vorgesehen sind" (Staehle 1994, S. 494). Diese Rückkoppelungsschleifen haben zur Folge, dass der Entscheidungsprozess nicht als linearer Ablauf wahrgenommen, sondern als eine ständige Rückversicherung von Teilschritten erlebt wird. Am Ende ist man häufig nicht mehr in der Lage, die Verbindung zur Zielsetzung zu erkennen, weil man in der Rückkoppelungsschleife jeweils nur den vorausgegangenen Schritt im Auge hat. Das führt dann zu Entscheidungen, die eigentlich niemand gewollt hatte.

Eher zu den heuristischen Verfahren zählt die **Theorie des schrittweisen Fortbewegens** oder Theorie des Inkrementalismus. Lindblom (1959) spricht von der Methode des Durchwurstelns (muddling through), „d.h. der Entscheider vergleicht nacheinander alternative Handlungsweisen, bis er eine zufriedenstellende gefunden hat; Zielbestimmung sowie umfassende Analysen von Alternativen und Konsequenzen sind überflüssig" (Staehle 1994, S. 496). So wenig überzeugend diese Form der Entscheidungsfindung auch klingen mag, so wusste ihr doch schon Lindblom durchaus Positives abzugewinnen, weil Problembereiche erkannt und Lösungen schrittweise erreicht werden. Staehle beschreibt dazu drei typische Schritte (ebda.):

1. „Der Planer sucht nur solche Ziele und Mittel, die in der Nähe des Vertrauten liegen.
2. Die Modifikation des Bestehenden erfolgt in kleinen Schritten (Stückwerktechnologie).
3. Es gibt keine endgültige Problemlösung, sondern nur immer neue Korrekturen."

Es ist nicht von der Hand zu weisen, dass diese Theorie des schrittweisen Fortbewegens oder Durchwurstelns in Hochschulen weit verbreitet ist und äußerst erfolgreich angewandt wird. Viele Hochschulen sind eher bewahrend ausgerichtet; radikale Neuerungen sind nicht immer willkommen. Ein Dekan oder Rektor, der als radikaler Reformer auftreten wollte, würde sicher bald auf Widerstand stoßen. Nicht wenige Führungspersonen verdanken diesem Eifer ihre vorzeitige Abwahl. Demgegenüber ist eine Reformpolitik der kleinen Schritte weitaus erfolgversprechender. Entscheidend ist nur, dass die Führungsperson, die sich für die Methode der kleinen Schritte entscheidet, den großen Schritt, nämlich das Ziel eines umfassenden Reformprozesses, fest im Auge behält.

Da eine Hochschule ein von Gruppen geprägtes soziales Gebilde ist, entsprechen viele Entscheidungsprozesse auch dem von Easton (1965) beschriebenen **Politik-Modell der Entscheidung**. Kennzeichnend für eine Entscheidungsfindung nach dem Politik-Modell ist das Vorhandensein verschiedener Interessengruppen, die die Gruppe der Entscheider beeinflussen wollen. Das können in einem Wirtschaftsbetrieb Betriebsräte, Gewerkschaften oder Verbraucherverbände sein; in einer Hochschule könnten beispielsweise die Professoren, Akademischen Mitarbeiter, Studierenden, der Personalrat, die Gleichstellungsbeauftragten oder der Hochschulverband solche Interessengruppen bilden. Diese Gruppen versuchen Einfluss zu nehmen auf die so genannte Kerngruppe, die nach dem Gesetz legitimiert ist, eine Entscheidung zu treffen. In einer Hochschule sind dies – je nach Art der zu treffenden Entscheidung – das Rektorat, die Fakultätsvorstände, aber auch der Hochschulrat, der Senat, der Fakultätsrat oder auch mal eine Berufungskommission.

Im Entscheidungsprozess werden die Ziele zwar von der autorisierten Kerngruppe formuliert, doch versuchen die Interessengruppen auf die Entscheidung Einfluss zu nehmen. Sofern sich die Kerngruppe der Entscheider dieser Einflussnahme nicht völlig entziehen kann – was in der Regel der Fall ist – kommt es zu Verhandlungen, im Zuge dessen die Ziele der Kerngruppe den Erwartungen der Interessengruppe immer mehr angepasst werden. „Um überhaupt zu einem Konsens über Ziele zu kommen, werden den benachteiligten Koalitionsteilnehmern ‚side payments' [Kompensationen] angeboten, deren Höhe und Ausgestaltung einen Großteil des Verhandlungsprozesses in Anspruch nehmen" (Staehle 1994, S. 500).

Man wird nicht umhinkönnen, dieses "Politik-Modell der Entscheidung" als sehr realistisch zu bewerten, zumindest soweit es den Hochschulbereich betrifft. Nur eher selten kommt es zu rationalen Entscheidungen, die sich ganz an der Problemanalyse, der Zielsetzung und der möglichen Alternativen ausrichtet. Damit zeigt sich aber leider auch, dass gerade der Hochschulbereich, in dem man eine an den Wissenschaften geschulte Sachrationalität erwarten müsste, sich mit rationalen Entscheidungsprozessen außerordentlich schwer tut.

Diese Beobachtung wird noch bestärkt durch einen Blick auf das so genannte **Mülleimer-Modell**, das Staehle als „Modell der organisierten Anarchie" (ebda.) bezeichnet. Diesem Modell liegen empirische Erhebungen aus den 1970er Jahren an amerikanischen und norwegischen Hochschulen zugrunde (Cohen, March und Olsen 1972 sowie March und Olsen

1979), die in den 1980er Jahren zusätzlich durch Interviews mit 42 amerikanische College-Präsidenten bestätigt wurden. Cohen, March und Olsen nennen drei typische Verhaltensweisen, die am Beginn eines Entscheidungsprozesses in „organisierten Anarchien" stehen:

(1) Problematic preferences. Probleme und Ziele sind nur unklar definiert; Präferenzen erkennen die Akteure erst im Laufe des Prozesses.
(2) Unclear technology. Die Beteiligten wissen zu wenig über die Regeln und Abläufe in einem Entscheidungsprozess.
(3) Fluid participation. Es mangelt an einer personalen Kontinuität der Entscheider, weshalb bestimmte Themen ständig erneut diskutiert werden.

Als Folge dieser Unklarheit werden verschiedene Aspekte und Kriterien miteinander vermengt, gerade so als werfe man alles in einen Mülleimer, weshalb Cohen, March und Olsen ihre Entscheidungstheorie „garbage can model" (Mülleimer-Modell) nannten. Im Mülleimer landen demnach:

- „Probleme: Interessen, Forderungen oder Ansprüche organisationsexterner und -interner Gruppen.
- Lösungen: Ein Potential an Lösungsmöglichkeiten (Ideen, Technologien, Produkten), die z. T. unabhängig von den realen Problemen entwickelt werden.
- Entscheidungsgelegenheiten: Situationen, in denen etwas entschieden werden muss.
- Teilnehmer: Aktoren, die Problemdefinitionen und -lösungen zu den Entscheidungsgelegenheiten beitragen" (Staehle 1994, S. 501).

Im Ergebnis werden Probleme, die für eine Entscheidung relevant sind, übersehen oder man flüchtet vor den Problemen, indem man wartet, bis sie sich von selbst erledigt haben. Nur in wenigen Fällen kommt es zu einer Lösung der Probleme mit anschließender Entscheidung.

Was wie eine Parodie auf einen rationalen Entscheidungsprozess klingt, ist von den Autoren Cohen, March und Olson durchaus ernst gemeint. In einem Spiegel-Interview von 2007 betonte James March noch einmal die konstruktive Kraft der von ihm und seinen Kollegen entwickelten Entscheidungstheorie:

„Viele Leute griffen die Idee der organisierten Anarchie auf, die durch die Mehrdeutigkeit entsteht, und schlossen daraus, das Mülleimer-Modell sei nur ein anderes Wort für Durcheinander. Das war nicht ganz, was wir meinten.

Das Modell arbeitet auf zwei Ebenen. Auf der einen Ebene sagten wir, dass Entscheidungsprozesse grundsätzlich von Mehrdeutigkeit geprägt sind. Es existiert in allen Entscheidungssituationen eine Menge Unsicherheit und Konfusion, die in den Standardtheorien nicht ausreichend berücksichtigt werden.

Bei Entscheidungen treffen alle Arten von Problemen, Lösungen, Zielen, Interessen und Anliegen aufeinander, die nicht miteinander in ursächlicher Beziehung stehen, aber gleichzeitig auftreten. Eine Besprechung, in der über Firmenparkplätze entschieden werden soll, kann in einer Diskussion über Forschungsetats, sexuelle Belästigung, Managementvergütung und Marketingpolitik enden. Zeit ist für Entscheidungsträger jedoch knapp, und was passiert, hängt davon ab, wie viel Zeit sie jeweils für die einzelnen Entscheidungen verwenden.

Auf der zweiten Ebene haben wir versucht zu beschreiben, wie Organisationen mit der Flut von Problemen, Lösungen und Entscheidungsträgern in Mülleimer-Situationen umgehen. Die zentralen Ideen sahen so aus: Ob ein Problem und eine Lösung miteinander verknüpft werden, hängt stark davon ab, ob sie zur gleichen Zeit auftreten.

Entscheidungen hängen davon ab, in welcher Weise Entscheidungsträger Zeit und Energie auf die Entscheidungsgelegenheiten verteilen. Entscheidungssituationen können leicht mit zu vielen Problemen belastet werden. Entscheidungen können häufig erst dann getroffen werden, wenn einige der Probleme (und ihre Vertreter) in andere Entscheidungsarenen verlagert sind.

Unserer Meinung nach beschreibt das Mülleimer-Modell einen sehr geordneten Prozess. Er mag vom einen oder anderen Betrachtungspunkt aus gesehen seltsam erscheinen, aber er ist nicht furchtbar komplex und nicht furchtbar ungeordnet.

Ich denke, das Gute ist, dass unsere Betrachtung Menschen die Möglichkeit eröffnet hat, in scheinbar konfusen Entscheidungssituationen zu sagen: „Das ist ein Prozess nach dem Müll-eimer-Modell" – wodurch es ein verständlicher Prozess wird – einer, in dem Dinge in erster Linie durch ihr gleichzeitiges Auftreten miteinander verbunden sind."[11]

Aus einem solchen Blickwinkel erscheint das Mülleimer-Modell in der Tat realitätsnah und brauchbar, denn im Hochschulbereich entstehen immer wieder Situationen, in denen eine sachrationale Entscheidung allein schon deshalb unmöglich wird, weil sich die Diskussion plötzlich auf ein Randthema konzentriert und das eigentliche Problem völlig aus dem Blick gerät. Häufig muss man schon zufrieden sein, wenn es überhaupt zu einer Entscheidung kommt, auch wenn sie sich nur auf einen Teilaspekt beschränkt. Dann muss eben in einem erneuten Prozess nach weiteren Teilentscheidungen gesucht werden.

Zusammenfassend zeigt die folgende Übersicht noch einmal die Charakteristika der wichtigsten Entscheidungstheorien:

---

[11]   Interview mit James March in Spiegel-online vom 2.2.2007

Merkmale	Theorie der rationale Wahl	Theorie der begrenzt-rationalen Wahl	Theorie des schrittweisen Fortbewegens	Politik-Modell der Entscheidung	Mülleimer-Modell (organisierte Anarchie)
Entscheider und Ziele	ein Entscheider, ein Ziel oder widerspruchsfreies Zielsystem	mehrere Entscheider, konfliktäre Ziele	mehrere Entscheider, keine Ziele	mehrere Entscheider, sehr unterschiedliche Ziele	mehrere Entscheider, sehr unterschiedliche Ziele
Macht und Kontrolle	zentralisiert	weitgehend zentralisiert	weitgehend zentralisiert	dezentral, wechselnde Koalitionen	weitgehend dezentral in Kommissionen, bei Individuen
Grundlagen der Entscheidung	Nutzenmaximierung	zufriedenstellende Lösung	marginale Veränderungen	Machtkämpfe	„Mülleimer", Konvergenz der Probleme und Lösungen
Prozess der Entscheidung	sehr geordnet, rational	geordnet, verfahrensrational	verfahrensrational	konfliktär, politisch	völlig ungeordnet, zufallsgesteuert

Abb. 18 Charakteristika wichtiger Entscheidungstheorien (in Anlehnung an Staehle 1994, S. 502)

Die Übersicht zeigt noch einmal die Spannbreite zwischen einem streng rationalen und einem anarchischen Verfahren. Man sollte sich allerdings davor hüten, darin eine Bewertung zu sehen. Letztlich ist jede Entscheidungstheorie praxistauglich und hat damit ihre Berechtigung. Entscheidend ist vielmehr die Frage, in welchem Maße eine Führungsperson eine Entscheidung in einem normierten Verfahren herbeiführen will oder ob die moderierende Begleitung eines offenen Prozesses angebrachter erscheint. Zu dieser Frage gibt es keine eindeutige Antwort; die Wahl des Verfahrens hängt vielmehr vom Gegenstand der Entscheidung ab sowie – in hohem Maße – von den an einem Entscheidungsprozess beteiligten Personen und Personengruppen.

3.5.2   Gremien leiten und zu Entscheidungen führen

Bereits mehrfach wurde betont, dass der besondere Charakter von Hochschulen vor allem in der Form der Hochschulselbstverwaltung zum Ausdruck kommt. Eine Hochschule ist kein Wirtschaftsbetrieb, wo es auf der einen Seite einen vom Eigentümer beauftragten Vorstand und auf der anderen Seite die Mitarbeiter gibt, die gegenüber dem Eigentümer und seinem Vorstand in einem abhängigen Arbeitsverhältnis stehen. Bei allen Konzepten von der Identifikation der Mitarbeiter mit dem Unternehmen bleibt in einem Wirtschaftsbetrieb doch die Grundkonstellation von Arbeitgebern und Arbeitnehmern bestehen. In einem Hochschulbetrieb aber kennt man diese Grundkonstellation nicht. Vielmehr sind von jeher die Lehrenden und Studierenden gemeinsam Mitglieder der Hochschule, ja sie zusammen bilden überhaupt erst die Hochschule.

Wenn aber Professoren, Dozenten, Akademische Mitarbeiter und Studierende gemeinsam „die" Hochschule bilden, dann kommt deren Mitwirkung in Gremien auch eine hohe Bedeutung zu. Gremienarbeit in einer Hochschule ist folglich nicht den Mitwirkungsrechten des Betriebsrats in einem Wirtschaftsunternehmen vergleichbar, sondern diese Gremienarbeit dient der Umsetzung eines konstitutiven Elements in einer Institution besonderer Art. Wenn folglich manche Hochschullehrer die Gremienarbeit als eine lästige Pflicht empfinden, dann muss man leider vermuten, dass sie nicht begriffen haben, was das Besondere einer Hochschule ausmacht.

Die wichtigsten Gremien einer Hochschule sind Hochschulrat, Senat, Rektorat und die Fakultätsräte; sie sind vorrangig für die strategischen und hochschulpolitischen Beratungen und Entscheidungen verantwortlich. Eher operativer Art sind die Aufgaben der Studien- und Prüfungskommissionen sowie der Institutsräte. Daneben gibt es von Hochschule zu Hochschule die verschiedensten Ausschüsse, Kommissionen, Institutsräte und temporären Beiräte, die allesamt ausschließlich operative Aufgaben wahrnehmen.

Aus der Sicht des Hochschulmanagements ist die Zusammensetzung von Gremien immer von besonderem Interesse. Doch sollte sich jede Hochschul- oder Fakultätsleitung hüten, auf die Wahl von Gremienmitgliedern unmittelbar Einfluss nehmen zu wollen. Schließlich gelten für die Gremienwahlen demokratische Grundsätze und nicht die Spielregeln einer Bananenrepublik. Doch sollte man sich nicht scheuen, geeignete Personen zur Kandidatur für ein Gremienamt zu ermutigen. Bei aller ethischen Aufwertung der Gremienarbeit wäre es nämlich naiv zu glauben, dass sich die geeignetsten Persönlichkeiten gleichsam von selbst in diesen Gremien zusammenfinden werden. Doch ein persönliches Gespräch unter Kollegen hilft nicht selten, geeignete Personen für eine Kandidatur zu gewinnen.

Doch selbst wenn ein gutes und kompetentes Gremium gewählt wurde, ist damit der Erfolg der Gremienarbeit noch nicht gewährleistet. Dieser Erfolg hängt weit mehr von der Gremienleitung als von der Zusammensetzung der Gremien ab. Deshalb im Folgenden einige Hinweise für die Vorbereitung und Leitung von Gremien in der Hochschule:

- **Das Gelingen einer Sitzung beginnt mit der Gestaltung der Tagesordnung**

Mit der Einladung zur Sitzung werden Ort, Zeit und Gegenstand der Beratungen bekanntgegeben. Ort und Raum sollten so gewählt werden, dass alle Sitzungsteilnehmer bequem und ohne Benachteiligungen der Sitzung folgen können und jederzeit ein Blickkontakt zwischen Sitzungsleiter und Sitzungsteilnehmer möglich ist. Keinesfalls darf die Platzanordnung dazu führen, dass sich die zuletzt kommenden Sitzungsteilnehmer mit unbequemen und engen Plätzen ohne Tisch zufriedengeben müssen. Wer sich auf diese Weise zur Zweitrangigkeit herabgestuft sieht, wird den Debatten möglicherweise nicht nur mit Wohlwollen folgen. In der Einladung ist nicht nur die Uhrzeit für den Beginn der Sitzung mitzuteilen, sondern auch für deren Ende. Dann kann jedes Mitglied des Gremiums seine persönliche Terminplanung für die Zeit nach der Sitzung entsprechend einrichten und kann sich auch in seinen Diskussionsbeiträgen auf das Sitzungsende einstellen.

Die Festlegung der Tagesordnung sollte mehr sein als nur die Ansammlung der angelaufenen Beratungs- und Entscheidungspunkte. Vielmehr ist sie die erste Gelegenheit, sich den Verlauf der Sitzung gedanklich vorzustellen und eine gewisse Dramaturgie des Sitzungsverlaufs zu entwerfen. Generell kann man folgende Arten von Tagesordnungspunkten unterscheiden:

- Formalien (Begrüßung, Feststellung der Tagesordnung, Genehmigung der Niederschrift der letzten Sitzung, Verabschiedung von ausscheidenden Gremienmitgliedern, Glückwünsche zum Geburtstag usw.)
- Informationen (Berichte über die Umsetzung von Entscheidungen aus früheren Sitzungen, Berichte über relevante Ereignisse und Entscheidungen anderer Gremien, Mitteilungen der Ministerien und anderer Behörden, Einholung von Informationen aus der Mitte des Gremiums, sofern es sich nicht bereits um Beratungen handelt usw.)
- Beratungen (Anhörungen beispielsweise in Berufungsverfahren, Meinungsbilder zu Entscheidungen anderer Gremien und Personen, Diskussion von Prozessen, die erst zu einem späteren Zeitpunkt entscheidungsreif sind usw.)
- Entscheidungen (abschließende Beratung und förmliche Entscheidung in Angelegenheiten, die unmittelbar in die Zuständigkeit dieses Gremiums fallen)

Man sollte die anstehenden Tagesordnungspunkte nach diesen Gruppen ordnen und sich zudem überlegen, welche Gruppen man in welcher Reihenfolge anspricht und in welcher Ordnung man innerhalb der Gruppen die Tagesordnungspunkte aufruft. Formalien und Informationen sollte man immer an den Anfang stellen, weil sie den Mitgliedern helfen, sich auf die Sitzung zu konzentrieren (schließlich kommen alle Mitglieder aus völlig anderen Kontexten in die Sitzung und müssen erst einmal gleichsam „umschalten"). Ob man schwierige Tagesordnungspunkte an das Ende setzt, wenn alle müde sind und zu ihrem nächsten Termin müssen oder ob man kontroverse Themen so positioniert, dass sie offen und ohne Zeitdruck diskutiert werden können, ist eher eine Frage des persönlichen Temperaments und der Einstellung zum Amt als eine Frage des Managements. Erfahrene Sitzungsleiter wissen, dass man solche Tagesordnungstricks sehr sparsam einsetzen sollte. Ein Gremium, das des Öfteren den Eindruck hat, „ausgetrickst" zu werden, weil wichtige Entscheidungen am Ende der Sitzung unter Zeitdruck „durchgepeitscht" werden, wird bald selbst die Initiative ergreifen und die vorgelegte Tagesordnung zu Beginn der Sitzung umstellen.

Zusammen mit der Einladung und der Tagesordnung sind auch die Sitzungsvorlagen zu versenden. Dazu gehören die Niederschrift über die letzte Sitzung sowie Berichte und Schreiben im Rahmen der oben angesprochenen Gruppe von Informationen. Man sollte es sich aber zum Prinzip machen, auch zu allen Beratungs- und Entscheidungspunkten Sitzungsvorlagen anzufertigen. Jede dieser Vorlagen setzt sich wie folgt zusammen:

- Kurze Beschreibung des Gegenstandes
- Genese der Problematik
- Darlegung der Problematik und des Entscheidungsspielraums
- Erörterung der Entscheidungsalternativen und deren Konsequenzen
- Beschlussvorschlag

Vor allem der letzte Punkt – der Beschlussvorschlag – wird gerne weggelassen, weil man erst den Verlauf der Beratung abwarten möchte. Als Leiter eines Gremiums sollte man aber wissen, was man will und sollte auch zu seiner eigenen Position stehen. Andererseits gibt es natürlich Situationen, in denen ein Beschlussvorschlag als ein Diktat empfunden werden könnte. Dann sollte man aber zumindest ein oder zwei Beschlusstexte vorformuliert bereithalten, um sie zu passender Zeit vorzutragen. Keinesfalls sollte man sich darauf verlassen, dass am Ende der Beratung einem Mitglied des Gremiums schon irgendeine Formulierung einfallen wird. Häufig ist eine solche spontane Formulierung weder juristisch einwandfrei noch gibt sie den Verlauf der Diskussion richtig wieder (sondern eher die Position des Formulierenden).

- **Sorgfältige persönliche Vorbereitung**

Selbst wenn sich im Laufe der Zeit eine gewisse Routine einstellt, darf man als Sitzungsleiter doch niemals auf eine sorgfältige Vorbereitung der Sitzung verzichten. Dazu gehört, dass man sich die Sitzungsvorlagen – auch wenn man sie selbst formuliert hat – noch einmal durchliest und vergegenwärtigt.

Auch ist es hilfreich, wenn man sich den Verlauf der Sitzung Schritt für Schritt vorstellt und dabei mögliche Gegenpositionen von Sitzungsteilnehmern in Betracht zieht. Dann ergeben sich auch immer wieder mögliche Fragen, bei denen man sich selbst testen kann, ob man ausreichend vorbereitet ist. Die Souveränität einer Sitzungsleitung ergibt sich nicht zuletzt aus der Kompetenz des Sitzungsleiters; je mehr er mit Wissen und Kenntnissen zu den einzelnen Tagesordnungspunkten überzeugen kann, um so leichter wird das Gremium ihm die Sitzungsleitung machen.

Deshalb empfiehlt es sich unbedingt, die unmittelbare Zeit vor Sitzungsbeginn von anderen Terminen frei zu halten, damit man sich auf die Sitzung angemessen vorbereiten und einstellen kann. Keinesfalls darf der Sitzungsleiter gehetzt und erschöpft von anderen Terminen erst in letzter Minute zur Sitzung erscheinen.

- **Sitzungsverlauf**

Jede Sitzung sollte pünktlich zur angegebenen Zeit beginnen und auch pünktlich enden. Das mag beim ersten Mal noch zu Irritationen führen, wird aber sehr bald von den meisten Sitzungsteilnehmern geschätzt werden. Vor allem das pünktliche Ende einer Sitzung bedarf großer Disziplin, doch zeigt sich immer wieder, dass Open-end-Diskussionen selten zu besseren Ergebnissen führen als wenn man von vornherein ein Zeitlimit setzt.

Überhaupt ist eine gewisse Disziplin für einen ordnungsgemäßen und erfolgreichen Sitzungsverlauf unverzichtbar. Dazu gehört beispielsweise:

- Pünktlicher Beginn
- Förmliche Eröffnung der Sitzung
- Aufrufen von Tagesordnungspunkten
- Wortmeldungen sind nur zu den aufgerufenen Tagesordnungspunkten möglich
- Es spricht nur, wem das Wort erteilt wurde

- Ein Tagesordnungspunkt wird mit einem Beschluss oder einer Feststellung des Sitzungsleiters förmlich abgeschlossen
- Der Beschlussvorschlag wird vorgelesen und förmlich zur Abstimmung gestellt
- Die Sitzung endet zur vorgegebenen Zeit
- Das Ende der Sitzung wird vom Sitzungsleiter förmlich festgestellt

Gremiensitzungen unterliegen immer der Gefahr, fruchtlos zerredet zu werden. Die ironische Bemerkung, es sei zwar schon alles gesagt, aber noch nicht von allen, entspricht nicht selten durchaus der Realität. Gefürchtet sind auch die „Unterstreicher", die noch einmal unterstreichen möchten, was die Vorredner bereits gesagt haben. Als Leiter eines Gremiums hat man vor allem die Aufgabe, solchen Auswüchsen entgegenzuwirken, ohne dabei ruppig oder arrogant vorzugehen. Dabei kann sich die Sitzungsvorlage als große Hilfe erweisen; was dort steht, muss nicht erneut vorgetragen werden.

Unverzichtbar ist es zudem, immer wieder auf die Tagesordnung zu verweisen. Spätestens wenn eine Wortmeldung mit der Formulierung beginnt „bei dieser Gelegenheit fällt mir gerade ein ....", ist klar, dass die Tagesordnung aus dem Blick gerät. Hier muss ein entschiedener Zwischenruf der Sitzungsleitung wieder zurück zum Thema führen.

Nicht wenige Sitzungen wollen deshalb kein Ende finden, weil der Sitzungsleiter zu jeder Wortmeldung seinen Kommentar abgibt. Das ist nicht erforderlich und macht zudem die Meinungsbildung eines ganzen Gremiums zum ständigen Dialog zwischen einzelnen Mitgliedern und der Sitzungsleitung. Die richtige Balance zwischen Reden und Reden lassen ist ganz entscheidend für eine erfolgreiche Sitzung, in der sich die Gremienmitglieder auch wohlfühlen.

Allerdings muss man dann auch in der Lage sein, die Diskussion zum richtigen Zeitpunkt zu beenden. Je nach Thema und Verlauf sollte man sich als Sitzungsleiter irgendwann beispielsweise mit den Worten einschalten: „Lassen Sie mich die bisherige Diskussion einmal zusammenfassen.... „ Diese Zusammenfassung sollte der Versuch sein, entweder in einer weiterhin strittigen Sache einen Teilkonsens festzuhalten oder aber einen schon vorformulierten Beschlussvorschlag ins Gespräch zu bringen. Zeigt sich, dass der Beschlussvorschlag konsensfähig ist, folgt umgehend die Abstimmung und die Feststellung, dass der Tagesordnungspunkt damit erledigt sei. Bei allem Respekt vor den Meinungsäußerungen der geschätzten Kollegen sollte man niemals der Versuchung erliegen, eine Diskussion längere Zeit völlig passiv zu verfolgen, um dann womöglich noch zu fragen, was man jetzt beschließen solle. In der Regel ist in einer solchen Situation der Hilflosigkeit ein Vertagungsantrag die unmittelbare Konsequenz.

Am Ende einer Sitzung folgt noch ein letzter, sehr heikler Tagesordnungspunkt: Verschiedenes! Nicht selten brechen dann alle Dämme; jedes noch so abwegige Thema wird aufgerufen und auch die bisher schweigende Minderheit meldet sich plötzlich lebhaft zu Wort. Man kann diesem verbalen Unwetter nur entgehen, indem man die Themen des Tagesordnungspunktes Verschiedenes schon zu Sitzungsbeginn im Rahmen der Feststellung der Tagesordnung notiert und sich dann streng auf die zuvor angemeldeten Punkte beschränkt.

- **Gremiensitzungen sind keine sozialen Anlässe**

So erfreulich es auch ist, wenn Kollegen verschiedenster Fachrichtungen anlässlich einer Gremiensitzung zusammenkommen, so wenig darf der soziale Kontakt im Zentrum der Sitzung stehen. „Sitzungen haben den Zweck, Resultate zu produzieren. Sie sind Arbeit und nicht Freizeit, Vergnügen oder Spaß" (Malik 2001, S. 287). Sitzungen sind auch keine Kaminrunden, in denen man bei einem Glas Rotwein Meinungen austauscht.

Gleichwohl muss eine Sitzung keine bierernste Angelegenheit sein, und ein freundliches und kollegiales Wort außerhalb des Tagesordnungsthemas ist durchaus angebracht. Doch muss der Sitzungsleiter wissen, in welchem Maße er dies während der Beratungen zulässt oder eher in die Sitzungspausen verlagert.

- **Keine Sitzung ohne Niederschrift**

Zu jeder Sitzung sollte eine Niederschrift – auch Protokoll genannt – gefertigt werden. Allerdings reicht es völlig aus, wenn man sich auf ein Ergebnisprotokoll beschränkt oder eine Diskussion ohne Nennung von Personen mit den wichtigsten Positionen und Argumenten wiedergibt.

Sofern eine förmliche Abstimmung über einen Beschluss durchgeführt wurde, ist das Ergebnis genau festzuhalten. Dazu reicht eine Kurzform, indem die Zahl der Ja-Stimmen, der Nein-Stimmen und der Enthaltungen hintereinander geschrieben werden (z.B. 17-6-3). Es kommt nur darauf an, dass man sich für alle Zeiten auf eine Reihenfolge verständigt, damit es nicht zu Missverständnissen kommen kann.

Die Niederschrift sollte auch für jeden Tagesordnungspunkt eine Anmerkung enthalten, welche Maßnahmen zu treffen sind und wer für die Umsetzung der Beschlüsse zuständig ist. Dann lässt sich schon im Rahmen der Genehmigung der Niederschrift in der nächsten Sitzung berichten und kontrollieren, was aus den Beschlüssen geworden ist.

- **Zuständigkeiten beachten**

Auch in der Gremienarbeit der Hochschule sind gewisse Zuständigkeiten zu beachten. Nicht selten sehen sich Senat oder Hochschulrat als die obersten Gremien, die demnach auch das Recht hätten, andere Gremienbeschlüsse zu korrigieren. Doch dem ist nicht so. Zumindest an Hochschulen, an denen die Fakultätenstruktur gilt, haben die Fakultätsräte nach den Landeshochschulgesetzen und nach der jeweiligen Grundordnung eigene Zuständigkeiten. Diese Regelung kann ein Senat nicht einfach ignorieren.

Die Zuständigkeiten zwischen Senat und Fakultätsräten zu beachten, ist einerseits ein rechtliches Gebot, andererseits aber auch eine Frage des Managements und der Führung. In einer Hochschule, in der ein Senat ständig die Beschlüsse eines Fakultätsrats korrigiert, wird es in dieser Fakultät bald keine funktionierende Hochschulselbstverwaltung mehr geben, weil niemand bereit sein wird, sich vom Senat am Gängelband führen zu lassen.

Allerdings ist in der Praxis weniger ein konkurrierendes Gerangel um die Zuständigkeit das Problem als vielmehr die unbeabsichtigte Verdopplung von Beratungen. Nicht selten werden Themen, die ein Fakultätsrat bereits in eigener Zuständigkeit ausführlich beraten hat, im

Senat noch einmal auf die Tagesordnung gesetzt, weil man übersehen hat, dass das Thema bereits erledigt ist. Solche Zeitverschwendung ist frustrierend; eine sorgfältigere Sitzungsvorbereitung könnte hier leicht Abhilfe schaffen.

Weit weniger problematisch ist dagegen die Zuständigkeit zwischen Entscheidungsgremien nach dem Landeshochschulgesetz (Hochschulrat, Senat und Fakultätsrat) und solchen Gremien, die nur beratenden Charakter haben bzw. deren Entscheidungen sich nur auf operative Aufgaben beziehen (Institutsräte, Studienkommissionen, Beiräte usw.). Hier haben die Entscheidungsgremien in der Regel das letzte Wort. Es bleibt aber dem Fingerspitzengefühl von Rektor oder Dekan überlassen, wann und mit welcher Konsequenz sie von ihrem Zuständigkeitsrecht Gebrauch machen.

Von besonderer Brisanz ist die Zuständigkeit zwischen Hochschulrat und Senat (siehe auch Abschnitt 3.3.3). Diesem Problem kann man nur durch eine sorgfältige Beachtung der hochschulrechtlichen Vorschriften und durch vertrauensvolle Absprache zwischen den Vorsitzenden der beiden Gremien begegnen. Diese vertrauensvolle Absprache zwischen den beiden Gremienvorsitzenden muss aber auch die gegenseitige Zusicherung enthalten, dass sich ein Gremium nicht in die Angelegenheiten des anderen Gremiums einmischt. Berufungsverfahren und Studienangelegenheiten sind ganz klar Sache des Senats; hier muss der Rektor in der Hochschulratssitzung gegebenenfalls mit Nachdruck für „seinen" Senat eintreten. Andererseits obliegen Hochschuletat und strategische Weichenstellungen dem Hochschulrat; der oft zu hörenden Klage mancher Senatsmitglieder, man sei auf diese Weise entmachtet worden, muss man als Rektor durch permanente Aufklärung entgegentreten.

- **Geschäftsordnung für die Gremienarbeit**

Abschließend ist noch der Hinweis angebracht, dass Beschlüsse von Hochschulgremien natürlich auch eine rechtliche Verbindlichkeit haben. Förmliche Beschlüsse sind keine lockeren Meinungsäußerungen, Probeabstimmungen oder unverbindliche Umfragen, sondern Entscheidungen mit rechtlicher Konsequenz. Diese Entscheidungen lassen sich deshalb auch nicht ohne weiteres wiederholen und korrigieren. Damit es hier nicht zu Missverständnissen und ständigen Diskussionen kommt, sollte deshalb schon in der Grundordnung festgehalten werden, wann frühestens ein Thema nach einem förmlichen Beschluss wieder auf die Tagesordnung gesetzt werden kann.

Man kann diese Regelung auch in eine Geschäftsordnung aufnehmen, die allerdings immer von geringerem Gewicht ist als die Grundordnung. Ohnehin wird man sich nur dann für eine Geschäftsordnung entscheiden, wenn es sich um sehr große Gremien handelt und die in den Landeshochschulgesetzen bereits enthaltenen Vorschriften über die Gremienarbeit nicht ausreichen. Diese Vorschriften sind in manchen Bundesländern so detailliert, dass weitere Regelungen kaum erforderlich sind.

Entscheidet man sich für eine Geschäftsordnung, sollten darin folgende Punkte geregelt werden:

- Form der Einladung zur Sitzung
- Einladungsfrist
- Schriftführer, Protokollführer

- Rederecht (z.B. auch für Gäste)
- Verfahrensregeln für Abstimmungen
- Verfahrensregeln für Wahlen
- Wiederholung von Entscheidungen
- Anträge zur Geschäftsordnung (z.B. Ende der Debatte)

Allerdings sollte man unbedingt eine Überfrachtung der Gremienarbeit mit Geschäftsordnungsregeln vermeiden. Dann könnte es nämlich passieren, dass man weit häufiger über die Geschäftsordnung als über inhaltliche Themen diskutiert.

Diese Zusammenstellung der wichtigsten Regeln für die Leitung von Gremien zeigt noch einmal den Stellenwert, den die Gremienarbeit in einer Hochschule hat. Vor allem wird dadurch einmal mehr deutlich, dass die Steuerung einer Hochschule in hohem Maße über Entscheidungen erfolgt, die nicht einzelne Führungspersönlichkeiten, sondern Gremien treffen. Das rechtfertigt die vielleicht überraschende Zuordnung, die Gremienarbeit im Rahmen der Kernfunktion „Entscheiden" zu erörtern.

3.6   Controlling

In älteren Managementmodellen ist noch von der Kontrolle oder dem Kontrollieren als einer Kernfunktion des Managements die Rede. So auch in dem erwähnten Managementkreis (Schubert 1972, S. 42). Doch heute weiß man sehr genau zu differenzieren zwischen Kontrolle und Controlling. Controlling ist demnach nicht zu verwechseln mit einer auf Sanktionen ausgerichteten Kontrolle, sondern ist zu verstehen als ein eigenständiges und zentrales Element der Unternehmenssteuerung.

„Der Controller-Verein bezeichnet den Controller als „Sparringspartner" des Managers bei der Zielfindung und -erreichung. Der Controller sorgt dafür, dass sich jeder im Rahmen der erarbeiteten Ziele und Pläne selbst kontrollieren kann. Das Controlling als Prozess und Denkweise entsteht durch Manager und Controller im Team und bildet somit deren Schnittmenge" (Horváth 2006, S. 19). Controlling beginnt also nicht zwangsläufig erst damit, dass man einen Controller beschäftigt; es kann auch schon dann einsetzen, wenn man als Manager sich die Steuerungsinstrumente des Controllings zu Eigen macht.

Controlling steht in einem engen Zusammenhang mit Zielsetzung und Planung. Durch das betriebswirtschaftliche Controlling soll sichergestellt werden, dass die Ziele des Unternehmens Hochschule stets im Auge behalten werden und dass die Planung auf die Umsetzung der Unternehmensziele ausgerichtet wird. Controlling kann deshalb nie losgelöst von der Funktion Zielsetzung/Planung gesehen werden: Eine Zielsetzung/Planung zu betreiben, ohne ständig zu kontrollieren, ob sie tatsächlich auch umgesetzt wird, wäre sinnlos, wie umgekehrt jedes Controlling unmöglich wäre, gäbe es nicht eine nachvollziehbare Zielsetzung/Planung. Man spricht deshalb auch von der „Planungs- und Kontrollorientierung" (Horváth 2006, S. 150ff.) des Controllings oder von den „Zwillingsfunktionen" (Steinmann/Schreyögg 1991, S. 19) Planung und Controlling.

Angesichts der engen Beziehung zwischen Planung und Kontrolle ist es vor allem erforderlich, dass die Planungsziele klar und eindeutig definiert sind, dass sie als Ziele operativ umsetzbar sind und dass die Zielerreichung auch festgestellt werden kann. Folglich sind vor allem „weiche" Ziele wie der höchst unbestimmte Wunsch, dass sich die Studierenden an der Hochschule wohl fühlen sollten, nur schwer umsetzbar und noch weniger über ein Controlling feststellbar.

Definiert eine Hochschule dagegen das Ziel, durch werbliche Maßnahmen in den USA den Anteil der nordamerikanischen Studierenden innerhalb von drei Jahren von bisher 25 auf künftig 40 zu erhöhen, so liegt ein eindeutig definiertes und messbares Ziel vor, für dessen Überwachung ein Controlling sehr hilfreich sein kann. Zur Umsetzung dieses Ziel sind Werbemaßnahmen in den USA geplant. Doch sind auch Alternativen wie Kontakte über amerikanische Alumni oder Wirtschaftsunternehmen oder Stiftungen zu prüfen. Dem Controller fiele die Aufgabe zu, die Realisierungschancen dieser Alternativen sorgfältig zu prüfen und auch deren Kosten zu berechnen. Im weiteren Verlauf hätte der Controller zudem die Aufgabe, ständig Daten zu sammeln und aufzubereiten, die der Hochschulleitung einen Überblick über den Verlauf der Aktion und die absehbaren Erfolge bzw. Misserfolge vermitteln. Sollte sich ein Misserfolg abzeichnen, würde der Controller frühzeitig Gegenmaßnahmen vorschlagen.

Jedes Managementhandelt ist ein Handeln unter Risiko. Vor allem im strategischen Management, wo oft langfristige und nur schwer abschätzbare Ziele angesteuert werden, sind erhebliche Risiken nicht zu leugnen. „Ungewissheit besteht nämlich darüber, ob die Annahmen richtig waren und während der Planrealisierung keine unvorhergesehenen Ereignisse auftreten, die Zielwirkungen der geplanten Maßnahmen richtig geschätzt wurden, die Mittel wie vorgeschlagen verfügbar sind und eingesetzt werden [und] die Beteiligten sich planmäßig verhalten" (Horváth 2006, S. 155). Vor diesem Hintergrund fällt dem Controller die Aufgabe zu, die Hochschulleitung durch das Sammeln und die Aufbereitung von Daten bei der Risikominimierung zu unterstützen.

Folglich wird sich das Controlling niemals nur auf bloße Ist-Zahlen beschränken, sondern sich immer gleichzeitig auf drei Bereiche konzentrieren:

- Prämissenkontrollen, d.h. es wird geprüft, ob und inwieweit die Entscheidungsgrundlagen, wie sie der Zielsetzung/Planung zugrunde gelegt wurden, noch zum gegenwärtigen Zeitpunkt gelten oder ob nicht inzwischen andere Prämissen von Bedeutung sind, so dass eine Korrektur von Zielsetzung/Planung erforderlich wird.

- Ergebniskontrollen, d.h. es wird ein ständiger Soll-Ist-Vergleich vorgenommen, um etwaige Abweichungen (Abweichungsanalyse) frühzeitig zu erkennen. Diese Ergebniskontrollen beziehen sich einerseits auf messbare Plandaten (z.B. Stand der Kosten und Erträge bzw. der Ausgaben und Einnahmen), andererseits aber auch auf formulierte Planziele.

- Verfahrens- und Verhaltenskontrolle, d.h. es wird überprüft, ob bei der Führung und Steuerung des Betriebs Methoden und Techniken eingesetzt werden, die eine wirtschaftliche Umsetzung von Zielsetzung/Planung sicherstellen und ob das Verhalten (Führung,

Motivation, Kooperation, Kommunikation usw.) von Leitung und Mitarbeitern den Zielen angemessen ist.

Damit Controlling in dieser Komplexität gelingen kann, stehen zahlreiche Instrumente und Techniken zur Verfügung, die aber nur zum Teil auf den Nonprofit-Bereich einer Hochschule übertragen werden können. Beispielsweise ist die im profitorientierten Controlling unverzichtbare Break-Even-Analyse, über die ermittelt werden kann, ab wann der Preis eines Produkts die Kostendeckung überschreitet, für ein Nonprofit-Management unerheblich. Diese Methode wäre allein für kommerziell ausgerichtete private Hochschulen oder für solche Tochterunternehmen von Hochschulen angezeigt, die profitorientiert arbeiten. Doch gibt es auch Managementtechniken des Controllings, die sich in einem Nonprofit-Unternehmen wie einer staatlichen Hochschule mit Erfolg einsetzen lassen.

3.6.1   Kosten- und Leistungsrechnung

Das betriebliche Rechnungswesen unterscheidet zwischen dem externen und dem internen Rechnungswesen. Das externe Rechnungswesen, verkürzt auch als Finanzbuchhaltung oder Finanzbuchführung bezeichnet, umfasst „die Regelbeziehungen des Unternehmens zu seiner Umwelt" (Eisele 2002, S. 8). Darunter fallen Aussagen über Vermögen und Kapital sowie Aufwand und Ertrag, für deren Erfassung und Dokumentation das Handels- und Steuerrecht strenge Vorgaben macht. Das externe Rechnungswesen dokumentiert sich im Jahresabschluss, der sich aus der Bilanz und der Gewinn- und Verlustrechnung zusammensetzt. Das externe Rechungswesen ist deshalb für alle Unternehmen vorgeschrieben, die auf eine Kapitaldecke angewiesen und auf die Erzielung von Gewinnen ausgerichtet sind. Da alle staatlichen Hochschulen nicht gewinnorientiert arbeiten und auch kein Kapital ausweisen müssen, unterliegen sie nicht der vom Handels- und Steuerrecht vorgeschrieben Finanzbuchhaltung.

Im Gegensatz dazu kann das interne Rechnungswesen, die Kosten- und Leistungsrechnung (abgekürzt KLR), relativ frei und zweckorientiert gestaltet werden. Sie dokumentiert den Einsatz der Produktionsfaktoren wie Personal, Sachkosten und Räume im innerbetrieblichen Prozess. „Die Kosten- und Leistungsrechnung soll durch ihre Informationen die Unternehmensleitung in die Lage versetzen, die unternehmerischen Prozesse zielentsprechend zu steuern" (ebda, S. 636), d.h. die KLR unterstützt die Unternehmensleitung bzw. die Hochschulleitung bei ihren Planungs- und Entscheidungsaufgaben.

Damit ist die KLR die wichtigste Grundlage des Controllings. Sie bildet den Kern eines Managementinformationssystems, das der Hochschulleitung jederzeit entscheidungsrelevante Informationen an die Hand gibt und auch prognostisch zu so genannten Wenn-Dann-Beziehungen (was geschieht, wenn sich bestimmte Faktoren ändern?) Auskunft geben kann. Gerade als Managementinformationssystem unterscheidet sich Controlling deutlich von einer nachgeordneten Kontrolle. Während die Kontrolle rückwärtsgewandt ist (was wurde falsch gemacht? wer hat etwas falsch gemacht?), ist das Controlling zukunftsorientiert, d.h. es will jene Informationen bereitstellen, die für einen zukünftigen Unternehmenserfolg erforderlich sind.

Im Gegensatz zur Finanzbuchhaltung, die auf die Bilanz sowie die Gewinn- und Verlustrechnung ausgerichtet ist, eignet sich die KLR auch sehr gut für Nonprofit-Organisationen
wie Hochschulen. Folglich haben viele Bundesländer die Hochschulen verpflichtet, die so
genannten Neuen Steuerungsinstrumente (NSI) einzuführen, wohinter sich im Wesentlichen
die aus dem internen Rechnungswesen bekannte Kosten- und Leistungsrechnung verbirgt. So
schwierig sich die Umstellung von der Kameralistik zum betrieblichen Rechnungswesen im
Detail gestaltet, ist sie für die Hochschulen doch von erkennbarem Nutzen. Beispielsweise
können mit Hilfe der KLR die tatsächlichen Kosten eines Studienplatzes berechnet werden,
so dass man nun abschätzen kann, welche finanziellen Folgen beispielsweise der Ausbau
eines bestimmten Fachs oder die Konzentration auf Master- statt auf Bachelorstudiengänge
hat.

Die Kosten- und Leistungsrechnung erfasst, gliedert und analysiert zwei zentrale Aussagen
im Betriebsablauf:

- den betrieblichen Werteverzehr (die Kosten)

- den betrieblichen Wertezuwachs (die Leistungen bzw. den Ertrag).

Da eine Hochschule wenig ertragsorientiert ist, steht eindeutig die Kostensteuerung im Vordergrund, weshalb man im Nonprofit-Management auch verkürzt von der Kostenrechnung
spricht.

Die Kostenrechnung dient der Kostensteuerung dadurch, dass „sie das tatsächliche Geschehen im Unternehmen zahlenmäßig abbildet. Dazu werden sämtliche effektiven Istkosten,
gegliedert nach ihrer Art (Kostenartenrechnung), dem Ort ihrer Entstehung (Kostenstellenrechnung) oder der sie verursachenden Leistung (Kostenträgerrechnung) ermittelt und
den gemäß der unternehmerischen Zielsetzung entwickelten Vorstellungen über erwartete
Sollkosten (Plankostenrechnung) gegenübergestellt" (ebda.).

Die Kostenrechnung bietet durch ihre Unterscheidung der Kosten nach Art, Ort und Leistung
eine ganze Palette von Informationen, die für die Steuerung einer Hochschule von zentraler
Bedeutung sind. Indem der Controller diese Daten erfasst und aufbereitet, erweist er sich für
die Hochschulleitung als ein unverzichtbarer Partner. Das ist leicht nachvollziehbar, wenn
man sich die Gliederung der Kostenrechnung näher anschaut:

- **Kostenartenrechnung**
  Welche Kosten sind angefallen? Typische Kostenarten einer Hochschule sind Personalkosten, Materialkosten, Energiekosten usw. Mit der Erhebung der Kosten nach ihrer Art
  lässt sich also beispielsweise feststellen, wie hoch in welchem Bereich der Personalkos-
  tenanteil ist. Wenn man diese Personalkosten weiter differenziert nach Professoren,
  Akademischen Mitarbeitern und Sonstigen Mitarbeitern erhält man weitere interessante
  Informationen, vor allem wenn man auch die Kostenstellen hinzunimmt.

- **Kostenstellenrechnung**
  Wo sind die Kosten angefallen? In einer Hochschule könnte man auf diese Weise ermitteln, in welcher Fakultät oder in welchem Institut welche Kosten anfallen. Kombiniert
  man diese Daten mit der eben vorgestellten Kostenartenrechnung, so kann man bei-

spielsweise feststellen, ob die Kosten für das Verwaltungspersonal in einem Institut höher sind als in einem anderen.

- **Kostenträgerrechnung**
  Wofür sind die Kosten angefallen? Auf diese Weise kann man in einer Hochschule feststellen, welcher Studiengang welche Kosten verursacht oder welches Projekt wie viel gekostet hat. Letzteres ist für die Abrechnung von Projekten recht hilfreich, ersteres für die Planung von Studienplätzen unverzichtbar.

Alle Kosten werden folglich auf dreifache Weise erfasst und können dann entsprechend der Bedürfnisse gegliedert und aufbereitet werden. Da heute viele Hochschulen über die Solidarpakte mit den Ländern auf mehrere Jahr festgeschriebene Haushalte haben, können viele Entwicklungsschritte nicht mehr mit der Erwartung finanziert werden, dass es zu entsprechenden Etaterhöhungen kommen werde. Vielmehr müssen die Hochschulen Entwicklungen im Kontext eines auf mehrere Jahre festgeschriebenen Haushalts planen. Um in dieser Situation noch handlungsfähig zu bleiben, sind Entwicklungen nur möglich, wenn man die Kosten möglichst genau abschätzen und Kosteneinsparungen an anderer Stelle präzise vorhersagen kann. Will eine Universität beispielsweise ein neues Institut für Astrophysik aufbauen, weil sich eine interessante Berufung abzeichnet, diese Mehrkosten aber gleichzeitig durch den Abbau von Studienplätzen bei den Wirtschaftswissenschaften finanzieren, weil dort zwei Kollegen in den Ruhestand gehen, dann sind die finanziellen Auswirkungen dieser Umstrukturierung nur mit Hilfe der KLR ermittelbar. Das aber wiederum wird nur gelingen, wenn eine solche Kosten- und Leistungsrechnung eingeführt ist; ein kurzfristiger Einsatz dieses Instrumentariums zur Lösung eines aktuellen Problems wird nicht gelingen.

Damit ist auch das besondere Problem der Kosten- und Leistungsrechnung angesprochen, nämlich die Erfassung und Aufteilung der Kosten und Leistungen. Die Erfassung nach Kostenarten wird relativ leicht gelingen, weil man auf Rechnungen und Gehaltsanweisungen zurückgreifen kann. Deshalb wird die Erfassung der Kosten nach Kostenarten häufig bereits von der Finanzbuchhaltung bzw. der Personalabteilung geleistet. Weit schwieriger ist die Verteilung der Kosten nach Kostenstellen und Kostenträgern. Im Hochschulbereich bietet sich eine Verteilung auf der Grundlage von Lehrleistungen an, die sich wiederum aus den Studienplänen ergeben. Man ahnt schon, dass dem lange Vorarbeiten vorausgehen müssen mit umfangreichen und nur noch von Fachleuten durchschaubaren Excel-Tabellen. Das macht noch einmal deutlich, dass man eine Kosten- und Leistungsrechnung nicht kurzfristig einführen kann, sondern dass man einen Vorlauf von wahrscheinlich mehr als einem Jahr benötigt.

Ähnlich problematisch ist die Zuordnung der Gemeinkosten oder Overheadkosten. Schließlich ist auch die allgemeine Verwaltung ein Kostenfaktor, und selbst das Gehalt des Rektors ist zu erfassen und zuzuordnen. Auch dafür haben sich in der Praxis verschiedene Modelle bewährt, für die auf die entsprechende Fachliteratur verwiesen werden muss (siehe hierzu beispielsweise Eisele 2002, 647ff.). Strittig ist auch die Frage, ob man eine Vollkostenrechnung oder eine Teilkostenrechnung anstreben soll. Bei der Vollkostenrechnung werden alle fixen und variablen Kosten erfasst, während sich die Teilkostenrechnung nur auf die variablen Kosten beschränkt. Man spricht auch mit Blick auf die Erlöse, die in Wirtschaftsunternehmen die Kosten decken sollen, von einer Deckungsbeitragsrechnung.

Im Hochschulbereich hat sich die Teilkostenrechnung eher bewährt als die Vollkostenrechnung, weil fixe Kosten wie Abschreibungen und kalkulatorische Mieten häufig nicht der Steuerung durch die Hochschulen unterliegen und damit für deren Planungs- und Entscheidungsaufgaben irrelevant sind. Wenn beispielsweise ein neuer Masterstudiengang eingerichtet werden soll, so sind die (variablen) Kosten für das Lehrpersonal, die Ausstattung von Unterrichtsräumen, Bibliotheken oder Laborplätzen zwar zu berücksichtigen, sofern aber kein zusätzlicher Raumbedarf besteht, ist die Abschreibung des bestehenden Gebäudes (fixe Kosten) in diesem Falle irrelevant.

3.6.2   Kennzahlen

Obwohl mit der Kosten- und Leistungsrechnung bereits eine sehr gute und zielführende Grundlage für ein erfolgreiches Controlling besteht, gibt es doch noch eine große Zahl weiterer Controllinginstrumente, von denen zumindest einige auch im Hochschulmanagement erfolgreich eingesetzt werden können. Dazu gehört auch die Verwendung von Kennzahlen.

„Kennzahlen sollen relevante Zusammenhänge in verdichteter, quantitativ messbarer Form wiedergeben. (…) Kennzahlen gehören zu den klassischen Instrumenten des Controllers, weil mit ihrer Hilfe die Informationsversorgung in einer für das Management adäquaten Weise erfolgen kann" (Horváth 2006, S. 543). Nach Horváth bilden Kennzahlen eher Verhältnisse als absolute Zahlen ab; demnach unterscheidet man:

*   Gliederungszahlen (Verhältnis eines Teils zum Ganzen, z.B. Kosten einer Fakultät im Verhältnis zur gesamten Hochschule),
*   Beziehungszahlen (zwei begrifflich verschiedene Merkmale werden einander zugeordnet, z.B. Kosten einer Hochschule im Verhältnis zur Zahl der Studierenden),
*   Indexzahlen (Verhältnis zweier gleichartiger Merkmale, von denen eine Größe mit 100 gleichgesetzt wird, z.B. die Entwicklung des Drittmittelaufkommens seit der Deutschen Einheit, wobei das Aufkommen des Jahres 1991 mit 100 angesetzt wird).

Häufig verwendet wird auch ein Kennzahlenvergleich und zwar sowohl innerbetrieblich (z.B. zwischen verschiedenen Fakultäten oder Instituten) als auch zwischenbetrieblich (z.B. zwischen Hochschulen der gleichen Hochschulart). Der zwischenbetriebliche Kennzahlenvergleich bildet die Grundlage für alle Rankings.

Als dritte Gliederungsgruppe nennt Horváth (ebda.) Vergleichsdaten:

*   Zeitvergleich (Gegenüberstellung von gleichen Kennzahlen aus verschiedenen Zeiträumen, z.B. Besetzung von Professorenstellen durch Frauen zum Zeitpunkt X und zum Zeitpunkt Y),
*   Soll-Ist-Vergleich (Gegenüberstellung von Plan- und Ist-Zahlen aus einem Zeitraum, z.B. die im Gleichstellungsplan für das Jahr X geplante Besetzung von Professorenstellen mit Frauen und die tatsächliche Besetzung im gleichen Jahr).

Das Controlling in Wirtschaftsbetrieben arbeitet sehr stark mit Kennzahlen, die in einem engen Zusammenhang mit der Finanzbuchhaltung und dem Jahresabschluss stehen, weil diese Kennzahlen für ein auf Gewinn ausgerichtetes Wirtschaftsunternehmen natürlich von besonderer Bedeutung sind. Dazu gehören beispielsweise Kennzahlen zur Rentabilität, Liquidität, Ertragskraft, Vermögen, Umsatz, Produktivität usw. Diese Kennzahlen sind in einem von der öffentlichen Hand getragenen Hochschulbetrieb nicht von Bedeutung. Dagegen sind andere Kennzahlen für die Steuerung und Führung einer Hochschule sehr wohl von großem Interesse. Dazu einige Beispiele:

- Entwicklung der Zahl der Studierenden
- Entwicklung der Zahl der weiblichen Studierenden
- Entwicklung der Zahl der ausländischen Studierenden
- Studienplatznachfrage in Relation zu den tatsächlich vorhandenen Studienplätzen
- Verweildauer der Studierenden nach Fächern
- Abbrecher- bzw. Absolventenquote
- Incoming und Outgoing in der internationalen Studentenmobiliät
- Entwicklung der Stipendien
- Verhältnis der Zahl der Studierenden zur Zahl der Lehrenden (insgesamt, pro Fakultät oder pro Fach)
- Kosten pro Studienplatz (insgesamt, pro Fakultät oder pro Fach)
- Frequentierung der Räume nach Veranstaltungen, Studierenden und Dauer
- Kosten der Räume (zur Ermittlung des Kostendeckungsgrads bei Fremdnutzung)
- Quantifizierung des Personalbestands nach Professoren, Akademischen Mitarbeiter und sonstigen Mitarbeitern
- Relation des Personalbestands nach Gruppen zur Zahl der Studierenden, differenziert nach Fakultäten und Institute
- Deputate der Lehrkräfte in Relation zur Zahl der Studierenden
- Frauenquote, unterschieden nach Studentinnen, Professorinnen und Akademischen Mitarbeiterinnen
- Ausstattung eines Fachs pro Lehrkraft oder pro Studierender
- Drittmittelaufkommen pro Institut oder pro Professor

Man wird erkennen, dass sich diese Liste fast beliebig fortsetzen lässt. Es wird aber auch deutlich, dass sich nur ein Teil dieser Kennzahlen aus den vorhandenen Daten der Studierendenstatistik und des Haushaltsabschlusses ablesen lassen. Sehr hilfreich wird auch hier eine gute Kosten- und Leistungsrechnung sein. Dennoch bleiben wahrscheinlich noch etliche Kennzahlen, die sich nur mit einem zusätzlichen Aufwand ermitteln lassen. Darin zeigt sich, dass jede Hochschule über ein kontinuierlich funktionierendes Controlling verfügen sollte, um über Jahre hinweg die Kennzahlen zuverlässig erheben zu können. Nur dann kommt man wirklich zu belastbaren und für die Hochschulsteuerung verwertbaren Zahlen.

Allerdings ist auch der Hinweis angebracht, dass nicht jede mögliche Kennzahl auch tatsächlich erhoben werden muss. Wie schon in Abb. 14 aufgezeigt, ist zu unterscheiden zwischen den Informationen, die man benötigt und den Daten, die man zwar ermitteln kann, die aber für eine Managemententscheidung völlig irrelevant sind. Wenn sich eine Hochschule beispielsweise auch als Förderer des öffentlichen Kulturlebens versteht und dazu Hochschulräume zu einer eher symbolischen Miete für kulturelle Veranstaltungen zur Verfügung stellt, ist die aufwändige Errechnung der Kostendeckungsgrade ausgewählter Hochschulräume als Kennzahl für das Gebäudemanagement unerheblich.

3.6.3   Balanced Scorecard

Ein System zuverlässiger Kennzahlen ist für eine Hochschulleitung zwar von großem Vorteil, hat aber auch den Nachteil, dass Kennzahlen immer nur rückwärtsgewandt sind, d.h. sie dokumentieren eine zurückliegende Phase in der Entwicklung der Hochschule. Vor allem unter strategischen Gesichtspunkten ist es aber für eine Hochschulleitung von Interesse, die mittel- und langfristigen Ziele der Hochschule zuverlässig steuern zu können. Vor diesem Hintergrund entwickelten die US-Amerikaner Robert S. Kaplan und David P. Norton 1996 die Balanced Scorecard (zu deutsch „ausgewogener Berichtsbogen"), die 2000 von der Unternehmensberatung Horváth & Partners auf deutsche Verhältnisse übertragen wurde. „Die Balanced Corecard füllt die Lücke, die in den meisten Managementsystemen klafft: der Mangel an systematischen Prozessen zur Durchführung und Rückkoppelung der Unternehmensstrategie. Managementprozesse, die in Verbindung mit der Balanced Scorecard geschaffen wurden, befähigen die Organisation dazu, sich immer wieder an die Strategie anzupassen und sie zu verfolgen. Auf diese Weise wird die Balanced Scorecard zur Grundlage der Unternehmensführung" (Horváth 2006, S. 245).

Die Balanced Scorecard ist für das Hochschulmanagement deshalb von besonderem Interesse, weil sie neben der finanzwirtschaftlichen Perspektive auch den Kunden bzw. Nutzern, also den Studenten, im Blick hat, die internen Geschäftsabläufe und Prozesse einbezieht sowie der Innovations- und Wissensperspektive der Hochschule als Unternehmung besondere Aufmerksamkeit schenkt. Damit widmet sich die Balanced Scorecard nicht nur den „harten" Finanzdaten, sondern auch den vermeintlich „weichen" Daten. Für den Hochschulbereich könnte eine Balanced Scorecard beispielsweise wie folgt aussehen, wobei die hier vorgeschlagenen Ziele und Leistungsmaßstäbe nur als Anregung zu verstehen sind:

Finanzwirtschaftliche Perspektive	
Ziele	**Leistungsmaßstäbe**
ausgeglichener Etat	Rechnungslegung
Drittmittelakquise	differenzierte Kennzahlen
Mittel aus Exzellenzinitiative	Qualität des Bewerbungsverfahrens

Betriebsablaufinterne Perspektive	
Ziele	**Leistungsmaßstäbe**
Flexibilität	Durchlässigkeit von Prozessen
Effizienz	Abbau von Doppelstrukturen
Einhaltung von Terminen	Büro- und Kommunikationsmanagements

Vision

und

Strategie

Kundenperspektive	
Ziele	**Leistungsmaßstäbe**
Attraktivität der Studienplätze	Grad und Aktualität der Anpassung an aktuelle Bedürfnisse
Qualität von Lehre und Forschung	Evaluation, Akkreditierung
Zufriedenheit der Studierenden	Studierendenbefragung

Innovations- und Wissensperspektive	
Ziele	**Leistungsmaßstäbe**
Erhöhung der Kompetenz der Mitarbeiter	Anzahl und Differenzierung der Weiterbildungsangebote
Innovationskompetenz verbessern	Vernetzung der Institute und Lehrstühle
Wissen nutzen	Qualität von Wissensdokumentation und -auswertung

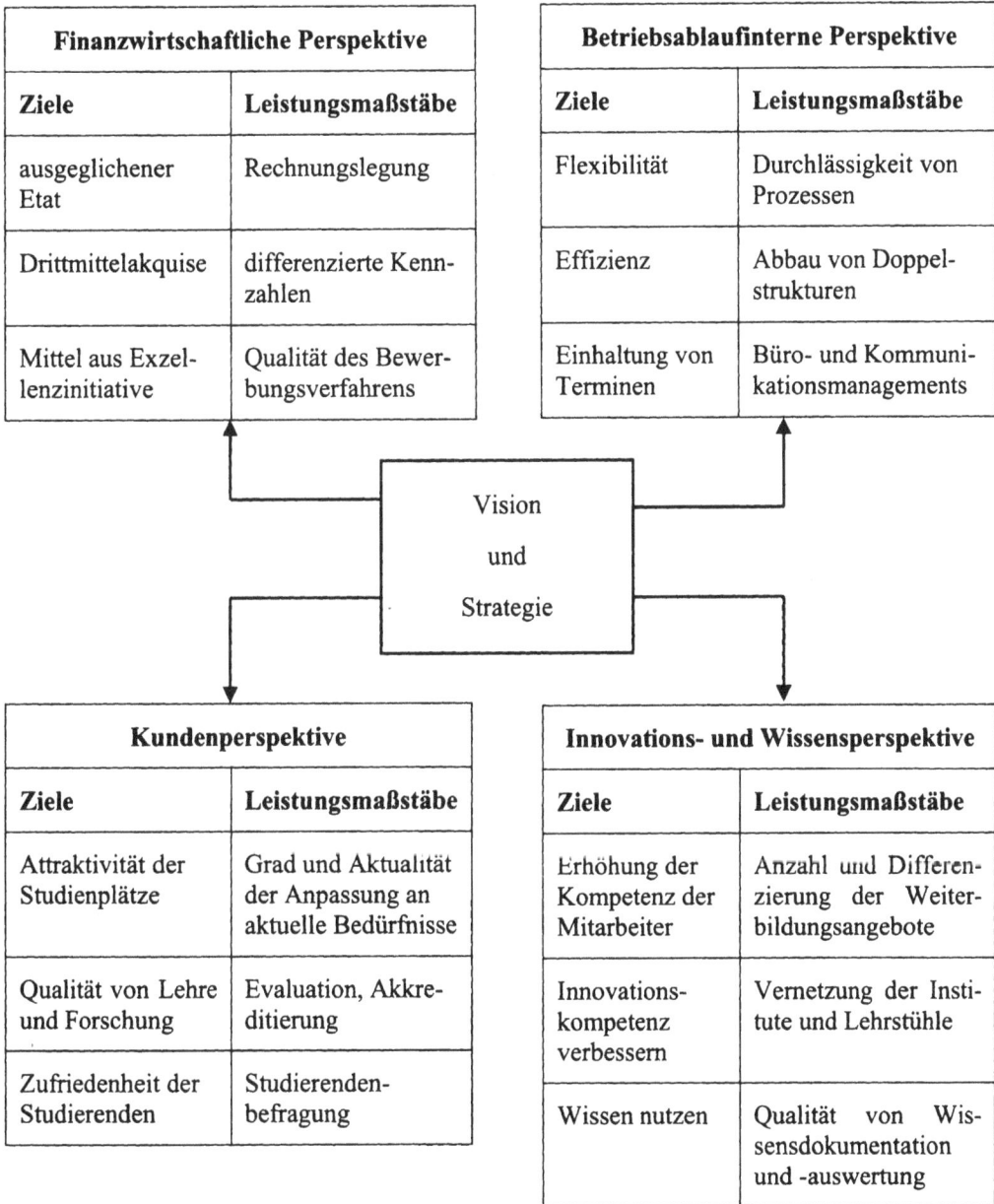

Abb. 19 Modell einer Balanced Scorecard im Hochschulmanagement

Auch in der grafischen Darstellung zeigt sich der enge Zusammenhang aller vier Unternehmensperspektiven mit der Vision und der Strategie der Hochschule. Die Pfeile sollen dabei andeuten, dass eine ständige Rückkoppelung mit der Vision und den strategischen Zielen unverzichtbar ist. Ein Vorteil dieses Systems besteht auch darin, dass drei oder auch mehr Perspektiven eingeführt werden können. So könnte beispielsweise die Kundenperspektive durch zwei hochschulspezifische Aspekte ersetzt werden, nämlich die Lehrperspektive und die Forschungsperspektive. Allerdings sollte die Anzahl der Perspektiven noch überschaubar sein – sechs erscheint hier als Obergrenze – damit auch jederzeit eine konzentrierte Rückkoppelung auf diese Perspektiven möglich ist und Controller und Hochschulleitung nicht den Überblick verlieren.

Im Rückblick zeigt sich, dass die Einführung einer Balanced Scorecard im Hochschulmanagement mindestens in folgenden Schritten ablaufen muss:

(1) Entwicklung einer Vision im Leitbild der Hochschule
(2) Ableitung der Strategien aus Vision bzw. Leitbild
(3) Kommunikation der Strategie und der gesamten Hochschule
(4) Verständigung über Perspektiven (z.B. Finanzen, Kunden, Prozesse, Mitarbeiter)
(5) Definition der Ziele in den Perspektiven
(6) Verknüpfung der Perspektiven
(7) Erhebung und Dokumentation der relevanten Daten anhand der Leistungsmaßstäbe
(8) Implementierung der Ziele durch Zielvereinbarungen
(9) Regelmäßige Rückkoppelungen in allen Teilen der Hochschule (Strategie-Reviews)
(10) Umsetzung des Feedbacks zur Verbesserung der Strategie

Es zeigt sich, dass die Balanced Scorecard ein recht komplexer Prozess ist, der aber dem Auftrag und dem Selbstverständnis eines Controllers in besonderem Maße gerecht wird. Der Controller übt erkennbar keine Kontrolle von außen aus, sondern ist als Controller mitten im Geschehen. Das allerdings verlangt vom Controller eine beachtliche Berufserfahrung, weshalb bei der Einführung die Hinzuziehung eines erfahrenen Moderators sicher von Nutzen ist.

4 Aufgabenschwerpunkte im Hochschulmanagements

Während bisher die Kernfunktionen des Hochschulmanagements vorrangig aus der Sicht der Managementlehre behandelt und deshalb auch in ihrer Reihenfolge eher der Managementlehre als dem Hochschulalltag angepasst wurden, konzentriert sich das nun folgende Kapitel allein auf die Bedürfnisse der Hochschule. Kapitel 3 nimmt die Perspektive der handelnden Personen ein, die führen, Ziele setzen, planen, organisieren, entscheiden und kontrollieren. Kapitel 4 dagegen geht von den Aufgabenschwerpunkten im Hochschulmanagement aus wie Personalmanagement, Hochschulmarketing, Hochschulfinanzierung, Qualitätsmanagement oder strategisches Management. Lediglich der Bereich des Bau- und Facility Managements wird hier ausgespart, weil dazu bau- und haustechnische Fachkenntnisse erforderlich sind, die den Rahmen dieser Darstellung überschreiten würden.

4.1 Personalmanagement

Mehr noch als in einem Industriebetrieb, in dem die Qualität der Produktionsanlagen mindestens von ebenso großer Bedeutung für den Erfolg des Unternehmens ist wie das Fachwissen der Mitarbeiter, steht und fällt die Qualität einer Hochschule mit der Kompetenz der dort lehrenden Personen. Deshalb kommt der Berufung des lehrenden Personals einer Hochschule eine herausragende Bedeutung zu. Folglich wird zunächst von Berufungsverfahren die Rede sein.

Dennoch ist nicht zu leugnen, dass auch die Führungspersonen auf der Ebene des Top-Managements, also Rektor, Kanzler, Prorektoren und Dekane, auf den Erfolg einer Hochschule einen erheblichen Einfluss ausüben können, nicht zuletzt deshalb, weil sie für die Durchführung der Berufungsverfahren zuständig sind. Da die Wahl eines Rektors das bei weitem komplizierteste Verfahren bei der Bestellung des Top-Managements ist, wird nur auf die Rektorwahl ausführlich eingegangen; andere Führungsämter werden analog diesem Verfahren besetzt.

Personalmanagement umfasst aber nicht nur die unmittelbare Auswahl, Berufung und Gremienwahl von Personen, sondern auch die mittel- und langfristige Steuerung des so genannten Humanpotentials. Deshalb wird auch von Personalbedarfsplan und Personalentwicklung die Rede sein. Dagegen bleibt das Personalrecht einschließlich Dienstrecht, Besoldungsrecht,

Arbeitsrecht oder Personalvertretungsrecht, das durchaus zum Personalmanagement gehört, der juristischen Fachliteratur vorbehalten.

Das Hochschulrecht unterscheidet drei Gruppen von Personal, die Professoren, die Akademischen Mitarbeiter und die sonstigen Mitarbeiter. Die Gruppe der Professoren ist recht klar abgegrenzt; es handelt sich um Personen, die aus einem förmlichen Berufungsverfahren hervorgegangen sind, die in Lehre und Forschung mindestens mit einem Anteil von 50% einer Vollzeitstelle beschäftigt und grundsätzlich mit einer Anstellung auf Dauer als Beamte oder Angestellte tätig sind. In Ausnahmefällen ist auch eine zeitliche Befristung möglich, doch umfasst sie in der Regel mindestens sechs Jahre und unterscheidet sich damit deutlich von der kurzfristigen Beschäftigung von Honorarprofessoren im Range von Lehrbeauftragten.

Die Gruppe der Akademischen Mitarbeiter – im Hochschuljargon gern als Akademischer Mittelbau bezeichnet – ist sehr heterogen. Sie umfasst Wissenschaftliche Angestellte, die auf Qualifizierungsstellen auf Zeit beschäftigt werden ebenso wie auf Dauer beschäftigte und beamtete Akademische Räte und Oberräte. Mit der Hochschulreform der letzten Jahre wurden zahlreiche, teils sehr verwirrende Bezeichnungen (Oberassistent, Privatdozent, Studienrat) abgeschafft und die Bezeichnung Akademischer Mitarbeiter als Gruppenbezeichnung eingeführt.

Die Lehrbeauftragten gehören nicht zum festen Personal einer Hochschule; sie lehren entweder in praxisorientierten Fächern mit einem geringen Deputatsbedarf oder sie werden eingesetzt, um auf einen sich kurzfristig verändernden Bedarf flexibel reagieren zu können. Lehrbeauftragte werden zwar manchmal über Jahre hinweg verpflichtet, doch sind diese Verträge in der Regel nur auf ein Semester befristet. Lehrbeauftragte stehen zur Hochschule in keinem Anstellungsverhältnis, weshalb sie nur ein Honorar erhalten, aus dem sie ihre Steuern und Sozialabgaben selbst abführen müssen. Da kein Beschäftigungsverhältnis besteht, ist die semesterweise immer wieder neue Verpflichtung der gleichen Lehrbeauftragten auch kein Kettenarbeitsvertrag im Sinne des Arbeitsrechts. Honorarprofessoren dürfen zwar den Titel eines Professors tragen, gehören hochschulrechtlich aber zur Gruppe der Lehrbeauftragten, weil auch sie nur honoriert, nicht aber besoldet (Beamte) oder vergütet (Angestellte) werden.

Die dritte Gruppe umfasst die sonstigen Mitarbeiter, der alle Personen einer Hochschule angehören, die nicht in der Lehre tätig sind, also die Mitarbeiter der Verwaltung und des Hausdienstes, die Bibliotheksangehörigen sowie auch technische Kräfte in den Labors. Auch der Kanzler gehört zu dieser Gruppe. Sofern ein Rektor extern gewählt wurde und damit nicht Teil des lehrenden Personals ist, gehört er ebenfalls der Gruppe der sonstigen Mitarbeiter an, selbst wenn er vorher an einer anderen Hochschule ordentlicher Professor war.

4.1.1   Berufungsverfahren

Das Verfahren zur Auswahl von Professoren in ein Lehr- und Forschungsamt an einer deutschen Hochschule ist von vielen Traditionen und einer großen Verfahrenstreue geprägt. Kaum ein anderer Vorgang im Hochschulmanagement verlangt so viel formales Wissen, Sensibilität und auch Erfahrung wie die Leitung und Steuerung eines Berufungsverfahrens. Auch wenn sich im internationalen Vergleich abzeichnet (CHE 2004), dass sich die strengen

Formen allmählich etwas lockern, steht doch gerade in Deutschland die exakte Beachtung der formalen Spielregeln noch im Vordergrund.

Für die Auswahl des wissenschaftlichen Personals sind zwei Verfahren zu beachten, nämlich die Berufungsverfahren für Professoren und die Auswahlverfahren für die Akademischen Mitarbeiter und Lehrbeauftragten. Für letztere wird in allen Hochschulen ein vereinfachtes Verfahren gewählt, das in der Regel in der Grundordnung festgelegt ist und das sich am Berufungsverfahren orientiert.

Das Berufungsverfahren (vgl. Wissenschaftsrat 2005) besteht aus vier Teilen, nämlich der Ausschreibung, der Auswahl der Kandidaten, der Berufung und Berufungsverhandlung sowie der Ernennung. An diesem vielschichtigen Verfahren sind gleich mehrere Gremien und Institutionen beteiligt, nämlich der Hochschulrat, der Senat, die Fakultät, der Rektor und das Ministerium.

Sofern der Hochschulrat für den Struktur- und Entwicklungsplan und für den Hochschulhaushalt zuständig ist, hat er auch das Recht, über die Funktionsbeschreibung und die Freigabe von Stellen zu entscheiden. Mit der Funktionsbeschreibung (Widmung) wird festgelegt, in welchem Bereich von Forschung und Lehre eine Stelle zum Einsatz kommen soll. Dies ergibt sich häufig aus dem Struktur- und Entwicklungsplan, weil dort bereits entschieden wird, ob eine Stelle wieder in der bisherigen Funktion besetzt werden soll oder ob man sie für andere Zwecke, also beispielsweise in einem anderen Fach, verwenden will. Eine gesonderte Freigabe von Stellen ist deshalb erforderlich, weil damit zugesichert wird, dass die erforderlichen Haushaltsmittel auch tatsächlich zur Verfügung stehen. Soweit der Hochschulrat nach Landesrecht für diese beiden Aufgaben nicht zuständig ist, obliegen die Entscheidungen dem Senat.

Der Fakultät – und damit dem Fakultätsvorstand und dem Fakultätsrat – kommt in einem Berufungsverfahren eine ganz besondere Bedeutung zu. Da die Fakultät für die Qualität von Lehre und Forschung verantwortlich ist und diese Qualität ganz wesentlich über die Auswahl des lehrenden und forschenden Personals gesichert wird, muss die Fakultät auf das Berufungsverfahren einen maßgeblichen Einfluss ausüben können. Das geschieht durch die Zusammenstellung der Berufungskommission und durch die Anhörung zum Berufungsvorschlag. In einigen Bundesländern steht der Fakultät allerdings nur das Recht zu, einen Vorschlag für die Zusammensetzung der Berufungskommission zu unterbreiten; die Entscheidung obliegt dem Rektorat.

Eine Besonderheit kennt das Bayrische Hochschulpersonalgesetz, das für ein Berufungsverfahren einen Berichterstatter vorsieht. Dabei handelt es sich in der Regel um einen Professor der Hochschule, der im Berufungsverfahren besondere Befugnisse wahrnimmt und dadurch zur Beschleunigung des Verfahrens beitragen soll. Er begleitet das Berufungsverfahren, nimmt an allen Verhandlungen teil und erstellt anstelle des Kommissionvorsitzenden den Abschlussbericht (Berufungsbericht) über das Berufungsverfahren. Daraus ergibt sich zweifellos eine Entlastung für den Kommissionsvorsitzenden, aber in gewisser Hinsicht auch eine Entmachtung.

Die Berufungskommission, die in der Regel der zuständige Dekan oder sein Stellvertreter leitet, wird nach festen Vorgaben zusammengesetzt. Diese Vorgaben, die im Landeshochschulgesetz formuliert und in der Grundordnung präzisiert sind, verstehen sich als Mindestvorgaben, d.h. sie können überschritten werden. Wenn es beispielsweise wie in Baden-Württemberg heißt, dass der Berufungskommission mindestens zwei fachkundige Frauen angehören müssen, so bedeutet das selbstverständlich, dass es auch drei oder mehr sein dürfen. Generell gehören einer Berufungskommission folgende Personengruppen an:

- der Dekan als Vorsitzender
- Vertreter der Professoren
- Vertreter der Akademische Mitarbeiter
- Vertreter der Studierenden
- die Gleichstellungsbeauftragte

Auch in diesem Gremium müssen die Professoren die Mehrheit haben. Da der Gleichstellungsbeauftragten in vielen Landeshochschulgesetzen nur eine beratende Stimme zugestanden wird und der Dekan in aller Regel selbst Professor ist, müssen der Kommission mindestens zwei Professoren angehören, damit sie – gemeinsam mit dem Dekan – gegenüber dem Vertreter der Akademischen Mitarbeiter und dem Vertreter der Studierenden die Mehrheit haben. Sofern die Gleichstellungsbeauftragte stimmberechtigt ist, erhöht sich die erforderliche Zahl der Professoren entsprechend.

Es wurde bereits erwähnt, dass in einigen Landeshochschulgesetzen die Mindestanzahl der fachkundigen Frauen festgeschrieben ist. Sofern an der Hochschule fachkundige Frauen nicht in der erforderlichen Anzahl vorhanden sind – Studierende werden hier nicht mitgerechnet – müssen sie als externe Personen hinzugezogen werden. Ohnehin schreiben manche Landeshochschulgesetze vor, dass die Berufungskommission auch externe Personen umfassen muss. In der einfacheren Variante bezieht sich das auf Personen aus anderen Fakultäten, in der schärferen Vorgabe müssen es Personen von außerhalb der Hochschule sein. Da es sinnvoll und berechtigt ist, dass die Professoren der Fakultät die Mehrheit in der Kommission behalten, kann dies dazu führen, dass die Zahl der Professoren aus der eigenen Fakultät zwingend auf fünf oder sechs Personen anschwillt.

Das Berufungsverfahren im engeren Sinne und soweit es in der Kommission liegt, kennt fünf Abschnitte:

- Vorauswahl auf der Grundlage der Bewerbungsunterlagen und Aufforderung an einzelne Bewerber, wissenschaftliche Publikationen bzw. – im künstlerischen Bereich – gesonderte Nachweise über die künstlerischen Leistungen vorzulegen;
- Sichtung und Begutachtung dieser Unterlagen durch Lektoren der Kommission;
- Bericht der Lektoren über die wissenschaftlichen Publikationen bzw. entsprechenden künstlerischen Leistungen der Kandidaten sowie Beschlussfassung über die Personen, die zu einer persönlichen Vorstellung eingeladen werden sollen;
- Persönliche Vorstellung der Kandidaten mit wissenschaftlichem oder künstlerischem Vortrag, Lehrprobe und einem Kolloquium vor der Kommission;
- Beratung der Kommission und Entscheidung über einen Dreiervorschlag.

Die Vorauswahl gestaltet sich bei vielen Bewerbungen oft sehr zeitaufwändig, weil über jede Bewerbung gesprochen wird, auch über solche, bei denen sich nachher herausstellt, dass sie von vornherein für niemanden in Frage kamen. Es empfiehlt sich deshalb, alle Bewerbungen in einem schnellen ersten Durchgang ohne Diskussion in drei Gruppen aufzuteilen. Gruppe A umfasst die Bewerbungen, die aus der Sicht aller Kommissionsmitglieder in der engsten Wahl stehen, in die Gruppe C kommen jene Personen, bei denen man sich gleichfalls sofort einig ist, dass sie nicht geeignet sind und in die mittlere Gruppe B setzt man die Bewerbungen, über die eine gesonderte Diskussion erforderlich scheint. Erfahrungsgemäß werden auf diese Weise von vielleicht 50 Bewerbungen gleich mindestens 35 ausgesondert. Drei oder vier Personen sind möglicherweise schon in Gruppe A, so dass man letztlich nur noch über zehn oder zwölf Personen wirklich diskutieren muss. Dazu sollte man sich allerdings auch ausreichend Zeit nehmen.

Die Berufungskommission legt in der Regel eine so genannte Dreierliste vor, auf der die Vorschläge in der Reihenfolge ihrer Eignung für die ausgeschriebene Professur platziert sind. Diese Dreierliste ist mit einer ausführlichen Begründung zu versehen (Berufungsbericht). Da es bisweilen sehr schwer ist, eine in sich schlüssige Dreierliste zu erstellen, neigen Berufungskommissionen immer wieder dazu, Zweier- oder gar Einerlisten vorzulegen oder in einer Dreierliste Sperrvermerke einzubauen, was bedeuten soll, dass die unter Sperrvermerk stehenden Kandidaten nur nach einer erneuten Konsultation der Berufungskommission berufen werden dürfen. Beliebt ist es auch, die Gleichwertigkeit von Kandidaten dadurch zu betonen, dass man sie nebeneinander stellt (pari passu), also beispielsweise Platz 2a und Platz 2b. In der Regel zeigt sich in all dem eine gewisse Verlegenheit der Kommission, zu klaren Entscheidungen zu kommen. Aus rechtlicher Sicht sind all diese Versuche aber wirkungslos; die für die Berufung zuständige Person – ob Minister oder Rektor – kann aus allen listenplatzierten Kandidaten frei wählen und hat sogar die Möglichkeit, Personen zu berufen, die nicht auf der Liste stehen. Es ist aber sicher ein Zeichen von Klugheit, wenn Minister oder Rektoren von diesem Recht nur äußerst selten Gebrauch machen.

Nach der Anhörung des Fakultätsrats bzw. – je nach Vorgabe in der Grundordnung – des Senats wird die Dreierliste dem zuständigen Wissenschaftsminister oder dem Rektor zur Entscheidung vorgelegt. Bis zur jüngsten Hochschulreform war es allein das Recht des Wissenschaftsministers, aus der von der Hochschule vorgelegten Dreierliste eine Person zu berufen. Um die Hochschulautonomie zu stärken und die Verfahren zu beschleunigen, wurde dieses Recht in Nordrhein-Westfalen und Baden-Württemberg inzwischen dem Rektor zugestanden; auch die TU Darmstadt erprobt diese wichtige Deregulierung. In Einzelfällen kam es auch zu kompromissartigen Lösungen; so entscheidet in Bayern der Minister über die Berufung von Professoren und der Rektor über die Berufung von Juniorprofessoren.

Bleibt das Berufungsverfahren in allen entscheidenden Phasen in der Hochschule, kann eine erhebliche Verkürzung der Verfahrensdauer erreicht werden. Das könnte sich für die Hochschulen in anderen Bundesländern als Wettbewerbsnachteil erweisen, so dass mit einer weiteren Deregulierung im Berufungsverfahren auch in anderen Bundesländern zu rechnen ist. Es wäre dies ein deutliches Zeichen dafür, dass die Landesregierungen die Autonomie der Hochschulen wirklich ernst nehmen und den Strukturmerkmalen der Hochschulen ihren besonderen Status zugestehen.

Die folgende Übersicht fasst noch einmal die wichtigsten Schritte in der Berufung von Professoren zusammen:

Ablauf eines Berufungsverfahrens

Funktionsbeschreibung: Je nach Landesrecht entscheiden Hochschulrat, Senat oder Rektorat über die Funktion einer auszuschreibenden Stelle und über die Zuweisung an eine Fakultät bzw. ein Institut (Widmung).

Stellenfreigabe: Je nach Landesrecht entscheiden Hochschulrat, Senat oder Rektorat über die haushaltsrechtliche Freigabe einer Stelle.

Ausschreibung: Aus der Funktionsbeschreibung ergibt sich der Ausschreibungstext, der im Detail zwischen Hochschulleitung und Fakultät abgestimmt wird. Die Ausschreibung erfolgt durch die Hochschulverwaltung. Die Ausschreibung erfolgt in der Regel international und mit einer Frist von sechs Wochen.

Berufungskommission: Je nach Landesrecht bilden das Rektorat oder die Fakultät eine Berufungskommission, die unter der Leitung des Dekans oder seines Stellvertreters mindestens aus Professoren der Fakultät, einem Vertreter der Akademischen Mitarbeiter, einem studentischen Vertreter und der Gleichstellungsbeauftragten besteht. So fern nach Landesrecht weitere Personen in die Berufungskommission aufzunehmen sind, ist darauf zu achten, dass die Stimmenmehrheit der Professoren – evtl. sogar nur die der eigenen Fakultät – gewährleistet ist.

Einsichtnahme: Nach Ende der Bewerbungsfrist gibt der Vorsitzende den Mitgliedern der Berufungskommission Gelegenheit, vor der ersten Sitzung Einblick in die Bewerbungsunterlagen zu nehmen. Die Sichtung der Unterlagen sollte zwingend in den Räumen der Hochschule zu erfolgen.

Erste Vorauswahl: Zur ersten Vorauswahl in der ersten Sitzung sollte wie folgt verfahren werden:

- Verständigung über die Auswahlkriterien

- Erste Sichtung nach drei Kriterien: A = unbedingt zu berücksichtigen, B = evtl. zu berücksichtigen, C = keinesfalls zu berücksichtigen; dieses Verfahren hat den Vorteil, dass sich die Diskussion im wesentlichen auf die Gruppe B konzentriert, was das Verfahren in der Regel deutlich beschleunigt;

- Entscheidung über die Personen, die zur Abgabe ihrer Publikationen bzw. weiterer künstlerischer Nachweise aufgefordert werden sollen;

- Verständigung über die Kommissionsmitglieder, die die eingereichten Schriften zu begutachten haben (Lektoren);

Zweite Vorauswahl:	Bericht der Lektoren und Auswahl der Personen, die zur persönlichen Vorstellung eingeladen werden sollen. Des Weiteren sind die Teile der persönlichen Vorstellung festzulegen (Vortrag, Lehrprobe, Kolloquium usw.) sowie die Termine für die Vorstellung;
Vorstellung:	Die Vorstellung erfolgt in den Teilen (1) wiss. /künstl. Vortrag und (2) Lehrproben; diese Teile sind in der Regel hochschulöffentlich.
	Das abschließende Kolloquium findet ausschließlich mit der Kommission statt, weil bei dieser Gelegenheit nicht selten auch persönliche Angelegenheiten des Kandidaten angesprochen werden (lediglich der Rektor hat das Recht, an allen Gesprächen teilzunehmen, weil er sich auf diese Weise einen besseren Eindruck von der später zu berufenden Person machen kann). Gegenstände des Gesprächs sollten einerseits fachliche Fragen sein wie beispielsweise die Ziele und Arbeitsschwerpunkte in Lehre und Forschung oder angestrebte fächerübergreifende Projekte sowie andererseits personalrechtliche Fragen wie ein möglicher Wohnsitzwechsel oder der Zeitpunkt des Dienstantritts. Dagegen sind besoldungsrechtliche Fragen den Berufungsverhandlungen vorbehalten.
Kommissionsvorschlag:	Nach Abschluss aller Vorstellungen berät die Kommission über eine Dreierliste. Es empfiehlt sich, über jeden einzelnen Listenplatz sowie am Ende nochmals über die Gesamtliste einzeln abzustimmen. Auch wenn es zu den einzelnen Listenplätzen zu „Kampfabstimmungen" kommt, sollte die Kommission am Ende möglichst signalisieren, dass sie das Gesamtergebnis gemeinsam tragen kann.
	Über das Ergebnis (nur die Namen der Dreierliste, nicht die Ergebnisse der Abstimmung) ist eine Niederschrift anzufertigen, die von allen Kommissionsmitgliedern – auch von der Gleichstellungsbeauftragten – zu unterzeichnen ist.
Berufungsbericht:	Der Kommissionsvorsitzende fertigt – unter Zuhilfenahme von Fachvertretern – einen Berufungsbericht über das Ergebnis des Verfahrens an. Dieser Bericht hat in der Regel folgende Angaben zu enthalten:

- Ausschreibungstermin und -frist

- Zusammensetzung der Berufungskommission

- Zahl der Bewerbungen, darunter Anzahl der Bewerbungen von Frauen

- Anzahl der zur Vorstellung eingeladenen Bewerber

- Termine der Vorstellungen

- Vorgaben für die persönlichen Vorstellungen (wissenschaftlicher oder künstlerischer Vortrag, Lehrproben)

- Beschreibung und Bewertung der drei Listenplatzierten nach den Kriterien (1) Lebenslauf, (2) wissenschaftlicher oder künstlerischer Werdegang, (3) Verlauf und Bewertung des wissenschaftlichen oder künstlerischen Vortrags, (4) Verlauf und Bewertung der Lehrproben, (5) Ergebnisse des Kolloquiums.

- Vergleichende Bewertung der Dreierliste und eine kurze Begründung, weshalb andere Bewerber nicht für eine Listenplatzierung in Frage kamen.

Anhörungen: Der Vorsitzende der Berufungskommission leitet das Ergebnis des Verfahrens mit dem Berufungsbericht dem Rektor zu, der es einerseits über den Dekan dem zuständigen Fakultätsrat und andererseits dem Senat zur Anhörung vorlegt. Ob eine ablehnende Anhörung den das Berufungsrecht ausübenden Minister oder Rektor bindet, ist von Land zu Land verschieden. In Baden-Württemberg beispielsweise, wo das Berufungsrecht beim Rektor liegt, hat der Rektor das Ergebnis der Anhörungen bei seiner Entscheidung zu berücksichtigen, ist aber nicht daran gebunden.

externes Gutachten: In einigen Bundesländern ist bei der Berufung von W3-Professuren über den Erstplatzierten zusätzlich ein externes Gutachten einzuholen. Der externe Gutachter sollte fachkundig sein und die wissenschaftlichen bzw. künstlerischen Leistungen des zu Berufenden sowie dessen Eignung für die Lehre beurteilen können.

Einvernehmen: Sofern der Rektor nach Landesrecht selbst beruft, ist in aller Regel die Herstellung des Einvernehmens mit dem Wissenschaftsministerium erforderlich. Einvernehmen im verwaltungsrechtlichen Sinne bedeutet, dass vor einem Rechtsakt (z.B. einer Berufung) das Einverständnis einer anderen Stelle (hier des Ministeriums) vorliegen muss. Erfolgt der Rechtsakt ohne das Einvernehmen, ist er zwar rechtswidrig, aber nicht nichtig (§ 44 Abs. 3 Ziff. 4 Verwaltungsverfahrensgesetz des Bundes), da die Mitwirkung einer anderen Behörde nachgeholt werden kann.

Berufung: Entweder erfolgt nach Landesrecht die Berufung durch den zuständigen Minister oder aber – nach Herstellung des Einvernehmen mit dem Ministerium – unmittelbar durch den Rektor der Hochschule. Dazu erhält die zu berufende Person ein so genanntes Rufschreiben, das noch kein Beschäftigungsverhältnis begründet, sondern als eine Einladung zu Berufungsverhandlungen zu verstehen ist. Gleichzeitig wird den anderen Listenplatzierten ihr Listenplatz mitgeteilt.

Berufungsverhandlungen:	Die sich an die Berufung anschließenden Berufungsverhandlungen erfolgen in zwei Schritten. Soweit es sich um die Höhe der Besoldung handelt (vgl. dazu Abschnitt 2.4.2), liegt in den meisten Bundesländern die Zuständigkeit noch beim Minister. Handelt es sich um Fragen der Personal- und Sachausstattung der Professur, liegt die Zuständigkeit bei der Hochschule. Mit der Deregulierung wurden in einigen Bundesländern inzwischen beide Teile der Berufungsverhandlungen in die Zuständigkeit der Hochschule überführt. Liegt die Zuständigkeit ganz bei der Hochschule, werden die Verhandlungen häufig vom Kanzler geführt. Bewährt hat es sich auch, wenn – vor allem an kleineren Hochschulen – Kanzler und Rektor die Verhandlungen gemeinsam führen.
Rufannahme:	Nach erfolgreichen Berufungsverhandlungen kann der zu Berufende den Ruf annehmen oder ablehnen. Kommt es zur Rufablehnung, kann der Nächstplatzierte berufen werden. Weiterhin hat die das Berufungsrecht ausübende Institution die Möglichkeit, eine andere Person außerhalb der Dreierliste und sogar außerhalb der eingegangenen Bewerbungen zu berufen. Auch besteht die Möglichkeit, nach Rufablehnung die Stelle neu auszuschreiben. Eine Verpflichtung, den Zweitplatzierten zu berufen, besteht dagegen nicht.
Ernennungsverfahren:	Nimmt der Berufene die Berufung an, so wird seine Ernennung zum Professor und – je nach Stelle – Beamten des Landes vorbereitet. Dazu sind nach Landesbeamtengesetz verschiedene Unterlagen beizubringen (z.B. Gesundheitszeugnis, Führungszeugnis usw.). Die Ernennungsurkunde wird – je nach landesspezifischer Regelung – vom Ministerpräsidenten, vom Minister oder vom Rektor unterschrieben. Die Ernennung wird wirksam mit der persönlichen Übergabe der Ernennungsurkunde. Ist damit erstmals der Eintritt in ein Beamtenverhältnis verbunden, ist der zu Ernennende zu vereidigen. Damit soll zum Ausdruck kommen, dass der Beamte keinen Arbeitsvertrag eingeht, sondern sich gegenüber seinem Dienstherrn zu einem Dienst- und Treueverhältnis verpflichtet.
Abschluss:	Mit der Ernennung des Bewerbers zum Professor ist das Berufungsverfahren abgeschlossen.

Für Juniorprofessuren gibt es einige Sonderregelungen. Die Juniorprofessur ist eine Qualifizierungsstelle, über die sich Nachwuchswissenschaftler für eine spätere Professorentätigkeit qualifizieren können. Die Juniorprofessur ist damit eine Alternative zu dem oft sehr langwierigen Habilitationsverfahren. Mit der Einführung der Juniorprofessur wird das Ziel verfolgt, die Qualifizierung von Nachwuchswissenschaftlern bis zur ersten Berufung zu beschleunigen. Demnach müssen Bewerber um eine Juniorprofessur zwar eine abgeschlossene Promotion nachweisen, nicht aber die sonst für das Professorenamt an wissenschaftlichen Hochschulen erforderliche Habilitation. Das Berufungsverfahren findet in vereinfachter Form statt; hier gelten verschiedene landesrechtliche Regelungen. Die Berufung erfolgt auf Zeit (in der Regel auf vier Jahre), während der der Juniorprofessor bei reduzierter Deputatsverpflichtung eine wissenschaftliche Arbeit zu erstellen hat. Sofern sich ein Erfolg der Juniorprofessur abzeichnet, kann die Befristung einmal (um in der Regel zwei Jahre) verlängert werden.

Von besonderer Problematik sind die so genannten Hausberufungen. „Um die Innovationskraft der Hochschulen zu stärken, die Mobilität der Wissenschaftler zu fördern und eine fachlich unbegründete Bevorzugung einzelner Bewerber zu verhindern, verfügte das bis Ende 2004 geltende Hochschulrahmengesetz, dass ein Mitglied der berufenden Hochschule nur in Ausnahmefällen und mit besonderer Begründung bei der Stellenbesetzung berücksichtigt werden kann" (Wissenschaftsrat 2005, S. 11). Mit dem Wegfall des Hochschulrahmengesetzes regeln die Länder die so genannten Hausberufungen in eigener Zuständigkeit. Dabei zeichnet sich ab, dass es bei dem traditionell sehr strengen Hausberufungsverbot im Wesentlichen bleiben wird, weil es sich bewährt hat. Ausnahmen gelten lediglich für Juniorprofessoren, die nach Ablauf ihrer befristeten Anstellung unter bestimmten Bedingungen auf eine unbefristete Professur übernommen werden können.

4.1.2   Wahl des Rektors

Kamen dem Rektor einer Hochschule noch bis Mitte des vorigen Jahrhunderts häufig nur Repräsentationsaufgaben zu, während die eigentliche Hochschulleitung beim Kanzler und den Dekanen lag, so ist zumindest seit der Gründung der Bundesrepublik das Amt des Rektors die unbestritten wichtigste Funktion im Management einer Hochschule. Folglich kommt auch der Auswahl und Wahl eines neuen Rektors eine besondere Bedeutung zu. Allerdings hat es hierzu in jüngster Zeit gravierende Veränderungen gegeben, die bis heute zu oft leidenschaftlichen Auseinandersetzungen Anlass geben.

Bis Ende des vergangenen Jahrhunderts lag die Zuständigkeit für die Wahl des Rektors unbestritten beim Senat, also bei der Vertretung des Lehrkörpers. Die Professoren und akademischen Mitarbeiter wählten sich gleichsam „ihren" Rektor, der zudem immer aus ihrer Mitte kam. Mit der Einführung der Hochschulräte um das Jahr 2000 änderte sich diese Tradition gleich in zweierlei Hinsicht. Erstens liegt seitdem das vorrangige Wahlrecht nicht mehr beim Senat, sondern beim Hochschulrat und zweitens muss der Kandidat weder Mitglied des Senats noch der Hochschule sein, sondern kann auch als externer Bewerber zum Rektor gewählt werden. Im Oktober 2001 machte die Staatliche Hochschule für Musik und Darstellende Kunst Stuttgart den Anfang und wählte als erste Hochschule in Deutschland einen Externen zu ihrem neuen Rektor.

Diese Neuerung, von der inzwischen erstaunlich viele Hochschulen Gebrauch gemacht haben, hat Vorteile, aber auch Risiken. Ein Vorteil besteht zweifellos darin, dass ein externer Bewerber in die – um es positiv zu formulieren – Netzwerke einer Hochschule nicht eingespannt ist und folglich nicht bestimmten „Fraktionen" zugerechnet werden muss. Konflikte bei der Wahl eines Rektors entstehen seltener wegen der konkreten Person als vielmehr wegen der Zuordnung dieser Person zu einer bestimmten Fächergruppe. Dieses Problem ist bei einem externen Bewerber zwar ansatzweise auch gegeben, denn irgendeiner beruflichen Richtung wird er zuzurechnen sein, fällt aber doch bei weitem nicht so ins Gewicht wie bei internen Bewerbern. Ein zweiter und noch größerer Vorteil ist darin zu sehen, dass der externe Bewerber von bestehenden Konflikten unbelastet ist. Er kann mithin relativ unvoreingenommen mit jedem Hochschulangehörigen das Gespräch suchen und findet damit wahrscheinlich auch Konfliktlösungen, die für einen internen Bewerber ausgeschlossen wären.

Auf der anderen Seite kann der Nachteil nicht übersehen werden, dass sich der externe Bewerber zunächst in die Materie einarbeiten muss. Dies gilt vor allem dann, wenn er aus einem völlig anderen Tätigkeitsfeld kommt und nie zuvor an einer Hochschule gelehrt hat. Externe Bewerber, die bereits an einer anderen Hochschule als Hochschullehrer tätig und damit gleichsam „auf Augenhöhe" der Hochschullehrer das Amt des Rektors antreten, haben es in einer solchen Situation zweifellos leichter.

Ein schwieriges und weitgehend ungelöstes Problem ist die rechtliche Absicherung der externen Bewerber. Findet ein interner Rektor im Laufe seiner Amtszeit keinen Zuspruch für seine Arbeit, kann er wieder auf sein Lehramt zurückkehren. Ein externer Bewerber wird dagegen möglicherweise arbeitslos werden. Auf dieses Risiko wird sich kaum jemand einlassen, der an anderer Stelle vielleicht Beamter auf Lebenszeit ist und diesen Status wegen des Wahlamts aufgeben muss. Eine Beurlaubung vom bisherigen Amt mit der Möglichkeit einer späteren Rückkehr gelingt in der Regel nur, wenn es sich um einen Wechsel innerhalb des gleichen Bundeslandes handelt. Erwogen wurde auch schon, ausscheidenden externen Rektoren eine Abfindung zu zahlen, wie dies in Wirtschaftsbetrieben üblich ist. Doch wurde diese Idee bisher noch nirgendwo umgesetzt.

Externe Bewerber zu Rektoren zu wählen, hat vor allem für kleine Hochschulen mit einer überschaubaren Führungsreserve einen erheblichen Reiz. Doch sollte dabei die mögliche Absicherung des Kandidaten immer mit bedacht werden. Die Erfahrung zeigt, dass viele interne Rektoren zu einem vorsichtigen Handeln neigen, damit sie nach Beendigung des Amtes wieder in den Kreis der Kollegen aufgenommen werden. Um wie viel vorsichtiger wird ein externer Rektor agieren, der beim Scheitern seiner Wiederwahl mit Arbeitslosigkeit rechnen muss. Eine solchermaßen eingeschränkte Handlungsfähigkeit mag im Interesse mancher Dekane und Institutsleiter sein; für anstehende Reformprozesse aber ist eine solche Konstellation sicher die schlechteste Voraussetzung.

Das früher recht einfache und auch einheitliche Wahlverfahren – der Senat wählte aus seiner Mitte einen Rektor – ist heute sehr kompliziert und von Bundesland zu Bundesland auch höchst unterschiedlich. Eine Erhebung der HRK vom Dezember 2007 ergab folgende Zuständigkeitsregelungen:

Bundesland	Vorrangige Zustän-digkeit des Hoch-schulrats	Vorrangige Zustän-digkeit des Senats	Mischformen
Baden-Württemberg	Wahl durch den Hoch-schulrat	Bestätigung durch den Senat	
Bayern	Wahl durch den Hoch-schulrat		
Berlin			Wahl durch das Konzil
Brandenburg			Vorschlag des Hoch-schulrats im Benehmen mit dem Senat
Hamburg	Wahl durch den Hoch-schulrat	Bestätigung durch den Senat	Gemeinsame Fin-dungskommission
Hessen	Vorschlagsrecht an den Senat	Wahl durch den Senat	
Mecklenburg-Vorpommern		Wahl durch den Senat	
Niedersachsen		Wahl durch den Senat	Gemeinsame Fin-dungskommission
Nordrhein-Westfalen	Wahl durch den Hoch-schulrat		Gemeinsame Fin-dungskommission
Rheinland-Pfalz	Vorschlagsrecht an den Senat	Wahl durch den Senat	
Saarland		Wahl durch den Senat	Gemeinsame Fin-dungskommission
Sachsen		Wahl durch den Senat	
Sachsen-Anhalt		Wahl durch den Senat	
Schleswig-Holstein		Wahl durch den Senat	
Thüringen	Wahl durch den Hoch-schulrat		Gemeinsame Fin-dungskommission

Tab. 7 Zuständigkeiten von Hochschulrat und Senat bei der Wahl des Rektors

Wie die Tabelle zeigt, herrschen nur in den seltensten Fällen „klare Verhältnisse"; fast überall gibt es irgendwelche Mischformen mit Vorschlagsrechten und gemeinsamen Findungskommissionen. Vor diesem Hintergrund kann man sich des Eindrucks nicht erwehren, dass sich die Idee der Hochschulreformer, die Hochschule wie eine Aktiengesellschaft stärker von außen zu steuern, nur sehr bedingt durchgesetzt hat. Das macht es allerdings auch unmöglich, das Verfahren zur Wahl des Rektors auch nur halbwegs verbindlich für alle Hochschulen darzustellen. Dennoch sind vielleicht einige Hinweise angebracht, wobei sich diese Hinweise auf die Wahl eines neuen Rektors beziehen; die Wiederwahl eines bereits im Amt befindlichen Rektors verläuft nach wesentlich einfacheren Regeln.

Der erste Hinweis gilt einer guten und großzügigen Zeitplanung. Angesichts teilweise komplizierter Abstimmungsprozesse ist eine Ausschreibung des Amtes ein Jahr vor dem Termin des Amtswechsels keineswegs zu früh. Zusätzlich zum komplizierten Verfahren ist nämlich noch zu berücksichtigen, dass ein interner Bewerber sicher ein Semester benötigt, um seine Lehrveranstaltungen neu zu organisieren und an Kollegen zu übergeben und dass ein externer Bewerber wohl kaum kurzfristig zur Verfügung stehen wird, sondern Zeit braucht, um aus seinem derzeitigen Beschäftigungsverhältnis aussteigen zu können.

In der Regel wird bereits in der Ausschreibung die Dauer der Amtszeit festgelegt. Früher galt bundesweit eine einheitliche Amtszeit von vier Jahren; heute dagegen haben die Hochschulen einen Spielraum von sechs bis acht Jahren Amtszeit. Allerdings zeichnet sich ab, dass eine Amtszeit von sechs Jahren zur Regel werden wird. Das lässt dem Amtsinhaber mehr Raum auch für langfristige Entwicklungen und macht doch die Zeit, für die sich eine Hochschule an eine Führungsperson bindet, immer noch überschaubar. Lediglich wenn sich ein bewährter Rektor im Alter von vielleicht 58 Jahren zur Wiederwahl stellt, wählt man eine längere Amtszeit, damit sich nicht für den Amtsinhaber kurz vor seiner Pensionierung noch einmal die Frage der Wiederwahl stellt.

Das Amt des Rektors muss international ausgeschrieben werden, doch ist damit natürlich nicht vorgegeben, dass Kandidaten nur über eine Ausschreibung gewonnen werden dürfen. Inzwischen bedienen sich manche Hochschulen auch sehr diskret so genannte Headhunter, also Personalberater und -agenturen, die im Auftrag Dritter interessante Kandidaten ansprechen. Eine solche professionelle Bewerbersuche ist seit den 1950er Jahren in den USA als „Executive Search" weit verbreitet und seit etwa 30 Jahren auch in Deutschland als „Direktansprache" bekannt. Seit 1994 das Vermittlungsmonopol der damaligen Bundesanstalt für Arbeit fiel, hat die Arbeit externer Personalberater einen deutlichen Aufschwung erlebt. Allerdings darf man von externen Personalberatern keine Wunderdinge erwarten. Anders als noch vor zwanzig Jahren, als sich dieser Markt auf die Vermittlung einer kleinen Gruppe von Topmanagern konzentrierte, sind diese Agenturen heute breit aufgestellt. Sie verfügen also nicht mehr über eine kleine, aber feine Kartei von Führungskräften, aus der man bei Bedarf wahre Wundermänner hervorzaubern kann, sondern konzentrieren sich in ihrer Tätigkeit heute im Wesentlichen auf eine Vorrecherche möglicher Bewerber. Damit geraten sicher immer wieder mal Personen ins Blickfeld, die selbst überhaupt nicht an eine Bewerbung denken, aber „die" Lösung werden auch Personalagenturen nicht aus dem Hut zaubern können.

Dennoch ist das Verfahren des „Executive Search" für die Suche nach einem neuen Rektor durchaus hilfreich und anregend. Denn wenn sich keine Kandidaten zur Wahl stellen oder die aus Eigeninitiative zur Wahl stehenden Kandidaten nicht den Erwartungen entsprechen, werden die Mitglieder des Hochschulrats oder des Senats auf die Suche nach geeigneten Kandidaten gehen müssen. Dafür sehen viele Landeshochschulgesetze und Grundordnungen die Einsetzung einer Findungskommission vor, die sich paritätisch aus Mitgliedern des Hochschulrats und des Senats zusammensetzt. Der Vorsitzende und die Mitglieder der Findungskommission müssen bei der Suche nach geeigneten Kandidaten so vorgehen, dass ein Kandidat nicht beschädigt wird, d.h. das Interesse an seiner Person darf nicht öffentlich werden, noch bevor er sich mit diesem Ansinnen auseinandersetzen konnte. Andererseits wird man einen Kandidaten kaum gewinnen können, wenn man ihm nicht gewisse Erfolgschancen in Aussicht stellen kann, d.h. man muss vor einer Ansprache des Kandidaten sehr diskret seine Chancen ausloten. Das zeigt bereits, dass das Verfahren sehr viel Fingerspitzengefühl verlangt und vor allem mit großer Diskretion vorangetrieben werden muss. In der Regel kann man von einem Hochschulratsvorsitzenden erwarten, dass er sich in diesem Gelände recht sicher zu bewegen weiß.

Liegt die Zuständigkeit für die Wahl des Rektors beim Senat, so fällt dem Vorsitzenden des Senats die Aufgabe zu, zu recherchieren und zu sondieren. Da dies aber in der Regel der amtierende Rektor ist, dürfte ein Konflikt absehbar sein, denn klugerweise hält sich ein Rektor aus der Wahl seines Nachfolgers heraus. Gerade für solche Situationen eignet sich eine Findungskommission, zumal wenn sie nicht zwingend vom Vorsitzenden des Senats geleitet werden muss.

Bleibt zum Schluss noch der Hinweis auf die Vorstellung der Kandidaten vor dem eigentlichen Wahlakt. Diese Vorstellung sollte so hochschulöffentlich wie möglich sein, denn eine Rektorwahl betrifft alle Hochschulangehörigen, von der Professorenschaft bis zu den Studierenden. Zudem bietet eine Rektorwahl eine gute Gelegenheit, die Zusammengehörigkeit einer Hochschule – über Fakultäts- und Institutsgrenzen hinaus – zu betonen und auch spürbar werden zu lassen.

4.1.3   Personalentwicklung

Die Betriebswirtschaftslehre bezeichnet als Personalentwicklung alle „Maßnahmen zur Erhaltung, Entwicklung und Verbesserung der Arbeitsleistung bzw. des Qualifikationsprofils von Mitarbeitern zur Abdeckung der im Betrieb an die Mitarbeiter gestellten gegenwärtigen und künftigen Leistungsanforderungen" (Schneck 2000, S. 725). Dahinter steht die Erwartung, dass qualifiziertere Mitarbeiter für ein Unternehmen von größerem Nutzen sind, dass individuelle Aufstiegsmöglichkeiten wesentlich zur Motivation der Mitarbeiter beitragen sowie auch die Kalkulation, dass bei neuen Leistungsanforderungen die Weiterbildung vorhandener Mitarbeiter kostengünstiger ist als deren Freisetzung und die Einstellung neuer Mitarbeiter.

Da das letzte, sehr kostenorientierte Motiv für den Hochschulbereich eher von nachgeordneter Bedeutung ist, konzentriert sich im Hochschulmanagement die Personalentwicklung vor allem auf die individuelle Motivation und auf die Verbesserung der Leistungsfähigkeit einer

Hochschule. Allerdings sind der individuellen Motivation im Sinne beruflicher Aufstiegsmöglichkeiten wegen des Hausberufungsverbots häufig Grenzen gesetzt. Die aktive Förderung individueller beruflicher Aufstiegsmöglichkeiten hat nicht selten zur Folge, dass der
solchermaßen geförderte Mitarbeiter die Hochschule verlässt. Damit ist diese Form von
Personalentwicklung nur dann sinnvoll, wenn sich alle Hochschulen daran beteiligen und
gegenseitig von einer gleichgelagerten Mitarbeiterförderung profitieren. Dieser seit langem
bestehende Konsens – jede Hochschule qualifiziert ihre Mitarbeiter so, dass andere Hochschulen davon profitieren können – hat interessanterweise dazu geführt, dass die Qualität der
Personalentwicklung beispielsweise in Form von Habilitationsverfahren gleichzeitig ganz
erheblich zum Ansehen einer Hochschule beiträgt. Damit entsteht doch wieder ein Nutzen
auch für die Hochschule, die eine Mitarbeiterförderung scheinbar nur für andere Hochschulen erbringt.

Allerdings darf die Förderung der individuellen Mitarbeitermotivation durch Aufstiegsper-
spektiven auch nicht zu kurz gesehen werden. „Aufstieg ist hier nicht nur ein Weg zu höherem Einkommen, sondern (…) eine Möglichkeit zu größerem Freiraum, höherer Verantwortung, stärkerem Einfluss und höherem Ansehen" (Comelli, von Rosenstiel 1995, S. 43).
Gerade dieser Aspekt, durch Personalentwicklung das eigene Führungspersonal zu gewinnen, hat im Hochschulmanagement in den letzten Jahren ganz besonders an Bedeutung gewonnen.

Obwohl demnach die Herausforderungen an eine Personalentwicklung im Hochschulbereich
durchaus seit langem gegeben sind, hat sich die Fachwelt dieses Themas erst seit kurzem
angenommen. Neben einigen Aufsätzen wurde erst 2009 vom Stifterverband für die Deutsche Wissenschaft die erste umfangreiche Studie zur „Akademischen Personalentwicklung"
(Schlüter, Winde 2009) veröffentlicht, die sich auf einen Wettbewerb zu Personalentwick-
lungskonzepten stützt, der 2006 ausgeschrieben wurde. Diese Studie geht von der Entwicklung der Kompetenz der Hochschulangehörigen aus, fordert diese Kompetenz aber nicht nur
auf der fachlichen, sondern auch auf der sozialen und managerialen Ebene:

Kompetenzfelder	Kompetenzdimensionen
Fachkompetenz	Bereich Forschung
	Bereich Lehre
	Bereich Wissens- und Technologietransfer
Leitungskompetenz	Strategisch handeln
	Systemisch/unternehmerisch denken und handeln
	Entscheidungen treffen und Verantwortung tragen
	Mitarbeiterführung/-motivation
	Moderieren unterschiedlicher bzw. divergierender Interessen
Sozialkompetenz	Kommunikationsvermögen
	Kooperation und Vernetzung
	Konfliktfähigkeit
	Empathie
	(Inter-)Kulturelle Kompetenz
Selbstkompetenz	Werteorientierung und Identifikation
	Präsenz/Authentizität
	Gestaltungsmotivation/Innovationswillen/Kreativität
	Leistungsmotivation/Engagement
	Lernbereitschaft

Abb. 20   Strategisches Kompetenzmodell für das akademische Personalmanagement in Hochschulen (Quelle: in Anlehnung an Schlüter, Winde 2009, S. 15)

Bemerkenswert ist an dieser Aufstellung vor allem, dass die außerfachliche Kompetenz (Leitungs-, Sozial- und Selbstkompetenz) allein optisch einen großen Stellenwert einnimmt. In der Tat hält die Studie fest, dass „Fachkompetenzen (...) nur in sehr eingeschränktem Maße oder überhaupt nicht Gegenstand von Personalentwicklung" (ebda.) sind. Eine Ausnahme von dieser Regel sieht die Studie dort, wo es um die Durchführung von Forschungsprojekten geht. In der Tat bedarf die Leitung von großen Forschungsprojekten – von der Antragstellung über die Mittelbeschaffung bis zur Abwicklung – besonderer Kompetenzen, deren Vermittlung durchaus ein Gegenstand von Personalentwicklung sein kann. Doch betrifft dies nach der obigen Darstellung wohl wieder die Leitungskompetenz und belegt damit doch die Aussage, dass die Fachkompetenzen kaum Gegenstand von Personalentwicklung sind.

Dennoch ist zu bedauern, dass beispielsweise methodische und unterrichtsdidaktische Fragen aus dem Bereich der Lehre in der Personalentwicklung kaum einen Platz haben. Diese Darstellung entspricht zwar der Realität, kann aber nicht befriedigen. Es ist nicht einzusehen, dass viele Hochschullehrer sich auf nur in der eigenen Praxis erprobte, aber kaum systematisierte und noch weniger evaluierte Methoden des Unterrichtens berufen, ohne je auch nur auf den Gedanken gekommen zu sein, sich hier weiterbilden zu lassen. Doch zeichnet sich ab, dass diese Einstellung vieler Hochschullehrer bald der Vergangenheit angehören wird. Wenn die Formen der Evaluation, des Qualitätsmanagements und der Akkreditierung, die in den letzten Jahren Einzug in die deutschen Hochschulen gehalten haben, in einigen Jahren stärker greifen, wird auch die ständige Aktualisierung der Methodik und Didaktik in der akademischen Lehre zu einer Selbstverständlichkeit werden.

Wie bereits angesprochen, ist die Entwicklung der Leitungskompetenz von besonderem Stellenwert im Personalmanagement von Hochschulen. Hochschulen sind Selbstverwaltungskörperschaften, die ihre eigenen Angelegenheiten autonom regeln. Durch die Deregulierung der Hochschulen hat diese Hochschulselbstverwaltung in den letzten Jahren noch an Bedeutung gewonnen. Die Führung und Steuerung einer Hochschule erfolgt nicht von außen, sondern aus der Hochschule selbst heraus. Das aber bedeutet, dass die Hochschule auch über das dafür kompetente Personal verfügen muss, das auch die Bereitschaft mitbringt, solche Führungsaufgaben zu übernehmen. Da der Aufwand an Selbstverwaltung mit der Deregulierung deutlich zugenommen hat, ist auch der Bedarf an Leitungskompetenzen gewachsen. Die Zeiten, als man mit einiger Spannung darauf schaute, wer sich wohl bei der nächsten Wahl zum Rektor, Prorektor oder Dekan durchsetzen werde, gehören allmählich der Vergangenheit an, weil kaum jemand in der Lage ist, eine solche Leitungsfunktion gleichsam aus dem Stand heraus zu übernehmen. Deshalb gehört für eine auch im Personalmanagement strategisch denkende Hochschule die Vorbereitung und Schulung des künftigen Führungspersonals zu den wichtigsten Aufgaben der Personalentwicklung.

Doch allein schon die Aufzählung der Kompetenzfelder zeigt an, dass eine Personalentwicklung nicht für alle Hochschulangehörigen in gleicher Form gelten kann. Die Weiterentwicklung der Fachkompetenz betrifft vorrangig junge Forschende (Doktoranden, Habilitanden, Juniorprofessoren), während die Leitungskompetenz eher dort entwickelt werden muss, wo die Übernahme von Leitungsaufgaben ansteht, also eher in einer späteren Phase der Hochschultätigkeit. Deshalb empfiehlt die Studie des Stifterverbands eine Matrix, die für die verschiedenen Personengruppen individuell ausgestaltet werden kann:

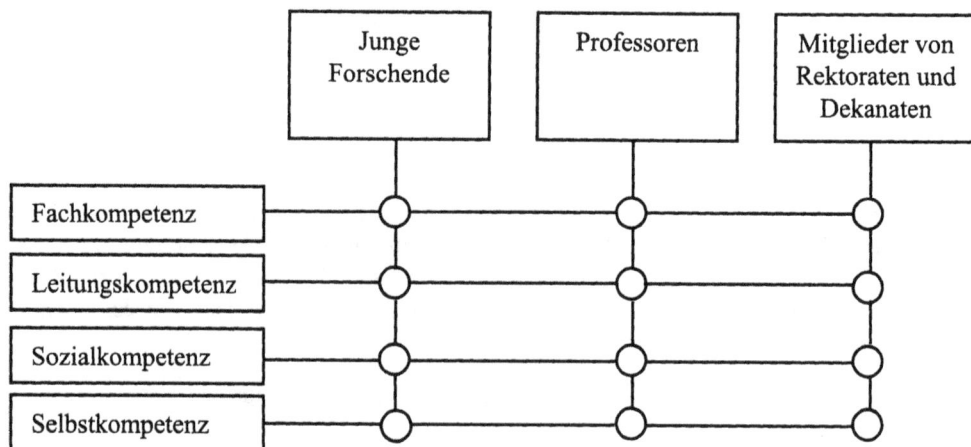

Abb. 21 Differenzierung der Kompetenzfelder nach Zielgruppen (Quelle: in Anlehnung an Schlüter, Winde 2009, S. 15)

Bleibt die Frage, mit welchen Methoden und Instrumenten man eine solchermaßen ausgerichtete Personalentwicklung betreibt. Auch hier lohnt es sich, die in der Betriebswirtschaftslehre gemachten Erfahrungen zu nutzen. Dort kennt man folgende Maßnahmen (Conradi 1983; zitiert nach Staehle 1994, S. 831):

- Personalentwicklung into-the job (z.B. berufliche Erstausbildung, Einführung neuer Mitarbeiter, Trainee-Programme)
- Personalentwicklung on-the-job (z.B. Arbeitsunterweisung, Erfahrungslernen am Arbeitsplatz, Arbeitsplatzwechsel, qualifikationsfördernde Arbeitsstrukturierung)
- Personalentwicklung near-the-job (z.B. Lernstatt, Entwicklungsarbeitsplätze, Qualitätszirkel)
- Personalentwicklung off-the-job (z.B. betriebliche und überbetriebliche Weiterbildung, Selbststudium)
- Laufbahnbezogene Personalentwicklung (z.B. Karriereplanung, Mitarbeiterförderung)
- Personalentwicklung out-of-the-job (z.B. Outplacement, Ruhestandsvorbereitung)

Allein diese Aufstellung macht die Vielfalt der methodischen Möglichkeiten deutlich. Bei näherer Beschäftigung zeigt sich, dass nahezu alle hier vorgeschlagenen Maßnahmen auch im Hochschulbereich anwendbar sind. Doch da kaum eine Hochschule über entsprechende Erfahrungen mit solchen Maßnahmen verfügt, empfiehlt es sich, hier externe Beratung und Kompetenz in Anspruch zu nehmen.

4.2   Hochschulmarketing

Im Alltagsverständnis ist Marketing das, was man früher als Absatzwirtschaft bezeichnet hat. Auch der Duden definiert Marketing als „die Ausrichtung eines Unternehmens auf die Förderung des Absatzes" (24. Aufl.). Es sind – so vermutet der Laie – jene Methoden, mit deren Hilfe man Waren und Dienstleistungen verkauft. Doch geben Begriffe wie Absatzwirtschaft oder Absatzförderung nur einen Teilaspekt von Marketing wieder. Würde sich Marketing allein auf den Absatz beschränken, wäre es für Hochschulen kaum von Relevanz, denn in einem strengen kaufmännischen Verständnis haben Hochschulen nichts zu verkaufen.

Aus der absatzorientierten Verkürzung resultiert ein zweites Missverständnis des Begriffs von Marketing, indem nämlich unter Marketing vor allem Werbung sowie Presse- und Öffentlichkeitsarbeit gesehen werden. Wie sich bald zeigen wird, ist dies ein verhängnisvoller Irrtum, weil eine solche Verkürzung des Begriffs viele andere Facetten und Möglichkeiten von Marketing ausklammert, die für jede Organisation von größtem Interesse sind.

Ein modernes Marketing zeichnet sich nämlich dadurch aus, dass es weit über den Verkaufsaspekt und die Werbung hinausgeht. Kotler beispielsweise definiert Marketing wie folgt:

„Marketing ist ein Prozess im Wirtschafts- und Sozialgefüge, durch den Einzelpersonen und Gruppen ihre Bedürfnisse und Wünsche befriedigen, indem sie Produkte und andere Dinge von Wert erzeugen, anbieten und miteinander austauschen" (Kotler/Bliemel 1992, S. 6).

In dieser Definition ist nicht mehr von Absatz die Rede, dagegen wird der Beziehungscharakter von Marketing in den Mittelpunkt gestellt. Es gilt, Beziehungen zwischen Anbietern und Nachfragern aufzubauen und zu pflegen, um Bedürfnisse auf beiden Seiten zu befriedigen, wobei die Rollen des Anbieters und Nachfragers ständig wechseln können (A bietet ein Produkt an, das B haben möchte, während B dafür Geld anbietet, das A haben möchte). In einem solchen Verständnis kann Marketing auch in Nonprofit-Unternehmen der öffentlichen Hand wie beispielsweise Hochschulen zur Anwendung gelangen. „Wie Erwerbsunternehmen müssen auch öffentliche Unternehmen ihre Märkte identifizieren, die Bedürfnisse der Kunden feststellen, angemessene Produkte und Dienstleistungen entwickeln, Distributionskanäle aufbauen, Massenkommunikation und persönlichen Verkauf zum Einsatz bringen und sowohl Marketing-Forschung betreiben als auch Verkaufsanalysen erstellen, wenn sie mit ihren Märkten Schritt halten wollen" (Kotler 1978, S. 329).

Dabei zeichnet sich ab, dass Marketing aus einer Reihe von Elementen besteht, die sich gegenseitig ergänzen. Das macht die differenzierte Definition von Pepels deutlich:

„Marketing ist die

- Planung, Organisation, Implementierung und Kontrolle (Managementaspekt),
- aller Aktivitäten mit der Absicht der Erreichung qualitativer und/oder quantitativer Vorgaben (Entscheidungsaspekt),
- durch Auswahl und Aufbau, Unterhalt und Referenzierung, Ausbau und Intensivierung bzw. Wiederherstellung oder Ausgrenzung von Geschäftsbeziehungen (Pflegeaspekt)

- mit jeweils relevanten Zielgruppen in Absatz, Beschaffung, Produktion, Umfeld und Medien (Anspruchsgruppenaspekt)" (Pepels 2009, S. 22).

Damit wird deutlich, dass Marketing im Hochschulmanagement durchaus von Bedeutung ist. Die Studierenden haben das Bedürfnis, etwas zu lernen und einen qualifizierten Abschluss zu erwerben; sie sind also die unmittelbare Zielgruppe der Hochschulen (Anspruchsgruppenaspekt). Durch den gezielten Aufbau und Ausbau von Kompetenzfeldern in Forschung und Lehre pflegt jede Hochschule die Geschäftsbeziehungen zu relevanten Kunden (Pflegeaspekt). Dies wiederum verlangt ständig Entscheidungen, die genau auf diese Geschäftsbeziehungen und auf die Zielgruppen ausgerichtete sind (Entscheidungsaspekt). Nicht zuletzt kommt es darauf an, diese Abläufe und Zusammenhänge sorgfältig zu planen und zu organisieren (Managementaspekt). Dabei darf nicht übersehen werden, dass diese Beschreibung nur einen Teil des Marketings einer Hochschule umfasst, denn schließlich sind nicht nur die Studierenden eine Zielgruppe der Hochschulen, sondern auch beispielsweise die Industrie als Nutzer von Forschungsergebnissen oder der Arbeitsmarkt als Abnehmer von Absolventen. In jedem Fall aber wird allein durch eine solche noch recht simple Beschreibung deutlich, dass der Einsatz von Marketing ein recht komplizierter Prozess ist, der einer Steuerung bedarf.

Die Steuerung von Marketing in einem Unternehmen oder in einer Nonprofit-Organisation erfolgt in Form eines Marketing-Managementprozesses. Die American Marketing Association definierte diesen Prozess 1985 wie folgt:

„Marketing (-Management) ist der Planungs- und Durchführungsprozess der Konzipierung, Preisfindung, Förderung und Verbreitung von Ideen, Waren und Dienstleistungen, um Austauschprozesse zur Zufriedenstellung individueller und organisatorischer Ziele herbeizuführen" (zitiert nach Kotler/Bliemel 1992, S. 16).

Der Marketing-Managementprozess besteht aus zwei Teilen, nämlich der Marketinganalyse und den Marketinginstrumenten. Diese beiden Teile werden ergänzt durch die vorausgehende Marketing-Zielsetzung, durch die zwischen beiden Teilen eingeschobene Zielpräzisierung sowie durch die nachfolgende Marketingkontrolle. In einer vereinfachten Grafik stellt sich dies wie folgt dar:

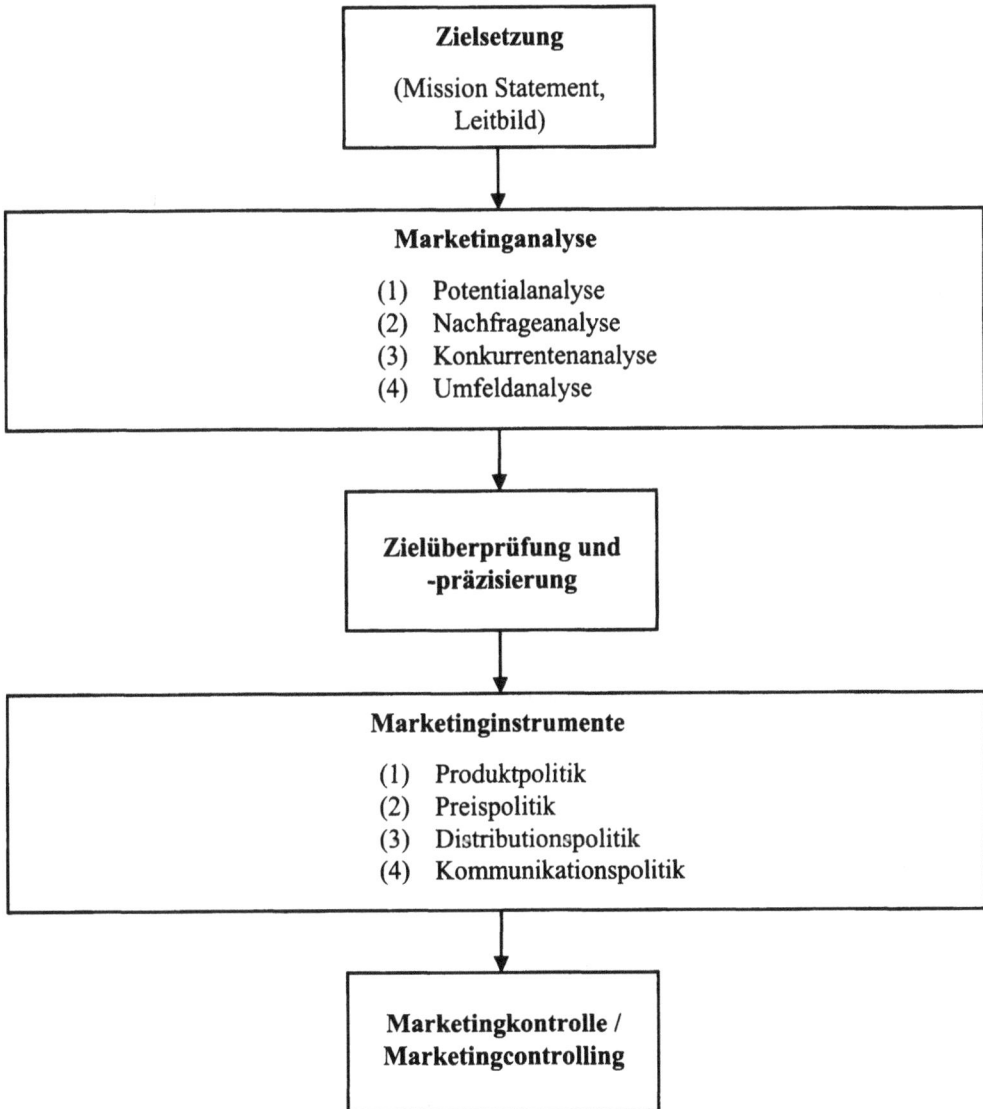

```
┌─────────────────────────┐
│      Zielsetzung        │
│  (Mission Statement,    │
│     Leitbild)           │
└─────────────────────────┘
           ↓
┌──────────────────────────────────┐
│       Marketinganalyse           │
│  (1)  Potentialanalyse           │
│  (2)  Nachfrageanalyse           │
│  (3)  Konkurrentenanalyse        │
│  (4)  Umfeldanalyse              │
└──────────────────────────────────┘
           ↓
┌─────────────────────────┐
│   Zielüberprüfung und   │
│     -präzisierung       │
└─────────────────────────┘
           ↓
┌──────────────────────────────────┐
│      Marketinginstrumente        │
│  (1)  Produktpolitik             │
│  (2)  Preispolitik               │
│  (3)  Distributionspolitik       │
│  (4)  Kommunikationspolitik      │
└──────────────────────────────────┘
           ↓
┌─────────────────────────┐
│   Marketingkontrolle /  │
│  Marketingcontrolling   │
└─────────────────────────┘
```

Abb. 22   Marketing-Managementprozess

Wie jedes planvolle Handeln beginnt auch der Marketing-Managementprozess mit der Definition der Zielsetzung. Je konkreter das Ziel definiert ist, umso genauer kann das weitere Vorgehen geplant werden. Mit der Zielvorgabe im Marketing wird nicht definiert, welches Projekt zu realisieren ist (das wäre Sache des produktionsorientierten Managementprozesses), sondern es werden dadurch die nach außen gerichteten – kundenorientierten – Ziele festgehalten. Im Hochschulmanagement könnte es sich beispielsweise um folgende Ziele handeln:

- die Hochschule will verstärkt als technische, industrieorientierte Hochschule wahrgenommen werden;
- es soll der Anteil der Frauen unter den Studierenden erhöht werden;
- die Hochschule möchte sich in Forschung und Lehre als Partner eines bestimmten Landes profilieren;
- eine relativ neue und kleine Hochschule möchte sich gegenüber einer großen, traditionsreichen Hochschule in der gleichen Region positionieren;
- ein neues Studienangebot soll bekannt gemacht werden;
- das traditionsorientierte Image der Hochschule soll modernisiert werden;
- um Sponsoren zu gewinnen, möchte sich die Hochschule als Partner der Wirtschaft anbieten.

Schon diese Aufzählung zeigt, dass der Katalog möglicher Ziele nahezu unbegrenzt ist. Allerdings sind fast alle diese Ziele noch relativ ungenau. Es kommt deshalb darauf an, sie schon in dieser Phase genauer zu formulieren – z.B. der Anteil der Frauen unter den Studierenden soll in einem Zeitraum von fünf Jahren von heute 23 % auf dann 35 % erhöht werden – oder aber es muss eine Zielpräzisierung nach der Analysephase erfolgen.

Eine gute Basis für jede Zielsetzung bildet das Leitbild, also die Beschreibung des Auftrags, des Selbstverständnisses und der strategischen Ausrichtung einer Hochschule. Mit Blick auf das Marketing spricht man bevorzugt von einem Mission-Statement. Es beschreibt, welchen Zwecken eine Organisation dient („the reason why we exist"). Das Mission-Statement „ist das alles beeinflussende Oberziel, dem sich das restliche Zielsystem unterzuordnen hat" (Klein 2001, S. 99). Das mag für eine Hochschule, die als staatliche Bildungseinrichtung gegründet wurde, zunächst banal klingen, doch macht schon der Hinweis darauf, ob sich eine Hochschule oder Teile von ihr eher als Lehr- oder Forschungsinstitution versteht, die mögliche Brisanz eines solchen Mission-Statements deutlich. Doch muss nochmals hervorgehoben werden, dass Leitbild und Mission-Statement nur die Basis des Marketing-Prozesses bilden; es ist unverzichtbar, die dort formulierten allgemeinen Ziele für den Marketing-Managementprozess zu präzisieren. Gelingt es im Vorfeld nicht, die Zielsetzung wenigstens halbwegs präzise zu formulieren, so muss zumindest eine Zielpräzisierung nach der Analysephase ins Auge gefasst werden.

Zwar ist Marketing im Allgemeinen auf den Output einer Organisation konzentriert, doch gibt es auch ein Marketing, das sich mit dem Input beschäftigt. Man spricht dann vom Beschaffungsmarketing (Koppelmann 2003), das sich auf den Beschaffungsmarkt bezieht. Dieser umfasst den der Produktion vorgelagerten Markt, von dem ein Betrieb oder eine Institution seine Vorprodukte (etwa Rohstoffe, aber auch Dienstleistungen) bezieht.

Für die Hochschulen ist das Beschaffungsmarketing deshalb von besonderer Bedeutung, weil letztlich auch die Berufung von Professoren und ebenso auch die Anwerbung und Auswahl von Studierenden zum Beschaffungsmarketing gehören. Doch wäre es vermessen, im Marketing die Lösung aller Berufungsprobleme zu vermuten, weshalb in dieser Publikation das Thema Berufungen im Kapitel Personalmanagement behandelt und hier nur der Vollständigkeit halber erwähnt wird. Dagegen dürfte die Anwerbung und Auswahl der Studierenden, soweit dies den Hochschulen selbst überlassen ist, zunehmend ein Thema des Beschaffungsmarketings werden. An Musikhochschulen beispielsweise, wo seit eh und je die Studierenden im Rahmen einer Aufnahmeprüfung ausgewählt werden, spielt das Beschaffungsmarketing schon jetzt eine große Rolle, auch wenn die dortigen Aktivitäten nicht unter diesem Begriff gesehen werden. Aber wenn von Musikhochschulen Sommerakademien, Meisterkurse im In- und Ausland oder Schnupperkurse veranstaltet werden, so dient all dies letztlich der Anwerbung und Auswahl der künftigen Studierenden – und genau dies bezeichnet man als Beschaffungsmarketing.

4.2.1   Marketinganalyse

Wie bereits in der Grafik erkennbar, setzt sich die Analysephase aus vier Teilen zusammen, nämlich der Potentialanalyse, der Nachfrageanalyse, der Konkurrentenanalyse und der Umweltanalyse. Diese Gliederung ist nicht einheitlich; vor allem in älteren Fachbüchern ist nur von drei Teilen die Rede, indem nämlich die Konkurrentenanalyse als Teil der Nachfrageanalyse gesehen wird. In letzter Zeit ist man aber dazu übergegangen, die Marketinganalyse noch weiter zu differenzieren, was aus der Sicht von Marketingexperten zwar gerechtfertigt erscheint, im Rahmen einer Einführung in das Thema aber leicht den Überblick verlieren lässt. Nicht gerade erleichtert wird die Darstellung auch dadurch, dass manche Autoren nur noch von Marktforschung oder Marketingforschung sprechen. Hier aber wird die Marktforschung als Teil der Marketinganalyse verstanden.

Es wurde bereits beklagt, dass in einem nur mäßig professionellen Hochschulmarketing die Marketinganalyse häufig übersehen wird. Dass ist umso bedauerlicher als gerade die Marketinganalyse Antworten auf wichtige Fragen gibt (Klein 2001, S. 95):

Potentialanalyse:	Was können wir?
Nachfrageanalyse:	Was wollen die Kunden?
Konkurrentenanalyse:	Wer sind die Konkurrenten?
Umweltanalyse:	Wie entwickeln sich die relevanten Rahmendaten?

In dieser Ausrichtung ist eine große Nähe zum strategischen Management erkennbar (vgl. Abschnitt 4.5), was insofern nicht verwunderlich ist, als eine Marketinganalyse in der Regel auch strategische Ziele verfolgt. Dies wird noch deutlicher, wenn man den eben zitierten vier Fragen weiter nachgeht:

- **Potentialanalyse**

Die Potentialanalyse setzt sich mit der eigenen Position und dem möglichen Leistungsangebot hinsichtlich Umfang und Qualität kritisch auseinander. Was bestimmt die Attraktivität der Hochschule in Lehre und Forschung? Inwieweit ist eine Unverwechselbarkeit etwa durch Alleinstellungsmerkmale gegeben? Was wird den Lehrenden und Studierenden neben dem Studienangebot an Service geboten? Wo liegen die Stärken und Schwächen der Hochschule bzw. einzelner Fakultäten und Institute? Wie sind die Chancen und Risiken etwa eines neuen Studienangebots einzuschätzen? Sind ausreichend Potentiale vorhanden, um beispielsweise ein neues Vorhaben personell, räumlich, finanziell und organisatorisch bewältigen zu können?

Als Managementtechnik zur Durchführung einer Potentialanalyse eignet sich vor allem eine standardisierte Stärken-Schwächen-Analyse, bei der beispielsweise einzelne Geschäftsbereiche (z.B. Fakultäten, Institute oder andere Hochschuleinrichtungen) von internen und externen Experten auf einer Skala von -5 bis +5 beurteilt werden. Entscheidend ist, dass diese Beurteilung nach objektiven Kriterien erfolgt, sei es, dass man bestimmte Kennzahlen (z.B. Zahl der Studierenden pro Lehrkraft) der eigenen Hochschule mit denen im Landes- oder Bundesdurchschnitt vergleicht, sei es, dass man Beurteilungen aus einer Publikumsbefragung in die Stärken-Schwächen-Analyse einfließen lässt.

Eine Erweiterung der Stärken-Schwächen-Analyse ist die SWOT-Analyse[12], die in einer Vierfeld-Matrix neben den Stärken und Schwächen auch die Chancen und Risiken einer Hochschule (oder eines Teils von ihr) analysiert.

| | | Unternehmensanalyse | |
		Stärken (Strengths)	Schwächen (Weaknesses)
Umweltanalyse	Chancen (Opportunities)	Einsatz der Stärken des Unternehmens zur Ausnutzung der Chancen des Unternehmensumfeldes (insbesondere Wachstumsstrategie)	Überwindung der Schwächen des Unternehmens durch die Ausnutzung der Chancen des Unternehmensumfeldes
	Risiken (Threats)	Einsatz der Stärken des Unternehmens zur Minimierung der Risiken des Unternehmensumfeldes	Minimierung der Schwächen des Unternehmens und der Risiken des Unternehmensumfeldes

Abb. 23   SWOT-Analyse (Quelle: Baum/Coenenberg/Günther 1999, S. 75)

Eine solche Analyse kann beispielsweise zeigen, dass ein bestimmtes Studienangebot zwar nach wie vor als Stärke angesehen wird, die mittelfristigen Entwicklungschancen eines solchen Studiums aber eher gering sind.

---

[12] An Stelle der SWOT-Analyse findet man auch die Bezeichnung SOFT-Analyse, die sich auf die Begriffe Strenghts (Stärken), Opportunities (Chancen), Failures (Schwächen) und Threats (Risiken) bezieht, sich aber inhaltlich nicht von der SWOT-Analyse unterscheidet.

- **Nachfrageanalyse**

Die Nachfrageanalyse geht von der Position eines potentiellen Kunden aus. Mit Blick auf unterschiedliche Nutzergruppen der Hochschule werden die Marktchancen einer Einrichtung oder einer Veranstaltung erforscht. Dazu benötigt man häufig sehr viele betriebsexterne Daten, d.h. es sind gezielte Befragungen der potentiellen Nutzer oder eine qualifizierte Marktbeobachtung erforderlich. Üblicherweise bedient sich die Nachfrageanalyse der Markforschung, bei der neben einer Marktbeobachtung vor allem auch die Befragung nach den Vorgaben der empirischen Sozialforschung zur Anwendung kommt. Darauf wird in Abschnitt 4.2.2 gesondert eingegangen.

Um eine Nachfrageanalyse einer Hochschule durchführen zu können, ist zuerst die Frage zu beantworten, welche Gruppe von Nutzern für die Zielsetzung relevant ist. Das werden in den meisten Fällen die Studierenden sein, doch schon dabei muss man unterscheiden zwischen den aktuellen und den potentiellen Studierenden. Eine andere Gruppe von Nutzern sind Gasthörer sowie sonstige, nicht eingeschriebene Benutzer der Hochschuleinrichtungen (z.B. Bibliotheksnutzer). Nutzer im weitesten Sinne sind auch die Kunden im Forschungsbereich, die Forschungsergebnisse der Hochschule verwerten. Selbst Alumni sind im Rahmen einer Nachfrageanalyse als Nutzer zu betrachten, weil die Hochschule weiterhin mit ihnen in einer Austauschbeziehung steht (die Alumni wollen von ihrer Hochschule bevorzugt behandelt werden, dafür unterstützen sie ihre Hochschule durch Spenden und verbreiten in ihrem beruflichen und privaten Umfeld über ihre Hochschule ein positives Image).

Will man beispielsweise die Nachfrage für einen neuen grundständigen Studiengang erkunden, könnte man die Nachfrage über die Schulen (Lehrer und/oder Schüler) durch eine Umfrage ermitteln, man könnte aber auch eine Einschätzung der derzeitigen Studenten einholen oder man könnte zu einem Informationstag einladen. Eine Befragung der aktuellen Studenten wäre im Rahmen einer Evaluation möglich, während eine Nachfrageanalyse potentieller Studenten leicht am jährlichen Studientag machbar wäre.

Schon diese Beispiele zeigen, dass das Problem einer Nachfrageanalyse weniger in der Form der Durchführung als vielmehr in der grundsätzlichen Bereitschaft sie durchzuführen besteht. Allzu häufig werden nämlich auch an Hochschulen Neuerungen aus dem Blickwinkel der Anbieter und weniger der Nachfrager eingeführt. Aus der Sicht des Marketings spricht man dann von einem angebotsorientierten Handeln, während eigentlich ein nachfrageorientiertes Handeln angebracht wäre. Natürlich gibt es Situationen, in denen die Hochschulen aus ihrer fachlichen Sicht verpflichtet sind, ein neues Angebot bereitzuhalten; eine Nachfrageanalyse würde hier möglicherweise ins Leere laufen, wenn beispielsweise die Möglichkeit eines solchen Angebots überhaupt nicht bekannt ist. Aber grundsätzlich sollte auch eine Hochschule die Nachfrager im Blick haben, vor allem, wenn die Nachfrage nach einem bestimmten Studienangebot bereits durch ausreichende Angebote anderer Hochschule abgedeckt ist.

- **Konkurrentenanalyse**

Der dritte Teil der Marketinganalyse ist der Konkurrentenanalyse gewidmet. Sind Konkurrenten im Einzugsbereich vorhanden? Wie stark sind sie? Welche Vorzüge bieten sie gegenüber dem eigenen Angebot usw.? Eine solche Konkurrentenanalyse ist gerade im Hochschulbereich relativ einfach, da im Allgemeinen viele Daten über Mitbewerber zur Verfügung stehen. Konkret könnten im Rahmen einer Konkurrentenanalyse folgende Themen behandelt werden:

- Produktqualität (z.B. durch Befragung von Studierenden, die das Angebot des Konkurrenten als auch das eigene Angebot kennen; Befragung von Absolventen; Auswertung der Listen von Preisträgern, Stipendiaten usw.)
- Produktverfügbarkeit (z.B. durch Auswertung der Vorlesungsverzeichnisse und der Internetinformationen; auch Scheinnachfragen sind möglich)
- Sachausstattung (z.B. durch Befragung von Absolventen; durch Analyse von Selbstdarstellungen und Rechenschaftsberichten des Rektorats usw.)
- Personalausstattung (z.B. Auswertung der Internetinformationen; Auswertung von Biographien usw.)
- Bekanntheitsgrad (z.B. durch eine Auswertung von Zeitungsmeldungen, Anzeigen, Flugblättern)

Eine nach solchen oder ähnlichen Kriterien erstellte Einschätzung kann für die Analyse der Konkurrenzsituation schon recht hilfreich sein. In Zeiten des Internets und angesichts der Bereitschaft vieler Hochschulen zu großer Transparenz ist es leicht möglich, sowohl so genannte harte Daten (vgl. Kennzahlen) als auch weiche Daten (Zufriedenheit der Studierenden, Image, Bekanntheitsgrad) zu ermitteln. Ähnlich wie bei der Potentialanalyse haben sich auch in der Konkurrentenanalyse Managementtechniken wie die Stärken-Schwächen-Analyse oder die SWOT-Analyse sehr bewährt. Für eine umfangreiche und detaillierte Konkurrentenanalyse wäre vielleicht sogar ein Benchmarking als Methode heranzuziehen (vgl. Abschnitt 4.5.3).

Sobald eine solche Einschätzung vorliegt, muss man sich die Frage stellen, wie man das eigene Angebot von dem der Konkurrenz absetzen kann, welche Produkte ausgebaut oder hinzugenommen werden sollen sowie welche Produkte man vom Markt nehmen sollte, weil die Überlegenheit des Mitbewerbers gegen einen Konkurrenzkampf spricht.

- **Umweltanalyse**

Von nicht zu unterschätzender Bedeutung ist in der Marketinganalyse auch die Umweltanalyse. Sie dient der Untersuchung des künftigen Marktes und damit der Einschätzung von Absatzchancen für ein Produkt. Als Umwelt bezeichnet man im Marketing alle Einflussfaktoren, die von außen auf das Unternehmen oder die Organisation einwirken, ohne dass sie von der Institution beeinflusst werden können. Eine typische Umwelt aus der Sicht der Hochschulen ist beispielsweise die Haushaltssituation des Trägers; sie ist von der Hochschule nicht beeinflussbar und hat doch erhebliche Auswirkungen auf den Erfolg der Hochschule.

Zur Umweltanalyse zählen aber auch die sozio-demographische Rahmendaten im Einzugsbereich der Hochschule, wie beispielsweise Einwohnerzahlen, Zusammensetzung der Bevölkerung, Wirtschafts- und Beschäftigungsdaten, Anteile des produzierenden Gewerbes bzw. des Dienstleistungssektors usw. Sicher muss sich eine Hochschule in einer Region mit hoher Arbeitslosigkeit anders verhalten als wenn man es mit einer Region mit Vollbeschäftigung und florierender Wirtschaft zu tun hätte. Zur Umweltanalyse gehört auch eine Beobachtung von Trends. Wenn beispielsweise in einer Region ökologische Fragen stärker in den Vordergrund rücken als in anderen Regionen, kann die dort ansässige Hochschule diesen Trend nicht ignorieren.

Üblicherweise fasst man unter dem Begriff STEP-Analyse alle Aspekte zusammen, die in einer Umweltanalyse berücksichtigt werden sollten. Dabei ist STEP ein Akronym mit den Anfangsbuchstaben der folgenden Begriffe:

- „Socio-cultural, dies umfasst alle Aspekte der gesellschaftlichen und kulturellen Rahmenbedingungen. Z.B. Nachfrageverhalten, religiöse Aspekte, soziale Milieus, Wertvorstellungen, Modernität.
- Technological, dies umfasst alle Aspekte der naturwissenschaftlichen und technischen Rahmenbedingungen, z.B. Technikorientierung, Know-how, Technikbewusstsein, Automatisierungsgrad, Informations- und Kommunikationstechnologie.
- Economical, dies umfasst alle Aspekte der infrastrukturellen und einzelwirtschaftlichen Rahmenbedingungen, z.B. Währungssystem, Kaufkraft, Marktstrukturen, Wettbewerbsstrukturen, Entsorgungsverhalten.
- Political-legal, dies umfasst alle Aspekte der administrativen, ordnungspolitischen und juristischen Rahmenbedingungen, z.B. Gesellschaftsrecht, Arbeits-/Mitarbeiterrecht, Produkthaftung, Gewährleistungsansprüche" (Pepels 2009, S. 1406).

Allerdings zeigt gerade diese STEP-Analyse, dass die Umweltanalyse vor allem in einem strategischen Management von Interesse ist; für rein operative Marketingmaßnahmen ist sie eher von untergeordneter Bedeutung. Dennoch sollte man die Umweltanalyse nicht völlig aus dem Blick verlieren. Nicht selten sind auch in Hochschulen Vorhaben daran gescheitert, dass beispielsweise soziokulturelle oder ökonomische Aspekte unbeachtet blieben.

- **Präzisierung der Zielsetzung**

Am Ende der Analysephase ist noch einmal die Zielsetzung in Erinnerung zu rufen. Nicht selten wird man feststellen, dass das Ziel zu ungenau formuliert war, dass einige Annahmen sich als unrealistisch erwiesen haben oder dass für das Ziel weder eine Nachfrage noch Potentiale vorhanden sind. Dann sollte man selbstkritisch und ohne Verliebtheit in die eigene Idee das Ziel den Analyseergebnissen anpassen. Ohne eine Zielpräzisierung wird es nämlich nicht gelingen, die zur Verfügung stehenden Marketinginstrumente mit Erfolg einzusetzen.

4.2.2   Markforschung

„Die Marktforschung als betriebswirtschaftliche Funktion umfasst die systematische Sammlung, Analyse, Verarbeitung (insbesondere Prognose) und Bereitstellung von Informationen über aktuelle und potentielle Absatzmärkte der Unternehmung. Marktforschung ist ein Teil der Marketingforschung, die sämtliche für Marketingentscheidungen erforderlichen Informationen, d.h. auch innerbetriebliche Informationen, als Entscheidungsgrundlage bereitstellt" (Woll 2008, S. 514).

Die Methoden der Marktforschung sind sehr diffizil und sollten von unerfahrenen Institutionen nicht ohne Hinzuziehung von Fachinstituten angewendet werden. Einen guten Einstieg in die Thematik bietet das bereits erwähnte Buch von Weis und Steinmetz (7. Aufl. 2008) sowie das Taschenbuch von Kastin 1995/2008. Marktforschung kann vergangenheitsbezogen, gegenwartsbezogen und zukunftsbezogen sein. Vergangenheitsbezogen ist eine Marktforschung vor allem dann, wenn sie das Verhalten der Kunden in der Vergangenheit analysieren will, um aus dem zurückliegenden Verhalten Bestätigung oder Zurückweisung des eigenen Marktverhaltens ablesen zu können. Dies ist der klassische Bereich der Marktanalyse. Die gegenwartsbezogene Marktforschung zeigt sich vor allem in einer permanenten Marktbeobachtung, d.h. das Verhalten der Kunden wird so dokumentiert, dass sich Abweichungen unmittelbar als Signale für einen Handlungsbedarf ablesen lassen. Will man dagegen das zukünftige Kundenverhalten untersuchen, bedient man sich der Marktprognose. Sie ist vor allem unter strategischen Gesichtspunkten von hohem Wert.

Im Gegensatz zur Marktforschung beschränkt sich die Markterkundung auf eine eher zufällige und gelegentliche Untersuchung; sie kann eine systematische und objektive Analyse nicht ersetzen. Eine hohe Qualität und Wirksamkeit erreicht die Marktuntersuchung allerdings erst, wenn sie über einen längeren Zeitraum in immer gleichen Abständen durchgeführt wird. Nur dann lassen sich Kundenverhalten und Produktpositionierung in ihrer kontinuierlichen Veränderung ablesen. Zusammenfassend ergibt sich damit folgende Übersicht:

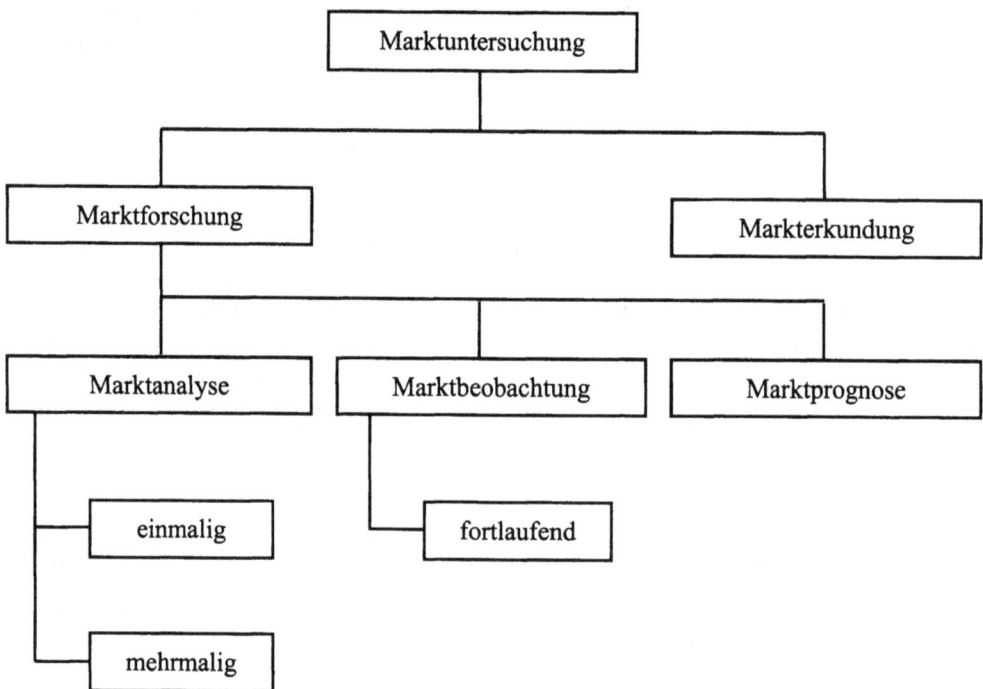

Abb. 24   Bereiche der Marktuntersuchung (Weis/Steinmetz 1995, S. 21)

Eine sorgfältige Marktforschung wird häufig mit einer differenzierten Befragung der Nutzer oder anderer relevanter Personengruppen verbunden. Die Methodik solcher Befragungen wurde von der empirischen Sozialforschung für soziologische Fragestellungen entwickelt und wird üblicherweise auf die Marktforschung übertragen. Die empirische Sozialforschung stützt sich auf eine Reihe bewährter Standardwerke, die in zahlreichen Neuauflagen erschienen sind: Atteslander 1975/2003, Kromrey 1980/2009, Schnell/Hill/Esser 1988/2008 sowie Diekmann 1995/2007.

Als empirische Sozialforschung bezeichnet man die systematische wissenschaftliche Erfassung und Interpretation von Daten, Fakten, Verhalten und Entwicklungen in sozialen Kontexten. Wissenschaftstheoretisch zielt die empirische Sozialforschung einerseits auf die Sicherstellung individueller Tatbestände, andererseits aber auch auf die induktive Ableitung von allgemeinen Aussagen aus solchen empirisch festgestellten Einzelsachverhalten. Darin zeigt sich der Vorteil des Verfahrens: aus der Beobachtung von Einzeltatbeständen lassen sich allgemeine Aussagen ableiten, die auch für vergleichbare Situationen außerhalb der untersuchten Einzeltatbestände gelten. Das macht aber zugleich das Problem jeder Methode der empirischen Sozialforschung deutlich: die Auswahl der Einzeltatbestände muss in einer nachvollziehbaren Relation zur Ausgangssituation stehen und zwar sowohl was die Größenordnung als auch was den Gegenstand betrifft. Im Falle einer Befragung bedeutet dies, dass die befragte Personengruppe in irgendeiner (positiven oder negativen) Beziehung zum Thema stehen und sich die Gruppengröße der Befragten (Stichprobengröße) in einer bestimmten Relation zur Gesamtheit der Betroffenen (Grundgesamtheit) befinden sollte. Wenn diese Beziehungen nicht nachvollziehbar sind oder sich außerhalb von Erfahrungswerten befinden, ist der Wert einer Befragung erheblich in Zweifel zu ziehen.

Denkbare Befragungstechniken sind beispielsweise

- schriftliche Umfragen mit Hilfe eines standardisierten Fragebogens bei einer nach einem Zufallsprinzip ausgewählten Besuchergruppe,
- kurze mündliche Befragungen über standardisierte Fragebögen, etwa während einer Veranstaltungspause,
- sogenannte offene Interviews anhand eines Interviewleitfadens.

Entscheidend ist stets, was mit der Befragung erreicht werden soll. Möchte man beispielsweise wissen, warum die Veranstaltungen des Studium Generale schlecht besucht werden, muss man die Nicht-Besucher befragen. Will man wissen, wie der Service für externe Besucher des Studium Generale beurteilt wird, eignet sich hierfür eine Kurzbefragung vor einer Vortragsveranstaltung. Dagegen benötigt man für eine Motivforschung oder für die Ergründung des längerfristigen Images eines Studium Generale ein komplexes und auch zeitaufwändiges offenes Interview.

Man kann immer wieder beobachten, dass ein professioneller Zugang zum Marketing gern mit dem Wunsch verbunden wird, eine aufwändige Marktforschung durch umfangreiche Befragungen durchzuführen. Doch ist kaum eine Situation denkbar, in der die Relation von Aufwand und Ertrag so sorgfältig bedacht werden sollte wie in Befragungen nach den Methoden der empirischen Sozialforschung. Wenn sich plötzlich Begeisterung für eine Befragung mit Hunderten von Interviews breit macht, sollte man noch einmal sorgfältig prüfen, ob

nicht eine einfachere Methode zu einem vergleichbaren Ergebnis führt. Beispielsweise können eine sorgfältige Marktbeobachtung und eine gezielte Expertenbefragung zu Erkenntnis-
sen führen, die für die zugrunde liegende Fragestellung völlig ausreichend sind.

4.2.3   Marketinginstrumente

Für ein erfolgreiches Marketing sind eine präzise Zielsetzung und eine mit Sorgfalt durchge-
führte Marketinganalyse unverzichtbar. Dennoch greift man erst mit dem Einsatz von Marketinginstrumenten aktiv in das Marktgeschehen ein. Dabei kommt es darauf an, eine möglichst wirkungsvolle Verzahnung zwischen Zielsetzung, Analyse und den eingesetzten Instrumenten zu erreichen.

Marketinginstrumente dienen dazu, den Markt mit geeigneten Mitteln zu bearbeiten und – im
Sinne der eigenen Ziele – zu beeinflussen. Im traditionellen Marketing werden vier Instrumente unterschieden, die man – weil es sich um Entscheidungs- und Handlungsinstrumente
handelt – als politische Instrumente bezeichnet. Man spricht folglich von der Produktpolitik,
der Distributionspolitik, der Kommunikationspolitik und der Preispolitik. Allerdings gibt es
auch Vorschläge für nur drei Instrumente (z.B. Becker 2006) wie es auch Vorschläge für
fünf Instrumente gibt (z.B. Meffert 2007). Sinnvollerweise werden die verschiedenen Marketinginstrumente miteinander kombiniert, weshalb man dann von einem Marketing-Mix
spricht. „Das Marketing-Mix ist (…) die zielorientierte, strategieadäquate Kombination der
Marketing-Instrumente in der taktisch-operativen Vermarktung" (Pepels 2009, S. 364). Auf
der Ebene der operativen Umsetzung besteht die Kunst des Marketings im Wesentlichen in
der geschickten Zusammensetzung eines Marketing-Mix.

Allerdings ist schon an dieser Stelle einschränkend zu bemerken, dass die Marketinginstrumente primär für einen gewinnorientierten Markt formuliert sind. Da öffentliche Hochschulen im Allgemeinen nicht gewinnorientiert ausgerichtet sind, lassen sich nicht alle Marketinginstrumente ohne weiteres auf den Hochschulbereich übertragen. Das gilt vor allem für
die Preispolitik, da zumindest in staatlichen Hochschulen für ein Studium keine kostendeckenden oder gar Gewinn erbringenden Studiengebühren erhoben werden. Gleichwohl ist
es hilfreich für ein Gesamtverständnis von Marketing, sich auch mit diesem Marketinginstrument kurz zu beschäftigen.

- **Produktpolitik**

Als Produkt im Sinne des Marketings bezeichnet man alle Sachgüter und Dienstleistungen,
die von einem Unternehmen oder einer Organisation auf dem Markt zum Kauf oder zur Nutzung angeboten werden. Im Hochschulbereich zählen dazu vor allem die Studienangebote,
aber auch Forschungsergebnisse, Publikationen und Serviceleistungen für Dritte. Selbst die
Möglichkeit, als nicht-immatrikulierter Bürger in der Hochschulbibliothek ein Buch auslei-
hen zu können, ist in diesem Sinne ein Produkt (Dienstleistung).

Analog zur Betriebswirtschaftslehre gehören auch im Hochschulbereich zur Produktpolitik
folgende Möglichkeiten:

- die Suche, Auswahl und Entwicklung neuer Produkte
  (z.b. neue Studienangebote, von denen erwartet werden darf, dass sie sich im Berufsleben erfolgreich einsetzen lassen)

- die Weiterentwicklung bestehender Produkte
  (z.b. die Ausdifferenzierung eines Bachelorstudiums durch mehrere ergänzende Masterstudien oder die Umwandlung eines bestehenden Studienangebots in ein berufsbegleitendes Kontaktstudium);

- die Förderung des Markenbewusstseins
  (z.b. durch die Einrichtung eines Fördervereins, einer Alumni-Vereinigung und einer Zustiftung, die allesamt in der Öffentlichkeit als Repräsentanten der Marke „Hochschule XY" auftreten)

- die Zusammenstellung sinnvoller Sortimente
  (z.b. indem man vermeidet, auf jeden Trend zu reagieren und stattdessen sinnvolle Studienangebote zusammenstellt, mit denen die Hochschule identifiziert werden kann).

Für eine Hochschule, die nicht über den Preis für sich werben kann, ist die Produktpolitik eines der wichtigsten Handlungsinstrumente. Aus der Sicht des Marketings kann man sehr viel mit Hilfe einer guten Presse- und Öffentlichkeitsarbeit erreichen, aber wenn diese Bemühungen wirklich auf Dauer fruchten sollen, müssen dahinter überzeugende Produkte von hoher Qualität stehen. Dies gilt vor allem mit Blick auf den Wettbewerb der Hochschulen untereinander. In diesem Wettbewerb können sich die Hochschulen zwar durch besondere Merkmale (Auszeichnungen, Standort, Ressourcen usw.) hervortun, allerdings gewinnt das Studienangebot angesichts einer zunehmend pragmatischen Einstellung der Studierenden zum Studium immer mehr an Bedeutung. Die Studierenden wählen ihren Studienort nicht mehr nach emotionalen Kriterien (Standort mit hoher Lebensqualität, Studienort der Eltern usw.), sondern eher nach rationalen Kriterien, die allesamt auf den eigenen Vorteil ausgerichtet sind. Das gilt vor allem für die Fachhochschulen, bei denen emotionale Bindungen eher selten erkennbar sind. Aber auch an den Universitäten übt beispielsweise eine namhafte Professorenpersönlichkeit immer weniger Zugkraft aus; angesichts der Massenuniversitäten ist für viele Studierende die Chance, eine solche Persönlichkeit als „seinen" Lehrer zu erleben, ohnehin sehr gering. Davon ausgenommen sind selbstverständlich die Kunst- und Musikhochschulen, in denen das Klassenprinzip und der Einzelunterricht noch eine enge Beziehung zwischen Lehrer und Student garantieren.

Was angesichts dieses Wandels in den meisten Hochschulen am Ende für die Studierenden als wichtig bleibt, ist ein gut strukturiertes und effizient organisiertes Studium, das in einer überschaubaren Zeit zu einem Abschluss führt und mit dem sich Chancen auf dem Arbeitsmarkt eröffnen. Damit gewinnt die Produktpolitik für alle Hochschulen immer mehr an Bedeutung. Dabei sollten drei Aspekte stets beachtet werden:

- Programmbreite
  Ist es leistbar und sinnvoll, in einem Fach alle denkbaren Studienschwerpunkte als selbstständige Studiengänge anzubieten? (Z.B. in der Germanistik eigene Bachelor-/

Master-Studiengänge für Germanische Philologie, Neuere Literaturwissenschaft, Linguistik usw.)

- Programmtiefe

  Ist es leistbar und sinnvoll, sich in einem Fach auf einen Studienschwerpunkt zu beschränken, diesen aber in allen Möglichkeiten auszuloten? (Z.B. in der Germanistik eine Konzentration auf den Studienschwerpunkt Neuere Literaturwissenschaft, dies aber verbunden mit differenzierten Masterstudiengängen, Promotionsstudium, Forschungsschwerpunkten, Graduiertenkolleg usw.)

- Programmkombinationen

  Ist es leistbar und sinnvoll, Studienschwerpunkte aus verschiedenen Studiengängen miteinander zu kombinieren, so dass erfolgreiche Studierende, die ihr Fachwissen verbreitern und abrunden möchten, die Hochschule nicht wechseln müssen? (Z.B. ein Germanistik-Studium um Fächer erweitern wie Dramaturgie, Kulturgeschichte, Kulturmanagement usw.)

Allein die Auseinandersetzung mit diesen drei Aspekten wird deutlich machen, wie unverzichtbar eine kluge Produktpolitik ist und wie erfolgreich sich eine Hochschule über eine reflektierte Produktpolitik im Hochschulbereich positionieren lässt.

- **Distributionspolitik**

Die Distribution umfasst alle Entscheidungen, durch die das Produkt oder die Dienstleistung dem Kunden zugeführt werden sollen. Man bezeichnet die Distribution auch als Vertrieb. In der Betriebswirtschaft spielt die Frage, wie ein Produkt zum Kunden kommen soll, naturgemäß eine große Rolle. Großhandel, Einzelhandel, Reisende, Handelsvertreter, Kommissäre, Makler usw. sind Organisationseinheiten oder Berufe aus dem außerordentlich weiten und komplizierten Bereich der betriebswirtschaftlichen Distribution. Im Hochschulmanagement ist eine so verstandene Distribution scheinbar nur von untergeordneter Bedeutung, denn in aller Regel holt sich der Kunde/Nutzer das Produkt/die Dienstleistung in der Hochschule ab.

Zur Distribution zählt aber auch der Service. Damit ist in allen Hochschulen ein kritischer Bereich angesprochen, denn fast alle Studenten klagen darüber, dass der Service der Hochschulverwaltung sehr zu wünschen übrig lasse, die Lehrenden zu wenig Sprechstunden abhalten, die Korrektur von Klausuren und Hausarbeiten zu lange dauere usw. Diese Klagen haben in jüngster Zeit im Rahmen der Bologna-Reform noch zugenommen, weil das administrative Verfahren mit zahlreichen Modulscheinen zumindest in der Zeit der Einführung recht kompliziert erscheint. Auch wenn diese Beschwerden größtenteils unberechtigt sein mögen, sind sie aus der Sicht eines erfolgreichen Marketings doch eine Katastrophe. Hier müssen große Anstrengungen unternommen werden, um Abhilfe zu schaffen und auch im Service zu einer vertrauensvollen Beziehung zwischen Hochschule und Studierenden zu kommen.

Zur Distributionspolitik im weiteren Sinne gehört auch der Hochschulstandort bzw. die Frage, wie man mit diesem Standort umgeht. Alte Universitäten haben ihre traditionellen Standorte mitten in der Stadt. Erweiterungs- und Neubauten der 1950er und 60er Jahre aber verlegte man aus Platzgründen auf noch unbebaute Flächen draußen vor der Stadt. Bochum und Konstanz sind gute Beispiele für die Platzierung solcher Neugründungen. Seit den 1970er

Jahren ist zudem eine nach Fakultäten differenzierte Standortpolitik zu beobachten: die Geistes- und Sozialwissenschaften bleiben in der Innenstadt, während die Naturwissenschaften auf einen eigenen Campus vor der Stadt verlegt werden. Das hatte für den ständig steigenden Raumbedarf der naturwissenschaftlichen Institute erhebliche Vorteile, entfremdete die Naturwissenschaften aber auch vom Rest der Hochschule und entfremdete sie vor allem vom Sitzort. Noch heute wird von der Stadtöffentlichkeit der Campus der Naturwissenschaften oft als etwas Externes wahrgenommen, das nicht zur Stadt und auch irgendwie nicht zur Universität gehört. Martina Hessler schlägt deshalb in ihrem Buch „Die kreative Stadt" (Hessler 2007) vor, die Areale des externen Campus zu urbanisieren, Plätze und Kommunikationsorte zu schaffen und durch Buchhandlungen, Cafés und Bistros zu versuchen, auch die städtische Umgebung in den Campus mit einzubeziehen.

Gerade in einer solchen Situation ist eine aktive Öffnung der Universität hin zur Stadt und zur Region erforderlich. Das betrifft nicht nur die Erweiterungen der alten Universitäten, sondern auch zahlreiche Neugründungen, auch solche von Fachhochschulen und Pädagogischen Hochschulen. Sie leiden oft erheblich unter einer völligen Isolierung von der Stadt, was gleichzeitig zur Folge hat, dass ein Campusleben nicht entsteht, was wiederum eine Identifikation der Hochschulangehörigen und Studierenden auch mit ihrer Hochschule nahezu unmöglich macht.

- **Preispolitik**

Drittes Marketinginstrument ist der Preis. Aus betriebswirtschaftlicher Sicht ist der Preis ein wesentliches, aber auch empfindliches Instrument. Der Verkaufspreis sichert die Wirtschaftlichkeit eines Unternehmens und bestimmt letztlich Gewinn oder Verlust, kann aber auch den Kunden vom Kauf abhalten.

Es wurde bereits darauf hingewiesen, dass der Preis an öffentlichen Hochschulen keine Rolle spielt, da keine kostendeckenden Studiengebühren und keine Entgelte zur Erwirtschaftung von Gewinnen erhoben werden. Zwar gibt es einige Randbereiche der Preispolitik, die auch an Hochschulen gelten, doch fallen sie kaum ins Gewicht. Beispielsweise kann man über die Gasthörergebühr den Zustrom nicht immatrikulierter Hörer und Seminarteilnehmer steuern und damit in der Tat den Preis als Marketinginstrument einsetzen. Auch im Rahmen der Veranstaltungstätigkeit der Hochschulen spielt die Preispolitik eine Rolle, beispielsweise beim Studium Generale oder den Konzerten in den Musikhochschulen.

Doch ist die Preispolitik an Hochschulen vor allem dann von Bedeutung, wenn man gleichsam eine Umkehrung des Preises mit einbezieht. Gemeint sind damit Stipendien, die von Dritten über die Hochschulen an Studierende gezahlt werden. Dazu gehören vorrangig die Stipendien der großen Begabtenförderwerke wie der Studienstiftung des deutschen Volkes, der Friedrich-Ebert-Stiftung oder der Konrad-Adenauer-Stiftung. Allerdings haben die Hochschulen auf solche Stipendien nur einen begrenzten Einfluss. Aus der Sicht des Hochschulmarketings sind deshalb die Stipendien interessanter, die von Stiftungen vergeben werden, die unmittelbar an die jeweilige Hochschule gebunden sind. Bekanntlich gehört dieses System der hochschulspezifischen Stipendien zu den größten Erfolgsfaktoren der US-amerikanischen Hochschulen. Mit Hilfe solcher Stipendien lockt man herausragende Studenten, die wiederum für führende Professoren von besonderem Interesse sind, weshalb sie sich leichter berufen lassen, denen folgen wiederum gute Studenten usw. Damit zeigt sich, dass ein ausgebautes und auch finanziell gut ausgestattetes Stipendiensystem nicht nur ein finanzieller Vorteil, sondern auch im Sinne des Hochschulmarketings von großem Gewinn ist.

- **Kommunikationspolitik**

Viertes Marketinginstrument ist die Kommunikationspolitik, der aber – wegen ihrer Bedeutung in der täglichen Praxis – hier unter der Überschrift Presse- und Öffentlichkeitsarbeit ein eigener Abschnitt gewidmet wird.

4.2.4   Kommunikationspolitik – Presse- und Öffentlichkeitsarbeit

„Marketing-Kommunikation (…) ist die bewusste Beeinflussung von marktwirksamen Meinungen mittels Instrumentaleinsatz und mit der Absicht, die Meinungsrealität im Markt den eigenen Zielvorstellungen darüber anzupassen" (Pepels 2009, S. 679). Der Verlauf einer solchen marktorientierten Kommunikation wird gern mit dem Akronym AIDA beschrieben (vgl. Kotler/Bliemel 1992, S. 837f.):

Attention	(Aufmerksamkeit)
Interest	(Interesse)
Desire	(Wunsch)
Action	(Aktion)

Demnach gilt es, zunächst die **Aufmerksamkeit** des potentiellen Kunden zu wecken, indem Name und Profil des Hauses in den Vordergrund gestellt werden. Anschließend ist das inhaltliche **Interesse** an der Leistung der Hochschule wachzurufen, d.h. man berichtet nun konkret von dem, was das Institut zu leisten in der Lage ist. Ist es erfolgreich gelungen, Aufmerksamkeit und Interesse zu wecken, müsste beim Adressaten der **Wunsch** entstehen, das Angebotene selbst zu erleben. Der letzte Schritt impliziert die Aufforderung zur **Aktion**, die im Idealfall in einer Immatrikulation, im Kauf einer Eintrittskarte oder in ähnlichen Aktionen zum Ausdruck kommen sollte. „In der Praxis gibt es kaum eine Botschaft, die den Verbraucher nach dem AIDA-Schema vollständig durch alle Stufen von der Beachtung der Marke bis zum Kauf führt. Das AIDA-Schema weist jedoch auf wünschenswerte Eigenschaften der Botschaft hin" (Kotler/Bliemel 1992:841).

Hinter dem gewünschten AIDA-Schema verbirgt sich in Wahrheit ein wesentlich komplexerer Verlauf, den man als den Kommunikationsprozess bezeichnet. Dieser Prozess setzt sich aus folgenden Elementen zusammen (Pepels 2009, S. 676f.):

- „Die Botschaftsidee – Sie ist Ausgangspunkt jeder Kommunikation und zunächst nur im Kopf des Absenders vorhanden.
- Der Sender – Dies ist der Werbungstreibende, der die intendierte Botschaft verbreiten will (z.B. Bekanntmachung eines neuen Produkts).
- Die Verschlüsselung – Diese Botschaft bedarf der Codierung in Wort und Bild, in Text und Grafik, in Farbe und Musik.

- Das Sendegerät – Dabei handelt es sich um das Werbemittel als Maßnahme, die von den Zielpersonen real wahrgenommen werden kann (z.B. Anzeige, Spot, Plakat).
- Der Übertragungskanal – Dies ist der Werbeträger, der als Basis für das Werbemittel dient (z.B. Zeitschrift, Zeitung, Hörfunk, Fernsehsender, Lichtspielhaus, Plakatwand).
- Das Empfangsgerät – Dies sind die fünf Sinne des Menschen, mit denen er die Botschaft aufnehmen kann (…).
- Die Wahrnehmung – Dies ist die Encodierung der Botschaft, um zu einem Verständnis des Inhalts zu gelangen (Interpretation).
- Der Empfänger – Dies ist die Zielperson, die durch die Kommunikation kontaktiert werden soll (im Regelfall also der Abnehmer).
- Die Botschaftsabspeicherung – Sie ist Endpunkt jeglicher Kommunikation, denn ohne das Lernen des Kommunikationsinhalts ist keine Wirkung erzielbar."

Dieser Kommunikationsprozess bezieht sich auf alle Kommunikationsmaßnahmen, die man üblicherweise in drei Gruppen einteilt:

- klassische Werbemaßnahmen

    (Außenwerbung/Plakatwerbung/Transparente; Anzeigen in Zeitungen und Zeitschriften; Pop-Up, Spots und Anzeigen im Internet; Werbespots in Hörfunk, Film und Fernsehen)

- verkaufsfördernde Maßnahmen

    (Aufkleber, Werbegeschenke, Preisausschreiben, Gutscheine, Sonderangebote, Aktionswochen, Studientage usw.)

- Presse- und Öffentlichkeitsarbeit

    (Pressearbeit, Broschüren, Kataloge, Handzettel usw.)

Als Hochschule sollte man sich für die klassischen Werbemaßnahmen und für verkaufsfördernde Maßnahmen unbedingt einer guten Werbeagentur bedienen. Allein die Ansprüche an Plakate und Broschüren sind heute so hoch, dass „handgestrickte" Lösungen nicht mehr in Frage kommen. Eine gute und seriöse Werbeagentur wird – sofern dies noch nicht vorhanden ist – zunächst ein Corporate Design entwerfen. Darunter versteht man ein möglichst unverwechselbares visuelles Erscheinungsbild der Hochschule. Es setzt sich mindestens zusammen aus einem Logo, einer einheitlich zu verwendenden Schrift und einem Farbkonzept. Im zweiten Schritt kommt es darauf an, dass die Hochschule dieses Corporate Design wirklich umsetzt, d.h. von den Briefbögen und Visitenkarten über alle Plakate, Handzettel, Türschilder, Dienstwagenbeschriftung usw. bis hin zum Internetauftritt muss eine Gestaltung vorliegen, die zweifelsfrei dieser Hochschule zugeordnet werden kann. Dabei sollte jede Eitelkeit zurückgestellt werden, d.h. beim Wechsel des Rektors sollte dieses Corporate Design bestehen bleiben, auch wenn es dem neuen Rektor vielleicht nicht ganz gefällt. Jedenfalls sollten die Hochschulen nicht die Unsitte der Theater übernehmen, mit jedem Intendantenwechsel das Corporate Design komplett auszutauschen.

Professionell gestaltete Werbemaßnahmen sind sehr teuer. Deshalb empfiehlt es sich auch für Hochschulen, jährlich ein Werbebudget festzulegen. Dazu sind aber zunächst die Werbe-

ziele des nächsten Jahres zu definieren (z.B. Imagekampagne, Bewerbung bestimmter Maßnahmen wie ein Hochschuljubiläum, Einführung neuer Studienangebote, wichtige Personal-
veränderungen, auch für die Öffentlichkeit interessante Erneuerung der Ausstattung usw.).
Zweitens begibt man sich auf die Suche nach Werbe- oder Medienpartnern. Nicht selten sind
Tageszeitungen daran interessiert, zu bestimmten Ereignissen an der örtlichen Hochschule
Sonderbeilagen zu veröffentlichen, die aus Anzeigen finanziert werden. Auch Fachzeitschriften und regionale Magazine sind häufig an einer solchen Partnerschaft interessiert; ebenso
auch die Rundfunkanstalten. Solche Medienpartnerschaften sind kostengünstig und verviel-
fachen gleichzeitig den werblichen Effekt. Erst wenn man weiß, welche Bereiche durch
Medienpartnerschaften abgedeckt werden können, beginnt man – drittens – mit der konkreten Planung werblicher Maßnahmen. Und erst dann – viertens – wird das Budget erstellt, was
leider nicht selten zur Folge hat, dass man die Planungen des dritten Schritts noch einmal
korrigieren muss.

Nicht im unmittelbaren Zusammenhang mit den werblichen Maßnahmen, aber doch in einer
konzeptionellen Verzahnung steht die Presse- und Öffentlichkeitsarbeit, die auch als Public
Relations bezeichnet wird. Nach Angaben der Deutschen Public Relations Gesellschaft
(DRPG) zielt Öffentlichkeitsarbeit auf die „Herstellung und Aufrechterhaltung eines Ver-
trauensverhältnisses zwischen Organisation und Öffentlichkeit". Was damit gemeint ist,
verdeutlicht ein schönes Beispiel des früheren Bankiers Alwin Münchmeyer (zitiert nach
Kotler/Bliemel 1995, S. 827):

„Wenn ein junger Mann ein Mädchen kennenlernt und ihr erzählt, was für ein großartiger
Kerl er ist, so ist das Reklame. Wenn er ihr sagt, wie reizend sie aussieht, so ist das Werbung. Wenn sie sich aber für ihn entscheidet, weil sie von anderen gehört habe, er sei ein
feiner Kerl, so sind das Public Relations."

Public Relations oder Öffentlichkeitsarbeit umfasst alle Kommunikationsmaßnahmen gegenüber der Öffentlichkeit, um das Verständnis für die eigenen Ziele bzw. Anliegen zu fördern,
ein eigenständiges Erscheinungsbild zu schaffen und eine Vertrauensbasis gegenüber der
Öffentlichkeit aufzubauen. Öffentlichkeitsarbeit ist deshalb nicht zu reduzieren auf Presse-
und Medienarbeit, da Journalisten zwar die wichtigsten, aber nicht die einzigen Ansprechpartner für vertrauensbildende Maßnahmen sind.

„In die Öffentlichkeit hineinzuwirken vermag nur, wer von ihr wahrgenommen werden kann.
Der Träger einer Botschaft oder eines Anliegens ist ein konstituierender Faktor der Botschaft
selbst. Wichtig ist daher zunächst, den entscheidenden Teilöffentlichkeiten ein prägnantes
Vorstellungsbild von der eigenen Organisation zu vermitteln – ein Image" (Avenarius1995,
S. 220). Das macht noch einmal deutlich, dass ein Corporate Design am Anfang jeder Kommunikationspolitik einer Hochschule stehen muss, denn es ist gleichsam die visuelle Konkretisierung des Images einer Hochschule.

Um ein Image aufzubauen und zu kommunizieren, sind ausgeklügelte Public Relations-
Kampagnen erforderlich. „PR-Kampagnen sind die hohe Schule der PR. Mit ihnen versuchen
PR-Fachleute, in den Meinungsbildungsprozess einzugreifen; mit ihnen versuchen sie auch
recht häufig, auf relativ schnellem Weg Imagekorrekturen zu erreichen, so flüchtig in diesem
Fall die Wirkungen auch sein mögen. Images ändern sich nur, wenn mehr geschieht als

Kommunikation, nämlich eine Änderung der Organisation selbst" (ebda, S. 196). Avenarius empfiehlt für PR-Kampagnen folgende fünf Schritte (in Anlehnung an Avenarius 1995, S. 198f.):

Ablauf einer Public-Relations-Kampagne

(1) Analyse

Problemstellung

Lösungsvorschlag

Stärken/Schwächen der Organisation

betroffene Teilöffentlichkeiten

Prognosen/Szenarien

(2) Strategische Planung

Kommunikative Ziele

Zeithorizont

Positionierung am Meinungsmarkt

Zielgruppen = Adressaten der PR-Aktionen

Interne Zielgruppen

Multiplikatoren

Meinungsführer

(3) Das PR-Konzept

Die PR-Lösung

Medienstrategie

Medienauswahl (Pressemedien, Aktionsmedien, Vorbilder wie Stars, VIP usw.)

PR-Instrumente (Pressekontakte, Publikationen, Anzeigen usw.)

(4) Umsetzung

Redaktion

Maßnahmenplanung

Kostenplanung

Organisationsplanung

(5) Kontrolle

Ergebniskontrolle

Erfolgskontrolle

Neben großen PR-Kampagnen darf die tägliche Presse- und Medienarbeit nicht vergessen werden; auch sie ist Teil der Kommunikationspolitik bzw. der Öffentlichkeitsarbeit. Während sich die allgemeine Öffentlichkeitsarbeit an die Öffentlichkeit insgesamt bzw. an spezifische Teilöffentlichkeiten richtet, ist Presse- und Medienarbeit ausschließlich an Journalis-

ten gerichtet. Deshalb sind hier auch die spezifischen Arbeitsbedingungen und Wahrneh-
mungsweisen von Journalisten zu berücksichtigen. Zu den wichtigsten Instrumenten der
Pressearbeit zählen die Pressemitteilung und die Pressekonferenz. Darüber hinaus sind soli-
de, dauerhafte und möglichst persönliche Medienkontakte ("Hintergrundgespräche") von
besonderer Bedeutung.

Die Pressemitteilung oder Presseinformation ist eine Ein-Weg-Kommunikation, in der ein
Sender (Hochschule) einem Empfänger (Medium) eine Information zukommen lässt. Die
Pressemitteilung muss gewissen inhaltlichen und formalen Kriterien entsprechen; darüber
hinaus sollte sie bestimmte Relevanzkriterien erfüllen, um die Chancen ihrer tatsächlichen
Veröffentlichung zu erhöhen. Unter inhaltlichen Gesichtspunkten muss die Pressemitteilung
Antworten geben auf die so genannten W-Fragen: Was? Wer? Wann? Wo? Mit wem? Für
wen? Wie? Warum? Unter formalen Gesichtspunkten gilt es, die klare Identifikation des
Absenders zu berücksichtigen, die Hauptinformation am Anfang zu platzieren (da in den
Redaktionen in der Regel vom Ende her gekürzt wird), die absatzweise Zusammenfassung
von Einzelinformationen zu beachten (der Redakteur kann dann nach Wichtigkeit absatzweise kürzen) und eine kurze, klare und prägnante Schreibweise zu beachten. Unter Relevanz-
aspekten ist z.B. zu achten auf die Aktualität bzw. Besonderheit des Themas, dessen öffentliche Bedeutung sowie auf den jeweiligen Interessantheitsgrad für den Leser (z.B. emotionaler
Gehalt, Kuriosität, Prominenz, Folgenschwere, Reichweite usw.).

Die Pressekonferenz sollte als Kommunikationsinstrument nur bei besonders wichtigen An-
lässen eingesetzt werden sollte. Zentrale Frage ist deshalb vor Einberufung einer Pressekonferenz, ob der zu berichtende Anlass hierfür wichtig genug ist oder sich die Information nicht
– für beide Seiten – effizienter über eine Pressemitteilung darstellen lässt. Da die Durchführung einer Pressekonferenz – wiederum für beide Seiten! – wichtige Zeit bindet, ist sie besonders sorgfältig vorzubereiten. Neben den zentralen Fragen: Wer lädt ein?/Wer wird eingeladen? zählen hierzu vor allem ein exaktes „Timing", eine möglichst originelle Ortswahl
sowie eine optimale Materialerstellung.

Abschließend sei noch darauf hingewiesen, dass zur Öffentlichkeitsarbeit auch die „Öffentlichkeitsarbeit nach innen" oder eine „interne PR" (Pepels 2009, S. 763) gehört. Weit verbreitet sind Hochschulzeitungen, die ein- oder zweimal pro Semester erscheinen und die sich
sowohl an Interessenten außerhalb der Hochschule als auch an die Hochschulangehörigen
einschließlich der Studierenden richten. Aber auch alle öffentlichen Veranstaltungen innerhalb der Hochschule, die Auskunft geben über das, was in der Hochschule erarbeitet wird,
dienen der internen Öffentlichkeitsarbeit. Dazu zählen Kongresse und Tagungen, Veranstaltungen im Rahmen des Studium Generale, Konzerte und Kunstausstellungen an Musik- und
Kunsthochschulen, öffentliche Gesprächszirkel, aber auch Betriebsfeiern und Betriebsaus-
flüge.

Auch der Neigung zu Gerüchten und Halbwahrheiten begegnet man am besten durch eine
offensive Informationspolitik. Was jeder weiß, ist für Gerüchte uninteressant. Deshalb haben
sich beispielsweise monatlich erscheinende Rektoratsmitteilungen oder interne Hochschul-
News stets als Mittel gegen die Zirkel derer bewährt, die angeblich immer alles noch besser
und noch früher wissen.

4.3 Hochschulfinanzierung

Zu den folgenreichen Veränderungen der letzten Jahre im Hochschulwesen zählt auch die Hochschulfinanzierung. Mit der Einführung von Studiengebühren sind die Studierenden zu Kunden geworden. Gleichzeitig hat die gesetzliche Verpflichtung zur Akquisition von Drittmitteln dazu geführt, dass jede Führungsaufgabe in einer Hochschule heute sehr eng mit der Beschaffung von Mitteln verbunden ist.

An den staatlichen Hochschulen setzt sich die Hochschulfinanzierung aus drei Teilen zusammen: neben den staatlichen Mitteln aus dem jeweiligen Landeshaushalt zählen dazu die so genannten Drittmittel sowie die sonstigen Einnahmen. So etwa stellt sich die Finanzierung in der Praxis dar, vom System her ist sie aber umgekehrt gedacht. Demnach sind zunächst die sonstigen Mittel zu berücksichtigen, dann erfolgt die Finanzierung über Drittmittel, und was dann noch ungedeckt bleibt, übernimmt der Landeshaushalt. Dabei machen die staatlichen Mittel bei weitem den größten Anteil aus, doch ist der Aufwand, um an Drittmittel und sonstige Einnahmen zu gelangen, bei weitem größer als die Anmeldung und das Erstreiten staatlicher Gelder.

Als sonstige Einnahmen bezeichnet man alle Einnahmen, die die Hochschule aus dem Verkauf von Waren und Dienstleistungen selbst erwirtschaftet (Eigenfinanzierungsanteil). Dazu gehören auch die Einnahmen aus Studiengebühren, da es sich um eine Gegenleistung für die Dienstleistung Lehre handelt. Drittmittel sind solche Mittel, die weder von der Hochschule selbst erwirtschaftet noch vom Träger gezahlt werden, sondern von einem Dritten. Das kann entweder ebenfalls die öffentliche Hand sein, beispielsweise in Form von Bundesmitteln für bestimmte Forschungsprojekte, oder aber die private Wirtschaft tritt als Sponsor bzw. Privatpersonen treten als Spender und Stifter auf. Zusammenfassend ergibt sich damit für die Hochschulfinanzierung folgende Übersicht:

```
                        ┌─────────────────────────┐
                        │   Hochschulfinanzierung  │
                        └─────────────────────────┘
        ┌───────────────────────┬───────────────────────┐
┌───────────────────┐  ┌─────────────────┐  ┌───────────────────────┐
│ Eigenfinanzierungs-│  │   Drittmittel   │  │ Staatliche Finanzierung│
│      anteil        │  │                 │  │                       │
└───────────────────┘  └─────────────────┘  └───────────────────────┘
```

Verkaufs-erlöse aus Waren u. Dienstleis-tungen	Studien-gebühren	Drittmittel der öffentli-chen Hand	Private Drittmittel		

institutio-nelle Finanzie-rung	Projekt-finanzie-rung	Stiftungen Förder-vereine	Sponso-ring

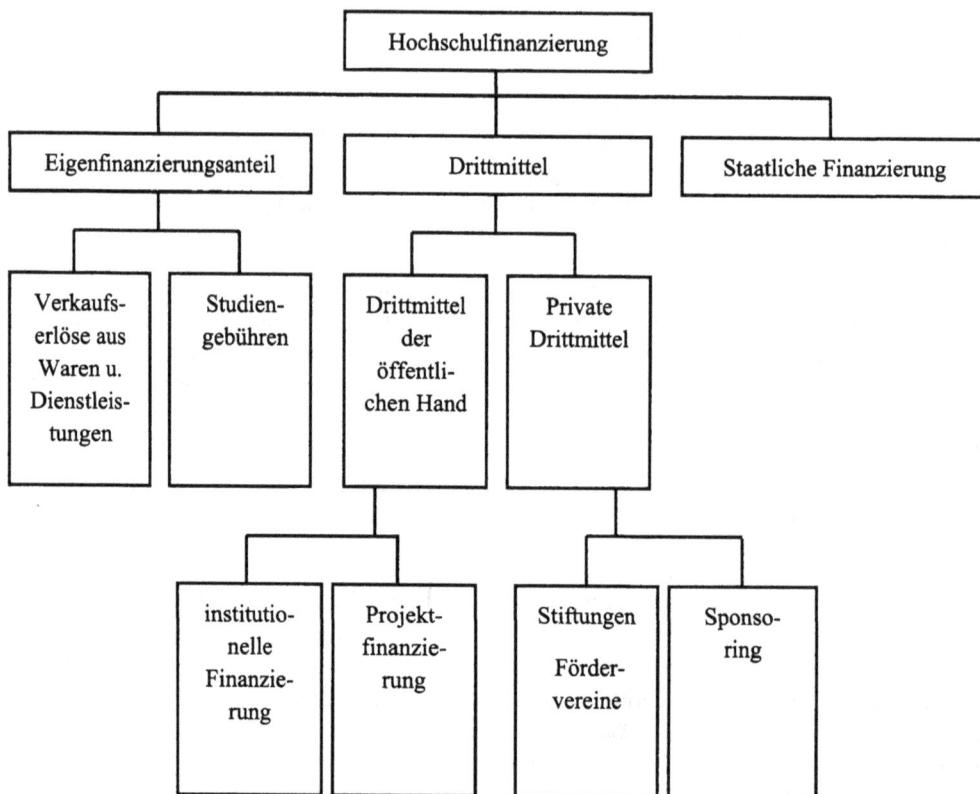

Abb. 25   Überblick über die Quellen der Hochschulfinanzierung

4.3.1   Eigenfinanzierungsanteil

Während noch vor wenigen Jahren der Eigenfinanzierungsanteil staatlicher Hochschulen
eher vernachlässigt wurde, ist die Verpflichtung zur Erwirtschaftung solcher Mittel heute
schon in vielen Hochschulgesetzen verankert. Als Eigenfinanzierungsmittel gelten in erster
Linie die Einnahmen aus dem Verkauf von Waren und Dienstleistungen, die der Kaufmann
als Umsatzerlöse bezeichnen würde. Darin sind folgende Gruppen von Einnahmen enthalten:

- Eintrittsgelder (z.B. zu öffentlichen Veranstaltungen der Hochschulen)
- Nutzungsgebühren (z.B. Mahngebühren in der Bibliothek, Kopiergelder, Gebühren für
  die private Nutzung von Hochschuleinrichtungen usw.)
- Gasthörergebühren (einschl. externer Teilnehmer von Fremdsprachenkursen)
- Einnahmen aus Kontaktstudien (also Weiterbildungsangebote der Hochschulen auf pri-
  vatrechtlicher Basis)
- Erlöse aus Merchandising (z.B. Verkauf von T-Shirts mit dem Hochschulsignet)

- Miet- und Pachteinnahmen (z.B. für die private Nutzung von Hochschuleinrichtungen durch Hochschullehrer)
- Abführungen aus Nebeneinnahmen (z. B. in Klinika, sofern sie nicht unmittelbar in den Staatshaushalt einfließen)
- Erlöse aus Licensing (Verkauf und vorübergehende Überlassung von Rechten zur Nutzung durch Dritte)

Schon diese Liste ist beachtlich lang, und sie lässt sich in vielen Hochschulen sicher noch ausbauen. Dies zeigt, dass man die Möglichkeit der Eigenfinanzierung keinesfalls unterschätzen sollte. Bei entsprechender Managementkreativität kann hier ein wichtiger Finanzierungsposten entstehen. Dabei ist möglicherweise auch eine strukturelle Phantasie recht hilfreich. So können etliche Einnahmegruppen über privatrechtliche Strukturen erzielt werden, indem man beispielsweise die Kontaktstudienangebote einer eigens dafür eingerichteten GmbH überträgt (vgl. Abschnitt 3.3.2). Die neue Deregulierung der Hochschulautonomie lässt den Hochschulen hier große Freiheiten.

Zu den sonstigen Eigenfinanzierungsanteilen zählen auch Einnahmen aus betriebsnahen Strukturen. In den USA kennt man bereits seit Jahren Stiftungen, deren Stiftungszweck ausschließlich auf eine bestimmte Hochschule ausgerichtet ist. Die Ausschüttungen aus solchen Stiftungen wären als Einnahmen aus betriebsnahen Strukturen zu bewerten und dem Eigenfinanzierungsanteil zuzurechnen.

Seit in einigen Bundesländern Studiengebühren eingeführt wurden, machen diese den größten Anteil unter den Eigenfinanzierungsmitteln aus. Studiengebühren sind hochschulpolitisch nach wie vor umstritten, und ob sie alle verfassungsrechtlichen und politischen Hürden nehmen werden, ist noch keineswegs ausgemacht. Deshalb erfolgt die Verwendung der Studiengebühren an vielen Hochschulen noch mit großer Zurückhaltung. Vor allem zögert man, beispielsweise langfristig bindende Arbeitsverträge aus Studiengebühren zu finanzieren. Doch haben sich die Hochschulen in manchen Bundesländern schon so sehr auf die Einnahmen aus Studiengebühren eingestellt, dass ein Wegfall dieser Einnahmen zu einer echten Katastrophe für diese Hochschulen würde.

4.3.2   Drittmittel der öffentlichen Hand

Die Drittmittel unterscheidet man nach Drittmitteln der öffentlichen Hand (die sogenannten Zuwendungen) und privaten Drittmitteln. Zuwendungen werden von einer öffentlich-rechtlichen Körperschaft an eine nachgeordnete Körperschaft oder öffentliche Institution gezahlt, also beispielsweise Zuwendungen aus EU-, Bundes- oder Landesmittel zugunsten einer Kommune bzw. einer kommunalen Einrichtung. Solche Zuwendungen sind entweder gesetzlich bzw. vertraglich festgelegte Leistungen für den laufenden institutionellen Bedarf (z.B. die Mittel aus der Exzellenzinitiative oder aus den Programmen zur Schaffung neuer Studienplätze) oder aber Projektmittel, die nur für einen bestimmten Zweck gezahlt werden.

Für die Hochschulfinanzierung sind vor allem die Projektmittel der öffentlichen Hand bzw. der Forschungsförderinstitute, die aus öffentlichen Mitteln finanziert werden, von Interesse. Es ist hier weder möglich noch sinnvoll, alle Projektfördermittel aufzuzählen oder gar noch die Fördermöglichkeiten darzustellen. Dazu muss auf die entsprechenden Informationen der Ministerien und auf die Links zu den Wissenschaftsorganisationen auf der Homepage der Hochschulrektorenkonferenz verwiesen werden.

4.3.3   Stiftungen, Spenden und Sponsoring

Als private Drittmittel bezeichnet man alle Finanzierungsmittel, die von privaten Trägern bereitgestellt werden. Dabei spricht man nur dann von privaten Trägern, wenn die Mittel tatsächlich nicht aus öffentlichen Haushalten stammen; formal private Träger, die aber in Wahrheit ausschließlich mit öffentlichen Geldern operieren, zählen nicht dazu (z.B. ein staatliches Förderinstitut, das als privatrechtlicher Verein organisiert ist). Diese privaten Drittmittel sind in der Regel Spenden, Erträge aus Stiftungen oder Sponsoring. Dabei gilt die grundsätzliche Unterscheidung, dass Spenden und Stiftungserträge für eine institutionelle Finanzierung geeignet sind, auch wenn sie nicht zwingend allein dafür eingesetzt werden müssen, während Sponsoring fast nur in der Projektfinanzierung zum Einsatz kommt.

- **Spenden**

Spenden sind private Zuwendungen eines Mäzens, die einer gemeinnützigen Institution zukommen und in ihrer Zweckbindung in der Regel den gesamten Aufgabenbereich dieser Institution umfassen. Da auch Hochschulen gemeinnützige Einrichtungen sind, die nicht gewinnorientiert tätig sind, können sie Empfänger von Spenden sein. Es sind Geld-, Sach- und Aufwandsspenden zu unterscheiden. Geldspenden sind für die Hochschule sehr günstig, da sie vielseitig verwendet werden können. Für den Spender ergibt sich mit der Geldspende der Vorteil, dass sie problemlos steuerlich absetzbar ist. Als Sachspenden kommen Wirtschaftsgüter aller Art in Betracht. Dazu ist es erforderlich, dass der Spender der Hochschule das Eigentum an der Sache verschafft (tatsächliche Verfügungsmacht) und die Sache dem gemeinnützigen Zweck dient. Die Sachspenden sind grundsätzlich mit dem gemeinen Wert (Verkehrswert einschließlich Umsatzsteuer) des Wirtschaftsgutes steuerlich absetzbar, insbesondere wenn sie aus dem Privatvermögen des Spenders stammen. Werden Nutzungen (z.B. Überlassung von Räumen) und Leistungen (z.B. Arbeitsleistung) entgeltlich erbracht, so kann bei Verzicht auf den rechtswirksam entstandenen Vergütungs- und Aufwendungsersatzanspruch eine steuerbegünstigte Spende vorliegen (sog. Aufwandsspende). Unentgeltliche Nutzungen (z.B. kostenlose Überlassung von Räumen) und Leistungen (z.B. ehrenamtliche Tätigkeit) können dagegen nicht wie eine Sachspende behandelt werden, da dem Steuerpflichtigen insoweit kein finanzieller Aufwand entsteht. Der Spender hat die Möglichkeit, seine Spende steuermindernd von der Einkommen- und Körperschaftsteuer abzusetzen, da die Spende an die Hochschule mildtätigen (z.B. zur Förderung bedürftiger Studenten) oder wissenschaftlichen Zwecken dient.

Spenden an Hochschulen erfolgen seltener als Einzelspenden, weit häufiger dagegen als Zahlungen an einen Förderverein (siehe auch Abschnitt 3.3.2). Fast alle Hochschulen verfügen inzwischen über einen oder mehrere Fördervereine, in denen von Freunden der Hochschule auf ehrenamtlicher Basis Mittel zugunsten der Hochschule gesammelt werden. Man sollte allerdings immer beachten, dass ein aktiver Förderverein nicht nur eine Einrichtung zum Geld sammeln ist, sondern sich auch hervorragend im Hochschulmarketing einsetzen lässt. Die Mitglieder von Fördervereinen werben mit ihrer Mitgliedschaft und ihren Aktivitäten für die Hochschule und bewirken damit das, was Public Relations anstreben, dass nämlich hochschulexterne Personen ein positives Image der Hochschule verbreiten.

- **Erträge aus Stiftungen**

Eine weitere wichtige Quelle für ein privates Drittmittelaufkommen sind Erträge aus Stiftungen. Als Stiftung bezeichnet man die auf Dauer ausgerichtete Bindung von Vermögenswerten für gemeinnützige Zwecke (siehe dazu ausführlich Abschnitt 3.3.2). Es gibt private Stiftungen (rechtsfähige bzw. nichtrechtsfähige Stiftungen des Privatrechts) und öffentliche Stiftungen (Stiftungen des öffentlichen Rechts).

Für eine Hochschule, die auf Erträge aus Stiftungen setzt, ist es unumgänglich, vorab zwei Informationen einzuholen. Erstens muss sie die genaue Zweckbestimmung der Stiftung kennen, denn von dem durch den Stifterwillen festgelegten Stiftungszweck kann eine Stiftung niemals abweichen; hier ist – völlig zu Recht – die staatliche Aufsicht sehr streng. Zweitens muss man wissen, um welche Art von Stiftung es sich handelt, weil nicht alle Stiftungsarten für alle Förderzwecke geeignet sind. Von den verschiedenen Stiftungsarten sind mit Blick auf die Hochschulfinanzierung folgende drei von besonderem Interesse:

- Projektstiftung oder operative Stiftung (sie führt eigene Projekte entsprechend dem Stiftungszweck durch; eine Förderung Dritter ist nur in der Weise möglich, dass die Projektstiftung das Projekt eines Dritten als eigenes übernimmt, d.h. die Stiftung wird Veranstalter und die zu fördernde Einrichtung führt das Projekt im Auftrag der Stiftung durch);
- Förderstiftung (sie fördert vorrangig oder ausschließlich Projekte Dritter, ohne selbst Veranstalter zu werden);
- betriebsnahe Stiftung (arbeitet ähnlich wie ein Förderverein, d.h. die Stiftung dient ausschließlich dem Zweck, eine bestimmte Einrichtung, z.B. eine Hochschule zu fördern).

Einen Überblick über alle Stiftungen in Deutschland mit Angaben über Stiftungsart und Stiftungszweck hält der Bundesverband Deutscher Stiftungen (www.stiftungen.org) bereit.

Projektstiftungen können aufwändige Forschungsprojekte übernehmen, Förderstiftungen können die Hochschule oder Teile von ihr fördern und betriebsnahe Stiftungen können ausschließlich für Zwecke einer Hochschule gebildet werden. Letztere können entweder als Stiftung eines einzelnen Stifters eingerichtet werden oder aber als Sammelstiftung, die durch Zustiftungen allmählich wächst.

Allerdings sollte man es vermeiden, zu viele kleine Stiftungen zu verwalten. Das Stiftungsrecht lässt die Gründung einer Stiftung bereits bei einem Vermögen von 50.000 EUR zu. Ein solches Vermögen bringt keine nennenswerten Erträge, zumal fast immer auch Kosten wie Bankgebühren usw. anfallen und dann ein Nettoertrag von vielleicht 3 % zur Verfügung steht. Wenn nach dem Willen des Stifters auch noch ein Stiftungsrat einzurichten ist, entsteht zudem auch ein unverhältnismäßig hoher Arbeitsaufwand. Für solche Stifter würde sich eine Sammelstiftung sehr gut eignen.

Ohnehin sollte sich die Hochschule bewusst sein, dass eine Stiftung, deren Zweck ausschließlich auf die Hochschule ausgerichtet ist und die deshalb auch von der Hochschule verwaltet wird, mit einem nicht zu unterschätzenden Arbeitsaufwand verbunden ist. Das Vermögen muss mündelsicher angelegt werden, der Kapitalmarkt muss beobachtet und Anlageformen müssen geprüft werden. Nicht zuletzt sind Entscheidungen zu treffen, die einem in Banken- und Anlagegeschäften unerfahrenen Gremium möglicherweise schwer fallen. Deshalb bieten viele Banken für solche Stiftungen eine Stiftungsverwaltung an. Das erleichtert der Hochschule zweifellos die Verwaltung der Stiftung, ist gleichzeitig aber auch mit zusätzlichen Kosten verbunden. Man sollte davon ausgehen, dass die Bank etwa ein Drittel der Stiftungserträge als Kosten ihrer Stiftungsverwaltung einbehalten wird. Das erklärt das Interesse der Banken an solchen Serviceleistungen, motiviert aber möglicherweise auch dazu, es vielleicht doch mit einer eigenen Stiftungsverwaltung zu versuchen.

Trotz aller Herausforderungen, die eine Stiftungsverwaltung mit sich bringt, sind die Vorteile, die einer Hochschule aus einigen gut ausgestatteten und ausschließlich zur Förderung der Hochschule eingerichteten Stiftungen erwachsen, zu groß, um auf diese Möglichkeit gänzlich zu verzichten. Welche Potentiale mit solchen Stiftungen verbunden sind, zeigen die Erfahrungen vieler US-amerikanischen Hochschulen, die durch Zustiftungen – nicht zuletzt von Alumni – inzwischen ein beträchtliches Stiftungsvermögen ansammeln konnten, dessen Erträge ganz wesentlich zur Finanzierung der Hochschule beitragen.

- **Sponsoring**

Als Sponsoring bezeichnet man die Unterstützung von Einrichtungen oder Personen vorwiegend im sozialen, sportlichen, kulturellen oder ökologischen Bereich durch Finanz- oder Sachmittel eines Unternehmens. Der entscheidende Unterschied zum Spender oder Stifter besteht darin, dass mit dem Sponsoring immer ein Marketing- oder Kommunikationsziel verbunden ist, d.h. der Sponsor erwartet vom Begünstigten eine Gegenleistung zur Stützung seiner eigenen unternehmerischen Ziele. Folglich ist ein Sponsoring steuerlich nicht als Sonderausgabe absetzbar (wie die Spende), sondern als Werbungskosten, weil es den werblichen Zielen eines Unternehmens, nicht aber wohltätigen Zwecken dient.

Sponsoring ist für das Wirtschaftsunternehmen primär eine Form der Öffentlichkeitsarbeit und Imagewerbung. Durch das Sponsoring will das Unternehmen bekannt werden und einen Personenkreis erreichen, den es über die gängige Medienwerbung möglicherweise nicht mehr ansprechen kann. Zweitens will das Unternehmen durch das Sponsoring sein Image aufwerten. Bildung, Wissenschaft und Forschung haben fast immer ein positives Image; folglich verspricht man sich von der Verbindung des eigenen Unternehmens oder der eigenen Produkte mit diesem positiv besetzten Bereich einen Imagetransfer zugunsten der eigenen Interessen.

Diese Aspekte der Öffentlichkeitsarbeit und des Imagetransfers zeigen allerdings nur dann Wirkung, wenn etwas gesponsert wird, von dem auch eine entsprechende öffentliche Wirkung ausgeht. Öffentlichkeits- und medienwirksam aber sind in erster Linie Projekte, weil sie in ihrer zeitlichen Begrenzung selbst auf eine konzentrierte öffentliche Wahrnehmung angewiesen sind. Folglich ist Sponsoring vor allem in der Projektfinanzierung von besonderer Bedeutung (siehe Abschnitt 4.3.5).

Da Sponsoring für das Wirtschaftsunternehmen Teil einer mittel- bis langfristigen Marketing- und Kommunikationsstrategie ist, darf es auch für die Hochschulen nicht als spontaner Notnagel für überraschende Finanzlöcher eingesetzt, sondern muss auch hier strategisch angelegt werden. Eine solche Sponsoring-Strategie enthält mindestens folgende Punkte:

Sponsoring-Strategie

(1)   Profil des zu sponsernden Vorhabens

(1.1) Beschreibung des Vorhabens

Welche Ideen und welche Anliegen verfolgt das Vorhaben?

(1.2) Zielgruppe

Wem dient das Vorhaben? An wen richtet es sich vorrangig (Studierende, Lehrende, Fachöffentlichkeit, allgemeine Öffentlichkeit usw.)?

Wo ist die Zielgruppe angesiedelt (lokal, regional, bundesweit)?

(1.3) Kostenplan

Welche Gesamtkosten und Gesamterträge sind zu erwarten?

Was wird voraussichtlich an Mitteln benötigt (Finanz-, Sach- und Betriebsmittel, Organisationshilfen)?

(1.4) Wirkungsradius

Inwieweit sind Vertreter gesellschaftlich relevanter Gruppen in das Vorhaben eingebunden (Wirtschaft, Gesellschaft, Politik)?

Mit welcher Medienpräsenz ist zu rechnen (Tagespresse, Hörfunk, Fernsehen, lokal, regional, national)?

Wie soll das Vorhaben in der Öffentlichkeit bekanntgemacht werden (Plakat, Flyer, Dokumentation, Anzeigen, Pressearbeit)?

(1.5) Angestrebte Sponsorenbeteiligung

Soll ein Exklusiv-Sponsor oder sollen mehrere Sponsoren gewonnen werden?

Soll ein Sponsorenpool gebildet werden?

Kann der Sponsor das Projekt für eigene Zwecke nutzen?

(2)   Sponsorenauswahl

(2.1) Schnittstelle/Affinität: Produkte und Dienstleistungen

Welche Merkmale hat das Vorhaben, die sich ganz oder teilweise mit Produkten oder Dienstleistungen von Unternehmen decken?

Welche Unternehmen gibt es, die darauf angesprochen werden können?

(2.2) Schnittstelle/Affinität: Unternehmenssituation

Welches Unternehmen ist dafür bekannt, z.B. Forschungsprojekte zu sponsern?

Welches Unternehmen hat in der Vergangenheit zu erkennen gegeben, dass es an Sponsoring Interesse hat?

Welches Unternehmen hat sich erst kürzlich angesiedelt und hat daher ein Interesse, seinen Bekanntheitsgrad zu steigern?

(2.3) Schnittstelle/Affinität: Zielgruppen

Gibt es ein Unternehmen, dessen Zielgruppe (weitgehend oder zum Teil) identisch ist mit der Zielgruppe des Vorhaben?

(2.4) Schnittstelle/Affinität: Imagedimension

Welche Image-Charakteristika lassen sich aus dem Vorhaben ableiten?

Welche Unternehmen gibt es, deren Imagedimensionen mit den Charakteristika übereinstimmen?

(2.5) Ausgrenzung

Welches Unternehmen sollte auf keinen Fall angesprochen werden?

(3)		Akquisition

(3.1) Vorbereitung eines Sponsoren-Gesprächs

Wer sind die geeigneten Ansprechpartner in den Unternehmen?

Wie und von wem wird der Kontakt hergestellt (Türöffner)?

Wer führt die Gespräche?

(3.2) Gesprächsführung

Präsentation des Vorhabens auf der Grundlage des Profils: (a) Präsentation der Schnittstellen. (b) Was macht das Projekt für den Sponsor interessant?

(3.3) Bedarf: Was wird gebraucht? Was wird vom Sponsor konkret erwartet?

(Mitfinanzierung, Übernahme einer Ausfallbürgschaft, Stipendien, Öffentlichkeitsarbeit/Plakat/Broschüre, Infrastruktur/Transportfahrzeuge, Anmietung von Räumen, Publikationshilfen für Bücher)

(3.4) Gegenleistung: Was soll dem Sponsor angeboten werden? Wo liegen die Grenzen der Selbstdarstellung des Unternehmens?

(Namensnennung auf Plakaten, in Dokumentationen usw., Hinweis auf Sponsor in Eröffnungsreden, Interviews, Pressearbeit, Informationsstand des Sponsors im Rahmen einer Projektpräsentation, Verwertung des Vorhabens für sonstige Unternehmenszwecke usw.)

(4)		Sponsoringvertrag

Sponsoringvertrag mit den Elementen: Leistungen des Sponsors, Gegenleistung des Sponsoringnehmers, finanztechnische Abwicklung, gegenseitige Informationspflicht und Ausschluss inhaltlicher Einflussnahme.

Diese Aufstellung macht deutlich, dass ein professionelles Sponsoring mit einem erheblichen Aufwand auf Seiten des Sponsoringnehmers verbunden ist und es zeigt zweitens, dass es sich um eine Geschäftsbeziehung unter Geschäftspartnern handelt, keineswegs aber um ein Sammeln von Almosen und mäzenatischen Wohltaten.

Weil bei einem professionellen Sponsoring der Aufwand erheblich ist und offensichtlich auch spezifische Kompetenzen und möglichst auch eine einschlägige Erfahrung erforderlich sind, werden für ein Sponsoring im Sport-, Sozial- und Kulturbereich spezielle Sponsoringagenturen eingeschaltet. Sie haben nicht nur den Vorteil der notwendigen Erfahrung, sondern verfügen auch über entsprechende Kontakte zu interessierten Unternehmen. Im Hochschulbereich haben sich erst in jüngster Zeit einige Agenturen spezialisiert, so dass man noch kaum von einer positiven oder negativen Zusammenarbeit berichten kann. Allerdings ist der Hinweis angebracht, dass Sponsoringagenturen nicht nur ihre Kosten, sondern auch ihre Provision aus dem Sponsoringaufkommen abdecken. Je nach der Höhe der eingeworbenen Mittel kann diese Provision zwischen 15 und 50 % der Gesamtsumme des Sponsorings liegen.

- **Fundraising**

Eine systematische Anwerbung von privaten Drittmitteln bezeichnet man als Fundraising. „Der Begriff Fundraising kommt aus den USA. Er setzt sich zusammen aus dem Substantiv *fund* und dem Verb *to raise*. *Fund* bedeutet Geld, Kapital; *to raise* heißt etwas aufbringen (zum Beispiel Geld). Fundraising bedeutet demnach wörtlich Kapitalbeschaffung. Fundraising wird verstanden als die umfassende Mittelbeschaffung einer Organisation. (...) Beim Fundraising geht es um die Erstellung einer Kommunikationsstrategie für die Beschaffung von Finanzmitteln und zwar vor allen Dingen für Mittel, die nicht nach klaren Förderkriterien vergeben werden und nicht regelmäßig fließen" (Haibach 2006, S. 19).

Wie in der Definition schon angedeutet, ist Fundraising auf eine ganzheitliche Strategie zur Mittelbeschaffung ausgerichtet. Das bedeutet, dass eine Fundraising-Konzeption nicht nur Teil eines Finanzierungsplans ist, sondern auch Bestandteil einer umfassenden Marketingstrategie zum Austausch von Bedürfnissen der Kunden und Anbieter. Deshalb steht am Anfang einer Fundraising-Aktion eine Reihe von Fragen, die das eigene Profil beschreiben und analysieren sollen:

(1) Welche Bedürfnisse in der Gesellschaft bestehen, auf die die Hochschule mit einer geeigneten Produktpalette reagieren könnte?
(2) Inwieweit unterscheiden sich die eigenen Waren und Dienstleistungen von denen anderer Hochschulen und Bildungseinrichtungen?
(3) Für welche Personen oder Personengruppen – gerade auch außerhalb der Hochschule – könnten diese Produkte von vorrangigem Interesse sein?
(4) Wer könnte bereit sein, die Hochschule zu unterstützen?
(5) Was kann man denen anbieten, die sich möglicherweise zu einer Unterstützung bereitfinden werden?

Entscheidend ist in dieser Phase, dass sich die Einstellung der Fundraiser gegenüber den potentiellen Stiftern, Spendern und Sponsoren ändert. Nicht mehr die Notwendigkeit, Geld zu beschaffen, darf im Mittelpunkt stehen, sondern die Frage, weshalb könnte ein Geldgeber Interesse an dem haben, was die Hochschule leistet? Dahinter steht die alte Fundraiser-Weisheit, dass der Köder dem Fisch und nicht dem Angler schmecken muss. Sehr häufig scheitert eine Fundraising-Aktion deshalb, weil die Geld suchende Institution diese Veränderung des Blickwinkels nicht geschafft hat.

Nach der sorgfältigen und selbstkritischen Befragung des Profils und der eigenen Potentiale wird man in einem zweiten Schritt systematisch alle Personen und Personengruppen ansprechen, die sich in der Analyse als Zielgruppe für ein Fundraising herausgebildet haben. Das geschieht möglichst persönlich, d.h. durch ein persönliches Anschreiben oder einen persönlichen Besuch. Schon in dieser Phase kommt es ganz entscheidend darauf an, die „Gegenleistungen" deutlich herauszustellen, um den Eindruck des einseitigen Bettelns unter allen Umständen zu vermeiden. Solche Gegenleistungen sind bei Spendern und Stiftern gewisse Privilegien und Bevorzugungen, bei Sponsoren eine vertraglich vereinbarte Mitwirkung der Hochschule an den Werbe- und PR-Aktivitäten des Sponsors.

Kommt es dann zu Zahlungen, beginnt in einer dritten Phase die sehr sorgfältige und bisweilen auch recht aufwendige „Betreuung" der Spender, Stifter und Sponsoren, um sie möglichst immer wieder zu einer Erneuerung ihrer finanziellen Beiträge zu bewegen. Damit wird noch einmal deutlich, dass jede Fundraising-Aktion langfristig angelegt ist und Beziehungen aufbauen will, auf die eine Hochschule auch später immer wieder zurückgreifen kann.

Vor allem in kleineren Hochschulen hat es sich bewährt, wenn das Fundraising in einer engen Zusammenarbeit mit einem Förderverein der Hochschule erfolgt. Ein solcher Förderverein hat den Vorteil, dass er nach außen nicht als die Hochschule auftritt – er wirbt also nicht um Spenden für sich selbst – gleichwohl aber aufgrund seiner Zweckbestimmung eng mit der Hochschule verbunden ist.

4.3.4   Staatliche Hochschulfinanzierung

Es ist leicht erkennbar, dass die staatliche Hochschulfinanzierung in diesem Zusammenhang kaum einer besonderen Darstellung bedarf. Sie ist jene Finanzierung, zu der der Hochschulträger rechtlich verpflichtet ist, da sich die Hochschule letztlich in seinem Eigentum befindet. Dennoch gelingt die staatliche Hochschulfinanzierung selten konfliktfrei, denn die finanziellen Wünsche der Hochschulen decken sich nur selten mit den finanziellen Möglichkeiten und Zielen der Finanzminister. Folglich kommt es für die Hochschulleitung darauf an, gut vorbereitet in die so genannten Haushaltsberatungen mit dem Fachministerium und dem Finanzministerium zu gehen, um möglichst viele finanziellen Vorstellungen in die Tat umzusetzen. Der Verlauf und das Ergebnis solcher Etatberatungen hängen sehr stark vom Geschick und den Erfahrungen der handelnden Personen ab; Handbücher sind da nur selten hilfreich.

Zwei Punkte sind dennoch gesondert hervorzuheben. Die meisten Hochschulgesetze sehen neuerdings Hochschulverträge und Zielvereinbarungen vor. Beispielsweise in § 13 Abs. 2 des Landeshochschulgesetzes von Baden-Württemberg heißt es:

„Die staatliche Finanzierung der Hochschulen orientiert sich an ihren Aufgaben, den vereinbarten Zielen und den erbrachten Leistungen. (…) Die staatliche Finanzierung soll anteilig in mehrjährigen Hochschulverträgen, nach Leistungs- und Belastungskriterien sowie in ergänzenden Zielvereinbarungen, die insbesondere Ziele und Schwerpunkte der Entwicklung der Hochschulen unter Berücksichtigung der übergreifenden Interessen des Landes zum Gegenstand haben, festgelegt werden; dabei sind die Zielsetzungen aus genehmigten Struktur- und Entwicklungsplänen zu beachten."

Ähnliche Formulierungen finden sich auch in anderen Landeshochschulgesetzen, wobei teilweise – z. B. in Sachsen-Anhalt – die Hochschulverträge und Zielvereinbarungen die Struktur- und Entwicklungspläne ersetzen. In Hochschulverträgen, die bisweilen auch als Solidarpakte bezeichnet werden, vereinbaren die Vertragspartner eine finanzielle Absicherung der Hochschulen für einen definierten Zeitraum und auf der Basis eines bestimmten Referenzjahres. Beispielsweise hat die Landesregierung Baden-Württemberg am 2.3.2007 mit allen Hochschulen einen Solidarpakt für die Jahre von 2007 bis 2014 geschlossen, der aus folgenden Eckpunkten besteht:

- Planungssicherheit auf der Basis des Haushalts 2007
- Keine Absenkung der staatlichen Finanzierung aus Anlass der Einführung von Studiengebühren
- Zusätzliche Bereitstellung des Landesanteils für die Exzellenzinitiative
- Gemeinsamer Aufbau eines Innovations- und Qualitätsfonds durch Land und Hochschulen (Gesamtumfang 30 Mio. Euro)
- Weiterentwicklung des Systems zur Hochschulfinanzierung sowie Engagement der Hochschulen bei der Qualitätssicherung
- Bereitstellung des rechtlichen und finanziellen Rahmens für das Ausbauprogramm 2012 durch das Land sowie eines Eigenanteils durch die Hochschulen

Zweifellos ist dies eine komfortable Regelung, die den Hochschulen in Baden-Württemberg eine hohe Finanzsicherheit garantiert. Allerdings bedeutet dies auch, dass zusätzliche Forderungen der Hochschulen innerhalb dieses Zeitraums kaum eine Chance haben, beim Finanzminister Gehör zu finden. Umgekehrt erweist sich der Solidarpakt in Zeiten einer Finanz- und Wirtschaftskrise als eine nicht zu unterschätzende Belastung für die Landesregierung und den Landtag. Wenn überall gespart werden muss, die Hochschulen aber wegen des Solidarpakt ausgespart bleiben, macht dies die Arbeit der Parlamentarier nicht gerade leichter.

Der zweite Punkt, der besonderer Erwähnung bedarf, sind die Zielvereinbarungen (Börger 2006). Solche Zielvereinbarungen kennt man als Qualitätssicherungs- und Leistungssteigerungselemente im Personalmanagement der freien Wirtschaft. Seit einiger Zeit finden sie auch im öffentlichen Dienst immer mehr Befürworter. Die Zielvereinbarungen der Hochschulen knüpfen daran an, gehen aber über die Leistungen eines einzelnen Mitarbeiters oder einer Arbeitsgruppe weit hinaus. Mit den Zielvereinbarungen verpflichten sich die Hochschulen gegenüber dem Land, innerhalb eines vorgegebenen Zeitraums bestimmte Leistungen zu erbringen oder eine bestimmte Qualität der Leistungen zu erreichen. Beispielsweise ist die zeitliche Vorgabe zur Umsetzung der Bologna-Reform eine in den letzten Jahren häufig praktizierte Zielvereinbarung. Solche Zielvereinbarungen werden an finanzielle Zusagen gekoppelt, so dass es sich eine Hochschule kaum noch leisten kann, eine Zielvereinbarung zu ignorieren. Zwar gilt weiterhin der Grundsatz der Deregulierung, weil es sich nicht um eine ministerielle Vorgabe, sondern um eine freie Vereinbarung handelt, doch ist der damit verbundene Druck nicht zu leugnen. Allerdings ist es für eine abschließende Beurteilung, ob sich diese Zielvereinbarungen bewährt haben oder eine andere Form der Regulierung schaffen, noch zu früh. Dazu sollten die Erfahrungen der nächsten Jahre abgewartet werden.

4.3.5   Projektmanagement und Projektfinanzierung

Es wurde bereits mehrfach betont, dass die Drittmittelfinanzierung zunehmend an Bedeutung gewinnt. Sofern es sich nicht um die eher seltenen Drittmittel für eine institutionelle Förderung handelt, eignet sich diese Finanzierungsform vor allem für Projekte. Deshalb ist es notwendig, dem Projektmanagement und der Projektfinanzierung kurz noch etwas Aufmerksamkeit zu schenken.

Unter einem Projektmanagement versteht man die Planung, Steuerung und Kontrolle von Projekten. Als Projekte bezeichnet man Vorhaben mit folgenden Merkmalen:

- sie sind azyklisch;
- sie sind zeitlich befristet und kennen einen eindeutig definierten Anfangs- und Endtermin;
- sie verfolgen ein klares Ziel mit eindeutiger Aufgabenstellung;
- es stehen nur (auf das Projekt) begrenzte finanzielle und personelle Ressourcen zur Verfügung;
- Projekte sind in ihren Inhalten und Aufgaben relativ komplex und innovativ, so dass interdisziplinäre Kompetenzen erforderlich sind.

Im Hochschulbereich hat man es vorrangig mit Forschungsprojekten zu tun, auf die die eben genannten Merkmale zutreffen und die sich deshalb auch für eine Projektfinanzierung über Drittmittel sehr gut eignen. Darüber hinaus ist es aber auch möglich, Projekte zu konstruieren, indem man sie aus der laufenden Arbeit „herausschneidet". Dies ist vor allem dann gerechtfertigt, wenn man das Projekt mit zusätzlichem Personal und mit Sondermitteln abwickeln möchte. Insgesamt ergeben sich mit dem Einsatz des Projektmanagements im Hochschulbereich folgende Vorteile:

- Hierarchien und fest gefahrene Strukturen können durch eine projektorientierte Aufbauorganisation durchbrochen werden (vgl. Abb. 9);
- Mitarbeiter können neu motiviert werden durch eine interdisziplinäre Ausrichtung, die auch solche Fähigkeiten und Kenntnisse zum Einsatz bringt, die in der Routine der laufenden Arbeiten zu wenig genutzt werden;
- über befristete und auf das Projekt begrenzte Werkverträge können zusätzliche Mitarbeiter gewonnen werden, ohne dass es zu einer Änderung des Stellenplans kommt;
- für ein Projekt können zusätzlich öffentliche und private Drittmittel akquiriert werden, die für die Finanzierung einer Institution nicht zur Verfügung stünden;
- die Qualität des Managements wird erheblich verbessert durch einen zielorientierten zeitlichen Rahmen und eine projektorientierte Ablauforganisation.

Von diesen Vorteilen wiegt die Projektfinanzierung ganz besonders, denn sie ist nur ausgerichtet auf die Finanzierung eines in sich abgeschlossenen Projekts. Dieser Vorteil ergibt sich vor allem für Drittmittel und zwar sowohl solche der öffentlichen Hand wie auch private Drittmittel.

Drittmittel der öffentlichen Hand für Projekte werden als Projektzuwendungen bezeichnet. Dabei handelt es sich um eine Zahlung für zeitlich und inhaltlich begrenzte Maßnahmen, für die in bestimmtem Umfang Personal-, Betriebsausgaben und investive Ausgaben bezuschusst werden können. Wesentliche formale Voraussetzung ist allerdings, dass mit dem Projekt nicht vor Bewilligung einer Zuwendung angefangen wird; eine nachträgliche Beantragung von Zuwendungen ist deshalb nicht möglich. Die Bewilligung (der Zuwendungsbescheid) erfolgt immer nur für einen begrenzten Förderzeitraum; nach Abschluss des Projektes ist vom Zuschussempfänger zumeist ein detaillierter Verwendungsnachweis beim Zuschussgeber vorzulegen.

Gesetzliche Grundlage von Zuwendungen der öffentlichen Hand sind die §§ 23 und 44 der Bundeshaushaltsordnung (BHO) bzw. der Haushaltsordnungen der zuständigen Länder (LHO), die entsprechenden Verwaltungsvorschriften (VV) sowie die allgemeinen und besonderen Nebenbestimmungen (ANBest bzw. BNBest), die   einheitlich für Bund und Länder gelten. Das Antrags- und Abwicklungsverfahren ist recht formal, wie die folgende Stichwortliste zeigt:

Antrags- und Abwicklungsverfahren für Zuwendungen

(1)   Vorbereitung eines Zuwendungsantrags:

- rechtliche Prüfung eines möglichen Zuwendungsanspruchs

- Planung des Vorhabens (Idee, Konzeption, Realisierungschancen)

- Feststellung, inwieweit das Projekt im öffentlichen Interesse liegt und deshalb auch aus öffentlichen Mitteln finanziert werden sollte

- evtl. Vorgespräch mit dem potentiellen Zuwendungsgeber

- Kalkulation der Ausgaben

- Finanzierungsplan

(2)   Zuwendungsantrag

- Schriftform

- Beschreibung von Art, Inhalt, Umfang und Ziel des Vorhabens

- Ausgaben- und Finanzierungsplan

- Erklärung darüber, dass mit dem Projekt noch nicht begonnen wurde

(3)   Der Zuwendungsgeber prüft, ob der Ausgaben- und Finanzierungsplan realistisch ist (sind die Positionen vollständig, sind die Ausgaben zuwendungsfähig oder stehen sie nur indirekt im Zusammenhang mit dem Vorhaben, sind die Verwaltungsausgaben angemessen?), ob das Vorhaben von öffentlichem Interesse ist und ob dafür Finanzmittel zur Verfügung stehen. Nicht zuletzt wird er auch prüfen, ob das Projekt nicht auch ohne Zuwendungen durchführbar wäre.

(4) Bewilligungsbescheid

- der Bewilligungsbescheid ergeht als schriftlicher Verwaltungsakt mit Rechtsmittel-belehrung

- in der Regel ist damit auch eine Aufstellung der Rechte und Pflichten des Zuwen-dungsempfängers verbunden

- mit dem Projekt darf nicht begonnen werden, solange der Bescheid nicht rechtskräf-tig ist

- erklärt der Zuwendungsempfänger schriftlich, dass er auf die Einlegung eines Rechtsmittels verzichtet, kann die Auszahlung der Mittel beschleunigt werden

(5) Verwendungsnachweis

Der Verwendungsnachweis ist spätestens sechs Monate nach Erfüllung des Verwen-dungszwecks schriftlich vorzulegen; er muss umfassen:

- einen Sachbericht über den Verlauf des Projekts, evtl. ergänzt um Fotos, Presseb-erichte usw.

- einen Finanzbericht mit einer Aufstellung aller Einnahmen und Ausgaben

- eine Erklärung, dass die Ausgaben notwendig waren, dass wirtschaftlich und sparsam verfahren wurde und die Angaben mit den Büchern und Belegen übereinstimmen

Öffentliche Zuwendungen sind selten auf eine Vollfinanzierung eines Projekts ausgerichtet, weil dann der Zuwendungsgeber letztlich auch Veranstalter würde. Stattdessen steht die Teilfinanzierung im Vordergrund, die als Fehlbedarfsfinanzierung (bis zu einem Höchst-betrag), als Festbetragsfinanzierung oder als (prozentuale) Anteilsfinanzierung erfolgt. Die Fehlbedarfsfinanzierung, bei der immer eine Finanzierungslücke bleibt, für die dann private Drittmittel herangezogen werden müssen, ist die Regelfinanzierung. Es soll nicht verschwie-gen werden, dass der Aufwand für die Beantragung und Abwicklung von Drittmitteln der öffentlichen Hand ganz erheblich sein kann (vor allem wenn es sich um EU-Mittel handelt), doch sind viele Projekte der Hochschulen ohne diese öffentlichen Drittmittel nicht oder nur schwer zu finanzieren.

Fast in allen Projekten ist es erforderlich, die nicht ausreichenden Drittmittel der öffentlichen Hand durch private Drittmittel zu ergänzen. Als private Drittmittel zur Projektfinanzierung eignet sich neben Spenden und Stiftungserträgen vor allem das bereits vorgestellte Sponso-ring.

Von einigem Interesse ist in der Projektfinanzierung auch die Public-Private-Partnership. Wie der Name schon sagt, handelt es sich um eine Partnerschaft zwischen der öffentlichen Hand und privaten Unternehmen, um bestimmte Aufgaben gemeinsam wahrnehmen zu kön-nen. In der Regel geht es dabei um konkrete Aufgaben, die in gemeinsamer Trägerschaft stehen, doch kann eine Public-Private-Partnership auch als Finanzierungsmittel in Frage kommen. In einem solchen Fall unterhält die PPP, wie die Public-Private-Partnership gern abgekürzt wird, einen Finanzierungspool, der aus öffentlichen und privaten Mitteln gespeist wird und aus dem dann Fördermittel zur Verfügung gestellt werden.

Da bei der PPP die Förderung nicht so öffentlichkeitswirksam ist wie beim Sponsoring – in einem Pool kann sich eine einzelne Firma kaum ins Rampenlicht drängen –, hat der Zuschuss aus dem Pool der PPP einen etwas mäzenatischeren Charakter. Dennoch wird auch eine Public-Private-Partnership für eine Projektfinanzierung nur zu gewinnen sein, wenn ähnlich strategisch vorgegangen wird, wie dies für das Sponsoring gilt.

4.4   Qualitätsmanagement

Als Qualitätsmanagement (QM) bezeichnet man alle systematischen Maßnahmen, die der Verbesserung von Produkten, Prozessen und Leistungen dienen. Dazu wurden zunächst nur in der industriellen Massenproduktion standardisierte Qualitätsmanagementsysteme wie die Norm ISO (International Organization for Standardization) 9000ff. oder Total Quality Management-Modelle (TQM) wie EFQM entwickelt, um Produktionsfehler zu vermeiden. Die aktuelle Diskussion um das Qualitätsmanagement an Hochschulen beschäftigt sich unter anderem mit der Frage, ob solche standardisierten Qualitätssteuerungssysteme auch im Hochschulmanagement zum Einsatz kommen sollten. Erste sehr positive Erfahrungen wurden bereits mit der DIN EN ISO 9001 gemacht (Binner 2009). Diese Norm hat den Vorteil, dass sie für den Dienstleistungs- und Bildungssektor geeignet und international ausgerichtet ist. Für eine Übernahme standardisierter Qualitätsmanagementsysteme der Wirtschaft spricht auch, dass die Hochschulen immer stärker einen unternehmerischen Charakter annehmen. „Begriffe, die noch vor zehn Jahren Domäne der Unternehmensentwicklung waren, haben in ganz Europa Einzug gehalten in die öffentlichen Hochschulen: Leitbild, Strategie, Differenzierung und Positionierung im Wettbewerb durch Marketing und PR, Management, um nur ein paar zu nennen. Alle sind auf der Suche nach einer effektiveren internen Organisation, die der spezifischen Kultur akademischer Institutionen angemessen ist" (Conraths 2005, S. 98f.).

So wichtig auch an Hochschulen ein professionelles Qualitätsmanagement ist, sollte man sich allerdings über Vorbehalte im Kollegenkreis nicht leichtfertig hinwegsetzen. Qualitätsmanagement gelingt nämlich nur, wenn die Bereitschaft aller Betroffenen zur aktiven Mitwirkung erkennbar ist. Zu große Vorbehalte und Bedenken erschweren und verunmöglichen jedes System der Qualitätssteuerung und -sicherung. Das Argument einer (vermeintlich) drohenden Ökonomisierung der Hochschulen hat in diesem Zusammenhang ein so großes Gewicht, dass man dafür auch Redundanzen bei der Entwicklung eigner Qualitätsmanagementsysteme gegenüber den in der Industrie bereits vorhandenen Systemen in Kauf nehmen sollte.

Alle Ansätze zum Qualitätsmanagement in der Managementlehre unterscheiden zwischen drei Ebenen:

- Ergebnisqualität
  z.B.: Welche Qualität des Studiums kann erreicht werden? Zeigt der Studienabschluss die Merkmale und Eigenschaften, die von ihm objektiv erwartet werden können? Wird mit der Qualität eines Forschungsprojekts das angestrebte Ziel erreicht?

- Prozessqualität
  z.B.: Sind die Prozesse und Abläufe geeignet, um die angestrebte Qualität des Studiums, des Forschungsprojekts usw. zu erreichen?

- Strukturqualität
  z.B.: Wie ist die Qualität der rechtlichen, finanziellen, räumlichen und personellen Rahmenbedingungen zu beurteilen?

Grundsätzlich unterscheidet man zwischen dem internen und dem externen Qualitätsmanagement. Zum internen Qualitätsmanagement zählen alle von der Hochschule selbst initiierten und gesteuerten Maßnahmen zur Qualitätsförderung und -sicherung. Dazu rechnet man beispielsweise Aufnahme-, Zwischen- und Abschlussprüfungen, interne Wettbewerbe, die Veröffentlichung von Publikationslisten, aber auch die Leitbild-Diskussion oder eine alle Fakultäten und Institute einbeziehende Struktur- und Entwicklungsplanung. Für ein externes Qualitätsmanagement werden von der Hochschule unabhängige Personen und Institutionen gutachterlich und beratend für die Hochschule tätig; sie bedienen sich dabei z.B. der externen Evaluation, der Akkreditierung und der Zertifizierung.

4.4.1   Internes Qualitätsmanagement

„Der Aufbau eines funktionierenden Qualitätssicherungssystems, welches Transparenz schafft und die Performance der Hochschulen erhöht, bedarf einerseits der Etablierung von Verfahren zur Messung der Qualität und andererseits der Festlegung von Prozessen, welche ein kontinuierliches Monitoring mit einem entsprechenden Feedback gewährleisten" (Schenker-Wicki 2005, S. 44). Für die Messung von Qualität eignen sich Leistungsparameter oder Leistungskennzahlen, wie sie in der Wirtschaft seit langem angewendet werden. Doch was in der Wirtschaft längst zur Selbstverständlichkeit geworden ist, stößt im Hochschulbereich nach wie vor auf Vorbehalte, nämlich Leistung und damit Qualität mit quantitativen Größenordnungen zu messen. Deshalb ist es unumgänglich, alle quantitativen Daten auch mit qualitativen Zusatzinformationen zu versehen. „Wie gut das Konzept und die Messung auch sein mögen, so wird sich doch mit Zahlen nichts beweisen lassen, sondern nur mit den Schlüssen, die daraus gezogen werden" (Titscher 2006, S. 210).

Eine solche inhaltliche Interpretation der Leistungsindikatoren wird erleichtert, wenn man die Leistungskennzahlen stets in einem Kontext betrachtet. Deshalb ist es hilfreich, im internen Qualitätsmanagement zwischen strukturellen Qualitätsebenen und zeitlichen Qualitätsstationen wie Input, Throughput, Output und Outcome (vgl. Schenker-Wicki 2005, S. 47) zu unterscheiden, da jede Hochschule ihre Qualitätssteuerung vorrangig unter dem Gesichtspunkt der begrenzten zeitlichen Dimension eines Studiums sehen muss. Es kommt eben darauf an, ein Qualitätsmanagement zu implementieren, das für alle Studierenden Wirkung zeigt, unabhängig von deren persönlichem Studienverlauf. In der grafischen Darstellung zeigt sich dies wie folgt:

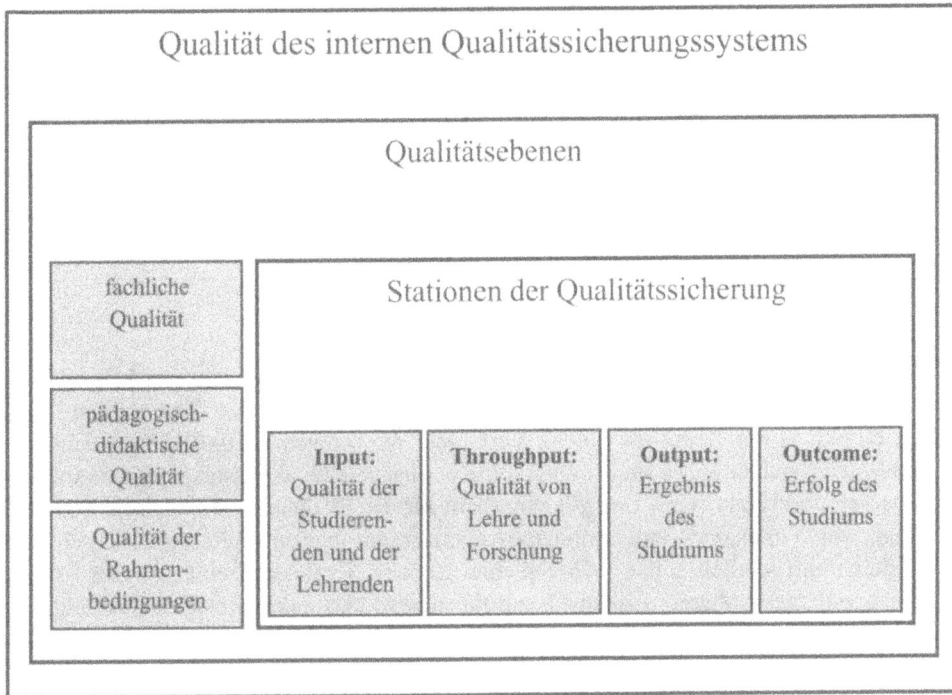

Abb. 26 Qualitätsmanagement an Hochschulen

Die drei Qualitätsebenen gelten für alle vier Stationen der Qualitätssicherung und zwar sowohl hinsichtlich der Lehrenden als auch hinsichtlich der Studierenden. So ist beispielsweise
auf der fachlichen Ebene zu fragen, wie eine Hochschule die besten Studierenden findet
(Input), wie die Ergebnisse des Studiums in einem bundesweiten Vergleich zu beurteilen
sind (Output) oder in welchem Maße das Studium fünf Jahre nach Studienabschluss zum
beruflichen Lebensweg der Absolventen beigetragen hat (Outcome).

Auf der Ebene der pädagogisch-didaktischen Qualität wären ähnliche Fragen hinsichtlich der
Studierenden zu stellen, doch bieten sich auch viele Fragen mit Blick auf die Lehrenden an.
Werden im Berufungsverfahren die pädagogisch-didaktischen Kompetenzen ausreichend
geprüft (Input)? Wird die pädagogisch-didaktische Qualität in der Lehre regelmäßig evaluiert
(Throughput)? Ist das Studienergebnis vorrangig durch das Selbststudium der Studierenden
geprägt oder auch maßgeblich durch die pädagogisch-didaktische Kompetenz der Lehrenden
(Output)?

Nicht unterschätzen sollte man den Stellenwert der Rahmenbedingungen. Auf dieser Ebene
ist nicht nur die Attraktivität der Hochschule, sondern auch deren Service bei der Anwerbung
neuer Studenten zu sehen (Input). Weiter ist die Ausstattung der Unterrichtsräume und Labors und deren Eignung für ein erfolgreiches Studium zu bewerten (Throughput) und auch
beispielsweise die Begleitung der Studierenden bei deren Eintritt in das Berufsleben
(Outcome).

Qualitätsebenen und Qualitätsstationen sind eingebettet in ein übergeordnetes Qualitätssicherungssystem, das gleichsam die Metaebene des internen Qualitätsmanagements bildet. Eine solche Metaebene ist unverzichtbar, weil sonst auch das System der Qualitätssicherung wieder in einen sich selbst erfüllenden Kreislauf von Erwartung und Bestätigung endet. Genau dieser Kreislauf ist aber zu durchbrechen, was nur durch ein ständiges In-Frage-stellen des eigenen Handelns möglich ist. Da es nicht leicht ist, Qualitätsmängel im Kollegenkreis ohne persönliche Verletzungen anzusprechen, empfiehlt es sich, die Qualität des internen Qualitätssicherungssystems durch Externe begutachten zu lassen.

4.4.2   Externes Qualitätsmanagement

Als externes Qualitätsmanagement bezeichnet man solche Verfahren, die von Personen und Institutionen von außerhalb der Hochschule in der Hochschule durchgeführt werden. Dabei handelt es sich in der Regel um solche Verfahren, die schwerpunktmäßig zu bestimmten Gelegenheiten durchzuführen sind, während die permanente Qualitätssicherung den internen Instrumenten überlassen wird. Das gilt vor allem für die Evaluation, die als semesterweise Befragung von Vorlesungs- und Seminarbesuchern intern und mit Hilfe des Hochschulpersonals durchführt werden sollte, während man für eine Evaluation einer ganzen Fakultät sicher eine externe Evaluationsagentur beauftragen wird. Als zweites externes Verfahren ist die Akkreditierung zu nennen, die im Rahmen der Bologna-Reform an allen Hochschulen eingeführt wurde.

Evaluation

Eine Evaluation ist generell die wissenschaftliche Auswertung eines abgeschlossenen Projekts mit Blick auf die angestrebten Ziele. Man unterscheidet drei Stufen der Evaluation: die interne Evaluation (Selbstevaluation), die externe Evaluation (Fremdevaluation) und das Follow-up (Nachbeobachtung). Die Evaluation gewann in den 1990er Jahren als Unterrichtsevaluation zusätzlich an Bedeutung und wird seit einigen Jahren auch verstärkt für hochschulpolitische Fragen eingesetzt. Zunächst behalf man sich damit, den Studierenden am Ende des Semesters Fragebögen zur Qualität des Unterrichts und zu den Leistungen des Lehrenden vorzulegen. Später wurden komplexere Untersuchungsmethoden entwickelt, um den Zufälligkeiten eines einfachen Fragebogens entgehen zu können.

Heute sind alle Hochschulen über die Landeshochschulgesetze zur regelmäßigen Evaluation von Lehre und Forschung verpflichtet. Das ist für die Hochschulen ein großer Erfolg, weil die Evaluation zum Teil die früher geltende Fachaufsicht der Ministerien ersetzt. Zweifellos kann eine professionelle und auch wissenschaftlichen Kriterien genügende Evaluation maßgeblich dazu beitragen, dass die Leistungen in Lehre und Forschung verbessert werden. Auch zu den Studien- und Arbeitsbedingungen kann eine Evaluation hilfreiche Aussagen machen. Umso mehr ist zu bedauern, dass die an vielen Hochschulen praktizierten Evaluationen methodisch nur ungenügend sind. Um zu einer wirklich guten und verlässlichen Evaluation zu kommen, sind auch Kriterien zur Qualität der Evaluation erforderlich.

„Evaluationen sind kein Selbstzweck. Sie sind auch nicht nur Innenschau, sondern müssen in ihrer Anlage zwei grundlegenden Bedürfnissen Rechnung tragen: der Entwicklung von Qualität und der Rechenschaftslegung über die bestmögliche Mittelverwendung. (...) Demnach dienen Evaluationen

- der kritischen Reflexion und präziseren Formulierung von Zielen,
- einer darauf abgestimmten und an Qualitätsgesichtspunkten orientierten optimalen Gestaltung von Prozessen,
- der Unterstützung von Führungsentscheidungen durch mehr Transparenz, insbesondere
- einer zielgenaueren Allokation von Ressourcen und
- einer möglichst unvoreingenommenen Ergebniskontrolle und in der Folge
- einem stetigen Prozess der Qualitätssicherung.

Evaluationsverfahren stellen hierfür durch Erfahrung gehärtete und ihrerseits kontrollierte Mittel bereit, und zwar

- ein systematisches Verfahren der Selbstreflexion (interne Evaluation),
- die Herstellung einer Außensicht durch externe Begutachtung (Peer Review) und
- die Festlegung nachvollziehbarer Konsequenzen (Zielvereinbarungen)" (Schreier 2002, S. 35f.)

Eine Evaluation – welcher Art auch immer – ist allerdings als einmalige Aktionen wenig hilfreich. Mit Blick auf die bereits erwähnten Leistungsindikatoren oder Leistungskennziffern ist eine Qualitätsverbesserung nur zu erreichen, wenn Evaluationsverfahren regelmäßig in einer methodisch vergleichbaren Form durchgeführt werden. Die Vergleichbarkeit muss entweder synchron zwischen verschiedenen Instituten, Fakultäten oder gar Hochschulen möglich sein oder sie muss diachron über einen angemessenen Zeitraum hinweg für die jeweilige Veranstaltung oder die jeweilige Lehrkraft ablesbar sein. Da kaum objektive Qualitätskriterien bestehen, ist eine Qualitätsbeurteilung und damit auch ein Anreiz zur Qualitätsverbesserung nur über den Vergleich möglich.

Akkreditierung

Gute und zuverlässige Evaluationen sind die beste Grundlage für erfolgreiche Akkreditierungen. Mit der Akkreditierung wird geprüft, ob die Hochschulen bei der Gestaltung ihrer Studiengänge fachliche Mindeststandards einhalten bzw. bestimmte Strukturvorgaben erfüllen. Angesichts dessen, was eine Akkreditierung leisten kann, ersetzt die Akkreditierung die staatliche Genehmigung von Studiengängen sowie von Studien- und Prüfungsordnungen. Die Akkreditierung ist also ein wichtiges Element der in der Hochschulreform verankerten Deregulierung. Da sie zudem auch ein konstitutives Element des Bologna-Prozesses ist, kommt ihr in der jüngsten Entwicklung des Hochschulwesens eine zentrale Position zu.

Im Jahr 2002 fasste die Kultusministerkonferenz einen Beschluss zur Einrichtung von Akkreditierungsverfahren an deutschen Hochschulen („Statut für ein länder- und hochschulübergreifendes Akkreditierungsverfahren"; Hochschulrektorenkonferenz 2004, S. 159-164). Darin heißt es:

„Zur länder- und hochschulübergreifenden Sicherung der Qualität der Hochschulausbildung wird ein Akkreditierungsverfahren eingerichtet. Mit der Akkreditierung wird in einem formalisierten und objektivierbaren Verfahren festgestellt, dass ein Studiengang in fachlich-inhaltlicher Hinsicht und hinsichtlich seiner Berufsrelevanz den Mindestanforderungen entspricht. Die Akkreditierung ersetzt nicht die primäre staatliche Verantwortung für die Einrichtung von Studiengängen.

Die Akkreditierung wird durch mehrere untereinander im Wettbewerb stehende Agenturen durchgeführt. Der Zusammenhalt des Akkreditierungssystems erfolgt über eine zentrale Akkreditierungseinrichtung. Staat, Hochschulen und Berufspraxis wirken bei der Akkreditierung sowohl in der zentralen Akkreditierungseinrichtung als auch in den Agenturen zusammen" (ebda S. 159f.).

In der Folge wurde von der Kultusministerkonferenz ein nationaler Akkreditierungsrat eingerichtet, der für die Durchsetzung vergleichbarer Qualitätsstandards zuständig ist. Die eigentliche Akkreditierung von Studiengängen erfolgt über privatrechtliche Akkreditierungsagenturen, die wiederum vom Akkreditierungsrat akkreditiert und überwacht werden. Grundlage für die Akkreditierung sind die Standards und Leitlinien für die Qualitätssicherung im Europäischen Hochschulraum.

Folgende Akkreditierungsagenturen wurden vom Akkreditierungsrat für die Durchführung von Akkreditierungsverfahren zugelassen:

- ACQUIN e.V. – Akkreditierungs-, Certifizierungs- und Qualitätssicherungs-Institut
- AHPGS e.V. – Akkreditierungsagentur für Studiengänge im Bereich Gesundheit und Soziales
- AQAS e.V. – Agentur zur Qualitätssicherung durch Akkreditierung von Studiengängen
- ASSIIN e.V. – Akkreditierungsagentur für Studiengänge der Ingenieurwissenschaften, der Informatik, der Naturwissenschaften und der Mathematik
- FIBAA – Foundation for International Business Administration Accreditation
- ZEvA – Zentrale Evaluations- und Akkreditierungsagentur Hannover

Die Akkreditierungsagentur stellt nach den jeweiligen fachlichen Bedürfnissen eine Gutachterkommission zusammen, die die eigentliche Prüfung und Begutachtung vornimmt. Auf der Grundlage des Gutachtens der Gutachterkommission beschließt der zentrale Gutachterausschuss, in dem Vertreter aller von der Agentur betreuten Fächer vorhanden sind, das Ergebnis der Akkreditierung. Dieses Ergebnis kann in einer Zustimmung oder Ablehnung bestehen, kann aber auch gewisse Auflagen enthalten.

Die Akkreditierung beschränkte sich zunächst allein auf die so genannte Programmakkreditierung. Sie sieht vor, dass die Akkreditierungsagentur jeden einzelnen Studiengang überprüft, begutachtet und akkreditiert. Programm- und Clusterakkreditierung sind regelmäßig in einem Zeitraum von vier bis sechs Jahren zu wiederholen (Reakkreditierung). Da sehr bald erkennbar wurde, dass der Aufwand für jeden einzelnen Studiengang bei weitem zu hoch ist, ging man schon 2007 zu einer Cluster-Akkreditierung über, bei der mehrere fachlich und strukturell ähnliche Studiengänge zu einer Gruppen zusammengefasst und gemeinsam akkreditiert wurden.

Allerdings bleibt auch eine Clusterakkreditierung letztlich auf der Ebene eines einzelnen Studiengangs stehen; eine die ganze Hochschule umfassende Qualitätssteuerung ist damit noch nicht verbunden. Um die Akkreditierung verstärkt als Teil eines aktiven Qualitätsmanagements einsetzen zu können, wurde 2007 vom Akkreditierungsrat auch die Systemakkreditierung eingeführt (Hochschulrektorenkonferenz 2008b). Mit ihr wird das interne Qualitätssicherungssystem einer Hochschule überprüft, so dass es der Hochschule im akkreditierten Bereich möglich ist, selbst Akkreditierungen und Reakkreditierungen vorzunehmen. Die Hochschule wird gleichsam ihre eigene Akkreditierungsagentur, muss dazu allerdings erhebliche Anforderungen hinsichtlich ihrer Qualitätssicherung erfüllen. Wie komplex eine solche Systemakkreditierung ist, zeigt die folgende Übersicht:

Führungsqualität	
- Vorgegebene Hochschulziele für den Bereich Forschung und Lehre - Gemeinsames normatives Verständnis von Qualität (Leitbild) - Strategisches Hochschulentwicklungskonzept für Studium und Lehre - Ein Qualitätsmanagementsystem für die Formulierung der Ziele, Entwicklung, Durchführung und Einstellung von Studiengängen - In ein Gesamtkonzept eingebettete Verfahren der Qualitätssicherung in Studium und Lehre	- Die Qualitätssicherung für Studium und Lehre genügt den Anforderungen der „European Standards and Guidelines for Quality Assurance in Higher Education" - Einhaltung der Vorgaben der Kultusministerkonferenz und des Akkreditierungsrates wird regelmäßig überprüft - Kontinuierliches Managementreview zur Überprüfung der Hochschulziele - Mindestens einmal jährliche Berichtlegung der zuständigen Gremien über Verfahren und Resultate der Qualitätssicherungsmaßnahmen - Qualitätsbewertung durch unabhängige Instanzen (Personen) - Defizite und Entscheidungsprozesse, Kompetenzen und Verantwortlichkeiten für die Weiterentwicklung von Studiengängen - Sicherstellung der Geschlechtergerechtigkeit und besonderer Bedürfnisse einzelner Zielgruppen (Diversity Management)

Input	Transformation	Output
- Für die Qualitätssicherung von Studium und Lehre stehen personelle und sächliche Ressourcen zur Verfügung - Zu schaffende Anreize, um die Beteiligung in der Umsetzung von beschlossenen Maßnahmen und Empfehlungen zur Qualitätssicherung und -verbesserung zu fördern - Ein Personalentwicklungskonzept zur Evaluation der Lehr- und Prüfungskompetenz - Geeignetes Qualitätsmanagement für die Einsatzsteuerung von personellen, finanziellen und sächlichen Ressourcen - Weiterbildungsmöglichkeiten zur Qualifizierung	- Das Qualitätsmanagementsystem sorgt für Transparenz in allen Prozessen - Qualitätsmanagement - Entscheidungsprozesse, Kompetenzen und Verantwortlichkeiten werden hochschulöffentlich kommuniziert - Die hochschuleigenen Entscheidungs- und Steuerungsprozesse zur Qualitätssicherung sind definiert und dokumentiert - Ausbildungsprofil und Qualitätsanforderungen für Studium und Lehre sind klar definiert - Vorliegen aktueller Befähigungsziele in Form von Lernergebnissen/ Kompetenzprofilen pro Studiengang - Festgelegte Qualitätsparameter – Konsistenz, Niveau und Profil, Studierbarkeit, Prüfungswesen, Modularisierung, Kreditpunktesystem, Mobilität usw. - Forschungs- und Entwicklungsprozesse sind auf systematische Weise in Studium integriert - Verbindliche Verfahren für die Umsetzung von anerkannten Empfehlungen und Maßnahmen zur Qualitätssteigerung	- Regelmäßige Überprüfung des Qualitätsmanagementsystems zur Festlegung der Wirksamkeit der Entscheidungs- und Steuerungsprozesse sowie der Gewährleistung von KVP[13] - Regelmäßige interne und externe Evaluation der Studiengänge - Studentische Lehrveranstaltungsevaluation - Sicherstellung der Weiterentwicklung von Studium und Lehre durch Ergebnisse der Qualitätssicherung - Internes Berichtswesen zur Dokumentation von Strukturen und Prozessen in der Entwicklung und Durchführung von Studiengängen sowie von Strukturen, Prozessen und Maßnahmen der Qualitätssicherung, ihrer Ergebnisse und Wirkungen - Maßnahmen und Instrumente zur Wirksamkeitsprüfung differenzierter Betreuungs- und Beratungsangebote - Gewährleistung, dass die angestrebten Lernergebnisse der Studiengänge im Einklang mit dem nationalen Qualitätsrahmen stehen
Strukturqualität	**Prozessqualität**	**Ergebnisqualität**

Abb. 27 Prüffelder und Anforderungen für das Erlangen der Systemzertifizierung (Quelle: ASSIIN, Informationen für Hochschulen, Fassung 17.12.2007, zitiert nach Binner 2009, S. 10)

Abb. 27 zeigt, dass es sich bei der Systemakkreditierung um ein höchst komplexes Verfahren handelt, das für eine Hochschule ohne zusätzliches Fachpersonal kaum leistbar ist. Es ist deshalb zu erwarten, dass das sehr zeit- und arbeitsaufwändige Verfahren in den nächsten Jahren sicherlich erleichtert wird, wenn erst einmal verwertbare Erfahrungen vorliegen.

Abschließend seien die wichtigsten Merkmale von Evaluation und Akkreditierung gegenübergestellt. Dabei wird deutlich, dass beide Verfahren zwar in einem engen Zusammenhang stehen und vielleicht wirklich „zwei Seiten einer Medaille" (Reuke 2002, 103) sind, es aber eben auch deutliche Unterschiede in der Zielsetzung und im Leistungsumfang gibt.

---

[13] KVP = Kontinuierlicher Verbesserungsprozess; KVP dient der ständigen Verbesserung der Produkt-, Prozess- und Servicequalität in kleinen Schritten; KVP ist ein grundlegender Bestandteil des Qualitätsmanagements nach DIN ISO 9001.

Evaluation	Akkreditierung
Ex-post Beurteilung von Studienprogrammen	Ex-ante Beurteilung von Studienprogrammen
Verfahren erfolgt flächendeckend: mehrere Fachbereiche und Hochschulen sind an der Evaluation der Studienprogramme eines Faches beteiligt	Verfahren erfolgt auf Antrag einer einzelnen Hochschule: begrenzter Ausschnitt einer Disziplin, also ein Studienprogramm mit BA/MA ist Gegenstand des Verfahrens
Zentraler Focus - Stärken- und Schwächenprofil wird erarbeitet - Suche nach / Reflexion auf Ursachen für Stärken und Schwächen - Handlungsorientierte Empfehlungen zur Verbesserung von Studium und Lehre - Maßnahmenprogramme der Fächer	Zentraler Focus: Zwei Fragen werden systematisch bearbeitet: - Entspricht der Hochschulgrad den Erwartungen, die damit verbunden werden? - Führen das Curriculum und die Prüfungen dazu, dass dieser Hochschulgrad erreicht werden kann?
Kann auf jedem Niveau organisiert und sinnvoll eingesetzt werden; Eingriff in einen laufenden Prozess	Erfolgt nur, wenn bestimmte Standards erreicht sind
Einschätzungen der Statusgruppe zu bestimmten Fragen der Lehr-, Prüfungs- und Studienorganisation spielen eine Rolle	

Abb. 28 Vergleich von Evaluation und Akkreditierung (Quelle: Reuke 2002, S. 106f.)

Evaluation und Akkreditierung sind wichtige Instrumente der Deregulierung und damit der Stärkung der Hochschulautonomie. Allerdings lässt sich noch nicht absehen, ob dieses System der Qualitätssicherung jene Ergebnisse bringt, die man sich bei dessen Einführung erhofft hatte. Um dies abschließend beurteilen zu können, sind weitere Jahre der Erfahrung erforderlich.

4.5   Strategisches Management

Strategisches Management – oder auch als strategische Planung bezeichnet – „ist die Verbindung zwischen den formulierten Unternehmenszielen und der operativen Planung mit dem Ziel, zukünftige Erfolgspotentiale zu sichern. Wesentliche Aufgabe der strategischen Planung ist das Erkennen struktureller, technischer, wirtschaftlicher, politischer und gesellschaftlicher Veränderungen sowie Entwicklungen, unter deren Beachtung das zukünftige Verhalten der Unternehmung auf ihren unterschiedlichen Tätigkeitsfeldern zu formulieren" (Woll 2008, S. 721) ist[14].

---

[14] Zu den Begriffen und zur Abgrenzung von strategischem und operativem Management siehe auch Abschnitt 1.3.

Strategisches Management bezieht sich deshalb nicht allein auf langfristige Vorhaben, sondern in erster Linie auf die Gestaltung einer Unternehmensumwelt, die heute noch nicht absehbar ist. Ein typisches Problem des strategischen Managements im Hochschulbereich ist beispielsweise die Entwicklung der Studierendenzahlen, die einerseits von der Geburten- und Zuwanderungsrate und andererseits von der Attraktivität einer Hochschule und dem Renommee der dort Lehrenden abhängt. Ähnlich unsicher ist die Frage nach dem Stellenwert der Forschung. Deren Möglichkeiten hängen stark ab von den wirtschaftlichen Gegebenheiten, aber auch von der Entwicklung des Wertesystems der Gesellschaft (z.B. die ethische Problematik in der Gentechnologie). Allein diese Beispiele zeigen, dass strategische Überlegungen niemals ausschließlich auf die eigenen Potentiale ausgerichtet sind, sondern eine Vielzahl von Komponenten zu berücksichtigen haben.

Dass eine staatliche Hochschule nicht gewinnorientiert arbeiten muss, hat für sie auf vielen Feldern große Vorteile. Unter strategischen Gesichtspunkten ergibt sich dadurch aber eher ein Nachteil. Alle Wirtschaftsunternehmen haben ein klares strategisches Ziel, nämlich auch in Zukunft noch Gewinne erwirtschaften zu können. In allen Nonprofit-Organisationen aber ist das strategische Ziel eher verschwommen oder zumindest nicht in aller Klarheit definierbar und messbar. Das hat zur Folge, dass manches strategische Ziel im Hochschulbereich eher von den Wünschen der Akteure geprägt ist als von den zu erwartenden Bedürfnissen künftiger Studenten. Darin besteht ein großes Risiko, weil sich auf diese Weise ein Wunschdenken breit machen könnte, das mit der absehbaren wirtschaftlichen, politischen und sozialen Entwicklung wenig zu tun hat.

Um solche Fehlentwicklungen vermeiden zu können, hat die Managementlehre für die strategische Planung ein relativ strenges Verfahren und eine Reihe von Techniken entwickelt, die die Manager zu einer möglichst realistischen und objektiven Beurteilung der strategischen Entwicklung zwingen sollen. Allein für den strategischen Planungsprozess nennt die einschlägige Fachliteratur 32 Managementtechniken (Bea, Haas 1997, S. 54), weitere Techniken für die strategische Kontrolle kommen noch hinzu. So hilfreich dies klingt, so wenig ist es doch im Hochschulbereich anwendbar, denn man wird kaum erwarten können, dass sich ein mit der Betriebswirtschaftslehre nur mäßig vertrauter Chemiker oder Kunsthistoriker im Amt eines Rektors oder Dekans mit diesen, teilweise recht diffizilen Managementtechniken auseinandersetzen wird. Deshalb wird es auch hier eher darauf ankommen, ein gewisses Gespür für ein strategisches Denken zu entwickeln als Fachkenntnisse im strategischen Management zu vermitteln. In diesem Zusammenhang werden einige wenige Managementtechniken der strategischen Planung vorgestellt werden.

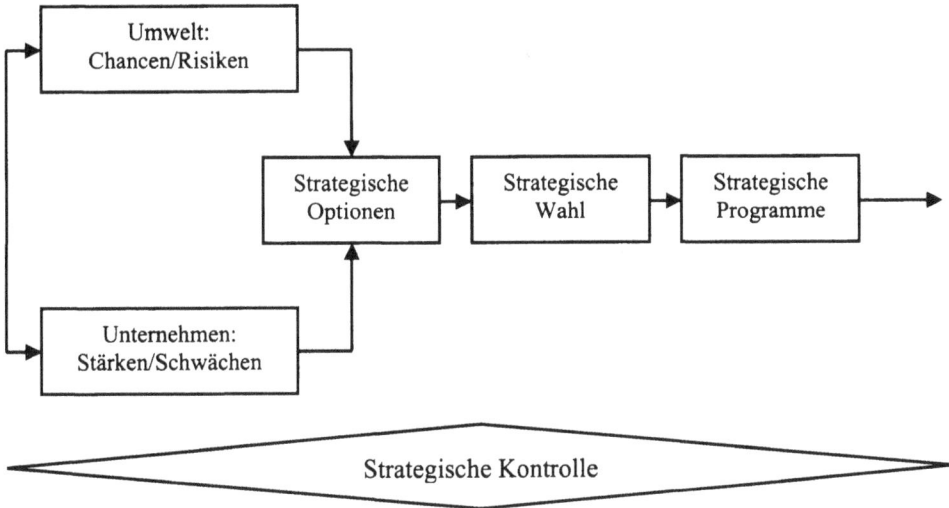

Abb. 29   Schematischer Aufriss des strategischen Managementprozesses (Quelle: Steinmann/Schreyögg 1991, S. 133)

Die Abbildung zeigt, wie die Umweltsituation und die Unternehmenssituation einfließen in die strategischen Optionen, aus denen sich wiederum – nach Prüfung der Wahlmöglichkeiten – strategische Planungen für die Zukunft ergeben. Deren Realisation liegt möglicherweise noch in ferner Zukunft; hier durch den Pfeil rechts in der Abbildung angedeutet. Begleitet wird dieser Prozess der strategischen Planung von der strategischen Kontrolle. Damit erinnert der strategische Managementprozess an die Marketinganalyse (vgl. Abschnitt 4.2.1), die ebenfalls strategisch ausgerichtet ist und insofern auch als Teil des strategischen Managements verstanden werden kann. Doch sind hier die Analyseansätze grundsätzlicher und allgemeiner als in der Marketinganalyse.

4.5.1   Umweltanalyse

Die Umweltanalyse als Bestandteil des strategischen Managements untersucht sowohl die Rahmendaten in der direkten und weiteren Umwelt der eigenen Einrichtung als auch die Konkurrenzsituation. Die Untersuchung (1) der sozio-demographischen Rahmendaten bezieht sich etwa auf die persönlichen Daten wie Alter, Geschlecht, Schulbildung, Beruf, Nationalität, Religion, Einkommen usw. möglicher Kunden bzw. Nutzer in der Umwelt der eigenen Hochschule, aber auch auf allgemeine Kennzahlen wie beispielsweise die Wirtschaftskraft der Region usw. (2) Die Analyse der Konkurrenzsituation fragt nach möglichen Konkurrenten im Einzugsbereich, ihren Stärken bzw. Schwächen, der Nähe ihres Angebotes zum eigenen, deren Entwicklungsmöglichkeiten, der Gefahr eines möglichen Konkurrenzkampfes bzw. der möglichen Chance zur Kooperation.

Im Einzelnen sind unter dem Gesichtspunkt strategisch wirksamer Veränderungen in Bezug auf die strategischen Potentiale einer Hochschule zu diskutieren (in Klammern nur einige Stichworte zur Anregung):

- statistische Bevölkerungsentwicklung (z.B. Geburtenrate)
- ethnische und soziale Bevölkerungsentwicklung (z.B. Ausländerquote, Armutsrate)
- technologische Entwicklung (z.B. alternative Energien)
- gesellschaftliche Veränderungen (z.B. Stellung der Familie; Single-Haushalte)
- Wertewandel (z.B. Technikbegeisterung, Technikfeindlichkeit)
- politische Veränderungen (z.B. Verlagerung der geopolitischen Zentren)
- wirtschaftliche Veränderungen (z.B. Ende des stetigen Wachstums)
- externe Konkurrenten (z.B. Erstarken der privaten Hochschulen)

Um diese Fragen ohne Vorurteile und Vorlieben diskutieren zu können, empfiehlt das strategische Management die SWOT-Analyse (vgl. Abschnitt 4.2.1) oder die Szenario-Technik an.

Szenario-Technik

„Die Szenario-Technik ist eine integrierte, systematische und vorausschauende Betrachtung, bei der ausgehend von einer heutigen Situation, unter Zugrundlegung und Beachtung des zeitlichen Bezugs plausibler Entwicklungen und Ereignisse, das Zustandekommen und der Rahmen zukünftiger Situationen aufgezeigt werden sollten" (Bea, Haas 1997, S. 265). Es handelt sich also um eine qualitative Prognosetechnik, die in einem methodisch-systematischen Verfahren Bilder (Szenarien) einer zukünftigen Entwicklung oder eines Ereignisses entwirft. Aus dieser offenen Ausgangssituation und einem relativ freien Verfahren ergibt sich der Vorteil, dass fast alle Aspekte der künftigen Entwicklung berücksichtigt werden können, vor allem also auch solche, die sich nicht quantifizieren lassen (z.B. Wertewandel, Moden, soziokulturelle Verhaltensweisen, interkulturelle Einflüsse usw.).

Am Verfahren sollten mehrere Personen aus verschiedenen Disziplinen beteiligt sein, die bereit sind, sich zumindest einen Tag lang intensiv mit der Materie zu befassen. Im systematischen Ablauf der Szenario-Technik sind drei Phasen zu unterscheiden, nämlich die Analyse, die Projektion und die Auswertung. In der **Analyse** wird zunächst das Untersuchungsfeld abgegrenzt und ein Haupttrend festgehalten. Dieser Trend bezieht sich auf einen allgemein anerkannten Verlauf oder auf eine statistisch ablesbare Entwicklung. Anschließend werden etwa fünf Haupteinflussfaktoren benannt, die sich auf das Untersuchungsfeld positiv oder negativ auswirken.

1.   Analyse
1.1   Untersuchungsfeld definieren und abgrenzen
1.2   Trendszenario festhalten
1.3   Etwa fünf Haupteinflussaktoren bestimmen

In der zweiten Phase folgt die **Projektion**, d.h. es werden für die Haupteinflussfaktoren Bilder einer zukünftigen Entwicklung entworfen, wobei jeweils getrennt eine positive und eine negative Entfaltung unterstellt wird. Wesentlich für die Verwendung von Haupteinflussfaktoren in einem Szenario ist der Faktor Zeit; so genannte zeitlose Faktoren sind hier weniger von Nutzen. Zusätzlich wird ein Störszenario (signifikantes Störereignis) in die Projektion eingebaut, das zu einer nachhaltigen Veränderung der Entwicklung führen würde.

2. Projektion
2.1 Experten entwerfen Teil-Szenarien für Haupteinflussfaktoren bei Unterstellung positiver und negativer Beeinflussung
2.2 Störszenario (signifikantes Störereignis) entwerfen und einbauen

Die Ergebnisse der Projektion werden anschließend entweder in einer Beschreibung zusammengefasst oder aber grafisch dargestellt. Dafür eignet sich das Bild eines Trichters:

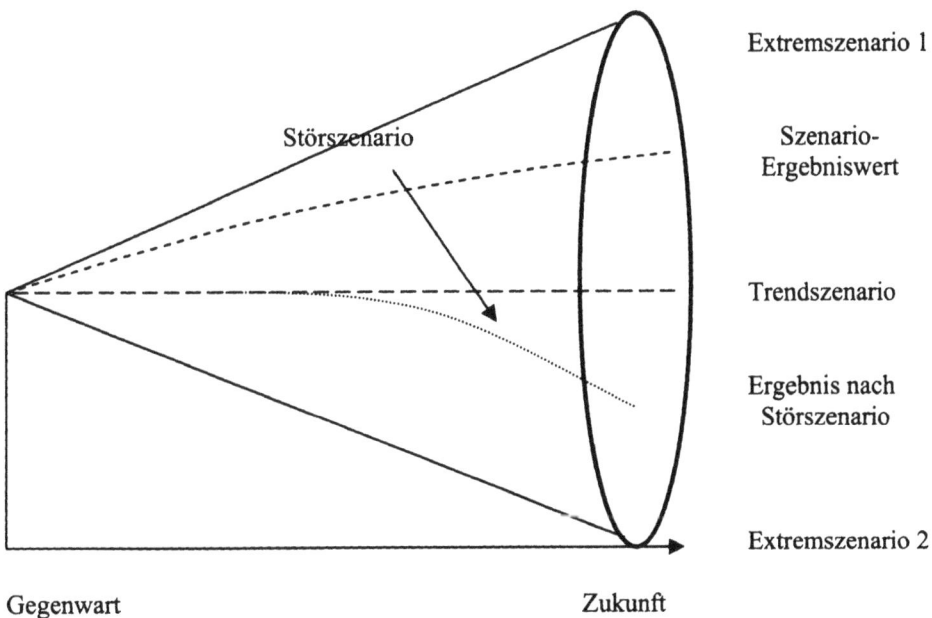

Extremszenario 1

Szenario-
Ergebniswert

Störszenario

Trendszenario

Ergebnis nach
Störszenario

Extremszenario 2

Gegenwart   Zukunft

Abb. 30   Projektion Szenario-Technik (in Anlehnung an Geschka /v. Reibnitz 1983, S. 129)

Die Grafik zeigt einen Mittelwert als Trendszenario. Wenn man den (unrealistischen) Fall annimmt, dass sich nur alle negativen Einflussfaktoren durchsetzen werden, erhält man den Extremwert 2 und wenn sich der (ebenso unrealistische) Fall ergeben würde, dass sich alle positiven Faktoren durchsetzen werden, erhält man den Extremwert 1. Das sich aus der Abwägung aller positiven und negativen Faktoren ergebende Szenario-Ergebnis liegt in der Darstellung im positiven Bereich; dagegen sinkt der Wert ins Negative, wenn das angenommene Störszenario eintreten sollte.

3. Auswertung

Zuletzt folgt die Auswertung des entwickelten Szenarios.

Da in der Grafik angenommen wird, dass sich die Situation relativ gut entwickeln wird (immer in Relation zum Trendszenario gesehen), werden allzu große Anstrengungen nicht erforderlich sein. Allerdings sind erhebliche Vorkehrungen zu treffen, damit sich das Störszenario nicht bewahrheitet.

So reizvoll die Szenario-Technik auf den ersten Blick erscheint, so ist sie doch nicht ohne Tücken. Wichtige Vorentscheidungen werden mit der Abgrenzung der relevanten Umwelt getroffen, d.h. wenn dort Fehler gemacht wurden, werden sie sich später nicht automatisch korrigieren, sondern beeinflussen den Wert des Ergebnisses erheblich. Eine weitere Fehlerquelle ist die Zusammensetzung der Teilnehmer; neigen sie dazu, die Dinge nur aus ihrem persönlichen Blickwinkel zu sehen, werden keine verwertbaren Ergebnisse erzielt werden. Nicht zuletzt zeigt sich immer wieder, dass die Szenario-Technik eine gewisse Erfahrung im Umgang mit ihr verlangt. Wenn sich eine Gruppe erstmals auf diese Technik stürzt, sind kaum überzeugende Ergebnisse zu erwarten. Deshalb wären einige „Übe-Szenarien" angebracht, bevor es zu einem ernsthaften Einsatz kommt. Trotz dieser Einschränkungen hat sich die Szenario-Technik aber vielfach bewährt, weil sie eine offene Prognosetechnik ist, die mehr auf Argumente der Teilnehmer als auf irgendwelche quantitativen Automatismen setzt.

4.5.2   Potentialanalyse

Die Potentialanalyse als Teil des strategischen Managements befasst sich mit der eigenen Organisation und dessen Leistungsangebot hinsichtlich Umfang und Qualität. Im Vordergrund steht dabei die Frage, was eine Hochschule hinsichtlich der strategischen Ziele überhaupt personell, räumlich, finanziell und organisatorisch leisten kann. Konkret betrifft dies die kritische Prüfung folgender Aspekte:

- Ressourcenpotentiale (Personal, räumliche Ausstattung, Finanzen, Kompetenz des Personals mit Blick auf die strategischen Ziele)

- Stärken/Schwächen (Wo liegen die Stärken, wo liegen die Schwächen? Siehe Stärken-Schwächen-Analyse oder SWOT-Analyse)

- Management (Ist die Qualität des Managements ausreichend, um neue strategische Ziele anstreben und umsetzen zu können?)

- Marketing (Gibt es ein Marketingkonzept? In welchem Maße geht das Marketing der Hochschule über reine Werbemaßnahmen hinaus? Bietet das Marketingkonzept Raum für strategische Erneuerungen oder muss dafür das Hochschulmarketing grundsätzlich neu aufgestellt werden?)

- Kooperationspartner (Welche Kooperationspartner bieten auch strategische Möglichkeiten oder sind die bisherigen Partner nur auf operative Aufgaben ausgerichtet? Sind neue strategische Kooperationspartner sinnvoll und wer käme dafür in Frage?)

- interne Konkurrenz (Entwickeln sich aus strategischen Maßnahmen interne Konkurrenzen, weil die angestrebten Maßnahme bereits in anderer Form bei einer anderen Fakultät vorhanden ist? Wie können interne Konkurrenzen wieder ausgeglichen werden?)

Als Managementtechnik in einer Potentialanalyse eignet sich vor allem eine standardisierte Stärken-Schwächen-Analyse, aus der sich ein Profil der Stärken und Schwächen einer Hochschule ableiten lässt.

Stärken-Schwächen-Analyse

Bei der standardisierten Stärken-Schwächen-Analyse werden einzelne Angebots- bzw. Geschäftsbereiche von internen und externen Experten auf einer Skala (z.B. von − 5 bis + 5) beurteilt. Allerdings sollte diese Beurteilung möglichst objektiv sein, weshalb man sich beispielsweise an Kennzahlen orientiert oder man Beurteilungen aus einer Befragung oder Evaluation in die Stärken-Schwäche-Analyse einfließen lässt. Aus dieser Skalierung lässt sich ein Stärken-Schwächen-Profil ablesen, das wiederum bestimmte Strategien nahelegt.

Eine Erweiterung der Stärken-Schwächen-Analyse um die Elemente Chancen und Risiken bietet die SWOT- oder SOFT-Analyse, auf die bereits in Abschnitt 4.2.1 eingegangen wurde. Auch kann eine Stärken-Schwächen-Analyse als Konkurrentenanalyse eingesetzt werden. Dann setzt man für jedes Geschäftsfeld oder Produkt den Wert des Konkurrenten mit Null an und ermittelt dazu den eigenen Wert mit bis zu + 3 (für die Stärken) oder bis zu − 3 (für die Schwächen). Auch dadurch ergibt sich ein klares und aussagekräftiges Bild über die eigenen Stärken und Schwächen.

Grundsätzlich sollte man davon absehen, jedes Einzelergebnis verbessern zu wollen. Sowohl unter strategischen Gesichtspunkten als auch mit Blick auf das Marketing ist es besser, sich auf eine Stärkung der Stärken zu konzentrieren. Natürlich sind eklatante Schwächen unbedingt zu beseitigen, denn solche auffälligen Schwächen können auch herausragende Stärken sehr relativieren, doch muss nicht jedes „mittlere" Ergebnis unbedingt bearbeitet werden. Keiner Hochschule wird es gelingen, überall und in jeder Hinsicht Spitze zu sein. Doch wenn eine Hochschule in einigen wenigen Bereichen unbestritten zur Spitze gehört, stärkt dies deren Positionierung am Hochschul- und Forschungsmarkt mehr als wenn diese Hochschule überall einen guten Mittelplatz belegen würde.

4.5.3   Benchmarking

Der Stärken-Schwächen-Analyse nicht unähnlich ist das Benchmarking, das sich zunehmend zu einem zentralen Instrument des strategischen Managements entwickelt, das sich gerade auch im Hochschulmanagement mit großem Gewinn einsetzen lässt. Ein Benchmarking verfolgt das Ziel, von den besten Mitbewerbern zu lernen (Best-Practice-Beispiele). „Benchmarking ist ein kontinuierlicher Prozess, bei dem Produkte, Dienstleistungen und insbesondere Prozesse und Methoden betrieblicher Funktionen über mehrere Unternehmen hinweg verglichen werden. Dabei sollen die Unterschiede zu anderen Unternehmen offengelegt, die Ursachen für die Unterschiede und Möglichkeiten zur Verbesserung aufgezeigt sowie wettbewerbsorientierte Zielvorgaben ermittelt werden" (Horváth, Herter 1992).

Voraussetzung für den Erfolg eines Benchmarking ist erstens die Auswahl der zu vergleichenden Daten und zweitens die Qualität und Zuverlässigkeit der Benchmarking-Partner. Diese Partner müssen vergleichbar sein, dürfen aber auch nicht zu gleich sein. So würde es wenig Sinn machen, eine Theologische Hochschule mit einer Volluniversität zu vergleichen.

Andererseits ist es auch wenig hilfreich, wenn beispielsweise die Verwaltungsfachhochschulen eines Bundeslandes ein gemeinsames Benchmarking machen.

Um Partner für ein Benchmarking zu gewinnen, müssen drei Voraussetzungen erfüllt sein, nämlich erstens die Zusicherung von Objektivität, indem man das Verfahren einem externen und angesehenen Partner wie beispielsweise einer Unternehmensberatung überträgt, zweitens die Gewährleistung absoluter Vertraulichkeit hinsichtlich der erhobenen Daten gegenüber Dritten und drittens eine Vorleistung des Initiators, indem man die eigenen Daten transparent zur Verfügung stellt. Zudem ist es selbstverständlich, dass ein Abschlussbericht erstellt und allen Partnern zur Verfügung gestellt wird.

Ein Benchmarking im Hochschulbereich empfiehlt sich kaum für die Qualität der Forschung oder gar der Forschungsergebnisse, weil sich diese Werte kaum quantifizieren und noch weniger vergleichen lassen. Stattdessen bevorzugt man im Benchmarking den Vergleich von Rahmenbedingungen, entweder für die ganze Hochschule oder für Teile von ihr. Denkbar ist auch ein Benchmarking zu bestimmten Themen wie beispielsweise Ausstattung und Leistungsfähigkeit der Hochschulverwaltung oder die Ressourcensituation im Forschungsbereich.

Als Beispiel für ein erfolgreiches Benchmarking sei hier das Benchmarking vorgestellt, das ein Tochterunternehmen der Unternehmensberatung Horváth & Partners im Auftrag der Staatlichen Hochschule für Musik und Darstellende Kunst Stuttgart in den Jahren 2008 und 2009 mit sechs namhaften Musikhochschulen in Europa (London, Helsinki, Moskau, Budapest) und in den USA (Boston/Massachusetts, Bloomington/Indiana) durchgeführt hat. Durch diese Auswahl war sichergestellt, dass nicht unmittelbare Konkurrenten aufeinandertreffen würden, was den Partnern die Teilnahme am Verfahren spürbar erleichtert hat.

Dieses Benchmarking konzentrierte sich auf die Rahmenbedingungen, die nach folgenden Leistungsbeurteilungsgrößen beschreiben wurden:

Beispiel von Leistungsbeurteilungsgrößen im Benchmarking von Rahmenbedingungen einer Musikhochschule

a)   Ressourcen

- Räumliche Ressourcen (Quadratmeter Unterrichtsraum je Lehrkraftstunde; Quadratmeter Unterrichtsraum je Studierender, Quadratmeter Überaum je Studierender, Sonderräume wie Konzertsäle usw.)

- Ausstattung, sächliche Ressourcen (Flügel, Klaviere und andere Instrumente je Studierender, Medienausstattung je Unterrichtsraum usw.)

- Finanzielle Ressourcen (Mittel je Studienplatz und Jahr, Mittel je Lehrkraft und Unterrichtsstunde, Kostenrelation Unterrichtsleistung zu Overhead/Verwaltung, Mittel für Projekte, Aufkommen aus dem Fundraising usw.)

- Personelle Ressourcen (Lehrkraftstunden je Studienplatz, prozentuale Anteile der verschiedenen Lehrkräftegruppen an der Gesamtunterrichtsleistung, Relation Lehrkräfte zu Verwaltungsmitarbeitern usw.)

- Anstellungsbedingungen des Personals (Anteil der befristeten und unbefristeten Beschäftigten nach Personalgruppen, Durchschnittsgehalt der Professoren, Deputatsverpflichtungen, Nebentätigkeitsrecht, außergewöhnliche Vergünstigungen usw.)

- Mittel für Stipendien der Studierenden (Studiengebühren-Stipendien, Sozialstipendien, Leistungsstipendien usw.)

b) Produktion/Unterrichtsleistung/Unterrichtsmethoden

- Unterrichtspläne (Unterrichtsstunden laut Studienplan (Curriculum) für die einzelnen Studiengänge, Anteil Einzelunterricht in Relation zum Gruppenunterricht usw.)

- Unterrichtsleistungen der Professoren und Dozenten (eigener Unterricht und Unterrichtsanteil der Assistenten, Anteil der Korrepetitionsstunden, Zusatzunterricht durch ergänzende Lehrkräfte usw.)

- Hauptfachunterricht (Anteil des Hauptfachunterrichts an den Gesamtunterrichtsfächern im BA-Grundstudium, BA-Hauptstudium und MA-Studium usw.)

- Flexibilität des Studienverlaufs (standardisierte Kontinuität oder individuelle Anpassung der Lerngeschwindigkeit, Beurlaubungen, Lehrerwechsel usw.)

- Hochschulexterne Unterrichtsleistungen (Orchesterakademie, Einbindung in Projekte externer Ensemble/Opernhäuser/Rundfunkanstalten usw.)

- Forschung und Entwicklung (Stellenwert von Forschungsprojekten und künstlerischen Entwicklungsvorhaben, Forschungs- bzw. Repertoiresemester usw.)

- Wettbewerbe/Stipendien (renommierte Wettbewerbe/Stipendien, die an die Hochschule gebunden sind usw.)

c) Strukturen/Führungspotentiale

- Träger (staatlich, kommunal, privat, Trägerstiftung usw.)

- Gliederung (zwei- oder dreigliedrige Struktur, Mitbestimmungsmöglichkeiten auf der Fachebene, Einbindung der Lehrkräfte in Entscheidungsprozesse, externer Aufsichtsrat oder Ministeriumsaufsicht usw.)

- Hierarchien (ausgeprägte oder flache Hierarchien, Stellung des Rektors als primus inter pares, spiritus rector oder „Chef", Verhältnis zwischen Rektor und Kanzler usw.)

- Strategisches Management (mittel- oder langfristige Personalentwicklungspläne, Struktur- und Entwicklungspläne, Einbindung externer Unternehmensberatungen usw.)

d)   Marketing/Öffentlichkeitsarbeit

- Öffentliche Veranstaltungen (Anzahl der Veranstaltungen in Relation zur Zahl der Professoren bzw. Studierenden, Besucherzahlen in Relation zu Zahl der Veranstaltungen, Stellenwert als Kulturanbieter der Region usw.)

- PR/Öffentlichkeitsarbeit (Ausgaben für PR/Öffentlichkeitsarbeit, Anteil am Gesamtetat, Anteil der Imagewerbung im Vergleich zur Veranstaltungswerbung, Zusammenarbeit mit einer professionellen PR-Agentur, Zielgruppen der Öffentlichkeitsarbeit usw.)

- Marketing (professionelle Marketinganalyse, Einsatz von Marketinginstrumenten, inwieweit geht Marketing über PR hinaus usw.)

e)   Alleinstellungsmerkmale

- Beispiele für Stuttgart: herausragende Qualität der Orgelsammlung mit elf Instrumenten, hochschuleigenes Theater mit eigener Intendanz (Wilhelma Theater), Studio für Elektronische Musik, professionelles Überorchester für Dirigierstudenten, Studioorchester für Schulmusiker, Orchesterakademie, Opernstudio usw.

Die Stuttgarter Musikhochschule gab zu allen Leistungsbeurteilungsgrößen ihre eigenen Daten an und legte den Erhebungsbogen in englischer Sprache allen Benchmarking-Partnern vor. Nach Eingang der Erhebungsbögen der Partner, wurden einzelne Themen in mündlichen Interviews vertieft.

Die Auswertung des Benchmarking sowie der Bericht für alle Benchmarking-Partner erfolgten ebenfalls durch die externe Unternehmensberatung. Im Ergebnis zeigte sich, dass die Musikhochschule Stuttgart auch im internationalen Vergleich gut aufgestellt ist, sich aber einige Defizite nicht leugnen lassen. Der Abbau dieser Defizite wurde ins Zentrum des noch 2009 erstellten Struktur- und Entwicklungsplans gestellt, wobei sich das Benchmarking als Basis der Argumentation – gerade auch gegenüber dem Ministerium – als sehr überzeugend erwies.

4.5.4   Struktur- und Entwicklungsplanung

Die meisten Landeshochschulgesetze sehen vor, dass die Hochschulen in einem Rhythmus von etwa fünf Jahren Struktur- und Entwicklungspläne erarbeiten. Diese Pläne dienen der langfristigen strategischen Entwicklung einer Hochschule. Sie sollen mittel- und langfristige Ziele beschreiben und Einzelmaßnahmen zu übergeordneten Zwecken zusammenführen. Auch soll damit eine mittelfristige Personalplanung einhergehen.

Die Zuständigkeit zur Erstellung von Struktur- und Entwicklungsplänen liegt in der Regel bei den Fakultäten. Die Rektorate haben die Aufgabe, die Planungen der Fakultäten zu koordinieren und zu einem Gesamtplan zusammenzufassen. Je nach Landesrecht erfolgt die abschließende Beratung und Beschlussfassung entweder im Senat oder im Hochschulrat. Sofern der Hochschulrat zuständig ist, hat der Senat das Recht zur Stellungnahme.

Aufbau und Verfahren der Struktur- und Entwicklungsplanung entsprechen in der Regel dem, was auch hier als strategisches Management vorgestellt wurde. Ausgangspunkt ist eine umfassende Bestandsbeschreibung und Potentialanalyse. Weiter werden die Rahmenbedingungen beschrieben, die auf die Entwicklung der Hochschule Einfluss nehmen (Umweltanalyse). Dazu gehören einerseits Veränderungen im rechtlichen, politischen, gesellschaftlichen und ökonomischen Umfeld, andererseits aber auch mögliche Konkurrenten und deren Einfluss auf die Erfolge der Hochschule.

Der Struktur- und Entwicklungsplan im engeren Sinne hat sich mit den fachlichen und personellen Entwicklungspotenzialen, den Strukturen in Selbstverwaltung, Organisation und Management sowie mit den finanziellen Möglichkeiten zu beschäftigen. Nach Landesrecht ist in der Regel ergänzend ein Plan über die mittelfristige Gleichstellungsförderung beizufügen.

Entscheidend für die Qualität und Umsetzbarkeit des Struktur- und Entwicklungsplans ist vor allem, dass sich in der Gesamtsicht die Potenziale für eine weitere erfolgreiche Entwicklung der Hochschule abzeichnen bzw. dass Wege aufgezeigt werden, wie durch eine Weiterentwicklung oder Erweiterung der Potenziale dieser Erfolg mittelfristig sichergestellt werden kann. Dazu sollte eine Realisierungsablaufplanung mit konkreten Maßnahmen vorgestellt werden.

Ein Struktur- und Entwicklungsplan sollte in folgenden Schritten erarbeitet werden:

Ablauf einer Struktur- und Entwicklungsplanung

(1) Das Rektorat entwirft ein Grobkonzept, das aus drei Elementen besteht:

- eine kritische Bestandserhebung vor dem Hintergrund der Ziele des vorausgegangenen Struktur- und Entwicklungsplans

- eine generelle Zielsetzung für den neuen Plan aus dem Blickwinkel der gesamten Hochschule

- ein Ablaufplan mit zeitlichen Vorgaben von den ersten Arbeitsschritten bis zur Verabschiedung des Plans.

(2) Es wird eine Arbeitsgruppe eingerichtet, die eine für die gesamte Hochschule gültige strategische Analyse erstellt. Diese Analyse stützt sich sowohl auf hochschulinterne Daten (z.B. Studierendenstatistik, Haushaltsstatistik, Evaluationen usw.) als auch auf hochschulexterne Daten (Statistische Bundes- und Landesämter, Wissenschaftsrat, HIS usw.) und besteht aus einer Umweltanalyse und einer Potentialanalyse (vgl. Abschnitte 4.5.1 und 4.5.2).

(3) Sofern auch der Gleichstellungsplan Teil des Struktur- und Entwicklungsplans werden soll, wird eine weitere Arbeitsgruppe unter dem Vorsitz der Gleichstellungsbeauftragten eingerichtet.

(4) Parallel zur strategischen Analyse werden die konzeptionellen Vorgaben an die Fakultäten weitergereicht, damit dort die fakultätsspezifischen Teile erarbeitet werden können. In der Regel werden die Fakultäten dazu die Institute und Seminare einschalten.

(5) Zielsetzung, Analyse sowie die Vorschläge der Fakultäten und der Arbeitsgruppe für den Gleichstellungsplan werden vom Rektorat gesammelt. Diese Sammlung dürfte folgende Mängel aufweisen:

- Die Wünsche und Erwartungen der Fakultäten übersteigen in der Summe die Möglichkeiten der Hochschule bei weitem.

- Bei vielen Maßnahmen wird die generelle Zielsetzung außer Acht gelassen.

- Entwicklungen werden personenbezogen dargestellt; eine personenunabhängige und nur an der Sache orientierte Planung ist nicht durchgängig vorhanden.

(6) Das Rektorat hat nun die Aufgabe, die Vorschläge und Teile zu einem ersten Entwurf zusammenzufassen. Dieser Entwurf wird den Gremien, die für die Beratung und Beschlussfassung des Struktur- und Entwicklungsplans zuständig sind (je nach Landesrecht Senat und/oder Hochschulrat), für eine erste Beratung vorgelegt.

(7) Anschließend erarbeitet das Rektorat eine beschlussfähige Fassung, die auch eine Realisierungsmatrix enthält mit zeitlichen Vorgaben für die Umsetzung einzelner Maßnahmen.

(8) Der Struktur- und Entwicklungsplan wird vom Senat/Hochschulrat abschließend beraten und beschlossen.

(9) Der beschlossene Struktur- und Entwicklungsplan wird dem Ministerium angezeigt.

(10) Der beschlossene und angezeigte Struktur- und Entwicklungsplan wird zumindest hochschulintern veröffentlicht.

Verschiedene Landeshochschulgesetze sehen vor, dass die Struktur- und Entwicklungspläne mit Zielvereinbarungen verbunden werden. Diese Zielvereinbarungen wären dann noch gesondert zu erarbeiten.

Am Rande sei bemerkt, dass die Hochschulleitung den gesamten Prozess mit Blick auf dessen Prozessqualität (vgl. Abschnitt 4.4) kritisch begleiten sollte. Auch rückblickend wäre es wahrscheinlich sehr lohnend, wenn die Fähigkeit der Hochschule im Umgang mit solchen Prozessen an diesem Beispiel bewertet würde.

Solchermaßen entstandene Struktur- und Entwicklungspläne sind vom Aufbau her relativ vergleichbar, wenn auch natürlich nicht von den Inhalten her. Als Beispiel soll hier die Gliederungsvorgabe des Struktur- und Entwicklungsplans der Johannes-Gutenberg-Universität Mainz dienen; sie entspricht dem Grundsatz nach auch der Gliederung anderer Struktur- und Entwicklungspläne:

Beispiel für die Gliederung eines Struktur- und Entwicklungsplans einer Universität

1. Ausgangsbeschreibung

   1.1 Vom Bereich Hochschulstatistik sowie der Arbeitsgruppe der Hochschulleitung zusammengestellte Struktur- und Leistungsdaten.

   1.2 Von den Fachbereichen bereitzustellen:
   - Angaben zu Publikationen (Patenten) aller Wissenschaftler in den letzten fünf Jahren
   - Funktionen in Wissenschaftsorganisationen und wissenschaftlichen Fachgesellschaften
   - Promotionen, Habilitationen
   - ergangene Außenrufe
   - Humboldt-Stipendiaten

   1.3 Aktuelle Analyse der Stärken und Schwächen des Fachbereiches in Forschung und Lehre

2. Zielperspektiven

   2.1 Personalplanung
   - Organigramm
   - gewünschte Ausrichtung der in den kommenden (drei bis fünf) Jahren freiwerdenden Professuren
   - Überlegungen zur Relation von befristeten und unbefristeten Stellen
   - Ggf. Pläne zur Einrichtung von neuen Professuren, insbesondere Juniorprofessuren

   2.2 Forschung
   - Fachspezifische Umsetzung des Konzepts „Kriterien für die Bewertung von Wissenschafts- und Forschungsleistungen"
   - Schwerpunktbildung, größere Einzelvorhaben
   - Kooperationen innerhalb des Fachbereichs, innerhalb der Universität, regional, national und international
   - Beteiligung an interdisziplinären Arbeitskreisen, Forschungszentren, Graduiertenkollegs, Forschergruppen und Sonderforschungsbereichen
   - Ggf. spezielle Aussagen zu „kleinen Fächern"

   2.3 Studium und Lehre
   - Weiterentwicklung der fachspezifischen Auswahlsatzungen
   - Umsetzung des vom Senat verabschiedeten Konzepts „Aspekte guter Lehre"
   - Weiterentwicklung der Studienberatung (u.a. Einführung einer Pflichtberatung zum Ende des ersten Studienjahres; Ausbau einer qualifizierten Studienfachberatung)
   - Konzept für die Einführung von Bachelor- und Masterstudiengängen
   - Umsetzung des Reformkonzeptes zur Lehrerbildung
   - Entwicklung und Umsetzung neuer Lehrformen in Fächern mit hohen Studierendenzahlen (z.B. internetgestützte Lehrformen, Plattformen)

- Geplante Evaluationsaktivitäten (Durchführung regelmäßiger Studierendenbefragungen für alle Pflichtlehrveranstaltungen; ggf. Rückgriff auf die zentralen Unterstützungsleistungen des ZQ)
- Entwicklung von Programmen zur Begabtenförderung
- Ggf. spezielle Aussagen zu „kleinen Fächern"

2.4 Nachwuchsförderung
- fachspezifische Angebote für Promotionsstudien
- geplante Einrichtung von Graduiertenkollegs
- Beteiligung an Exzellenzschulen
- Entwicklungsangebote für Juniorprofessoren

2.5 Internationalisierung
- Umsetzung der Internationalisierungsstrategie der Universität
- bestehende und geplante Partnerschaften
- fremdsprachliche Studienangebote
- Austauschprogramme, integrierte Studiengänge, Sommerschulen
- Anwerbung von Gastwissenschaftlern, insbesondere Humboldt-Stipendiaten, Beteiligung am Mercator-Programm der DFG

2.6 Entwicklung einer belastungs- und leistungsorientierten Verteilung der Personal- und Sachmittel

2.7 Gleichstellungsmaßnahmen und besondere Vorhaben zur Frauenförderung

2.8 Ausbau der wissenschaftlichen Weiterbildung neben Forschung und Lehre

2.9 Fachbereichspezifische Sonderprojekte und Sonderziele

3. Anforderung an die Bereitstellung von zentralen Ressourcen zu der Verfolgung der unter 2. beschriebenen Zielperspektiven

4. Organisatorische Umsetzung des Konzepts „Struktur- und Entwicklungspläne sowie Zielvereinbarungen" in den Fächern bzw. Fachbereichen

(Quelle: http://zope.verwaltung.uni-mainz.de/intern/hochschulrat/2005-07-29/einladung/05-anlage)

Neben der wertvollen strategischen Ausrichtung haben Struktur- und Entwicklungspläne auch den nicht zu unterschätzenden Vorteil, dass durch sie alle Teile und Mitglieder der Hochschule dazu animiert werden, sich mit der Hochschule in ihrer Gesamtheit zu befassen. Gerade in großen Hochschulen geht dieser Aspekt nicht selten verloren; die notwendige Konzentration auf das eigene Fach lässt „die Hochschule" als Einheit nicht selten zur Randerscheinung werden. Ein Struktur- und Entwicklungsplan kann hier zumindest vorübergehend einen anderen Blickwinkel einführen.

5 Die Zukunftsfähigkeit der deutschen Hochschulen

Die Bundesvereinigung der Arbeitgeberverbände (BDA) und die Hochschulrektorenkonferenz (HRK) haben 2003 eine Schrift zur „Zukunfts- und Wettbewerbsfähigkeit unserer Hochschulen" veröffentlicht, in der es heißt, dass dieses Ziel „ausdrücklich mit der Weiterentwicklung der bestehenden Hochschulen erreicht werden [soll], nicht durch die Konstruktion eines neuen Modells" (BDA 2003, S. 3). Diese Position soll auch hier eingenommen werden; grundsätzlich haben sich die deutschen Hochschulen in ihrer Struktur und in ihrer Leistungsfähigkeit bewährt, aber sie müssen auch durch ständige Reformen weiterentwickelt werden.

BDA und HRK nannten dazu 2003 fünf zentrale Forderungen (ebda, S. 5):

- „Weitgehende Autonomie für die Hochschulen, inkl. des Rechts der Selbstauswahl der Studierenden und der Erhebung von Kostenbeiträgen im Rahmen der Studienfinanzierung.

- Dauerhaft verlässliche Finanzierungsvereinbarungen zwischen Staat und Hochschulen zur Sicherung der Grundfinanzierung, die durch leistungsorientierte Bestandteile ergänzt werden können.

- Zielvereinbarungen zwischen Staat und Hochschulen, z.B. über Maßnahmen zur Profilbildung in Lehre und Forschung.

- Rückzug des Staates aus der Hochschulverwaltung, inkl. Verlagerung von Dienstherren- und Arbeitgeberfunktion auf die Hochschulen und Genehmigung von Studiengängen durch die Hochschulen.

- Selbstständige Wahl der Organisationsform durch die Hochschulen."

Es ist sehr erfreulich, dass man nur sechs Jahre nach der Formulierung dieses Forderungskatalogs feststellen darf, dass alle Punkte zumindest in Teilen umgesetzt sind. Die Selbstauswahl eines Teils der Studierenden wurde ermöglicht, mehrere Bundesländer erheben Studiengebühren, es gibt zur Sicherung der Grundfinanzierung Solidarpakte zwischen Staat und Hochschulen, Zielvereinbarungen werden zunehmend feste Bestandteile des Hochschulmanagements, die Deregulierung ist in den letzten Jahren ein gutes Stück vorangekommen und nicht zuletzt wurden zumindest ansatzweise auch neue Organisationsformen erprobt.

Dennoch kämpfen die Hochschulen in ihrem Verhältnis zum Staat weiterhin mit erheblichen Problemen. So hat zwar die Deregulierung zu einer größeren formalen Autonomie geführt, doch hat im Gegenzug auch die Regelungsdichte auf der Sachbearbeiterebene zugenommen. Dort, wo beispielsweise in Berufungsverfahren jetzt die Zuständigkeit der Hochschule gegeben ist, kommt es bisweilen zu Haarspaltereien im Ernennungsverfahren, so dass der ursprüngliche Beschleunigungseffekt im Berufungsverfahren wirkungslos verpufft.

Nicht zuletzt ist eine verstärkte Regulierung über separate Fördermaßnahmen festzustellen. Da ein Zugriff der Ministerien über globale Haushalte, die über einen Solidarpakt abgesichert sind, nicht mehr möglich ist, erfolgt eine Steuerung über zahlreiche Sonderprogramme. Über diesen „goldenen Zügel" wird doch wieder auf interne Strukturen und Entwicklungsziele der Hochschulen Einfluss genommen.

Ein weiterer Schwachpunkt im Verhältnis von Staat und Hochschulen ist die Unsicherheit hinsichtlich der Studiengebühren. Diese Studiengebühren sollen auch dazu verwendet werden, langfristige Arbeitsverträge zu finanzieren, um zu einer Verbesserung der Betreuungsrelation Student pro Lehrkraft zu kommen. Doch gab es für Hochschulen, die sich auf solche Arbeitsverhältnisse eingelassen haben, in manchen Ländern ein böses Erwachen. In Baden-Württemberg wurde gleichsam über Nacht eine sehr großzügige Geschwisterregelung eingeführt, die zu einem Rückgang des Aufkommens aus Studiengebühren um ein Drittel führte. Unvermittelt waren mehrere Anstellungsverhältnisse nicht mehr finanziert. Noch schlimmer traf es das Land Thüringen und das Saarland, als 2009 nach den Landtagswahlen und neuen Koalitionspartnern in der Landesregierung in allen Hochschulen dieser Bundesländer die Studiengebühren ersatzlos gestrichen wurden. Unabhängig vom Für und Wider von Studiengebühren dürfte unbestritten sein, dass die Hochschulen mehr Verlässlichkeit und Planbarkeit hinsichtlich ihrer finanziellen Ausstattung benötigen.

Nicht unerwähnt bleiben kann das nach wie vor schwierige Miteinander der Hochschulen in unterschiedlichen Bundesländern. Nach dem Wegfall des Hochschulrahmengesetzes gibt es im deutschen Föderalismus zu viele unterschiedliche hochschulrechtliche Regelungen. Durch eine fast schon erschreckende Kleinteiligkeit wird der an sich positive Wettbewerb zwischen den Hochschulstandorten zu einem Mobilitätshemmnis, das den Hemmnissen im internationalen Kontext mindestens vergleichbar ist. Auch wenn das Grundgesetz aus guten Gründen die Zuständigkeit in der Bildungspolitik den Ländern zubilligt, sollte doch die Bereitschaft zu kompatiblen Lösungen zu kommen, künftig wieder stärker ausgeprägt werden.

Doch darf die Zukunftsfähigkeit der Hochschulen in Deutschland nicht nur am Verhältnis zwischen Staat und Hochschulen gemessen werden, sondern muss sich auch als Forderung an die Hochschulen selbst richten. Hier scheinen fünf Aspekte von besonderer Bedeutung zu sein:

- **Management**

Hochschulen wurden zu lange wie Behörden geführt, die sich durch Merkmale wie Bürokratie, Hierarchie, Dienstwege und einer Einstellung zum Nutzer auszeichneten, die eher am Modell des Bittstellers als an dem des Kunden orientiert war. Doch hat sich dieses Bild in den letzten Jahren radikal gewandelt. Hochschulen müssen leistungsorientiert sein und sich einem nationalen und internationalen Wettbewerb stellen. Bei aller Sorgfalt in der wissenschaftlichen Forschung müssen sie doch auch den Output im Blick haben. Sie müssen in der

Lage sein, ihre Arbeit in der Öffentlichkeit überzeugend darzustellen und dadurch nicht zuletzt auch für Spenden und Sponsoring werben. Und sie müssen bei ihren Studenten zunehmend mit einem Kundenverhalten rechnen, denn diese wissen, dass sie die Leistung der Hochschule in dieser oder ähnlicher Form auch an anderen Hochschulen erwerben können und dass sie – sofern sie Studiengebühren zahlen – für einen Preis auch eine entsprechende Leistung verlangen können.

Wie auch an anderer Stelle schon mehrfach deutlich geworden ist, sind Hochschulen heute in vieler Hinsicht einem Wirtschaftsunternehmen weit näher als einer Behörde. Zwar sind zumindest öffentliche Hochschulen nicht gewinnorientiert ausgerichtet, doch ihre Steuerung, ihre Positionierung am Markt, ihre Öffentlichkeitsarbeit und ihr Werben um private Finanzmittel zeigen eine beachtliche Nähe zum Management in Wirtschaftsbetrieben. Nicht zuletzt regen auch die Größenordnungen von Etat, Personalbestand und Investitionsvolumen einen Vergleich mit einem mittelständigen Unternehmen an. Folglich sollte eine Hochschule sich auch um eine Professionalität im Management bemühen, die der eines erfolgreichen Wirtschaftsbetriebs vergleichbar ist. Hochschulen benötigen eine strategische und operative Steuerung, die über die Verwaltung einer Behörde weit hinausgeht.

Dabei ist vor allem das strategische Management von zunehmender Bedeutung. Mit langfristigen Zielen, starken und auf Dauer wirksamen Kooperationspartnern sowie klar definierten Marktsegmenten müssen sich Hochschulen am Bildungsmarkt positionieren. Dabei zählt weniger das Wunschdenken der Hochschullehrer als der kompetente Blick auf die eigenen Möglichkeiten sowie auf die Gegebenheiten einer sich ständig wandelnden Umwelt. Ohne ein strategisches Denken wird jede Hochschule letztlich im Stillstand verharren.

- **Qualitätsmanagement**

Neben dem strategischen Management dürfte auch das Qualitätsmanagement zunehmend an Bedeutung gewissen. Das betrifft sowohl das interne als auch das externe Qualitätsmanagement. Viele interne Abläufe zeichnen sich dadurch aus, dass sie seit Jahren immer gleich sind und nie den veränderten Bedingungen angepasst wurden. Hier sind kritische Überprüfungen und Evaluationen dringend erforderlich.

Qualitätsmanagement sollte auch im Rahmen der Bologna-Reform mehr Gewicht bekommen. Leider muss man feststellen, dass sich Bologna mancherorts von einem bildungspolitischen Konzept zu einem verwaltungstechnischen Projekt entwickelt hat. Die Beschlüsse der Kultusministerkonferenz und der Hochschulrektorenkonferenz vom 10.12.2009 haben zwar die schlimmsten Auswüchse eingedämmt, doch das Risiko, dass die Bologna-Reform unter einem Berg von Formularen erstickt und die wahre Steuerung dieses Prozesses von Sachbearbeitern im Prüfungsamt erfolgt, besteht nach wie vor. Ein gutes Qualitätsmanagement bietet die Chance, den lobenswerten Ansatz der Reform immer wieder in den Vordergrund zu stellen und den verwaltungstechnischen und bürokratischen Aufwand zu minimieren.

Der Ruf nach einem Qualitätsmanagement an den Hochschulen beschränkt sich aber nicht nur auf den Management- und Verwaltungsbereich, sondern auch auf die Qualität der Lehre. Zwar werden an fast allen Hochschulen regelmäßig Evaluationen durchgeführt, indem man die Studierenden bittet, entsprechende Fragebögen auszufüllen, auch gibt es externe Evaluationen und eine Qualitätssteuerung im Rahmen der Akkreditierung und Reakkreditierung, doch eine Qualitätssicherung und -verbesserung im Lehrkörper ist eher die Ausnahme. In allen Wirtschaftsunternehmen ist es üblich, dass die Mitarbeiter regelmäßig an Fortbildungen teilnehmen, ja, sie haben sogar einen vertraglich abgesicherten Anspruch auf solche Fortbildungen. Doch in den Hochschulen sucht man vergleichbare Angebote vergebens. Zwar gibt es zahlreiche wissenschaftliche Kongresse, Tagungen und Symposien, auf denen die Hochschullehrer ihre wissenschaftliche Kompetenz auf den neuesten Stand bringen – auch dies durchaus eine Form von Fortbildung –, doch eine Qualitätsverbesserung in der Methodik und Didaktik der Lehre wird kaum angeboten und noch weniger nachgefragt.

Dabei ist die Qualität der Absolventen einer Hochschule – also ein wichtiger Teil des Hochschul-Outputs – mindestens so stark von der didaktischen wie von der fachlichen Kompetenz der Lehrenden abhängig. Diese pädagogische und didaktische Kompetenz der Lehrenden wird aber nur im Berufungsverfahren überprüft und ist dann allein dem Lehrenden selbst überlassen. Selbst eine schlechte Evaluation führt kaum zu Konsequenzen; im schlimmsten Fall wird der Lehrende, dessen Veranstaltungen von Studierenden gemieden werden, verstärkt mit Verwaltungs- und Organisationsaufgaben betraut. Hier ist es dringend geboten, dass sich die Lehrenden offen zu dem Bedürfnis bekennen, ihre pädagogische und didaktische Kompetenz regelmäßig durch Fortbildungen verbessern zu wollen. Wenn in den nächsten Jahren die geburtenschwachen Jahrgänge ihr Hochschulstudium beginnen und dann vielleicht verstärkt auch Studiengebühren und Kosten am Wohnort zu Kriterien für die Wahl des Hochschulstandorts werden, könnte auch die Qualität der Lehre zu einem entscheidenden Argument im Wettbewerb der Hochschulen werden. Es wäre deshalb gut, wenn sich die Hochschulen schon heute darauf vorbereiten würden.

- **Berufs- und Arbeitsmarktorientierung**

Noch bis vor wenigen Jahrzehnten war ein Hochschulstudium mit der Garantie einer sicheren beruflichen Laufbahn verbunden; eine unmittelbare Berufs- oder gar Arbeitsmarktorientierung war für das Studium nicht erforderlich. Friedrich Schiller schimpfte denn auch bei seiner Antrittsvorlesung 1789 in Jena über den „Brotgelehrten", dem es „einzig und allein darum zu tun ist, die Bedingungen zu erfüllen, unter denen er zu einem Amte fähig" (zitiert nach Heinrichs 1993b, S. 55) sein wird. Für Schiller und für viele ihm nachfolgende Generationen von Akademikern zählte allein der „philosophische Kopf", der die Strenge des Denkens erlernt hatte; er würde sich zweifelsfrei an jedem Arbeitsplatz zurechtfinden.

Doch diese Zeiten sind längst vorbei. Heute ist eine Hochschule zwar immer noch vorrangig eine Bildungsinstitution, aber sie nimmt auch Aufgaben der Ausbildung und Berufsvorbereitung wahr. Das gilt vor allem in Zeiten von Bachelor und Master, denn zumindest das Bachelorstudium ist ursprünglich mit dem Ziel angetreten, den Studierenden eine erste Berufsqualifikation zu vermitteln. Von diesem Ziel ist man zwar in letzter Zeit wieder etwas abgewichen – man spricht heute davon, dass der Bachelorabschluss in eine Berufsbefähigung einmünden solle –, doch dass die Bologna-Reform die berufliche Qualifikation weit stärker im Blick hatte als das frühere Diplom und vor allem als der ehemalige Magister, dürfe außer Zweifel stehen.

Doch eine Berufsorientierung geht zwangsläufig auch mit einer Orientierung am Arbeitsmarkt einher. Allerdings ist es nicht ganz einfach, eine solche Orientierung zu erreichen. Baden-Württemberg beispielsweise hat im Rahmen der Ausbauprogramme 2012 (doppelter Abiturjahrgang) 16.000 zusätzliche Studienanfängerplätze zur Verfügung gestellt, die alle streng arbeitsmarktorientiert ausgerichtet werden sollten. Dazu hat das Wissenschaftsministerium mit der Industrie- und Handelskammer vereinbart, dass sich alle Vorschläge der Hochschulen für neue Studiengänge und zusätzliche Studienplätze einer Vorprüfung durch die Industrie- und Handelskammer unterziehen müssen. Abgesehen von diesem seltsamen Eingriff in die Hochschulautonomie und dem noch seltsameren Verzicht auf die eigenen politischen Gestaltungsspielräume, hat sich dabei auch gezeigt, dass die Wirtschaft kaum in der Lage war, den angeblichen Bedarf so langfristig vorherzusagen, wie dies angesichts der Abläufe in einem Hochschulbetrieb (Aufbau eines Studienangebots, Dauer des Studiums) realistischerweise zu erwarten ist.

Daraus ist nur zu schließen, dass Berufs- und Arbeitsmarktorientierung Herausforderungen sind, denen sich die Hochschulen selbst stellen müssen. Das aber macht eine intensive Begleitung der Entwicklungen auf dem Arbeitsmarkt erforderlich. In den naturwissenschaftlichen Fächern und in manchen anderen Bereichen ist dies zweifellos gegeben, weil allein schon auf der Forschungsebene der Kontakt sehr eng ist, aber beispielsweise im geisteswissenschaftlichen und auch im künstlerischen Bereich gibt es noch beachtliche Defizite. Dort wäre eine stärkere Vernetzung mit dem potentiellen Berufs- und Arbeitsmarkt sicher für beide Seiten von Vorteil.

Allerdings darf eine Berufs- und Arbeitsmarktorientierung nicht nur auf die Studienphase beschränkt bleiben. Es wird vielmehr in Zukunft zunehmend eine Aufgabe der Hochschulen werden, ehemaligen Studenten auch eine Weiterbildung anzubieten, die nicht nur die Kompetenz im ausgeübten Beruf auf den neuesten Stand bringt, sondern auch die Möglichkeit bietet, das absolvierte Studium durch eine Studienergänzung für einen anderen Beruf zu nutzen. Die Zeiten, als jemand mit einem einmal erlernten Beruf ein Leben lang seinen Lebensunterhalt sichern konnte, scheinen vorbei zu sein. Auf diesen Wandel müssen sich auch die Hochschulen mit einem ergänzenden Angebot einstellen.

- **Internationalisierung**

Die Hochschulrektorenkonferenz hat auf ihrer Mitgliederversammlung am 18.11.2008 Grundlagen und Leitlinien für eine internationale Strategie der deutschen Hochschulen beschlossen. Darin heißt es in der Einleitung:

„Die Ausbreitung globaler Netzwerke und Wissenssysteme ist mit wachsenden Unsicherheiten, aber auch mit Chancen verbunden, sowohl für die einzelnen Gesellschaften als auch für die Individuen. Allerdings eröffnen sich die Chancen des Globalisierungsprozesses im Wesentlichen nur für die Inhaber qualifizierten Wissens und ausgeprägter Kompetenzen. Das Bildungssystem ist daher der Schlüssel für die Möglichkeiten des Einzelnen, wie auch der Gesellschaft, die Balance zwischen Chancen und Risiken des Globalisierungsprozesses herzustellen.

Während den Hochschulen vor diesem Hintergrund eine Rolle als „Agenten des Wandels" zukommt, werden sie gleichzeitig selbst durch die Entwicklungen in Wirtschaft und Politik beeinflusst. Die Flexibilität und Wettbewerbsfähigkeit der nationalen Hochschulsysteme wird entscheidend dafür sein, ob sie den Anschluss an internationale Entwicklungen halten und dabei die Qualität der Forschung und Lehre aufrechterhalten. Es wird nicht genügen, Internationalisierung als den bloßen Austausch von Studierenden und Lehrenden und die Beteiligung an internationalen Forschungsprojekten zu definieren. Vielmehr wird es darauf ankommen, dass jede Hochschule auf der Grundlage ihrer Mission und ihres Profils eine umfassende Internationalisierungsstrategie entwickelt, die die Transnationalität der Hochschule als ganzer zum Ziel hat."

Aus diesem Beschluss ist vor allem der Hinweis hervorzuheben, dass der seit Jahrzehnten praktizierte Austausch von Lehrenden und Studierenden dem neuen Anspruch an eine Internationalisierung der Hochschulen nicht mehr gerecht wird. Eine Hochschule mit vielen ausländischen Studierenden ist allein dadurch noch nicht international. Die Autoren des HRK-Beschlusses verwenden deshalb bewusst den Begriff der Transnationalität und wollen damit zum Ausdruck bringen, dass jede Hochschule sich als Teil eines internationalen Systems von Forschung, Bildung und Ausbildung verstehen muss. „Dies bedeutet, dass sich eine Hochschule in allen denkbaren Elementen ihrer Tätigkeit als gestaltender Teil des sich in der Entwicklung begriffenen Welthochschulsystems wahrnimmt und entsprechend aktiv wird. Es wird entscheidend sein, dass deutsche Hochschulen ihren Platz in einem Welthochschulsystem nicht nur jetzt definieren, sondern bei der Definition dieses Systems selbst aktiv und verantwortlich mitwirken. Die Internationalisierung hat die Transnationalität der Hochschule zum Ziel. Eine zukunftsfähige Hochschule wird sich deshalb über ihre Transnationalität im Rahmen des Globalisierungsprozesses definieren" (ebda.).

- **Profilbildung**

Hochschulen, die sich den Herausforderungen eines an Wirtschaftsbetrieben orientierten Managements stellen, die Qualitätssteuerung und -sicherung zu ihrem eigenen Anspruch machen, die sich aktiv am Arbeits- und Berufsmarkt orientieren und sich als Teil eines weltweiten Netzes von Forschung und Bildung verstehen, werden sehr bald die Notwendigkeit erkennen, ihr Profil zu schärfen. Fast 400 Hochschulen in Deutschland erleben alle vergleichbare Herausforderungen und haben letztlich auch nur vergleichbare Möglichkeiten, um sich diesen Herausforderungen zu stellen. Doch wenn Hochschulen mehr sein wollen als von der öffentlichen Hand beauftragte Dienstleister in einer Dienstleistungsgesellschaft, sondern wenn sie aktiv mitgestalten wollen in Politik, Wirtschaft, Gesellschaft und Kultur, wird dies nur über eine Differenzierung gelingen.

Die Exzellenzinitiative der Bundesregierung hat es klar angestoßen: es geht künftig um Unterschiede, nicht mehr um Gemeinsamkeiten. Künftig zählt das Alleinstellungsmerkmal, durch das sich eine Hochschule von einer anderen Hochschule der gleichen Hochschulart unterscheidet. Und es zählt das Profil, also die Gesamtheit von Merkmalen, über die sich eine Hochschule von ihren Mitbewerbern absetzt. Dazu gehören die Breite oder Tiefe eines Studienangebots, die Flexibilität der Studienwahl und Studienverknüpfung, die Berufs- und Arbeitsmarktorientierung sowie der Service, den die Hochschule für ihre Studierenden zu leisten bereit ist. Nicht zuletzt zählt dazu die Idee, die dieser Hochschule und dem Handeln des an ihr lehrenden und arbeitenden Personals zugrunde liegt. Dies alles ist mehr als nur Marketing, so sehr damit auch Mission Statement und die Regeln des Beschaffungsmarketings berührt sind. Letztlich geht es um das, was eine Hochschule ausmacht und was die Hochschulangehörigen – einschließlich der Studierenden – denken, wenn sie von „ihrer" Hochschule sprechen. Wenn alle spüren, dass es „ihre" Hochschule ist, weil sie unverwechselbar und nicht austauschbar ist, dann muss man sich um die Zukunftsfähigkeit dieser Hochschule keine Sorgen machen.

Doch ergibt sich die Zukunftsfähigkeit der Hochschulen natürlich auch aus den Rahmenbedingungen, von denen eingangs dieses Kapitels die Rede war. Für die Sicherung und Verbesserung dieser Rahmenbedingungen werden die Hochschulen weiter eintreten, und der Erfolg der letzten Jahre seit der Deregulierung des Hochschulwesens zeigt, dass sie auf einem guten Weg sind. Doch gleichermaßen sind auch die internen Anstrengungen einer jeden Hochschule gefordert. Nur im Mit- und Nebeneinander von guten Rahmenbedingungen einerseits und einer überzeugenden Qualität von Forschung, Lehre und Hochschulmanagement andererseits liegt die Zukunft der deutschen Hochschulen.

6 Anhang

6.1 Glossar

Ablaufplanung – Organisation eines Planungsprozesses unter zeitlichen und arbeitsorganisatorischen Gesichtspunkten. Typische Formen der Ablauforganisation sind Checklisten, Balkendiagramme, Meilensteinpläne, Netzpläne usw.

Akademischen Mitarbeiter – Diese Personengruppe umfasst in der akademischen Lehre Wissenschaftliche Angestellte und Assistenten, die auf Qualifizierungsstellen auf Zeit beschäftigt werden ebenso wie auf Dauer beschäftigte und beamtete Akademische Räte und Oberräte. Mit der Hochschulreform der letzten Jahre wurde für alle Angehörigen des so genannten akademischen Mittelbaus der Oberbegriff Akademischer Mitarbeiter eingeführt.

Akademische Selbstverwaltung → Hochschulselbstverwaltung.

Akkreditierung – „Mit der Akkreditierung wird in einem formalisierten und objektivierbaren Verfahren festgestellt, dass ein Studiengang in fachlich-inhaltlicher Hinsicht und hinsichtlich seiner Berufsrelevanz den Mindestanforderungen entspricht. (…) Die Akkreditierung wird durch mehrere untereinander im Wettbewerb stehende Agenturen durchgeführt. Der Zusammenhalt des Akkreditierungssystems erfolgt über eine zentrale Akkreditierungseinrichtung. Staat, Hochschulen und Berufspraxis wirken bei der Akkreditierung sowohl in der zentralen Akkreditierungseinrichtung als auch in den Agenturen zusammen" (Hochschulrektorenkonferenz 2004, S. 159f.). Das Akkreditierungsverfahren, bei dem von den Akkreditierungsagenturen unabhängige Gutachterkommissionen eingesetzt werden, kann als → Programmakkreditierung, → Clusterakkreditierung oder → Systemakkreditierung durchgeführt werden.

Akkreditierungsagentur – Privatrechtliche Einrichtungen, die vom Akkreditierungsrat berechtigt wurden, selbstständig Akkreditierungsverfahren durchzuführen. Zurzeit sind folgende Akkreditierungsagenturen zugelassen:

- ACQUIN e.V. – Akkreditierungs-, Certifizierungs- und Qualitätssicherungs-Institut
- AHPGS e.V. – Akkreditierungsagentur für Studiengänge im Bereich Gesundheit und Soziales
- AQAS e.V. – Agentur zur Qualitätssicherung durch Akkreditierung von Studiengängen
- ASSIIN e.V. – Akkreditierungsagentur für Studiengänge der Ingenieurwissenschaften, der Informatik, der Naturwissenschaften und der Mathematik
- FIBAA – Foundation for International Business Administration
- ZEvA – Zentrale Evaluations- und Akkreditierungsagentur Hannover

Akkreditierungsrat – Zentrale Akkreditierungseinrichtung, in der Staat, Hochschulen und Berufspraxis steuernd auf die → Akkreditierung einwirken.

Audit – (lat. Anhörung) regelmäßige und systematische Überprüfung von Prozessen mit dem Ziel, die Einhaltung von Vorgaben und Richtlinien zu sichern; Audit werden bevorzugt im → Qualitätsmanagement eingesetzt.

Aufbauorganisation – Gliederung eines Betriebs in Teileinheiten und Koordinierung dieser Teileinheiten zueinander. Typische Formen der Aufbauorganisation sind die Linienorganisation, die Mehrlinienorganisation, die Stab-Linienorganisation und die Matrixorganisation.

Aufbaustudien – Studiengänge, die den erfolgreichen Abschluss eines → grundständigen Studiums voraussetzen.

Bachelor – Nach dem → Bologna-Prozess der erste Studienabschluss oder erste Studienzyklus. Das Bachelorstudium dauert mindestens drei und höchstens vier Jahre und schließt mit einer Bachelor-Prüfung ab, die entweder in einen Beruf führt oder durch ein → Masterstudium ergänzt werden kann.

Balanced Scorecard – Die Balanced Scorecard (zu deutsch „ausgewogener Berichtsbogen") ist eine Managementmethode, durch die die Rückkoppelung zwischen einer Unternehmensstrategie und dem täglichen Managementhandeln erleichtert wird. Die Balanced Scorecard ist für das Hochschulmanagement deshalb von besonderem Interesse, weil sie neben der finanzwirtschaftlichen Perspektive auch den Kunden, also den Studenten, im Blick hat, die internen Geschäftsabläufe und Prozesse einbezieht sowie der Innovations- und Wissensperspektive der Hochschule als Unternehmung besondere Aufmerksamkeit schenkt. Damit widmet sich die Balanced Scorecard nicht nur den „harten" Finanzdaten, sondern auch den vermeintlich „weichen" Daten.

Benehmen – Die im Vergleich zum → Einvernehmen deutlich schwächere Form der Einbeziehung einer anderen Behörde oder Instanz. Wenn ein Benehmen gefordert wird, hat die Hochschule der anderen Stelle Gelegenheit zur Stellungnahme zu geben. Sollte diese Stellungnahme von der Position der Hochschule abweichen, so sind zwar diese Argumente zu berücksichtigen, doch ist damit die Hochschule nicht gehindert, die Entscheidung in ihrem Sinne zu treffen und umzusetzen.

Berufsbefähigung/Berufsqualifizierung – In der Bologna-Erklärung von 1999 heißt es: „Der nach dem ersten Zyklus erworbene Abschluss attestiert eine für den europäischen Arbeitsmarkt relevante Qualifikationsebene." Demnach ging man lange davon aus, dass ein → Bachelor eine ausreichende Berufsqualifizierung vermitteln solle. Da sich aber alle Universitäten und Fachhochschulen für einen dreijährigen Bachelor als Regelstudienzeit entschieden haben, zeigte sich sehr bald, dass ein so kurzes Studium auf dem Arbeitsmarkt nicht als Berufsqualifikation akzeptiert wird. Deshalb wird die Forderung einer ausreichenden Berufsqualifizierung schon nach einem Bachelorstudium inzwischen nicht mehr aufrecht erhalten.

Berufung – Angebot des Wissenschaftsministers bzw. des Rektors (je nach Landesrecht) an einen Wissenschaftler oder Künstler, eine Professur an einer Hochschule zu übernehmen. Diesem Angebot geht in der Regel ein → Berufungsverfahren voraus.

Berufungskommission – Die Kommission zur Durchführung eines → Berufungsverfahrens wird von der Fakultät zusammengestellt, der die zu besetzende Stelle zuzurechnen ist. Der Fakultätsrat wählt dazu Vertreter der Professoren, der akademischen Mitarbeiter und der Studierenden aus; die jeweilige Anzahl wird in der Grundordnung festgeschrieben. In der Berufungskommission bilden die Professoren die Mehrheit. Die Gleichstellungsbeauftragte nimmt mit beratender Stimme am Verfahren teil. Nach Landesrecht oder laut → Grundordnung können der Kommission auch weitere Personen angehören (z.B. ein Vertreter einer anderen Fakultät oder ein externer Vertreter von außerhalb der Hochschule). Den Vorsitz der Berufungskommission führt in der Regel der Dekan oder sein Vertreter.

Berufungsverfahren – Verfahren, das der → Berufung vorausgeht. Je nach Landesrecht geben der Hochschulrat, der Senat oder die Hochschulleitung eine Stelle für ein Berufungsverfahren frei. Das eigentliche Verfahren beginnt mit der Ausschreibung und der Zusammensetzung einer → Berufungskommission durch die zuständige Fakultät. Die Berufungskommission sichtet die Bewerbungen und lädt einen ausgewählten Kreis von Bewerbern zu einer persönlichen Vorstellung ein, die in der Regel aus einem wissenschaftlichen bzw. – an Kunsthochschulen – künstlerischen Vortrag und einer Lehrprobe (Probeseminar) besteht. Anschließend erstellt die Berufungskommission eine Liste mit – in der Regel – drei Personen, die in einer vorgegebenen Reihenfolge für eine Berufung vorgeschlagen werden. Diese Liste legt die Berufungskommission dem zuständigen Fakultätsrat oder – falls es die Grundordnung vorsieht – dem Senat zur Anhörung vor. Je nach Landesrecht entscheidet über die Berufung der Wissenschaftsminister oder der Rektor; sie sind nicht an die Liste gebunden. Gedenkt der Berufene die Berufung anzunehmen, so finden → Berufungsverhandlungen statt, die entweder von einem Ministerialbeamten oder dem Rektor bzw. Kanzler geführt werden. Verständigen sich die Verhandlungspartner, wird eine Berufungsvereinbarung abgeschlossen, die Grundlage des Arbeitsvertrags (bei Angestellten) oder des → Ernennungsverfahrens (bei Beamten) ist.

Berufungsverhandlung – Die Berufung ist als Angebot an eine ausgewählte Person zu verstehen. Der Annahme des Angebots geht üblicherweise eine Berufungsverhandlung voraus, die zwischen dem ausgewählten Bewerber und – je nach Landesrecht – dem Minister oder dem Rektor bzw. deren Beauftragte geführt wird. Gegenstand der Berufungsverhandlung sind → Leistungsbezüge sowie Fragen der Sach- und Personalausstattung einer Stelle. Auch arbeits- und dienstrechtliche Besonderheiten (z.B. Deputatsverpflichtungen) können Gegenstand einer Berufungsverhandlung sein. Über eine erfolgreiche Berufungsverhandlung wird eine Berufungsvereinbarung geschlossen, die Grundlage des Arbeitsvertrags (bei Angestellten) oder des → Ernennungsverfahrens (bei Beamten) ist.

Besoldungsdurchschnitt – Die → W-Besoldung geht von einem Besoldungsdurchschnitt aus, d.h. der Hochschule wird vom Träger je Professorenstelle ein einheitlicher Durchschnittsbetrag zur Verfügung gestellt. Der Hochschule steht es frei, diesen Durchschnittsbetrag im Einzelfall auszuschöpfen oder eingesparte Mittel im Rahmen des → Vergaberahmens für eine andere Stelle zu verwenden.

Betriebseinrichtungen – Als Betriebseinrichtungen bezeichnet man solche → Hochschuleinrichtungen, die Serviceleistungen für den Hochschulbetrieb erbringen und nicht unmittelbar und ausschließlich Teil des Lehrbetriebs sind (z.B. Bibliotheken, Informationszentren,

Rechenzentrum, Werkstätten, Versorgungs- und Hilfsbetriebe, sonstige Wirtschaftsbetriebe der Hochschule usw.).

Bildungsgesamtplan – Der von der → Bund-Länder-Kommission 1973 vorgelegte Bildungsgesamtplan enthielt weit reichende Vorschläge für eine Reform des gesamten Bildungswesens in der Bundesrepublik Deutschland. Da einerseits die im Bildungsgesamtplan geforderte integrierte Gesamtschule politisch sehr umstritten war und andererseits wegen der wirtschaftlichen Schwierigkeiten Anfang der 1970er Jahre (erste Ölkrise) die finanziellen Spielräume für größere Reformen sehr klein waren, kam es nicht zur Umsetzung des Plans. In späteren Jahren wurden weitere Bildungsgesamtpläne erarbeitet, die in Teilen auch umgesetzt wurden.

Bologna-Reform oder Bologna-Prozess – Am 19. Juni 1999 unterzeichneten 30 europäische Staaten die so genannte Bologna-Erklärung – benannt nach dem Konferenzort - und bekannten sich zu dem Ziel, bis zum Jahr 2010 einen gemeinsamen europäischen Hochschulraum zu schaffen. Dieser Erklärung traten bis 2009 weitere 16 Staaten bei. Konkret soll in allen europäischen Staaten ein einheitliches gestuftes Studiensystem aus → Bachelor und → Master mit europaweit vergleichbaren Abschlüssen eingeführt werden, das zu einer Verbesserung der Qualitätssicherung sowie einer Steigerung der Mobilität im Hochschulbereich führt.

Bologna-Zentrum der HRK – Zentrale Dokumentations- und Informationsstelle der → HRK zum Bologna-Prozess. Das Bologna-Zentrum arbeitet eng mit der → Bund-Länder-Arbeitsgruppe „Fortführung des Bologna-Prozesses" zusammen und gibt die Bologna-Reader heraus (Hochschulrektorenkonferenz 2004, 2007 und 2008).

Bund-Länder-Arbeitsgruppe „Fortführung des Bologna-Prozesses" – Der Bologna-Reformprozess wird durch eine Bund-Länder Arbeitsgruppe „Fortführung des Bologna-Prozesses" begleitet, an der auch Mitglieder der → Hochschulrektorenkonferenz (HRK), des → Deutschen Akademischer Austauschdienst (DAAD), der Studierenden, Sozialpartner und des Deutschen Studentenwerks (DSW) sowie der → Akkreditierungsrat beteiligt sind.

Bund-Länder-Kommission für Bildungsplanung und Forschungsförderung (BLK) – Die BLK wurde 1970 als Bund-Länder-Kommission für Bildungsplanung durch ein Verwaltungsabkommen zwischen Bund und Ländern gegründet. Nachdem sie 1975 durch die Rahmenvereinbarung Forschungsförderung zusätzliche Aufgaben erhalten hatte, wurde ihr Name 1976 geändert in "Bund-Länder-Kommission für Bildungsplanung und Forschungsförderung" (BLK). Sie war eine Regierungskommission auf Ministerebene und arbeitete eng mit den Fachministerkonferenzen der Länder zusammen. Schwerpunkte der Arbeit der BLK waren die Bildungsplanung (→ Bildungsgesamtplan), die Forschungsförderung, die Förderung von Frauen in Wissenschaft und Forschung sowie das Internationale Marketing für den Bildungs- und Forschungsstandort Deutschland. Ende 2007 hat die Bund-Länder-Kommission für Bildungsplanung und Forschungsförderung (BLK) ihre Tätigkeiten eingestellt. Nachfolgeorganisation wurde die → Gemeinsame Wissenschaftskonferenz (GWK).

CHE – Centrum für Hochschulentwicklung – 1994 von der Bertelsmann Stiftung und der → HRK gemeinsam gegründete Einrichtung zur Umsetzung und Erprobung neuer Organisations- und Steuerungsmodelle an Hochschulen.

Controlling – Eine Funktion der Unternehmenssteuerung, die nicht mit Kontrolle im Sinne einer auf Sanktionen ausgerichteten Überwachung verwechselt werden darf. Controlling steht in einem engen Zusammenhang mit Zielsetzung und Planung. Durch das betriebswirtschaftliche Controlling soll sichergestellt werden, dass die Ziele des Unternehmens Hochschule stets im Auge behalten werden und dass die Planung auf die Umsetzung der Unternehmensziele ausgerichtet wird. Man spricht deshalb auch von der "Planungs- und Kontrollorientierung" des Controllings oder von den "Zwillingsfunktionen" Planung und Controlling. Das Controlling konzentriert sich auf drei Kontrollbereiche: Prämissenkontrollen, Ergebniskontrollen sowie Verfahrens- und Verhaltenskontrolle.

Credit points → Leistungspunkte

Clusterakkreditierung – Variante des → Akkreditierungsverfahren, bei dem mehrerer Studiengänge, die sich fachlich nahe stehen und strukturell vergleichbar sind (z.B. alle philologischen Studiengänge einer Universität) gemeinsam akkreditiert werden. Vom Ansatz her handelt es sich um eine → Programmakkreditierung, allerdings in einer auf Effizienz und Kostensenkung ausgerichteten Form.

DAAD – Deutscher Akademischer Austauschdienst – Förderungsorganisation für die internationale Zusammenarbeit mit zahlreichen Förderprogrammen; Vertreter der Hochschulen in der auswärtigen Kultur-, Bildungs- und Hochschulpolitik.

Dekan – Der Dekan vertritt die Fakultät nach außen, leitet deren Geschäfte und ist Vorsitzender des → Fakultätsvorstands und des → Fakultätsrats; in dieser Funktion wird er vom → Prodekan vertreten. Der Dekan wird vom Fakultätsrat gewählt, dem er in der Regel angehört. Je nach Landesrecht ist es auch möglich, einen Vertreter einer anderen Fakultät zu wählen oder auch eine Person von außerhalb der Hochschule, die das Amt dann hauptberuflich ausübt. Dem → Rektor steht für die Wahl des Dekans ein Vorschlagsrecht zu. Das Nähere ist in der → Grundordnung zu regeln. Der Dekan achtet darauf, dass die Lehrenden ihren Lehr- und Prüfungsverpflichtungen nachkommen und dass die Hochschuleinrichtungen ihre Aufgaben erfüllen; er hat insofern gegenüber den Mitgliedern der → Fakultät ein Aufsichts- und Weisungsrecht. Zudem führt der Dekan die Dienstaufsicht über die → Akademischen Mitarbeiter und → die sonstigen Mitarbeiter der Fakultät. Die Zusammenarbeit der Dekane auf der horizontalen Fakultätenebene sowie die Rückkoppelung der Dekane mit der Hochschulleitung sind in der Grundordnung zu regeln.

Department – Eine in den USA übliche Bezeichnung für eine Organisationseinheit der Hochschulen, um verwandte Fachgebiete zu größeren Einheiten zusammenzufassen. In deutschsprachigen Raum werden Department und → Fachbereich häufig synonym verwendet. Vereinzelt wird der Begriff aber auch als eine andere Bezeichnung für eine Fakultät verwendet.

DFG – Deutsche Forschungsgemeinschaft – Zentrale deutsche Förderorganisation für Forschungsprojekte. Die DFG verteilt zwar über die diversen Förderprogramme Mittel der öffentlichen Hand, ist aber organisationsrechtlich eine Einrichtung der Hochschulen in Form eines Vereins.

Diploma Supplement – Das Diploma Supplement enthält in englischer Sprache einheitliche Angaben zur Beschreibung von Hochschulabschlüssen und damit verbundenen Qualifikationen. Beigefügt ist auch eine Beschreibung des deutschen Studiensystems, die ausländischen Hochschulen bzw. Arbeitgebern eine bessere Einordnung ermöglichen soll.

Diversity Management – (Steuerung von Vielfalt); es hebt die individuelle Vielfalt und Verschiedenartigkeit von Mitarbeitern als Chance hervor; Diversity Management vermeidet Diskriminierung und verbessert die Chancengleichheit in Unternehmen und Organisationen.

Dritter Zyklus – Auf der Bologna-Nachfolgekonferenz in Bergen (2005) wurde das in zwei Zyklen (→ Bachelor und → Master) → gestufte Studiensystem auch förmlich um einen dritten Zyklus ergänzt, der dem bisherigen Promotionsstudium entspricht. An Kunst- und Musikhochschulen entsprechen die Meisterklassen (Kunstakademien) und Konzertexamen bzw. Solistenklassen (Musikhochschulen) dem dritten Zyklus.

Drittmittel – Als Drittmittel bezeichnet man alle Finanzierungsmittel, die nicht von der Hochschule selbst erwirtschaftet werden (→ Eigenfinanzierungsanteil) und auch nicht vom Träger zugesteuert werden, sondern eben von Dritten stammen. Man unterscheidet Drittmittel der öffentlichen Hand (z.B. Bundesmittel) oder von der öffentlichen Hand getragenen Fördereinrichtungen (z.B. Deutsche Forschungsgemeinschaft), die in der Verwaltungsfachsprache auch als Zuwendungen bezeichnet werden sowie private Drittmittel (Spenden, Sponsoring, Stiftungserträge usw.).

ECTS (European Credit Transfer System) – Europäisches Standardsystem zur Ausgestaltung von → Leistungspunkten (Credit points)

Eigenfinanzierungsanteil – Als Eigenfinanzierungsmittel gelten die Einnahmen aus dem Verkauf von Waren und Dienstleistungen (Eintrittsgelder, Nutzungsgebühren, Miet- und Pachteinnahmen, Erlöse aus Licensing usw.), aber auch die Einnahmen aus Studiengebühren.

Einrichtungen → siehe wissenschaftliche und künstlerische Einrichtungen

Einvernehmen – In Berufungsverfahren oder bei der Wahl von Mitgliedern der Hochschulleitung wird in vielen Landeshochschulgesetzen ein Einvernehmen mit dem zuständigen Landesministerium verlangt. Einvernehmen im verwaltungsrechtlichen Sinne bedeutet, dass vor einem Rechtsakt (z.B. einer beamtenrechtlichen Ernennung) das Einverständnis einer anderen Stelle (z.B. des Ministeriums) vorliegen muss. Erfolgt der Rechtsakt ohne das Einvernehmen, ist er zwar rechtswidrig, aber nicht nichtig (§ 44 Abs. 3 Ziff. 4 Verwaltungsverfahrensgesetz des Bundes), da die Mitwirkung einer anderen Behörde nachgeholt werden kann. Siehe auch → Benehmen.

Elementarbereich – Vorstufe des dreigliedrigen Schulsystems nach dem → Bildungsgesamtplan von 1973. Der Elementarbereich umfasst Bildungsangebote ab dem 3. Lebensjahr.

Employability → **Berufsbefähigung/Berufsqualifizierung**

Ernennungsverfahren – Kandidaten für eine Professur, die in ein Beamtenverhältnis über-nommen werden sollen, durchlaufen ein Ernennungsverfahren, in dem die beamtenrechtli-chen Voraussetzungen geprüft werden. Dazu muss der Kandidat verschiedene Unterlagen vorlegen, die im Landesbeamtengesetz vorgeschrieben sind (z.B. Führungszeugnis, Gesund-heitszeugnis, Erklärung über die wirtschaftlichen Verhältnisse). Die Ernennung (Ausstellung der Urkunde) erfolgt nach Landesrecht durch den Ministerpräsidenten, den Wissenschafts-minister oder den Rektor. Bei der erstmaligen Übernahme in das Beamtenverhältnis hat der Kandidat einen Diensteid abzuleisten, dessen Text ebenfalls im Landesbeamtengesetz vorge-geben ist. Mit der Ernennung ist in der Regel auch die Verleihung des Professorentitels ver-bunden.

EUA – European University Association – Europäischer Dachverband der Universitäten mit Sitz in Brüssel.

Europäischer Hochschulraum – Mit dem → Bologna-Prozess wird das Ziel verfolgt, alle europäischen Staaten auf eine einheitliche, dreigliedrige Studienstruktur zu verpflichten, um die Mobilität der Studierenden innerhalb Europas zu erleichtern und die Vergleichbarkeit mit nordamerikanischen Standards zu sichern. Seit 2009 gehörten insgesamt 46 Staaten dem Europäischen Hochschulraum an.

Evaluation – Eine Evaluation ist die wissenschaftliche Auswertung eines abgeschlossenen Projekts mit Blick auf die angestrebten Ziele. Man unterscheidet drei Stufen der Evaluation: die interne Evaluation (Selbstevaluation), die externe Evaluation (Fremdevaluation) und das Follow-up (Nachbeobachtung).

Fachbereich – Das Hochschulrahmengesetz von 1976 wollte statt der Gliederung in → Fakultäten eine Struktur mit Fachbereichen einführen. Damit sollte die Möglichkeit angebo-ten werden, auch kleinere Organisationseinheiten zu bilden. Doch hat sich dieser Reformver-such nicht durchsetzen können. Manche Universitäten blieben bei ihrer Fakultätsgliederung, andere schlossen später mehrere Fachbereiche und Sektionen wieder zu Fakultäten zusam-men, so dass es heute an manchen Universitäten sowohl Fakultäten als auch Fachbereiche gibt. Lediglich an kleinen Hochschulen (z.B. Kunsthochschulen), wo man auf eine Fakultätenstruktur verzichtet, kennt man noch die Gliederung in Fachbereiche. Sie sind aber dort deutlich kleinere Einheiten und mit den Fachbereichen (Fakultäten) des Hochschulrah-mengesetzes von 1976 nicht vergleichbar.

Facility Management – Als Facility Management – oder US-amerikanisch Facilities Mana-gement – (Abkürzung: FM) bezeichnet man die Verwaltung und Bewirtschaftung von Ge-bäuden, Anlagen und Einrichtungen (engl. facilities).

Fakultät – Organisatorische Grundeinheit einer Hochschule, die an manchen Hochschulen auch als → Fachbereiche bezeichnet werden. Unbeschadet der Gesamtverantwortung der Hochschulleitung und der Hochschulgremien ist die Fakultät in ihrem Bereich die entschei-dende Institution in allen Fragen der Forschung und der Lehre. Vertretungsorgan der Fakultät ist der sich aus Gruppenvertretern zusammensetzende → Fakultätsrat. Die Leitung der Fa-kultät obliegt dem → Fakultätsvorstand, der aus dem → Dekan (Vorsitz), den → Prodekanen und den → Studiendekanen besteht. Die Fakultät gliedert sich in → Institute.

Fakultätsrat – Vertretung der einer Fakultät zugeordneten Mitglieder einer Hochschule und zwar der Lehrenden wie der Studierenden. Der Fakultätsrat wird vom → Dekan geleitet. Ähnlich wie der Senat wird der Fakultätsrat nach Gruppen gewählt; die Professoren müssen im Fakultätsrat die Mehrheit haben. Soweit das Landeshochschulgesetz keine Vorgaben macht, ist das Nähere in der → Grundordnung zu regeln. Der Fakultätsrat ist vor allem zuständig für Lehr- und Prüfungsangelegenheiten der Fakultät, weshalb ihm eine Mitwirkung bei allen Studien- und Prüfungsordnungen zusteht. Bei der Bildung und Auflösung von → Hochschuleinrichtungen sowie bei der Erarbeitung von → Struktur- und Entwicklungsplänen ist die Zustimmung des Fakultätsrats erforderlich.

Fakultätsvorstand – Der Fakultätsvorstand leitet die Fakultät. Den Vorsitz führt der → Dekan; weiter gehören dem Fakultätsvorstand die → Prodekane und die → Studiendekane an. Ein Prodekan ist der allgemeine Stellvertreter des Dekans.

Föderalismuskommission – 2003 setzen Bundestag und Bundesrat eine Kommission ein, um die Entscheidungsstrukturen zwischen Bund und Ländern neu zu regeln. Die von dieser Föderalismuskommission I vorgeschlagenen Grundgesetzänderungen traten am 1.9.2006 in Kraft. Damit wurde im Bildungssektor die Zuständigkeit der Länder gestärkt; der Bund ist nur noch zuständig für eine Regelung von Hochschulzulassung und Hochschulabschlüssen. Als Konsequenz aus den Beschlüssen der Föderalismuskommission I ist das → Hochschulrahmengesetz obsolet geworden. Die Föderalismuskommission II, die 2006 gegründet wurde und 2009 ihre Vorschläge vorlegte, befasste sich mit der Modernisierung der Bund-Länder-Finanzbeziehungen.

Freiheitsgarantie – Das Grundgesetz rechnet die Freiheit von Wissenschaft, Forschung und Lehre zu den Grund- und Menschenrechten und gewährt diesen Freiheitsrechten damit einen außergewöhnlich hohen Schutz. In Art. 5 Abs. 3 des Grundgesetzes heißt es: „Kunst und Wissenschaft, Forschung und Lehre sind frei. Die Freiheit der Lehre entbindet nicht von der Treue zur Verfassung."

Fundraising – Als Fundraising (Kapitalbeschaffung) bezeichnet man die systematische Beschaffung von Drittmitteln (Spenden, Stiftungserträge, → Sponsoring, → Public-Private-Partnership usw.) zur Finanzierung gemeinnütziger Aufgaben. Fundraising ist verbunden mit einer Kommunikationsstrategie und ist damit sowohl Teil der Hochschulfinanzierung als auch des Hochschulmarketing.

Führung – Als Führung bezeichnet man die personale Seite der Steuerung von Prozessen und Betrieben. Durch Führung sollen Mitarbeiter veranlasst (motiviert, in die Lage versetzt) werden, Ziele zu erreichen. Diese Ziele sind vorrangig Unternehmensziele, sie sollten aber mit den persönlichen Leistungszielen möglichst identisch sein.

Führungsstil – Idealtypische Verhaltensweise eines Vorgesetzten gegenüber seinen Mitarbeitern. In der Literatur kennt man verschiedene Führungsstile wie bürokratisch, kooperativ oder patriarchalisch. Sie alle erweisen sich letztlich als Zwischenstufen zwischen einem autoritären Führungsstil auf der einen Seite und einem liberalistischen auf der anderen Seite. In der Praxis kommt häufig eine Mischung verschiedener Führungsstile zur Anwendung.

Führungstechniken – Maßnahmen und Verhaltensweisen zur Gestaltung von → Führung wie Anweisungen geben, Kritik üben, Kontrollen durchführen usw.

Funktionsbeschreibung – Mit der Funktionsbeschreibung einer Stelle wird festgelegt, für welche Funktion in Lehre und Forschung eine Stelle eingesetzt wird; man spricht auch von der Widmung der Stelle. Sie ergibt sich in der Regel aus dem → Struktur- und Entwicklungsplan, weshalb der Beschluss über die Funktionsbeschreibung einer Stelle in der Regel in die Zuständigkeit des → Hochschulrats fällt. Vor allem im Vorfeld von Stellenausschreibungen und → Berufungsverfahren ist die Entscheidung über die Funktionsbeschreibung einer Stelle von nachhaltiger Bedeutung.

GATE – Guide to Academic Training an Education – Konsortium deutscher Hochschulen zur Förderung des internationalen Hochschulmarketings durch Veranstaltungen im In- und Ausland sowie durch Medienpräsenz.

Gemeinsame Wissenschaftskonferenz (GWK) – 2008 hat die Gemeinsame Wissenschaftskonferenz (GWK) von Bund und Ländern als Nachfolgeorganisation der → Bund-Länder-Kommission (BLK) ihre Arbeit aufgenommen. Die Errichtung der GWK ist eine Folge der am 1.9.2006 in Kraft getretenen Föderalismusreform. Durch diese Reform erfuhr Artikel 91 b Grundgesetz eine Präzisierung und Erweiterung. Bund und Länder können danach zusammenwirken bei der Förderung von: (1) Einrichtungen und Vorhaben der wissenschaftlichen Forschung außerhalb der Hochschulen, (2) Vorhaben der Wissenschaft und Forschung an Hochschulen, (3) Forschungsbauten an Hochschulen einschließlich Großgeräten. Diesen Aufgaben werden sich Bund und Länder künftig in der GWK widmen. In der GWK sollen die großen wissenschaftspolitischen Fragestellungen erörtert und beschlossen werden, verbunden mit einer noch stärker strategisch orientierten Diskussion zu Fragen des Wissenschaftssystems insgesamt.

Geschäftsverteilungsplan – Bürokratisches Instrument zur Regelung funktioneller Zuständigkeiten in Behörden.

Gestufte Studienstruktur – Gliederung des Studiums im Zuge des → Bologna-Prozesses in die drei Stufen → Bachelor, → Master und → dritter Zyklus (Promotionsphase).

Graduiertenkolleg – Nach den „Empfehlungen des Wissenschaftsrates zur Struktur des Studiums" vom 24.1.1986 ist das Graduiertenkolleg eine „Einrichtung zur Förderung des graduierten Nachwuchses in thematisch umschriebenen Forschungsgruppen". Sie werden auch als Promotionskollegs oder Doktoratskollegs bezeichnet. In Gradiertenkollegs werden Doktoranden thematisch verwandter Fächer von mehreren Professoren betreut. Als Doktoranden des Kollegs erhalten sie für einen befristeten Zeitraum ein Stipendium, das in der Regel von der Deutschen Forschungsgemeinschaft (DFG) finanziert wird.

Grundordnung – Die aus dem Satzungsrecht der Hochschulen abgeleitete wichtigste hochschulinterne Ordnung. In der Grundordnung regelt jede Hochschule individuell Strukturen, Zuständigkeiten, Abläufe und Verhaltensweisen, soweit sie nicht in übergeordneten Gesetzen vorgegeben sind.

grundständig – Bezeichnung für einen Studiengang, der keine Vorkenntnisse aus einem anderen Studiengang voraussetzt. Davon zu unterscheiden sind die → Aufbaustudiengänge, die den erfolgreichen Abschluss eines grundständigen Studiums voraussetzen. Seit der → Bologna-Reform werden grundständige Studiengänge als → Bachelorstudien und → Aufbaustudien als → Masterstudien bezeichnet.

Gruppenuniversität, Gruppenhochschule – Gegenmodell der 1960er Jahre zur traditionellen → Ordinarienuniversität, das vorsah, dass alle Gruppen einer Hochschule an den wesentlichen Entscheidungen zu beteiligen seien. Als Gruppen gelten die Professoren, die akademischen Mitarbeiter, die Studenten und die sonstigen Mitarbeiter. Doch schon 1973 stellte das Bundesverfassungsgericht in einem Grundsatzurteil fest, dass das Gruppenmodell nur bedingt verfassungskonform ist. Seitdem muss beispielsweise in Berufungskommissionen und bei Entscheidungen über Fragen der Lehre und Forschung gewährleistet sein, dass eine Entscheidung nicht gegen die Mehrheit der Professoren gefällt werden darf. 1976 floss das modifizierte Modell der Gruppenuniversität/Gruppenhochschule in das Hochschulrahmengesetz ein.

Habilitation – Nachweis der Befähigung, ein wissenschaftliches Fach an einer Hochschule selbstständig in Lehre und Forschung vertreten zu können. Das Habilitationsverfahren setzt eine überdurchschnittliche Promotion voraus und erfolgt in der Regel an der zuständigen Fakultät; es besteht aus einer Habilitationsschrift und einem wissenschaftlichen Kolloquium. Mit der erfolgreich abgeschlossenen Habilitation wird die Lehrbefähigung (Venia legendi – lat. Erlaubnis des Lesens) verliehen, die in der Regel Voraussetzung für die → Berufung in ein Professorenamt ist. Die Habilitation gewährt keinen Anspruch auf ein Amt oder auf eine Besoldung. Dieses ordentliche Habilitationsverfahren kann in Ausnahmefällen ersetzt werden durch eine kumulative Habilitation, bei der an Stelle der Habilitationsschrift eine Reihe von kleineren wissenschaftlichen Schriften vorgelegt wird, die in der Summe einer Habilitationsschrift vergleichbar sind sowie durch eine habilitationsadäquate Leistung, die im Rahmen eines → Berufungsverfahrens gutachterlich festgestellt wird. Das Nähere regelt die Habilitationsordnung. Seit 2002 ist auch die Möglichkeit gegeben, die Lehrbefähigung über eine → Juniorprofessur zu erwerben.

Habilitationsrecht – Das Recht einer Hochschule, ein Verfahren zur → Habilitation durchzuführen. Dieses Recht steht vorrangig den Universitäten zu. Je nach Landesrecht haben auch die Musik- und Kunsthochschulen sowie die Pädagogischen Hochschulen Habilitationsrecht, teilweise aber nur in Kooperation mit Universitäten.

Hamburger Abkommen – Das am 28.10.1964 von den Ministerpräsidenten der Länder verabschiedete Hamburger Abkommen vereinheitlicht das Schulwesen in der Bundesrepublik Deutschland. Wichtige Elemente dieses Abkommens waren der Ersatz der Volksschule durch die Grund- und Hauptschule, die Gliederung des Schulwesens in einen Primarbereich (Grundschule) sowie die weiterführenden Schulformen Hauptschule, Realschule und Gymnasium (Sekundarbereich) sowie unter anderem auch der einheitliche Schuljahresbeginn im Herbst und die neue Ferienregelung. Das Hamburger Abkommen gilt im Wesentlichen noch heute.

Hausberufungen – Das bis 2006 geltende → Hochschulrahmengesetz erlaubte die → Berufung eines Mitglieds der berufenden Hochschule nur in strengen Ausnahmefällen (Hausberufungsverbot). Auf diese Weise wollte man die Innovationskraft der Hochschulen stärken und die Mobilität der Wissenschaftler fördern. Mit dem Wegfall des Hochschulrahmengesetzes regeln die Länder die so genannten Hausberufungen in eigener Zuständigkeit. Dabei zeichnet sich ab, dass es bei dem traditionell sehr engen Hausberufungsverbot im Wesentlichen bleiben wird, weil es sich bewährt hat. Ausnahmen gelten lediglich für → Juniorprofessoren, die nach Ablauf ihrer befristeten Anstellung unter bestimmten Bedingungen auf eine unbefristete Professur übernommen werden können.

HIS – Hochschul-Informations-System GmbH – Organisation zur Verbesserung der Organisationsaufgaben der Hochschulen und zur Förderung der Wirtschaftlichkeit vor allem in Verwaltungsabläufen.

Hochschulautonomie – Die Umsetzung der → Freiheitsgarantie des Grundgesetzes erfolgt über eine Reihe von Struktur- und Verhaltensmerkmalen, die man zusammengefasst als Hochschulautonomie bezeichnet. Dazu gehören: die eigene Rechtspersönlichkeit der Hochschulen, die Hochschulselbstverwaltung, eine eigene Gremienstruktur für eine demokratische Beratung und Entscheidung, die Wahrnehmung von Führungsfunktionen auf Zeit, die Binnendifferenzierung der Hochschule in Fakultäten und Institute sowie die weitgehend eigenständige Auswahl des lehrenden Personals.

Hochschuleinrichtungen – In der → Grundordnung definierte Organisationseinheiten einer Hochschule. Man unterscheidet → wissenschaftliche und künstlerische Einrichtungen und → Betriebseinrichtungen.

Hochschulrahmengesetz (HRG) – Bundesgesetz zur Vereinheitlichung des Hochschulrechts. Da das Hochschulrecht in die Zuständigkeit der Länder fällt, sah man in den 1960er Jahren die Gefahr, dass das Hochschulwesen zu sehr auseinanderdriften könnte. Nach einer Grundgesetzänderung von 1969, mit der dem Bund in Art. 75 Abs. 1 Ziffer 1a GG eine Rahmenkompetenz für das Hochschulwesen zugesprochen wurde, verabschiedete der Bundestag 1976 das Hochschulrahmengesetz. Darin wurden die Aufgaben der Hochschulen in Forschung und Lehre, die Zulassung zum Studium, die Arten der Studienabschlüsse sowie die Rechte der Mitglieder der Hochschulen geregelt. Doch da das Hochschulrahmengesetz stets auf Kritik seitens der Länder und auch seitens der betroffenen Hochschulen stieß, wurde die Rahmengesetzgebungskompetenz des Bundes im Zuge der ersten Föderalismusreform von 2006 (→ Föderalismuskommission) wieder gestrichen. Der Regelungsbedarf des HRG wurden inzwischen weitgehend über Spezialgesetze (z.B. das Professorenbesoldungsrecht, Einführung von Juniorprofessuren, Hochschulzulassung, gestufte Hochschulabschlüsse usw.) abgedeckt, so dass das HRG obsolet geworden ist. Die Bundesregierung hat deshalb 2007 ein Gesetz zur Aufhebung des HRG eingebracht, das allerdings noch nicht verabschiedet wurde.

Hochschulrat – Mit der Hochschulreform Anfang des Jahrhunderts entstand in vielen Bundesländern der Wunsch, neben den Senaten auch Hochschulräte einzusetzen. Vom → Senat unterscheidet sich ein Hochschulrat sowohl durch seine Zusammensetzung als auch durch seine Zuständigkeiten. In den meisten Bundesländern besteht der Hochschulrat überwiegend aus externen Persönlichkeiten aus Wirtschaft, Kultur und Gesellschaft; die internen Vertreter

der Hochschule bilden nur eine Minderheit. Dieser Hochschulrat wird als eine Art Aufsichtsrat im Sinne des Aktiengesetzes tätig und übernimmt damit Teile der Fachaufsicht, die früher
dem jeweiligen Fachministerium oblagen. Der Hochschulrat dient also der Stärkung der
Autonomie der Hochschule, zumindest soweit es sich um eine größere Ministeriumsferne
handelt. Der Hochschulrat ist vorrangig für alle → strategischen Entscheidungen zuständig;
in den meisten Bundesländern beschließt er beispielsweise die → Struktur- und Entwicklungspläne. In Anlehnung an die Funktion des Aufsichtsrat in Wirtschaftsbetrieben und dessen Recht, den Vorstand zu bestellen und zu entlassen, kommt auch dem Hochschulrat bei
der Wahl des Rektors eine herausragende Funktion zu.

Hochschulselbstverwaltung – Das aus der Grundgesetzgarantie der Freiheit von Wissenschaft, Forschung und Lehre und dem Status als Körperschaft abgeleitete Recht der Hochschulen, ihre Angelegenheiten selbst zu regeln. Dieses Selbstverwaltungsrecht beschränkt
sich allerdings nur auf den akademischen Betrieb wie beispielsweise die Auswahl des lehrenden Personals oder die Organisation und Qualitätssicherung von Forschung und Lehre,
nicht aber auf Angelegenheiten der allgemeinen Landesverwaltung.

Honorarprofessoren – Eine Hochschule kann Personen, die sich durch eine langjährige
Lehrtätigkeit um die Hochschule besonders verdient gemacht haben oder die durch herausragende wissenschaftliche oder künstlerische Leistungen besonderes Ansehen genießt, den
Titel eines Honorarprofessors verleihen. Früher erfolgte die Verleihung des Titels auf Vorschlag der Hochschule durch die Landesregierung. Im Rahmen der Deregulierung wurde
dieses Recht in der Regel auf die Hochschulrektoren übertragen. Mit der Verleihung des
Titels geht in der Regel die Verpflichtung einher, mindestens zwei Stunden pro Woche zu
unterrichten. Früher entfiel mit der Titelverleihung die Honorierung für die Lehrtätigkeit
(Titel oder Mittel!), doch ist es inzwischen üblich geworden, auch den Honorarprofessoren
das für → Lehrbeauftragte übliche Honorar zu zahlen. Honorarprofessoren dürfen zwar den
Titel eines Professors tragen, gehören hochschulrechtlich aber zur Gruppe der Lehrbeauftragten, weil auch sie nur honoriert, nicht aber besoldet (Beamte) oder vergütet (Angestellte)
werden. Sofern sich der Honorarprofessor durch sein Verhalten dem Titel nicht als würdig
erweist, kann der Titel nach Landes- und Hochschulrecht wieder aberkannt werden.

Institut – Institute sind wissenschaftliche oder künstlerische Einrichtungen einer Hochschule
unterhalb der Fakultätsebene. Sie zeichnen sich durch eine große fachliche Nähe aus, d.h.
alle dem Institut angehörenden Personen lehren und forschen im gleichen Fachgebiet. Vertretungsorgan ist die Institutskonferenz (Vollversammlung) oder der Institutsrat (analog zum
Fakultätsrat). Das Institut wird von einem Institutsleiter geführt. Die Zuständigkeit eines
vorwiegend in der Lehre tätigen Instituts beschränkt sich auf den → operativen Bereich und
hier vor allem auf die Umsetzung der Studien- und Prüfungsordnungen. Dagegen habe große
Forschungsinstitute (vor allem im naturwissenschaftlichen und medizinischen Bereich) mit
eigens akquirierten → Drittmitteln und aus Drittmitteln finanziertem Personal eine beachtliche Autonomie.

ISCED-Level – International Standard Classification of Education; 1975 beschlossenes
Klassifikationssystem der UNESCO für die internationale Vergleichbarkeit von Bildungssystemen.

Juniorprofessur – Die Juniorprofessur wurde 2002 mit der 5. Novelle zum Hochschulrahmengesetz eingeführt. Sie ist eine Qualifizierungsstelle, über die sich Nachwuchswissenschaftler für eine spätere Professorentätigkeit qualifizieren können. Die Juniorprofessur ist damit eine Alternative zu dem oft sehr langwierigen → Habilitationsverfahren. Mit der Einführung der Juniorprofessur wird das Ziel verfolgt, die Qualifizierung von Nachwuchswissenschaftlern bis zur ersten Berufung zu beschleunigen. Das → Berufungsverfahren findet in vereinfachter Form statt; hier gelten verschiedene landesrechtliche Regelungen. Die → Berufung erfolgt auf Zeit (in der Regel auf vier Jahre), während der der Juniorprofessor bei reduzierter Deputatsverpflichtung eine wissenschaftliche Arbeit zu erstellen hat. Sofern sich ein Erfolg der Juniorprofessur abzeichnet, kann die Befristung einmal (um in der Regel zwei Jahre) verlängert werden.

Kanzler – Leiter der Hochschulverwaltung. Der Kanzler ist zuständig für die Wirtschafts- und Personalverwaltung der Hochschule und in dieser Eigenschaft unmittelbarer Vertreter des Rektors; in Haushaltsangelegenheiten kann er gegen Beschlüsse des Rektorats Widerspruch erheben. Der Kanzler ist Mitglied des → Rektorats und des → Senats, allerdings ist sein Stimmrecht dort nach Landesrecht unterschiedlich geregelt. Sofern er Wahlbeamter ist, wird er auf Vorschlag des Rektors für die Dauer von sechs bis acht Jahren vom Senat oder vom Hochschulrat gewählt; das Nähere regelt das Landesrecht bzw. die → Grundordnung der Hochschule.

Kennzahlen – Kennzahlen sind quantitative Größenordnungen zur Abbildung relevanter Zusammenhänge; sie sind weniger als absolute Zahlen denn als Vergleichsgrößen zu verstehen. Man unterscheidet Gliederungszahlen (Verhältnis eines Teils zum Ganzen), Beziehungszahlen (zwei begrifflich verschiedene Merkmale werden einander zugeordnet), Indexzahlen (Verhältnis zweier gleichartiger Merkmale, wobei eine Größe mit 100 gleichgesetzt wird) und Vergleichsdaten (Zeitvergleich oder Soll-Ist-Vergleich). Kennzahlen gehören zu den Grundlagen eines aussagefähigen Controllings.

Kleine Fächer – Die „Arbeitsstelle Kleine Fächer" der Universität Potsdam hat 2007 eine Dokumentation zu den so genannten „Kleinen Fächern" erstellt und dafür zwei Kriterien zugrunde gelegt: entweder wird das Fach von nur drei Professuren an einer Universität vertreten oder es ist an nur 10 % aller deutschen Universitäten vorhanden. Es zeigte sich, dass es ca. 120 heterogene Einheiten gibt, die diese Kriterien erfüllen, die aber hinsichtlich ihres Fachgebiets oft sehr groß sind (z.B. in den Kultur- und Sprachwissenschaften). Mit der Entschließung 'Die Zukunft der Kleinen Fächer - Potenziale, Herausforderungen, Perspektiven' hat sich die → Hochschulrektorenkonferenz 2007 nachdrücklich für den Erhalt und eine verstärkte Förderung der Kleinen Fächer eingesetzt, da sie durch ihr oft hohes Renommee wesentlich zum wissenschaftlichen Profil und zur internationalen Wettbewerbsfähigkeit ihrer Hochschulen beitragen.

KLR – Abkürzung für → Kosten- und Leistungsrechnung.

Kommunikationspolitik – Ein Teil der → Marketinginstrumente. Die Kommunikationspolitik umfasst drei Gruppen von Kommunikationsmaßnahmen: klassische Werbemaßnahmen (Plakatwerbung; Zeitungsanzeigen; Internet-Werbung; Werbespots in Hörfunk, Film und Fernsehen), verkaufsfördernde Maßnahmen (Aufkleber, Werbegeschenke, Aktionswochen,

Studientage usw.) sowie die → Presse- und Öffentlichkeitsarbeit (Pressemitteilungen, Pressekonferenzen, Broschüren, Kataloge, Handzettel usw.)

Konsekutiver Studienverlauf – Wenn ein → Masterstudium im gleichen Fach und mit den gleichen Fächerschwerpunkten an ein → Bachelorstudium angeschlossen wird, spricht man von einem konsekutiven Studienverlauf. Bachelor- und Masterstudium dürfen dann nicht länger als zusammen fünf Jahre dauern.

Kontaktstudium – Studienangebot außerhalb regulärer Studiengänge, das für nicht immatrikulierte Interessenten als Fortbildung (in einem ausgeübten Beruf) oder als Weiterbildung (außerhalb eines ausgeübten Berufs) angeboten wird. Die Hochschulgesetze lassen für die Kontaktstudien eine privatrechtliche Trägerform (z.B. als Verein oder GmbH) zu. Kontaktstudien sind über Studiengebühren zu finanzieren; eine Belastung des Hochschuletats durch Kontaktstudienangebote ist nicht zulässig.

Kosten- und Leistungsrechnung – Die Kosten- und Leistungsrechnung (abgekürzt KLR) erfasst alle Kosten (Werteverzehr) und Leistungen (Wertezuwachs) einer Unternehmung nach ihrer Art (Kostenartenrechnung), dem Ort ihrer Entstehung (Kostenstellenrechnung) oder der sie verursachenden Leistung (Kostenträgerrechnung). Sie unterstützt die Unternehmens- bzw. Hochschulleitung in ihren Planungs- und Entscheidungsprozessen, indem sie beispielsweise Daten über das Verhältnis der Istkosten zu den Plankosten oder über die Kostenentwicklung einer bestimmten Leistung liefert.

Künstlerische Entwicklungsvorhaben – Als solche bezeichnet man die Erforschung und Erprobung künstlerischer Ausdrucksformen mit künstlerischen und wissenschaftlichen Mitteln, also mit einer methodischen Kombination wie sie die wissenschaftliche Methodik allein nicht leisten kann. Im Hochschulrahmengesetz (§ 26) und in den Landeshochschulgesetzen sind die künstlerischen Entwicklungsvorhaben der wissenschaftlichen Forschung gleichgestellt.

KMK – Kultusministerkonferenz – Zusammenschluss der für Bildungs-, Schul- und Hochschulangelegenheiten zuständigen Landesministerien, um trotz der föderalen Struktur der Bundesrepublik zu einem halbwegs einheitlichen Schul- und Hochschulsystem zu gelangen. Nach dem Wegfall des → Hochschulrahmengesetzes und der Stärkung der Länderebene durch die Föderalismusreformen kommt der KMK eine zunehmende Bedeutung zu.

Landeshochschulgesetz – Gesetz eines Bundeslandes über die rechtlichen Grundlagen und Rahmenbedingungen der staatlichen Hochschulen. Bis in die 1990er Jahre war es üblich, für jede Hochschulart ein eigenes Gesetz zu erlassen. Nach der Jahrhundertwende sind mehrere Bundesländer aber dazu übergegangen, einheitliche Landesgesetze für alle Hochschularten zu verabschieden. Doch inzwischen gibt es wieder erste Anzeichen für eine Rückkehr zur Differenzierung; so hat beispielsweise das Land Nordrhein-Westfalen zum 1.4.2008 ein eigenes Kunsthochschulgesetz für seine acht staatlichen Kunsthochschulen in Kraft gesetzt.

Lehrbeauftragte – Die Lehrbeauftragten gehören nicht zum festen Personal einer Hochschule, sondern werden in der Regel nur für ein Semester verpflichtet. Sie lehren entweder in praxisorientierten Fächern mit einem geringen Deputatsbedarf oder sie werden eingesetzt, um auf einen sich kurzfristig verändernden Bedarf flexibel reagieren zu können. Lehrbeauf-

tragte stehen zur Hochschule in keinem sozialversicherungspflichtigen Anstellungsverhältnis, weshalb sie nur ein Honorar und keine Vergütung erhalten. Da kein Beschäftigungsverhältnis besteht, ist die semesterweise immer wieder neue Verpflichtung der gleichen Lehrbeauftragten auch kein Kettenarbeitsvertrag im Sinne des Arbeitsrechts.

Leistungsbezüge – Mit der → Professorenbesoldungsreform im Rahmen der → W-
Besoldung eingeführte Ergänzungen des Grundgehalts. Man unterscheidet Berufungszula-
gen, die im Rahmen von → Berufungsverhandlungen gewährt werden, Leistungszulagen, mit
denen überdurchschnittliche Leistungen in Lehre und Forschung gewürdigt werden sowie
Funktionszulagen für Funktionsträger in der Hochschulselbstverwaltung. Die Zulagen sind
frei verhandelbar, doch wird für die Hochschulen der finanzielle Verhandlungsspielraum
durch den → Besoldungsdurchschnitt (durchschnittliche Mittelzuweisung je Stelle) und den
→ Vergaberahmen (Besoldungsdurchschnitt mal Stellen, abzüglich der tatsächlichen Gehaltszahlungen) vorgegeben. Leistungsbezüge können befristet oder unbefristet gezahlt werden. Sofern sie unbefristet und mindestens für die Dauer von drei Jahren gezahlt werden,
können sie bis zu 40 % als ruhegehaltsfähig angerechnet werden.

Leistungspunkte (Credit Points) – „Leistungspunkte sind ein quantitatives Maß für die
Gesamtbelastung der Studierenden. Sie umfassen sowohl den unmittelbaren Zeitaufwand als
auch die Zeit für die Vor- und Nachbereitung des Lehrstoffs (Präsenz- und Selbststudium),
den Prüfungsaufwand und die Prüfungsvorbereitungen einschließlich Abschluss- und Studienarbeiten sowie gegebenenfalls Praktika. In der Regel werden pro Studienjahr 60 Leistungspunkte vergeben, d.h. 30 pro Semester. (…) Für einen Leistungspunkt wird eine Arbeitsbelastung (→ Workload) des Studierenden im Präsenz- und Selbststudium von 30 Stunden angenommen. Die gesamte Arbeitsbelastung darf im Semester einschließlich der vorlesungsfreien Zeit 900 Stunden oder im Studienjahr 1.800 Stunden nicht überschreiten"
(Hochschulrektorenkonferenz 2004, S. 91f.). Um die Einheitlichkeit der Vergabe von Leistungspunkten zu gewährleisten, wurde ein europäisches Standardsystem → (ECTS) eingerichtet.

Leitbild – Die Beschreibung des Auftrags, des Selbstverständnisses und der strategischen
Ausrichtung einer Organisation. Ein Leitbild bildet häufig die Grundlage des → strategi-
schen Managements und des → Marketings einer Hochschule, kann aber auch als Basis des
→ Qualitätsmanagements genutzt werden.

Lissabon-Konvention – Beschluss der Mitgliedsstaaten des Europarats und der europäischen Region der UNESCO vom 11.4.1997 über die gegenseitige „Anerkennung von Qualifikationen im Hochschulbereich in der europäischen Region". Die Lissabon-Konvention war
die entscheidende Grundlage für den 1999 beschlossenen → Bologna-Prozess. Die Bundesrepublik Deutschland hat die Lissabon-Konvention allerdings erst mit Beschluss des Bundes-
tags vom 16.5.2007 ratifiziert.

Management – Als Management bezeichnet man die Methoden und Techniken, mit denen
Personen in Führungsfunktionen auf das Verhalten von Menschen einwirken, damit durch
deren Arbeit und Mitwirkung Ziele des Unternehmens erreicht werden.

Management-by-Systeme – Die systematische Verknüpfung von Methoden und Verhaltensweisen zur Steuerung und Führung einer Unternehmung. Bekannte Management-by-Systeme sind Management by objektives (Führung durch Zielvereinbarungen), Management by delegation (Führung durch Delegation), Management by results (ergebnisorientierte Führung) und Management by exceptions (Führung über Ausnahmefälle).

Managementebenen – Weil Aufgaben auf jene Personen, die man zum Management rechnet, unterschiedlich verteilt sind, unterscheidet man in der Praxis verschiedene Managementebenen. Es sind dies das Top Management, das Middle Management und das Lower Management. Das Top Management bestimmt die langfristigen strategischen Ziele und trifft Entscheidungen, die die gesamte Hochschule betreffen (Hochschulleitung). Das Middle Management hat ähnliche Kompetenzen wie das Top Management, aber nur für einen Teilbereich (Fakultätsebene). Das Lower Management ist mit der unmittelbaren Steuerung von operativen Aufgaben befasst (Institutsebene).

Managementfunktionen – Die Funktionen oder Aufgaben, die ein professionelles Management leisten kann. Vorrangig gehören dazu die Funktionen Zielsetzung, Planung, Entscheidung, Organisation und Kontrolle.

Managementinformationssystem – Eine aus aufbereiteten Daten bestehende Informationsbasis, die der Hochschulleitung jederzeit entscheidungsrelevante Informationen an die Hand gibt und auch prognostisch zu so genannten Wenn-Dann-Beziehungen (was geschieht, wenn sich bestimmte Faktoren ändern?) Aussagen machen kann. Die Daten werden zum Teil mit Hilfe der → Kosten- und Leistungsrechnung, zum Teil mit Hilfe anderer Controllinginstrumente beschafft.

Managementtechniken – Regeln und Verfahren, die in wiederkehrenden Vorgängen zur Steigerung der Effizienz von Management eingesetzt werden können. Dazu gehören z.B. Planungstechniken, Prognosetechniken, Entscheidungstechniken oder Problemlösungstechniken.

Manager – Als Manager bezeichnet man Personen, die in Führungsfunktionen auf das Verhalten von Menschen einwirken, damit durch deren Arbeit und Mitwirkung Ziele des Unternehmens erreicht werden.

Marketing – „Marketing ist ein Prozess im Wirtschafts- und Sozialgefüge, durch den Einzelpersonen und Gruppen ihre Bedürfnisse und Wünsche befriedigen, indem sie Produkte und andere Dinge von Wert erzeugen, anbieten und miteinander austauschen" (Kotler/ Bliemel 1992, S. 6). Soweit eine klare und operationalisierbare Zielsetzung gegeben ist, folgen im Marketing-Managementprozess die → Marketinganalyse und der Einsatz von → Marketinginstrumenten.

Marketinganalyse – Methodische Analyse der Bedingungen und Möglichkeiten, die das Handeln am Markt beeinflussen. In der Regel setzt sich die Analysephase aus vier Teilen zusammen, nämlich der Potentialanalyse (Was können wir?), der Nachfrageanalyse (Was wollen die Kunden?), der Konkurrentenanalyse (Wer sind die Konkurrenten?) und der Umweltanalyse (Wie entwickeln sich die relevanten Rahmendaten?).

Marketinginstrumente – Instrumente zur Bearbeitung des Marktes, die nach einer operationalisierbaren Zielsetzung und einer methodischen Analyse des Marktes und seiner Umwelt zum Einsatz kommen. Man unterscheidet die Produktpolitik, die Preispolitik, die → Kommunikationspolitik und die Distributionspolitik.

Marktforschung – Als Marktforschung bezeichnet man „die systematische Erhebung, Analyse und Interpretation von Informationen über Gegebenheiten und Entwicklungen auf Märkten (...), um relevante Informationen für Marketing-Entscheidungen bereitzustellen" (Weis/Steinmetz 1995, S. 16). Marktforschung kann vergangenheitsbezogen, gegenwartsbezogen und zukunftsbezogen sein. Sie bedient sich vorrangig der Methoden der empirischen Sozialforschung.

Master – Nach dem → Bologna-Prozess der zweite Studienzyklus, der sich an ein → Bachelorstudium → konsekutiv oder → nicht-konsekutiv anschließen kann. Das Masterstudium dauert mindestens ein und höchstens zwei Jahre. Ein erfolgreicher Master-Abschluss berechtigt in der Regel zur Promotion.

MINT-Fächer – Akronym zur Zusammenfassung der Fächergruppe Mathematik, Informatik, Naturwissenschaften, Technik.

Mission-Statement – Das Mission-Statement beschreibt, welchen Zwecken eine Organisation dient („the reason why we exist"). Es ist vergleichbar mit dem → Leitbild und ist Grundlage für ein professionelles → Marketing.

Module, Modularisierung – „Modularisierung ist die Zusammenfassung von Stoffgebieten zu thematisch und zeitlich abgerundeten, in sich abgeschlossenen und mit Leistungspunkten versehenen abprüfbaren Einheiten. Module können sich aus verschiedenen Lehr- und Lernformen (wie z.B. Vorlesungen, Übungen, Praktika u.a.) zusammensetzen. Ein Modul kann Inhalte eines einzelnen Semesters oder eines Studienjahrs umfassen, sich aber auch über mehrere Semester erstrecken. Module werden grundsätzlich mit Prüfungen abgeschlossen, auf deren Grundlage Leistungspunkte vergeben werden" (Hochschulrektorenkonferenz 2004, S. 91).

Neue Steuerungsinstrumente – Internes betriebliches Rechnungswesen der öffentlichen Hand, das in den 1990er Jahren zur Ergänzung der Kameralistik eingeführt wurde und ein verstärktes Kostenbewusstsein herbeiführen sollte. Kernbereich der Neuen Steuerungsinstrumente (NSI) sind die → Kosten- und Leistungsrechnung und das → Controlling.

Nicht-Konsekutiver Studienverlauf – Wenn an ein → Bachelorstudium ein → Masterstudium in einem anderen Fach oder mit einem anderen Fächerschwerpunkte angeschlossen wird, spricht man von einem nicht-konsekutiven Studienverlauf. Bachelor- und Masterstudium dürfen dann zusammen sechs Jahre dauern.

Nonprofit-Management – Management in Betrieben und Einrichtungen, die nicht auf Gewinn, sondern auf die Umsetzung anderer Ziele ausgerichtet sind→. Dazu zählen der gesamte gemeinnützige Bereich, aber auch staatliche und kommunale Einrichtungen. Man spricht in diesem Zusammenhang auch von Nonprofit-Organisationen oder dem Nonprofit-Sektor.

NSI – Abkürzung für → Neue Steuerungsinstrumente.

Operative Aufgaben – Ebene des → Managements, die sich mit der Umsetzung von → strategischen Aufgaben befasst. Operative Aufgaben werden auf einer ausführenden Ebene wahrgenommen, auf der zwar keine grundlegenden Entscheidungen zu fällen sind, auf der sich aber letztlich die Qualität einer Leistung zeigt.

Ordinarienuniversität – Veraltete Bezeichnung der Universitätsstrukturen vor 1968, als die Universitäten allein von den Ordinarien, also den Inhabern von Lehrstühlen (C4-Profesoren) geführt wurden. Der Einfluss der übrigen Professoren, Dozenten und akademischen Mitarbeiter war dagegen äußerst gering. Mit dem Modell der → Gruppenuniversität versuchte man in den 1970er Jahren diese wenig demokratische Struktur außer Kraft zu setzen.

Personalentwicklung – Unter dem Begriff Personalentwicklung fasst man alle Maßnahmen zusammen, die der Erhaltung, Entwicklung und Verbesserung der Arbeitsleistung bzw. des Qualifikationsprofils von Mitarbeitern dienen, soweit dies zur Leistungsverbesserung in einem Unternehmen oder einer Organisation erforderlich ist. Im Hochschulmanagement unterscheidet sich die Personalentwicklung von der in kommerziellen Unternehmen insofern als es auch Aufgabe der Hochschule ist, solche Mitarbeiter zu fördern, die wegen des Hausberufungsverbots (→ Hausberufungen) an eine andere Hochschule wechseln werden. Von etwas anderer Art, aber zunehmend von Bedeutung ist die Personalentwicklung im Sinne einer Förderung künftiger Führungskräfte; diese Personalentwicklung konzentriert sich in erster Linie auf die eigene Hochschule.

Personalmanagement – Maßnahmen zur Steuerung des Personalbedarfs einer Unternehmung. Dazu gehören die Anwerbung und Auswahl von Personal (→ Berufungsverfahren), der Personaleinsatz, das Dienst- und Arbeitsrecht sowie die → Personalentwicklung.

Präsident – Leiter einer Hochschule; siehe auch → Präsidialverfassung. Der Titel Präsident wird von vielen Hochschule dem Titel → Rektor vorgezogen, weil er auch international gebräuchlich ist.

Präsidialverfassung – Das → Hochschulrahmengesetz in der Fassung vom 9.4.1987 unterschied noch zwischen einer → Rektoratsverfassung und einer Präsidialverfassung. Demnach wurde in einer Rektoratsverfassung ein Professor der Hochschule für die Dauer von zwei Jahren zum → Rektor gewählt, während in einer Präsidialverfassung ein externer Bewerber für die Dauer von vier Jahren zum Präsidenten gewählt wurde. Mit der Novelle zum → Hochschulrahmengesetz vom 19.1.1999 wurde diese Unterscheidung aufgehoben. Seit der Hochschulrechtsreform und der beabsichtigten Abschaffung des Hochschulrahmengesetzes steht es den Hochschulen frei, ihre Leiter als Präsidenten oder Rektoren zu bezeichnen. Eine Unterscheidung hinsichtlich der Wahlvoraussetzungen oder der Amtsdauer ist damit nicht mehr gegeben. Besondere Zuständigkeiten, z.B. in der Personal- und Wirtschaftsverwaltung, die früher zum Teil mit der Präsidialverfassung verbunden waren, bedürfen heute der besonderen Regelung im Landeshochschulrecht.

Präsidium – Mitglieder der Hochschulleitung, wenn der Leiter den Titel → Präsident führt. Dem Präsidium gehören der Präsident, die Vizepräsidenten und der → Kanzler an.

Presse- und Öffentlichkeitsarbeit – Presse- und Öffentlichkeitsarbeit oder Public Relations ist Teil der → Kommunikationspolitik und umfasst alle Kommunikationsmaßnahmen gegenüber der Öffentlichkeit, um das Verständnis für die eigenen Ziele bzw. Anliegen zu fördern, ein eigenständiges Erscheinungsbild zu schaffen und eine Vertrauensbasis gegenüber der Öffentlichkeit aufzubauen. Öffentlichkeitsarbeit ist deshalb nicht zu reduzieren auf Presse- und Medienarbeit, da Journalisten zwar die wichtigsten, aber nicht die einzigen Ansprechpartner für vertrauensbildende Maßnahmen sind.

Primarbereich – Teil des dreigliedrigen Schulsystems nach dem → Hamburger Abkommen von 1964. Der Primarbereich umfasst die Grundschulen bis zur 4. Klasse; in Berlin und Brandenburg bis zur 6. Klasse.

Prodekan – Allgemeiner Vertreter des → Dekans in einem → Fakultätsvorstand. Die → Grundordnung kann in einer Fakultät mehrere Prodekane vorsehen. Die Geschäftsordnung der Fakultät kann für die Prodekane einen eigenen Zuständigkeitsbereich definieren.

Professorenbesoldungsreform – Grundlage ist das Gesetz zur Reform der Professorenbesoldung vom 16.2.2002 (Professorenbesoldungsreformgesetz). Mit diesem Gesetz wurde für die Besoldung von Professoren die → W-Besoldung (W = Wissenschaft) eingeführt, die von einem gegenüber der alten C-Besoldung niedrigeren Grundgehalt ausgeht, das durch → Leistungsbezüge (Berufungs-, Leistungs- und Funktionszulagen) ergänzt werden kann.

Profit-Management – Management in Unternehmen, die auf die Erzielung von Gewinnen ausgerichtet sind (z.B. Wirtschaftsunternehmen).

Programmakkreditierung – Eine mögliche Variante der → Akkreditierung, bei der ein einzelner Studiengang bzw. die Studiengänge eines Fachs gesondert akkreditiert werden.

Projektmanagement – Unter einem Projektmanagement versteht man die Planung, Steuerung und Kontrolle von Projekten. Als Projekte bezeichnet man Vorhaben, die zeitlich befristet und auf ein klares Ziel ausgerichtet sind. Für solche Projekte stehen in der Regel gesonderte Ressourcen (Personal, Finanzmittel) zur Verfügung. Im Hochschulbereich hat man es vorrangig mit Forschungsprojekten zu tun, auf die die eben genannten Merkmale alle zutreffen und die sich deshalb auch für eine Projektfinanzierung über → Drittmittel eignen.

Promotionsrecht – Recht einer Hochschule, einen Doktortitel zu verleihen. Promotionsrecht haben alle Universitäten, Kunst- und Musikhochschulen sowie Pädagogische Hochschulen; Fachhochschulen dürfen ein Promotionsrecht nur in Kooperation mit einer Universität ausüben. Das Promotionsrecht wird einer Hochschule vom zuständigen Minister verliehen; es ist begrenzt auf solche Fächer, die an der Hochschule in ausreichendem Maße durch Professoren vertreten sind. An Universitäten wird das Promotionsrecht von den Fakultäten wahrgenommen, an kleineren Hochschulen mit Promotionsrecht häufig von der Hochschulleitung. Das Promotionsrecht bezieht sich auf ordentliche Promotionsverfahren und auf die Verleihung eines Ehrendoktors (Dr. h. c.).

Prorektor – Mitglied des → Rektorats und Stellvertreter des Rektors. In der Regel ist mindestens ein Prorektor für Studienangelegenheiten und ein anderer für Forschungsangelegenheiten zuständig. Die → Grundordnung bestimmt, wie viele Prorektoren bestellt werden dürfen.

Public-Private-Partnership – Partnerschaft zwischen der öffentlichen Hand und privaten Unternehmen, um bestimmte Aufgaben gemeinsam wahrnehmen zu können. In der Regel geht es dabei um konkrete Aufgaben, die in gemeinsamer Trägerschaft stehen, doch kann eine Public-Private-Partnership auch als Finanzierungsmittel in Frage kommen. In einem solchen Fall unterhält die Public-Private-Partnership einen Finanzierungspool, der aus öffentlichen und privaten Mitteln gespeist wird und aus dem dann Fördermittel zur Verfügung gestellt werden. Wegen der begrenzten Wirksamkeit solcher Finanzierungspools eignet sich die Public-Private-Partnership vor allem für die Projektfinanzierung.

Public Relations → Presse- und Öffentlichkeitsarbeit

Qualitätsmanagement – Als Qualitätsmanagement bezeichnet man alle systematischen Maßnahmen, um zu einer Verbesserung von Produkten, Prozessen und Leistungen zu gelangen. Qualitätsmanagement findet sowohl in Wirtschaftsbetrieben als auch in Nonprofit-Organisationen Anwendung. Typische Methoden des Qualitätsmanagements an Hochschulen sind die Evaluation und die Akkreditierung; darüber hinaus kommen auch Methoden wie DIN ISO 9001 zur Anwendung. Qualitätsmanagement gehört zu den zentralen Aufgaben der Hochschulleitung.

Reakkreditierung – Erneute → Akkreditierung von erfolgreich akkreditierten Studiengängen nach Ablauf einer vorgegebenen Frist. In der Regel beträgt die Frist bis zur Reakkreditierung die Dauer der Regelstudienzeit eines Studiengangs zuzüglich zwei weitere Jahre, also insgesamt zwischen fünf und maximal sieben Jahre.

Regelstudienzeit – Die Regelstudienzeiten für Bachelor- und Masterstudiengänge betragen mindestens drei und höchstens vier Jahre für die Bachelorstudiengänge und mindestens ein und höchstens zwei Jahre für die Masterstudiengänge. Bei → konsekutiven Studiengängen beträgt die Gesamtregelstudienzeit höchstens fünf Jahre; bei → nicht-konsekutiven Studiengängen sowie bei einem Hochschulwechsel zwischen der Bachelor- und Masterphase dauert sie höchstens sechs Jahre.

Rektor – Leiter einer Hochschule und förmlicher Vertreter der Hochschule gegenüber Dritten. Er leitet das Rektorat, den Senat und dessen Ausschüsse. Zum Rektor kann gewählt werden, wer entweder Professor der Hochschule ist oder – als externer Bewerber – über ein abgeschlossenes Hochschulstudium und eine entsprechende Qualifikation verfügt. Er wird – je nach Landesrecht – für die Dauer von mindestens sechs bis höchstens acht Jahren vom Senat oder/und vom Hochschulrat gewählt.

Rektorat – Leitungsgremium einer Hochschule; es wird vom → Rektor geleitet und besteht aus den → Prorektoren und dem → Kanzler. Die Zuständigkeiten der Prorektoren im Rektorat und die Reihenfolge der Vertretung des Rektors sind in einer Geschäftsordnung zu regeln.

Rektoratsverfassung – Leitung der Hochschule durch einen → Rektor und ein → Rektorat; siehe auch → Präsidialverfassung.

Sekundarbereich – Teil des dreigliedrigen Schulsystems nach dem → Hamburger Abkommen von 1964. Der Sekundarbereich wird in zwei Phasen unterteilt, die je nach Bundesland zeitlich unterschiedlich zugeordnet sind. Zum Sekundarbereich I zählen Hauptschulen (5./7.

bis 9./10. Schuljahr), Realschulen (5./7. bis 10. Schuljahr) und Gymnasien (5./7. bis 10. Schuljahr). Der Sekundarbereich II umfasst Gymnasien (11. bis 12./13. Schuljahr), Fachschulen, Fachoberschulen und Berufsfachschulen sowie – länderspezifisch – berufliche Gymnasien und Berufskollegs. In fast allen Bundesländern gibt es für die beiden Phasen der Sekundarstufe Formen von Gesamtschulen.

Sektion – Im Rahmen der Hochschulreform der DDR in den 1970er Jahren wurden – ähnlich wie die → Fachbereiche in den westdeutschen Hochschulen – an Stelle der → Fakultäten Sektionen eingeführt. Doch konnte sich diese Gliederung nicht durchsetzen.

Senat – Bis zur Hochschulreform Anfang des Jahrhunderts das zentrale Kollegialorgan für alle wichtigen Entscheidungen im Rahmen der → Hochschulselbstverwaltung. Seit der Einführung der → Hochschulräte ist die Zuständigkeit des Senats stark eingeschränkt. Generell ist der Senat weiterhin zuständig für alle fakultätsübergreifenden Angelegenheiten in Forschung und Lehre. Dagegen ist die Rolle des Senats bei der Wahl des Rektors von Bundesland zu Bundesland unterschiedlich geregelt. Weitgehend verloren hat der Senat seine Zuständigkeit für → strategische Fragen und für die → Struktur- und Entwicklungspläne. Seit der Einführung der → Gruppenuniversität gehören dem Senat Vertreter der Professoren, des akademischen Mittelbaus, der Studierenden und der sonstigen Mitarbeiter an, wobei die Zusammensetzung über die → Grundordnung so geregelt sein muss, dass eine Entscheidung nicht gegen die Professoren getroffen werden kann.

Solidarpakt – Um die Finanzierung der Hochschulen mittelfristig zu sichern, sind einige Landesregierungen dazu übergegangen, mit ihren Hochschulen für die Dauer von fünf bis max. acht Jahren so genannte Solidarpakte zu schließen, die zum Teil auch den Charakter von Zielvereinbarungen haben. Ein solcher Solidarpakt besagt, dass für den vereinbarten Zeitraum der Gesamthaushalt und der Stellenplan einer Hochschule unverändert bleiben. In der Regel werden zusätzlich auch ein Inflationsausgleich und ein Ausgleich für Tariferhöhungen vereinbart. Damit haben die Hochschulen eine mittelfristige Finanzierungssicherheit, die ihnen größere Spielräume im Rahmen ihrer Hochschulautonomie gewähren, da auch Haushaltsreste in der Regel in der einzelnen Hochschule verbleiben. Allerdings schränkt der Solidarpakt auch die Möglichkeiten ein, innerhalb der Laufzeit des Paktes zu einer Aufbesserung des Etats oder einer Ausweitung des Stellenplans zu kommen.

Sonderforschungsbereich – Langfristig angelegte Projekte der Grundlagenforschung, in denen Wissenschaftler im Rahmen eines fächer- und sogar hochschulübergreifenden Forschungsprogramms zusammenarbeiten, können als Sonderforschungsbereiche ausgewiesen werden. In dieser Form werden sie bis zu zwölf Jahre lang aus Mitteln der Deutschen Forschungsgemeinschaft (DFG) finanziert.

Sonstige Mitarbeiter – Als sonstige Mitarbeiter bezeichnet das Hochschulrecht jene Gruppe von Hochschulangehörigen, die nicht in der Lehre tätig sind, also die Mitarbeiter der Verwaltung und des Hausdienstes, die Bibliotheksangehörigen sowie auch technische Kräfte in den Labors. Sie haben das Recht, einen Vertreter in den Senat zu entsenden.

Sponsoring – Als Sponsoring bezeichnet man die Unterstützung von Einrichtungen oder Personen vorwiegend im sozialen, sportlichen, kulturellen oder ökologischen Bereich durch

Finanz- oder Sachmittel eines Unternehmens. Der entscheidende Unterschied zum Spender oder Stifter besteht darin, dass mit dem Sponsoring immer ein Marketing- oder Kommunikationsziel verbunden ist, d.h. der Sponsor erwartet vom Begünstigten eine Gegenleistung zur Stützung seiner eigenen unternehmerischen Ziele. Folglich ist ein Sponsoring steuerlich nicht als Sonderausgabe absetzbar (vgl. Spende), sondern als Werbungskosten, weil es den werblichen Zielen eines Unternehmens, nicht aber wohltätigen Zwecken dient.

Stiftungsprofessur – Als Stiftungsprofessuren bezeichnet man solche Professorenstellen, die vorübergehend oder dauerhaft aus Mitteln Dritter gezahlt werden. Etwa 40 % dieser Stiftungsprofessuren werden von Unternehmen finanziert, etwas weniger als 30 % von Stiftungen und der Rest von Verbänden, Vereinen und Privatpersonen. Meist wird die Stiftungsprofessur von den Unternehmen und Stiftungen mit dem Ziel eingesetzt, Lehre und Forschung in Themenfeldern zu fördern, die sowohl für die Hochschule als auch für die Drittmittelgeber von Interesse sind. In der Regel werden Stiftungsprofessuren für die Dauer von fünf Jahren eingerichtet und über Drittmittel abgesichert; in Ausnahmefällen sind auch längere Laufzeiten möglich. Danach wird die Stiftungsprofessur entweder als reguläre Professur über den Etat der Hochschule finanziert oder – wenn es sich beispielsweise um zeitlich begrenzte Forschungsprojekte handelt – wieder eingestellt.

Strategische Aufgaben – Ebene des → Managements, die sich mit grundlegenden und längerfristig wirkenden Fragen und Zielen befasst. Strategische Aufgaben sind immer Angelegenheiten der Leitungsebene, weshalb im Hochschulbereich das wichtigste strategische Instrument, nämlich der → Struktur- und Entwicklungsplan, in den meisten Bundesländern dem Hochschulrat vorbehalten ist. Die Umsetzung der strategischen Aufgaben und Ziele erfolgt in Form von → operativen Aufgaben.

Struktur- und Entwicklungsplanung – Struktur- und Entwicklungspläne dienen der langfristigen strategischen Entwicklung einer Hochschule und werden für einen Zeitraum von fünf bis sieben Jahren erarbeitet. Sie sollen mittel- und langfristige Ziele beschreiben und Einzelmaßnahmen zu übergeordneten Zwecken zusammenführen. Auch soll damit eine mittelfristige Personalplanung einhergehen. Die Zuständigkeit zur Erstellung von Struktur- und Entwicklungsplänen liegt in der Regel bei den → Fakultäten. Die → Rektorate haben die Aufgabe, die Planungen der Fakultäten zu koordinieren und zu einem Gesamtplan zusammenzufassen. Je nach Landesrecht erfolgt die abschließende Beratung und Beschlussfassung entweder im → Senat oder im → Hochschulrat. Sofern der Hochschulrat zuständig ist, hat der Senat das Recht zur Stellungnahme.

Studiendekan – Mitglied im → Fakultätsvorstand mit einer besonderen Zuständigkeit für die Studien- und Prüfungsangelegenheiten. Der Studiendekan ist gleichzeitig Leiter der Studienkommission einer Fakultät. Nach Landesrecht ist er in → Berufungsverfahren und anderen Angelegenheiten, die die Lehre betreffen, zu hören.

Studientag – Jährlicher Informationstag der Hochschulen Mitte November für die oberen Klassen der Gymnasien. Dabei wird den Schülern der Gymnasien Gelegenheit gegeben, die Hochschule kennenzulernen und für einen Tag ausgesuchte Veranstaltungen zu besuchen. Der Studientag ist Teil des Beschaffungsmarketings einer Hochschule.

Systemakkreditierung – Neben → Programmakkreditierung und → Clusterakkreditierung die dritte Variante der → Akkreditierung. Mit ihr wird das interne Qualitätssicherungssystem einer Hochschule überprüft, so dass es der Hochschule im akkreditierten Bereich möglich ist, selbst Akkreditierungen vorzunehmen.

Tertiärer Bereich – Teil des dreigliedrigen Schulsystems nach dem → Hamburger Abkommen von 1964. Der tertiäre Bereich umfasst Hoch- und Fachhochschulen sowie Berufsakademien.

Transcript of Records – Die notenmäßige „Übersetzung" des Bachelor- bzw. Masterzeugnisses in das amerikanische System. Darin wird auch festgehalten, wie die Leistung des betreffenden Absolventen im Verhältnis zu seinem Jahrgang einzuschätzen ist.

Umwelt – Darunter ist hier nicht die Umwelt im ökologischen Sinne zu verstehen, sondern die Unternehmensumwelt, also alle Faktoren außerhalb eines Betriebs, die direkt oder indirekt auf den Erfolg eines Unternehmens Einfluss haben. Im Hochschulbereich zählen dazu beispielsweise die bildungspolitische Umwelt, die Nachfrageentwicklung seitens der Studierenden wie auch seitens des Arbeitsmarktes, aber auch wirtschaftliche und finanzielle Rahmenbedingungen und manch andere Teilumwelten.

Universitas – Gesamtheit (der Wissenschaften); die ursprüngliche lateinische Bezeichnung für die Universität lautete „universitas litterarum", was heute gern mit → Volluniversität übersetzt wird.

Unternehmenskultur der Hochschulen – Als Unternehmenskultur bezeichnet man die Werte und Verhaltensweisen, die sich im Laufe der Zeit für eine bestimmte Organisation oder Institution hinsichtlich des kollegialen Miteinanders, der Entscheidungsfindung, der Konfliktbewältigung, der Kommunikation und des Umgangs mit Kunden und Nutzern herausgebildet haben. In Hochschulen ist eine solche Unternehmenskultur (oder auch Organisationskultur) von nicht zu unterschätzender Bedeutung. Letztlich hat jede Hochschule „ihre" Unternehmenskultur entwickelt und pflegt sie bewusst oder unbewusst. Der Erfolg des Managements ist deshalb maßgeblich davon abhängig, ob Entscheidungen und Maßnahmen zur Unternehmenskultur passen. Eine Veränderung der Unternehmenskultur ist nur sehr langsam möglich.

Vergaberahmen – Nach der → W-Besoldung werden einer Hochschule für die Professorenstellen Finanzmittel zur Verfügung gestellt, die sich aus dem → Besoldungsdurchschnitt je Stelle und der Anzahl aller Professorenstellen ergeben. Soweit die tatsächlich gezahlten Gehälter diesen Besoldungsdurchschnitt nicht erreichen, spricht man von einem Vergaberahmen (Besoldungsdurchschnitt mal Stellen, abzüglich der tatsächlichen Gehaltszahlungen), der zur Gewährung von → Leistungsbezügen eingesetzt werden kann.

Verwaltungsdirektor – Funktionsbezeichnung des → Kanzlers, wenn er nicht auf Zeit gewählt ist und damit auch nicht stimmberechtigtes Mitglied des Rektorats bzw. des Präsidiums ist. Davon zu unterscheiden ist der Verwaltungsdirektor in Klinika oder anderen großen Einrichtungen der Hochschule.

Vierter Bildungssektor – Der → Bildungsgesamtplan von 1973 rechnet zum vierten Sektor die Erwachsenenbildung und die Weiterbildung. Damit wurde dieser Bereich, der bis dahin eher als eine private Angelegenheit des jeweiligen Interessenten angesehen wurde, als Teil eines lebenslangen Lernens aufgewertet. In der Folge wurden in den Ländern Weiterbildungsgesetze verabschiedet und der Ausbau der Volkshochschulen vorangetrieben.

Volluniversität – Eine Universität, an der im Sinne von lat. → ‚universitas‘ (Gesamtheit der Lehrenden und Lernenden) alle Fächer vertreten sind. Der Begriff wird gern als Abgrenzung gegenüber den Technischen Hochschulen und Technischen Universitäten benutzt. Er entstammt aber eher dem hochschulpolitischen Vokabular; eine verbindliche Definition gibt es dafür nicht.

W-Besoldung – Seit dem 1.1.2005 geltende neue Besoldungsordnung für Hochschulangehörige (W = Wissenschaft). Im Unterschied zur bisherigen C-Besoldung mit vier Besoldungsgruppen kennt die W-Besoldung nur die drei Besoldungsgruppen W1, W2 und W3. Zudem gibt es keine Besoldungsstufen (Dienstaltersstufen) mehr, sondern nur noch je Besoldungsgruppe ein einheitliches Grundgehalt. Dieses Grundgehalt kann um → Leistungsbezüge (Berufungs-, Leistungs- und Funktionszulagen) ergänzt werden.

Widmung → Funktionsbeschreibung

Wissenschaftliche und künstlerische Einrichtungen – Einrichtungen der Hochschule, die unterhalb der Ebene von Fakultäten fachlich verwandte Gebiete zu einer Einheit zusammenfassen, für die sich eine Zusammenarbeit fachlich und organisatorisch als sinnvoll erweist. Solche Einrichtungen werden als → Institute und Seminare, an Kunst- und Musikhochschulen auch als Studios bezeichnet. Sie nehmen ausschließlich → operative Aufgaben wahr.

Wissenschaftszeitvertragsgesetz – Gesetz zur Änderung der arbeitsrechtlichen Vorschriften in der Wissenschaft vom 18.4.2007, das die Befristung von Arbeitsverträgen des wissenschaftlichen und künstlerischen Personals neu regelt. Generell gilt für wissenschaftliches Personal ohne Promotion bei befristeten Arbeitsverträgen eine zeitliche Befristung von sechs Jahren. Nach erfolgreicher Promotion ist eine weitere Beschäftigung bis zur Dauer von sechs Jahren möglich, in der Medizin bis zu neun Jahren.

Workload – Der in Zeitstunden ausgedrückte studentische Arbeitsaufwand, der Grundlage für die → ECTS-Punkte ist. Laut → KMK-Beschluss vom 24.10.1997 wird für ein Vollzeitstudium ein Workload von 1.800 Zeitstunden pro Jahr angesetzt. Daraus ergibt sich, dass bei jährlich 60 Leistungspunkten einem Punkt ein tatsächlicher Arbeitszeitaufwand von 30 Stunden zugrunde liegt.

Zielvereinbarung – Von Zielvereinbarungen spricht man im Hochschulmanagement in verschiedenen Kontexten. (1) Die Managementlehre kennt das Prinzip der Führung durch Zielvereinbarung (Management by objectives). Dieses Prinzip geht von einer gemeinsamen Zielvereinbarung zwischen dem Vorgesetzten und den Mitarbeitern aus, bei der die Interessen des Betriebs und die Interessen der Mitarbeiter miteinander in Einklang gebracht werden müssen (Kontraktmanagement). (2) Zielvereinbarungen kennt man auch als Elemente des Qualitätsmanagements. Zur Sicherung von Qualität und zur Steigerung von Leistungen werden mit einer Arbeitsgruppe oder einem Institut Zielvereinbarungen getroffen, die im Laufe des Qualitätssicherungsprozesses überprüft werden. (3) Zudem sind Zielvereinbarungen Elemente der hochschulpolitischen Steuerung, indem die Ministerien mit den Hochschulen im Rahmen der mittelfristigen Haushaltsplanung Zielvereinbarungen treffen. Mit den Zielvereinbarungen verpflichten sich die Hochschulen gegenüber dem Land, innerhalb eines vorgegebenen Zeitraums bestimmte Leistungen zu erbringen oder eine bestimmte Qualität der Leistungen zu erreichen und erhalten dafür im Gegenzug entsprechende Haushaltsmittel.

Zustimmung – Wird zu einem Vertrag die Zustimmung einer anderen Stelle (z.B. des Ministeriums) gefordert, so kann der Vertrag erst nach der Zustimmung wirksam werden (§ 58 Verwaltungsverfahrensgesetz des Bundes). Eine Zustimmung geht deshalb deutlich über das → Benehmen und das → Einvernehmen hinaus, das auch nachträglich eingeholt werden kann.

Zuwendungen – Verwaltungsinterne Bezeichnung für → Drittmittel der öffentlichen Hand.

6.2   Literaturverzeichnis

Atteslander, Peter (1975): Methoden der empirischen Sozialforschung, 10. Aufl. 2003, Berlin und New York

Avenarius, Horst (1995): Public Relations. Die Grundform der gesellschaftlichen Kommunikation, Darmstadt

Backerra, Hendrik; Malorny, Christian; Schwarz, Wolfgang (2007): Kreativitätstechniken. 3. Aufl., München

Baum, Heinz-Georg; Coenenberg, Adolf G.; Günther, Thomas (1999): Strategisches Controlling, 4. Aufl. 2007, Stuttgart

Bea, Franz Xaver; Haas, Jürgen (1997): Strategisches Management, 5. Aufl. 2009, Stuttgart

Becker, Jochen (2006): Marketing-Konzeption: Grundlagen des ziel-strategischen und operativen Marketing-Managements, 8. Aufl., München

Berthel, Jürgen (1975): Betriebswirtschaftliche Informationssysteme, Stuttgart

Bestmann, Uwe (Hrsg.) (1992): Kompendium der Betriebswirtschaftslehre, 6. Aufl., München

Binner, Hartmut F. (2009): Verbesserung der Prozessqualität durch Systemakkreditierung im Hochschulbereich. In: Die Neue Hochschule. Heft 5/2009, S. 6-12

Blamberger, Günter; Glaser, Hermann; Glaser, Ulrich (Hrsg.) (1993): Berufsbezogen studieren. Neue Studiengänge in den Literatur-, Kultur- und Medienwissenschaften, München

Bleicher, Knut (1992): Das Konzept Integriertes Management, 2. Aufl., Frankfurt am Main, New York

Börger, Christian (2006): Zielvereinbarungen zwischen Hochschule und Staat. In: Hochschulrektorenkonferenz (Hrs.) (2006), S. 115-125

BDA – Bundesvereinigung der Deutschen Arbeitgeberverbände; Hochschulrektorenkonferenz (Hrsg.) (2003): Wegweiser der Wissensgesellschaft. Zur Zukunfts- und Wettbewerbsfähigkeit unserer Hochschulen, Berlin

Buß, Eugen (2007): Die deutschen Spitzenmanager – Wie sie wurden, was sie sind. Herkunft, Wertvorstellungen, Erfolgsregeln, München, Wien

CHE (Centrum für Hochschulentwicklung) (Hrsg.) (2004): Berufungsverfahren im internationalen Vergleich, bearbeitet von T. Schmitt, N. Arnhold und M. Rüde. Arbeitspapier Nr. 53, Gütersloh

Cohen, Michael D.; March, James G.; Olsen, Johan P. (1972): A garbage can model of organizational choice. In: Administrative Science Quarterly 1/1972, S. 1-25

Comelli, Gerhard; von Rosenstiel, Lutz (1995): Führung durch Motivation. Mitarbeiter für Organisationsziele gewinnen, München

Conradi, Walter (1983): Personalentwicklung, Stuttgart

Conraths, Bernadette (2005): Anwendung institutioneller Managementsysteme auf die Hochschule. In: Hochschulrektorenkonferenz (Hrsg.) (2005), S. 98-103

Diekmann, Andreas (1995): Empirische Sozialforschung. Grundlagen, Methoden, Anwendungen, 18. Aufl. 2007, Reinbek bei Hamburg

Dworatschek, Sebastian (Hrsg.) (1972): Management für alle Führungskräfte in Wirtschaft und Verwaltung, Band 1, Stuttgart

Easton, David (1965): A systems analysis of political life, New York

Eisele, Wolfgang (2002): Technik des betrieblichen Rechnungswesens: Buchführung und Bilanzierung – Kosten- und Leistungsrechnung – Sonderbilanzen, 7. Aufl. München

Ellwein, Thomas (1992): Die deutsche Universität. Vom Mittelalter bis zur Neuzeit, 2. verbesserte und ergänzte Auflage, Frankfurt am Main

Erhardt, Manfred; Meyer-Guckel, Volker; Winde, Mathias (Hrsg.) (2008): Leitlinien für die deregulierte Hochschule. Kodex guter Führung, Essen

Franke, Reimund; Zerres, Michael P. (1994): Planungstechniken. Instrumente für zukunfstorientierte Unternehmensführung, 4. Aufl., Frankfurt am Main

Gabler Wirtschaftslexikon (1993), 13. Aufl., Wiesbaden

Geschka, Horst; von Reibnitz, Ute (1983): Die Szenario-Technik – ein Instrument der Zukunftsanalyse und der strategischen Planung, Frankfurt am Main

Grochla, Erwin (1959): Betriebsverband und Verbandsbetrieb, Berlin

Grochla, Erwin (Hrsg.) (1980): Handwörterbuch der Organisation, 2. Aufl., Stuttgart

Gulick, Luther H. (1937): Notes on the Theorie of Organizations. In: Luther H. Gulick und Lyndall F. Urwick (Hrsg.) (1937): Papers on the Science of Administration, New York S. 3-31; in deutscher Übersetzung ("Bemerkungen zur Organisationstheorie") abgedruckt in Siedentopf (1976), S. 163-194

Haibach, Marita (2006): Handbuch Fundraising. Spenden, Sponsoring, Stiftungen in der Praxis, Frankfurt am Main

Haupt, Reinhard (1996): ABC-Analyse. In: Schulte (1996), S. 1-5

Hartmer, Michael; Detmer, Hubert (Hrsg.) (2004): Hochschulrecht – Ein Handbuch für die Praxis, Heidelberg

Heinen, Edmund (1966): Betriebswirtschaftslehre heute. Die Bedeutung der Entscheidungs-theorie für Forschung und Praxis, Wiesbaden

Heinrichs, Werner (1993a): Kulturmanagement. Eine praxisorientierte Einführung, 2. Aufl. 1999 Darmstadt

Heinrichs, Werner (1993b): Von „Brotgelehrten" und Aufbaustudenten – Aktuelle Anmer-kungen zu einem aktualisierten Thema. In: Blamberger u.a. (1993), S. 55-58

Heinrichs, Werner (1997): Kulturpolitik und Kulturfinanzierung. Strategien und Modelle für eine politische Neuorientierung der Kulturfinanzierung, München

Hennis, Wilhelm (1969): Die deutsche Unruhe. Studien zur Hochschulpolitik, Hamburg

Hessler, Martina (2007): Die kreative Stadt. Zur Neuerfindung eines Topos, Bielefeld

Hochschulrektorenkonferenz (Hrsg.) (2004): Bologna-Reader - Texte und Hilfestellungen zur Umsetzung der Ziele des Bologna-Prozesses an deutschen Hochschulen, Service-Stelle Bologna, 5. Auflage, Bonn 2006

Hochschulrektorenkonferenz (Hrsg.) (2005a): Diploma Supplement. Funktion – Inhalte – Umsetzung, Bonn

Hochschulrektorenkonferenz (Hrsg.) (2005b): Qualität messen – Qualität managen. Leis-tungsparameter in der Hochschulentwicklung, Bonn

Hochschulrektorenkonferenz (Hrsg.) (2006): Von der Qualitätssicherung der Lehre zur Qua-litätsentwicklung als Prinzip der Hochschulsteuerung, Bonn

Hochschulrektorenkonferenz (Hrsg.) (2007): Bologna-Reader II – Neue Texte und Hilfestel-lungen zur Umsetzung der Ziele des Bologna-Prozesses an deutschen Hochschulen, HRK Service-Stelle Bologna, Bonn

Hochschulrektorenkonferenz (Hrsg.) (2008a): Bologna-Reader III – FAQs – Häufig gestellte Fragen zum Bologna-Prozess an deutschen Hochschulen, HRK-Bologna-Zentrum, Bonn

Hochschulrektorenkonferenz (Hrsg.) (2008b): Aktuelle Themen der Qualitätssicherung und Qualitätsentwicklung: Systemakkreditierung – Rankings – Learning Outcomes, Bonn

Hochschulrektorenkonferenz (Hrsg.) (2009): Quo vadis Fachhochschule? Dokumentation der 38. Jahrestagung des Bad Wiesseer Kreises am 1. Mai – 4. Mai 2008, Bonn

Horváth & Partners (Hrsg.) (2001): Balanced Scorecard umsetzen, 2. Aufl. Stuttgart (3. Aufl. 2005)

Horváth, Péter (2006): Controlling, 10. Aufl., München

Horváth, Péter; Herter, Ronald N. (1992): Benchmarking – Vergleich mit den Besten der Besten, In: Controlling 4, Heft 1, S. 4-11

Hub, Hans (1994): Aufbauorganisation, Ablauforganisation. Einführung in die Betriebsorganisation, Wiesbaden

Jaspers, Wolfgang (2008): Wissensmanagement – ein Erfolgsfaktor für die Zukunft. In: Jaspers, Fischer (2008), S. 1-5

Jaspers, Wolfgang; Fischer, Gerrit (Hrsg.) (2008): Wissensgesellschaft heute. Strategische Konzepte und erfolgreiche Umsetzung, München

Kaplan, Robert S.; Norton, David P. (1996): The Balanced Scorecard. Translating Stragety into Action, Boston (Deutsch: Balanced Scorecard – Strategien erfolgreich umsetzen. Aus dem Amerikanischen von Péter Horváth, Stuttgart)

Kastin, Klaus S. (1995): Marktforschung mit einfachen Mitteln. Daten und Informationen beschaffen, auswerten und interpretieren, 3. Aufl. 2008, München

Klein, Armin (2001): Kultur-Marketing. Das Marketingkonzept für Kulturbetriebe, München

Koppelmann, Udo (2003): Beschaffungsmarketing, 4. Aufl., Heidelberg

Kotler, Philip (1978): Marketing für Nonprofit-Organisationen, Stuttgart

Kotler, Philip; Bliemel, Friedhelm (1992): Marketing-Management. Analyse, Planung, Umsetzung und Steuerung. 7., vollständig neu bearbeitete und für den deutschen Sprachraum erweiterte Auflage, Stuttgart

Kromrey, Helmut (1980): Empirische Sozialforschung, 12. Auflage 2009, Opladen

Lay, Rupert (1989): Kommunikation für Manager, Lizenzausgabe 1991, Düsseldorf

Lindblom, Charles E. (1959): The science of 'muddling through'. In: Public Administration Review 2/1959, S. 79-88

Malik, Fredmund (2001): Führen – Leisten – Leben. Wirksames Management für eine neue Zeit, 10. Aufl. München

March, James G.; Olsen, Johan P. (1979): Ambiguity and choice in organizations, 2. Aufl., Bergen

Meffert, Heribert; Burmann, Christoph; Kirchgeorg, Manfred (2007): Marketing. Grundlagen marktorientierter Unternehmensführung. Konzepte – Instrumente – Praxisbeispiele, 10. Aufl., Wiesbaden

Menze, Clemens (1975): Die Bildungsreform Wilhelm von Humboldts, Hannover

Ott, Sieghart (2002): Vereine erfolgreich gründen und erfolgreich führen. Satzung, Versammlungen, Haftung, Gemeinnützigkeit, 9. Aufl., München

Pepels, Werner (2009): Handbuch des Marketings, 5. Aufl. München

Reil, Thomas; Winter, Martin (Hrsg.) (2002): Qualitätssicherung an Hochschulen: Theorie und Praxis, Bielefeld

Reuke, Hermann (2002): Zwei Seiten einer Medaille: Evaluation und Akkreditierung. In: Reil, Winter (2002), S. 103-109

Sauer, Jürgen (2004): Intelligente Ablaufplanung in lokalen und verteilten Anwendungsszenarien, Wiesbaden

Schenker-Wicki, Andrea (2005): Qualität messen – Qualität managen. Leistungsparameter im Studium. In: Hochschulrektorenkonferenz (Hrsg.) (2005), S. 44-50

Schlüter, Andreas; Winde, Matthias (Hrsg.) (2009): Akademische Personalentwicklung. Eine strategische Perspektive, Edition Stifterverband, Essen

Schneck, Otmar (1996): Managementtechniken. Einführung in die Instrumente der Planung, Strategiebildung und Organisation, 2. Aufl., Frankfurt am Main, New York

Schneck, Otmar (2000): Lexikon der Betriebswirtschaft. Beck-Wirtschaftsberater im dtv, 4. Aufl., München

Schnell, Rainer; Hill, Paul B.; Esser, Elke (1988): Methoden der empirischen Sozialforschung, 8. Aufl. 2008, München und Wien

Schreier, Gerhard (2002): Fachbezogene Evaluationsverfahren – Zwischenbilanz und Ausblick. In: Reil, Winter (2002), S. 32-38

Schubert, Ursula (1972): Der Management-Kreis. In: Dworatschek (1972), S. 42

Schulte, Christof (Hrsg.) (1996): Lexikon des Controllings, München

Schwarz, Peter (1992): Management in Nonprofit-Organisationen. Eine Führungs-, Organisations- und Planungslehre für Verbände, Sozialwerke, Vereine, Kirchen, Parteien usw., Bern, Stuttgart, Wien

Siedentopf, Heinrich (Hrsg.) (1976): Verwaltungswissenschaft. Wege der Forschung. Band XLI, Darmstadt

Simon, Herbert A. (1960): The new science of management decision, New York

Staehle, Wolfgang H. (1994): Management. Eine verhaltenswissenschaftliche Perspektive. 7. Aufl., überarbeitet von Peter Conrad und Jörg Sydow, München

Steinbuch, Karl (1965): Automat und Mensch, 3. Aufl., Berlin

Steinmann, Horst / Schreyögg, Georg (1991): Management. Grundlagen der Unternehmensführung. Konzepte, Funktionen und Praxisfälle, 2. Aufl., Wiesbaden

Strachwitz, Rupert von; Mercker, Florian (2005): Stiftungen in Theorie, Recht und Praxis: Handbuch für ein modernes Stiftungswesen, Berlin

Szyperski, Norbert; Grochla, Erwin; Höring, Klaus und Schmitz, Paul (Hrsg.) (1982): Bürosysteme in der Entwicklung – Studien zur Typologie und Gestaltung von Büroarbeitsplätzen, Braunschweig/Wiesbaden

Tannenbaum, Robert; Schmidt, Warren H. (1958): How to choose a leadership pattern. In: Havard Business Review, 36/1958, S. 95-101

Titscher, Stefan (2006): Pro Leistungsindikatoren – Indikatoren zur Bestimmung der Forschungs- und Lehrleistung. In: Hochschulrektorenkonferenz (Hrsg.) (2006), S. 205-214

Vogel-Kammerer, Gudrun (2009): Grundwissen Büroorganisation. Arbeitsprozesse und Arbeitsbereiche, Berlin

Waldner, Wolfram; Wölfel, Erich (2009): So gründe und führe ich eine GmbH. Vorteile nutzen – Risiken vermeiden, 9. Aufl., München

Weber, Max (1922/2005): Wirtschaft und Gesellschaft. Grundriß der verstehenden Soziologie, Frankfurt am Main

Weis, Hans Christian; Steinmetz, Peter (1995): Marktforschung, 7. Aufl. 2008, Ludwigshafen (Rhein)

Wild, Jürgen (1974): Grundlagen der Unternehmungsplanung, 4. Aufl. 1982, Reinbek bei Hamburg

Wissenschaftsrat (Hrsg.) (2005): Empfehlungen zur Ausgestaltung von Berufungsverfahren, Köln

Wittmann, Waldemar (1959): Unternehmung und unvollkommene Information, Köln, Opladen

Wöhe, Günter (1993): Einführung in die Allgemeine Betriebswirtschaftslehre, 18. Aufl., München

Woll, Artur (2008): Wirtschaftslexikon, 10. Aufl., München

6.3   Sachregister

Häufig vorkommende Begriffe wie Universität, Rektor, Professor, Studierender, Hochschulrat, Senat, Fakultät, Institut oder Forschung werden im Sachregister nicht gesondert aufgeführt. Siehe auch das Glossar.

Die Zukunft des Lernens

Ludwig Issing | Paul Klimsa (Hrsg.)

Online-Lernen

Planung, Realisation, Anwendung und
Evaluation von Lehr- und Lernprozessen online

2008 | 625 Seiten | Gebunden | € 39,80
ISBN 978-3-486-58867-5

Online-Lernen ist in. In den letzten zehn Jahren hat es
sich gegen über dem Lernen mit Multimedia und
dem E-Learning mit Offline-Nutzung mehr und mehr
durchgesetzt. Aus Sicht der Psychologie, der Pädagogik
und der Informatik wird ergründet, warum sich
Virtuelle Communities, Weblogs, Podcasts und Wikis
so gut zum Wissenserwerb eignen. Nicht nur in Schule,
Studium oder Fremdsprachenerwerb, sondern auch in
der betrieblichen Weiterbildung oder als Management-
Tool in der Unternehmenskommunikation.

Die Herausgeber:

Prof. Dr. Ludwig J. Issing ist emeritierter
Universitätsprofessor für Medienforschung
an der Freien Universität Berlin.

Univ.-Prof. Dr. Paul Klimsa hat den Lehrstuhl für Kommunikationswissenschaft
an der Technischen Universität Ilmenau
inne.

Oldenbourg

150 Jahre
Wissen für die Zukunft
Oldenbourg Verlag

Bestellen Sie in Ihrer Fachbuchhandlung oder
direkt bei uns: Tel: 089/45051-248, Fax: 089/45051-333
verkauf@oldenbourg.de

Die Visitenkarte des Studenten

Wolfgang Lück | Michael Henke
Technik des wissenschaftlichen Arbeitens

Seminararbeit, Diplomarbeit, Dissertation

10., überarbeitete und erweiterte Auflage 2008
128 Seiten | Broschur | € 14,80
ISBN 978-3-486-58968-9

Seminararbeiten und Diplomarbeiten sind die »Visiten-karten« des Studierenden, die er als Prüfungsleistungen vorlegen muss. Diplomarbeiten dienen außerdem nach dem Studium zusammen mit den übrigen Unterlagen wie Lebenslauf, Zeugnisse, Tätigkeitsnachweise als Bewerbungsunterlagen. Nur derjenige, der neben dem Nachweis von Fachkenntnissen auch die notwendigen Arbeitstechniken beim Anfertigen von Seminararbeiten und Diplomarbeit bewiesen hat, wird überhaupt in der Lage sein, diese Hürden mit Erfolg zu meistern.

Dieses Buch liefert in der Praxis erprobte und bewährte Gestaltungsvorschläge für diejenigen, die die Fähigkeit wissenschaftlichen Arbeitens durch Seminararbeiten, Diplomarbeiten oder Dissertationen nachweisen müssen.

Das Buch ist eine Arbeitshilfe für Studenten der Wirt-schaftswissenschaften und benachbarter Disziplinen.

Univ.-Prof. (em.) Dr. Wolfgang Lück ist Wirtschaftsprüfer und Steuerberater und war an der Technischen Univer-sität München tätig. Seit 20 Jahren ist er Vorsitzender des Vorstandes des International Accounting and Auditing Research Institute, Wiesbaden.

Prof. Dr. Michael Henke ist Head of Chair for Financial Supply Management an der European Business School (EBS) – International University Schloss Reichartshausen sowie Research Director Financial Supply Management am Supply Management Institute SMI™.

Bestellen Sie in Ihrer Fachbuchhandlung oder
direkt bei uns: Tel: 089/45051-248, Fax: 089/45051-333
verkauf@oldenbourg.de

Oldenbourg

Die eigenen Möglichkeiten jetzt erkennen

Gerald Pilz

Vergütung von Führungskräften und Vermögensaufbau

2008 | 186 S. | gebunden | € 29,80
ISBN 978-3-486-58488-2

Führungs- oder Nachwuchskräfte sollten mit den Möglichkeiten der Vermögensplanung und -bildung besonders gut vertraut sein. Der finanzielle Erfolg hängt entscheidend davon ab, wie erfolgreich man sein Kapital anlegt und wie geschickt die Altersvorsorge geplant ist. Gerade Führungskräfte, die über ein überdurchschnittliches Einkommen verfügen, sollten selbst sachkundige Entscheidungen treffen können.

In diesem Sinne wird das vorliegende Werk einen umfassenden Einblick in die Komplexität moderner Entgeltsysteme vermitteln und zeigen, wie man die Vergütung optimieren und langfristig das Vermögen besser verwalten kann.

Dieses Buch richtet sich sowohl an Personalexperten, die ihre leistungsorientierten Entgeltmanagementsysteme weiterentwickeln möchten und sich mit der betrieblichen Altersversorgung befassen, als auch an Führungs- und Fachkräfte.

Dr. Dr. Gerald Pilz lehrt an der Berufsakademie Stuttgart und ist Autor zahlreicher Wirtschaftsfachbücher sowie Unternehmensberater.

Oldenbourg

150 Jahre
Wissen für die Zukunft
Oldenbourg Verlag

Bestellen Sie in Ihrer Fachbuchhandlung oder direkt bei uns: Tel: 089/45051-248, Fax: 089/45051-333
verkauf@oldenbourg.de

Logik und Kreativität

Thomas Plümper

Effizient Schreiben

Leitfaden zum Verfassen von Qualifizierungs-
arbeiten und wissenschaftlichen Texten

2., vollständig überarbeitete und erweiterte
Auflage 2008
164 S. | Broschur
€ 22,80 | ISBN 978-3-486-58600-8

Im Alltag an deutschen Universitäten droht die Vermittlung berufsrelevanter Fähigkeiten verloren zu
gehen. Angesichts des Massengeschäfts mit den
Studierenden greifen mehr und mehr Dozenten auf
die reine Vermittlung von Wissen zurück, das sich mit
Multiple Choice Tests abfragen lässt. Da auf dem
Arbeitsmarkt für hochqualifiziertes Personal jedoch
kein Faktenwissen, sondern Intelligenz, Kreativität
und die Fähigkeit zur Selbstorganisation gefragt sind,
besitzen Studenten ein Eigeninteresse, diese Fähigkeiten zu erlangen.

Dieses Buch zielt darauf ab, die Logik des Verfassens
wissenschaftlicher Texte zu vermitteln. Darüber hinaus verrät es sinnvolle Tricks und Kniffe, die Universitäten üblicherweise nicht lehren, die aber helfen,
möglichst schnell und effizient zu arbeiten und vor
allem zu schreiben.

**Dieses Buch wendet sich an diejenigen, die in Kürze
ihre Diplomarbeit oder Dissertation schreiben wollen
(oder – im ersteren Falle – vielleicht müssen).**

Thomas Plümper ist Professor of Government an der
University of Essex und Director der Essex Summer
School for Social Science Data Analysis.

150 Jahre
Wissen für die Zukunft
Oldenbourg Verlag

Bestellen Sie in Ihrer Fachbuchhandlung oder
direkt bei uns: Tel: 089/45051-248, Fax: 089/45051-333
verkauf@oldenbourg.de

Oldenbourg